中国历史文化名人传

如戏人生
洪昇传

陈启文 著

作家出版社

中国历史文化名人传

组委会名单

主任：李　冰
委员：何建明　葛笑政

编委会名单

主任：何建明
委员：郑欣淼　李炳银　何西来　张　陵　张水舟　黄宾堂

文史组专家成员（按姓氏笔划为序）

王春瑜　王家新　王曾瑜　孙　郁　刘彦君　李　浩　何西来
郑欣淼　陶文鹏　党圣元　袁行霈　郭启宏　黄留珠　董乃斌

文学组专家成员（按姓氏笔划为序）

王必胜　白　烨　田珍颖　刘　茵　张　陵　张水舟　李炳银
贺绍俊　黄宾堂　程步涛

出版说明

中华民族五千年文明史中，涌现了一大批杰出的文化巨匠，他们如璀璨的群星，闪耀着思想和智慧的光芒。系统和本正地记录他们的人生轨迹与文化成就，无疑是一件十分有必要的事。为此，中国作家协会于2012年初作出决定，用五年左右时间，集中文学界和文化界的精兵强将，创作出版《中国历史文化名人传》大型丛书。这是一项重大的国家文化出版工程，它对形象化地诠释和反映中华民族文化的基本精神，继承发扬传统文化的精髓，对公民的历史文化普及和建设社会主义文化强国都具有重要而深远的意义。

这项原创的纪实体文学工程，预计出版120部左右。编委会与各方专家反复会商，遴选出在中国文化发展史上产生过重大影响的120余位历史文化名人。在作者选择上，我们采取专家推荐、主动约请及社会选拔的方式，选择有文史功底、有创作实绩并有较大社会影响，能胜任繁重的实地采访、文献查阅及长篇创作任务，擅长传记文学创作的作家。创作的总体要求是，必须在尊重史实基础上进行文学艺术创作，力求生动传神，追求本质的真实，塑造出饱满的人物形象，具有引人入胜的故事性和可读性；反对戏说、颠覆和凭空捏造，严禁抄袭；作家对传主要有客观的价值判断和对人物精神概括与提升的独到心得，要有新颖的艺术表现形式；新传水平应当高于已有同一人物的传记作品。

为了保证丛书的高品质，我们聘请了学有专长、卓有成就的史学和文学专家，对书稿的文史真伪、价值取向、人物刻画和文学表现等方面总体把关，并建立了严格的论证机制，从传主的选择、作者的认定、写作大纲论证、书稿专项审定直至编辑、出版等，层层论证把关，力图使丛书经得起时间的检验，从而达到传承中华文明和弘扬杰出文化人物精神之目的。丛书的封面设计，以中国历史长河为概念，取层层历史文化积淀与源远流长的宏大意象，采用各个历史时期最具代表性的文化符号与雅致温润的色条进行表达，意蕴深厚，庄重大气。内文的版式设计也尽可能做到精致、别具美感。

中华民族文化博大精深，这百位文化名人就是杰出代表。他们的灿烂人生就是中华文明历史的缩影；他们的思想智慧、精神气脉深深融入我们民族的血液中，成为代代相袭的中华魂魄。在实现"中国梦"的历史进程中，必定成为我们再出发的精神动力。

感谢关心、支持我们工作的中央有关部门和各级领导及专家们，更要感谢作者们呕心沥血的创作。由于该丛书工程浩大，人数众多，时间绵延较长，疏漏在所难免，期待各界有识之士提出宝贵的建设性意见，我们会努力做得更好。

《中国历史文化名人传》丛书编委会

2013 年 11 月

洪 昇

目录

引子 在历史的夹缝中

一

他孕育于一个王朝的末世，诞生于一个王朝的开端，历史的后一页已经掀开，而前一页还没有合上，一切仿佛已宿命般注定，当中国历史又进入了一个划时代的关口，这个人命定就是一个活在历史夹缝中的人物。

洪昇，字昉思。如今"昇"字已被简化，一个古人的名字已被今人篡改。昔人名字相辅，名与字是相互诠释的，字与名又互为表里，因而称作"表字"。洪昇之名，如《诗经·小雅》所云"如日之升"，洪昇之字昉思，昉，"日初明"，又可引申为起始、起源。在古人看来，一个人的名字绝不只是一个单纯的符号，而是命运与命理的象征，甚至是一个生命的全部寄寓。洪昇生于太阳初升、一日复始的辰时，正所谓"朝食"之时，一生下来就有饭吃。按说他还真是生逢其时，然而伴随他的却是改朝换代的腥风血雨，如《明史·刘宗周传》："凶问已确，诸臣奋戈而起，决一战以赎前愆，自当不俟朝食。"当国难当头、危机四伏，对于那些奋戈而起的抗清志士，连等一餐"朝食"都来不及了。

洪昇的出生年月，在后世的考证中也存在时间错位问题，如郑振铎的《中国文学年表》中将洪昇出生的时间定为顺治十六年（1659），刘辉的《洪昇集》校笺中则定为顺治十四年（1657），因而造成他《洪昇集》校笺的编年整体失误。如今学术界已找到确证，洪昇生于清顺治二年（1645）七月初一，此说已为学术界公认，再无争议，也可谓注定。而接下来的历史虽说已经注定，但在当时尚未尘埃落定。就说那一年该以哪个王朝的年号为正朔，还真是很难说。此前一年为明崇祯十七年（1644），农历甲申年，这是中国历史上"天崩地裂"的一年，史称"甲申之难"或"甲申国难"。是年正月，闯王李自成称帝于西安，国号大顺，年号永昌，随后率大顺军攻陷京师，开进宣府，大明天子崇祯皇帝自经于煤山。天子崩殂，是为"天崩"。若李自成这位大顺开国皇帝能在紫禁城的那把龙椅上坐稳江山，一六四五年当为大顺永昌二年。然而，中国历史的周期律在《春秋左氏传》就已注定，"其兴也勃焉，其亡也忽焉"，随着吴三桂引清军入关，"天崩"之后又是"地裂"，李自成这个大顺开国皇帝从"烈火烹油、鲜花着锦之盛"到"谈笑间，樯橹灰飞烟灭"，就像开了个历史玩笑，一把龙椅又落在清世祖爱新觉罗·福临的龙臀之下，大顺永昌二年一变而为大清顺治二年。但那个时年六七岁的小皇帝福临又能否在这把龙椅上坐稳，无论对于清朝还是朱明，此时还是一个悬念。

那一年为农历乙酉年，生肖属鸡，属鸡之人在民间也被喻为小凤凰。看看诗鬼李贺那千古绝唱，"我有迷魂招不得，雄鸡一声天下白"，这又与洪昇的名字不谋而合。屈原曾作楚辞《招魂》，在盛行巫鬼之风的楚地，相传客死他乡者的魂魄在迷茫中找不到归途，其灵魂便成了漂泊在异乡的迷魂，必须为其招魂："朱明承夜兮时不可以淹。皋兰被径兮斯路渐。湛湛江水兮上有枫。目极千里兮伤春心。魂兮归来哀江南！"这《招魂》到底是谁所作，又是为谁招魂，众说纷纭，一说是屈子怀沙之意已决，在客死他乡之前乃自招其魂，一说为其门生宋玉所作，以招屈原之魂，抑或是为在秦国囚禁而死的楚怀王招魂。一句"朱明承夜兮"，仿佛千古谶言，预见了朱明王朝的覆没，诚然，此朱明非彼朱明，乃是黑夜之后的红日重放光明。这与当时的形势却也高度契合，当朱明社稷倾覆，清朝定鼎燕京，而江南犹存半壁江山，对于当时的江南士子，一如当年秦军入侵的楚国，确实又到了救亡图存的招魂时刻，而反清复明几乎贯穿了一部两百七十余年的清史。

尽管明崇祯帝已在国破家亡中自经于煤山，但国破山河在，一个王朝尚未在那棵歪脖子树上吊死，一条龙脉还在江南延伸。这又得益于明成祖朱棣迁都北京后所设置的二京制，北京为顺天府，南京为应天府，合称二京府，南京又称留都，并与北京的明朝廷一样设有六部等中央机构。当然，从职权而言，二京不可同日而语，北京那才是天子总揽朝纲的帝国中枢，而南京什么都不缺，就缺一个皇帝。当北京的明朝廷覆没，崇祯皇帝殉国的噩耗传到江南，留都南京的作用一下凸显出来了，这边既然拥有一套现成的中央机构，又有辗转南下的明宗室及文武大臣，一个留都随之就能像备胎一样开始运转了。他们拥立明神宗朱翊钧之孙、福王朱由崧（又作朱由嵩）继承朱明大统，先为监国，旋后登基，而新主登基，必改正朔，一六四四年还是崇祯的年号，一六四五年则改元弘光（弘光元年），史称南明弘光政权。对于这个沿用大明国号、延续了朱明血统的南明王朝，正史一般不视为正统的王朝，而视之为由明朝宗室在南方建立的若干政权，但在当时，对这个政权还真是不可低估，至少清王朝就绝对没有低估，并视之为心腹之患。在南明建政之初，还拥有不亚于当年南宋的大半壁江山，而且打出继承朱明大统、抵御异族入侵的旗号，一时间可谓人心所向，应者云集，何况在南明的旗下还有史可法、郑成功等一干骁勇善战的抗清名将，倘若弘光政权能按照史可法等人的意见，尽量让"正人"占据要津，这个政权即便不能恢复中原，至少有可能再造一个类似于南宋的王朝，而这也正是清廷最担心的。

然而，朱由崧一开始就对拥立有功的马士英委以重任，拜为东阁大学士、兵部尚书，而弘光政权由这样一个"为人贪鄙无远略，复引用大铖，日事报复，招权罔利"的首辅大臣把持朝政，其"以迄于亡"的宿命已经注定。而另一奸诈之徒阮大铖得其荐举，被起用为兵部右侍郎，不久晋升为兵部尚书，弘光帝实际上已被这两位权奸玩弄于股掌之间。如蔡东藩所云："这位弘光皇帝，偏信马士英，一切政务，全然不管，专在女色上用心。"当时，真正在苦苦支撑弘光政权的社稷之臣，则是原南京兵部尚书史可法，弘光帝先拜其为东阁大学士兼礼部尚书，后又加督师、建极殿大学士、兵部尚书，率师抗清。又如史可法所言："在藩不忠不孝，恐难主天下。"由于弘光政权内部的权力纷争、互相倾轧，又加之地方势力乘势崛起，搅得南明江山如一盘散沙。

二

顺治二年（1645）三月，清摄政王多尔衮命豫亲王多铎率大军南征，南明军民掀起了对南下清兵的第一次抵抗。四月，清兵渡过淮河，攻打兵家必争之地徐州。徐州总兵李成栋原本为李自成农民起义军将领，此人一生反复，先是投降南明，官至总兵，此时又摇身一变降清，变成了清军将领，引清兵南下，兵临扬州城下。扬州地处长江与京杭大运河交汇处，素有"淮左名都"之称，与拱卫南京的京口（今镇江）隔江相望。若扬州失守，南京则危在旦夕。当清军以红衣大炮攻城，驻守扬州的南明兵部尚书、督师大学士史可法在内无粮草、外无救兵的情况下，率扬州军民孤军奋战，战至人尽矢绝，史可法被清军俘获。多铎几番劝降，史可法瞋目大呼："城存与存，城亡与亡，我头可断，而志不可屈！"史可法以不屈而死，时年四十三岁。多铎为清太祖努尔哈赤第十五子，一生战功彪炳，乾隆帝称其为"开国诸王战功之最"，但此人也以性情暴烈、嗜杀成性而为清"开国诸王之最"。他不但残忍地杀害了史可法，对这座不屈的扬州城也实施了报复性的大屠杀，他纵兵屠城十日，被杀者数十万（一说扬州百姓死难八十万），史称"扬州十日"。

随着徐州、扬州相继陷落，南明江淮防线已处于崩溃的状态，清军旋即横渡长江，攻克镇江，马鞭直指南明帝都。眼看一座石头城岌岌可危，弘光帝抛下一城拥戴他的百姓，溯江而上，逃奔芜湖。农历五月十五日，端午节后的第十天，清军占领几不设防的南京，一个短命的南明弘光朝廷便遽尔而亡，弘光元年转眼变成灭亡之年。一切诚如史家之哀叹，一个"狐鸣虎噬，纪纲倒持"的小朝廷，"卒不能保社稷云"。在占领南京后，清廷便急不可耐地宣布了"平定江南捷音"，又于六月下令改南京为江南省，应天府为江宁府。但实际上，此时他们灭掉的还只是一个弘光小朝廷，南明政权还远没有到灭亡的时候，随后又相继建立了多个政权。与此同时，在清军占据的北方各地，与南方抗清形势呼应，山东、山西、陕西、甘肃义师纷起，一些此前降清的明朝将领也先后举旗抗清，这让天下士人看到了朱明王朝还有东山再起、卷土重来的可能。而南明这个没多大出息又特别顽强的王朝，从北京明朝廷覆没一直延续到清康熙元年（1662，南明永历十六年），随着南明永历帝朱由榔与其子等被吴三桂处死于昆明，南明王朝才基本告亡，但永历的年号一直被退守台湾的郑成功政权奉为正朔，直到永历三十七年（1683）十二月，清军占领台湾，监国的宁靖王朱术桂自杀殉国，才标志着南明最后一个政权的覆灭。史载南明共传四帝一监国（弘光帝、隆武帝、绍武帝、永历帝、监国明鲁王），享国十八年，一说甚至长达四十年，那就包含了奉永历年号为正朔的台湾郑氏政权。它的存在，既是明朝的延续，也是清初历史的一个重要组成部分。这个政权在存续期间一直被安南、日本、琉球、吕宋、占城诸国尊为中原正统政权，并派使者入贡，南明政权也一直继承和延续了对这些附属国的宗主权，为藩王登基颁发册封诏书。而即便在它最终覆没之后，反清复明，一直贯穿了清朝的全部历史，几乎所有的反抗都是打着"反清复明"的旗号进行的。

清廷在以军事手段打击南明诸政权和反清义军的同时，似乎觉察到了什么历史玄机，于是，又开始施展更阴险的一招，就在顺治二年（1645），清廷便下诏纂修《明史》。一个王朝的历史，往往由下一个王朝来书写，中国历史就是这样一代一代续写的。而清廷在入关之初、立足未稳之际，便如此急切地纂修《明史》，就是为了提前宣告一个王朝已经灭亡，成为了历史，不再承认南明政权存在，通过修史而建立起其入主中原的正统地位。此举，诚如龚自珍所谓："欲知大道，必先为史。灭人之国，必先去其史。"

顺治二年（1645）为平年。在弘光朝廷覆没后的闰六月，明唐王朱聿键于福州诏告天下，即皇帝位，建元隆武，史称隆武帝。然而他的天下实在太小，号令不出八闽，事实上南明再无统一的中央机构，明宗室在各地文臣武将的拥戴下纷纷自立，先后有潞王朱常淓监国于杭州、益王朱慈炲监国于抚州、靖江王朱亨嘉监国于桂林，桂王朱由榔监国于肇庆，又无论是称帝，还是宣布监国，对其地盘之外都没有什么号召力，更无统一掌控的实力。此时南明已是诸侯割据，分崩离析，既无统一号令，也无像样的军队，从隆武帝到各地监国也是徒有虚名，大抵是其拥戴者挟天子以令诸侯。而当时，江南诸省兵荒马乱，清军在攻克南京后的短短几个月间就占领了江南大半壁江山，南明政权虽大势已去，但仍有一些南明军队与抗清义军还在与清军交战，清军打到哪里，当地人便纷纷自发抵抗。

六月，从钱塘江的潮汐声中传来了由远而近的铁蹄声，清军越过钱塘江，一座自古繁华的钱塘古城、人间天堂，眼看就要沦为清军铁蹄之下的地狱。时在杭州监国的潞王朱常淓一听铁蹄之声，早已吓得魂飞魄散，不思抗清之策，一心只想投降。据史载，六月十三日，朱常淓"遣使迎降，并约满人袭击诸营"。这个潞王不仅是献城投降，还约清军袭击驻防杭州的南明守军，他不只是明朝宗室中投降清军的第一人，恐怕也是明宗室中投降最彻底、行径最可耻、最恶劣的第一人。然而，你说他投降叛国，有人却振振有词为他分辩，潞王开城门降清，乃是考虑到清军一向有血腥屠城的习惯，若不投降，杭州生民就会像"扬州十日"一样遭来屠城的灭顶之灾，为此，潞王从杭州一城的百姓考虑，只得忍辱负重"遣使迎降"，此乃大义之举、菩萨心肠，结果是保全了一座杭州城，也让一城百姓免遭生灵涂炭。而杭人感恩，因此尊称潞王为"潞佛"。历来总有人为这种投降派找到历史的情理逻辑，乍一看，此说似乎也在情理之中，然而仔细一想，如果这就是投降的理由，一旦外族入侵、大敌当前，凡守土保境者皆可以此为借口，打开城门投降。而像潞王这样向侵略者投降乃是大义之举，那么像史可法那样抵抗侵略者的反倒是祸国殃民的罪魁祸首了，这就是从所谓情理逻辑推出一个荒诞的历史逻辑，那历史还有正义的底线吗？

当时，很多江南士民都死死地坚守着一条正义的底线，如此前提及的刘宗周。宗周字起东，明崇祯年间曾任顺天府尹、都察院左都御史等职，他是明代最后一位儒学大师，开创了在中国思想史特别是儒学史上影响深远的蕺山学派，清初大儒黄宗羲等就是这一学派的传人。他以"慎独"为学问的第一义，然而在民族危亡的关头，他也走出书斋为南明中兴出谋划策。当他在"朝食"之时听到潞王献城投降的消息，"凶问已确"，绝望得大放悲声，又云："此予正命时也！"一个绝望的大儒，最终以绝食近二十天而逝。说来，洪昇还与刘宗周有间接的师承关系，洪昇后来的师执毛先舒曾师事刘宗周。刘宗周绝食而死后，后世有论者说，中华民族的命脉和中华文化的命脉都发生了危机，这一危机延续至今。

若不正视这一段历史，就难以追寻那些夹在历史缝隙里的个人命运，还有那一代汉族士人复杂而微妙的心理。而清廷对那一代汉族士人也采取了无所不在的强势逼迫，清军每攻占一地，一边着手建立地方政权，一边以铁血手段逼迫汉民"剃发易服"，十天之内，江南人民一律剃头。何止江南，连孔夫子的后裔也难逃此劫。如孔子六十二代孙孔闻謤上疏请求蓄发，疏曰："臣家服制，历三千余年未改，请准蓄发，以复先世衣冠。"多尔衮得疏大怒，立即下旨斥责："剃发严旨，违者不赦。孔闻謤竟敢疏请蓄发，已犯不赦之条，本当从重治罪，但念其为孔圣人后裔免死革职，永不叙用。"清廷亦视孔子为圣人，但在剃发易服上绝无条件可讲，没有特殊照顾。在清廷看来，清人入主中原，一切必须首崇满洲，而"剃发易服"则是其他民族归顺满洲的标志，被清廷称之为"剃发降我之民"。又据刘宗周的门生陈确在《告先府君文》所云："去秋新令：不剃发者以违制论斩。令发后，吏诃不剃发者至军门，朝至朝斩，夕至夕斩。"不能不说，清廷这一招既是绝杀，也是绝招，一场从脑袋到身体的改变，虽不足以让汉民心悦诚服地接受其统治，但可以在精神上沉重打击和摧垮汉民族尤其是汉族士人、士大夫的文化自信，又可以保持满族不被人口占多数的汉族所同化。而这一带有强烈民族征服性质的命令，对于汉民族确是最沉痛的打击。一个深受儒家文化浸染的民族，打心眼里就对"夷狄"充满了蔑视，在汉人眼中满洲人也是茹毛饮血的野蛮人，蔑称其为鞑虏或鞑子，他们又怎么甘心把自己变成鞑虏、鞑子那野蛮落后的形象呢？一时间，抗清浪潮风起云涌，而江南人民反抗"剃发易服"甚至比反抗清朝入侵还要激烈和顽强。此时已"剃发易服"的南明降臣钱谦益等向多铎献策曰："吴下民风柔弱，飞檄可定，无须用兵。"然而，无论是降臣钱谦益，还是清军南征统帅多铎，都大大低估了江南士民反抗的意志。

当时，南直隶常州府江阴县发出了这样的告示："岂意剃发一令，大拂人心，是以乡城耆老，誓死不从。"自北京明朝廷覆没后，江阴秀才许用每天都到文庙明伦堂叩拜明太祖朱元璋遗像，闻听剃发令，他挺身疾呼："头可断，发决不可剃！"一时间，江阴士民"奋袂而起"，推举江阴典史阎应元为守城主将。典史掌一县刑狱，此前曾有江盗船只百艘突袭江阴，阎应元横刀立马，振臂一呼："好男子，从我杀贼护家室！"而此次守城，他又与陈明遇、冯厚敦等率十万义民，面对二十四万清军铁骑，两百余门重炮，作殊死之战，致使清军连折"七王""薛王"和"十王"等三王，还折损了十八位大将，清兵战死共七万五千人。从闰六月初一至中秋节，江阴义民困守孤城八十一天，史称"江阴八十一日"，又称乙酉守城战。这是江阴士民创造的一个历史奇迹。不仅是清军低估了江阴百姓坚守抗清的意志，连清军的红衣大炮都低估了这座众志成城的江阴古城。城破之日，阎应元被俘后拒不向清贝勒下跪，被刺穿胫骨，"血涌沸而仆"。乾隆年间，一位宋朝宗室后裔、诗人赵翼追怀这悲壮的坚守，对阎应元发出了这样的赞叹："何哉节烈奇男子，乃出区区一典史。"除了以身殉国的阎应元，清军对江阴百姓更是大开杀戒，"满城杀尽，然后封刀"，而"义民无一降者，幸存者仅老幼五十三口"。江阴由此而被誉为"义城"。南明隆武皇帝闻之曰："吾家子孙即遇此县之人，虽三尺童子亦当怜而敬之。"而当清朝江山巩固，清廷对这些殉国者亦予以旌表，后来乾隆帝追谥江阴抗清三公，阎应元谥"忠烈"，陈明遇谥"烈愍"，冯厚敦谥"节愍"。历史还留下了阎应元在最后关头所书的一副对联："八十日戴发效忠，表太祖十七朝人物；十万人同心死义，留大明三百里江山。"诚如后世如是叹惋："有明之季，士林无羞恶之心。居高官、享重名者，以蒙面乞降为得意；而封疆大帅，无不反戈内向。独阎、陈二典史乃于一城见义。向使守京口如是，则江南不至拱手献人矣。"

从更辽阔的视域看，这种"誓死不从"的抗争一直持续到南明王朝最终覆没。

三

那么，当时杭州的情形又如何呢？据《仁和县志》（转引自章培恒《洪昇年谱》）载："乙酉端阳日，群言藉藉，知大兵（清兵）已下金陵，弘光帝出走。至六月初旬，遣兵至浙，领兵者为贝勒王，为抚军张存仁。先期，合城士民畏兵如虎，纷纷保抱，携厥妇子，四乡逃避。或渡江而东，或藏匿外县之深山。流离辛苦，溽暑炎蒸，霍乱疟痢，受病非一。而伏戎于莽，先遭荼毒者有之。大兵到日，在城居民闭户不敢出窥。逾三日，令出，有所约法。居民乃稍稍安。然人情惶惑，每日数惊。当事皆望风解印绶去。钱塘令顾咸建初缴册印，以保全士庶为心，授之以官，坚不受，斩之于白马庙前，士民流涕。"

这当是逼近历史真相的记载，其中提到了三个人物：一个是参加了江阴攻城和屠城的贝勒博洛，为清太祖努尔哈赤之孙、清初理政三王之一。随豫亲王多铎南下，顺治三年（1646）任征南大将军，率师驻守杭州。《清史稿》谓其"国初开创，栉风沐雨，以百战定天下，系诸王是庸"。一个是抚军张存仁，辽阳人，原是明朝副将，后叛明降清，隶汉军镶蓝旗。清军入关前，他曾致信招降吴三桂。入关后，从征山西、河南、江南。顺治二年（1645），张存仁随贝勒博洛平定浙江，并担任浙江总督。他上疏朝廷，"近有借口剃发，反顺为逆者，若使反形既露，必处处劳大兵剿捕。窃思不劳兵之法，莫若速遣提学，开科取士，则读书者有出仕之望，而从逆之念自息"。此外，他还提出了兴办学堂、减免赋税等一系列主张，对安抚浙江、巩固清廷对浙江的统治无疑有积极意义，清廷亦认为他的建议乃是安民急务，命各行省照此推行。但与此同时，他对反清势力，包括那些不愿"剃发易服"者、"未尽驯服"者，绝不心慈手软，亦如多铎、博洛等清朝王公一样大开杀戒，"以此伏法者不可数纪"。

另一个人物则是钱塘令顾咸建，字汉石，南直隶苏州府昆山人，崇祯十六年（1643）进士，授钱塘知县。当清军兵临钱塘，潞王朱常淓、巡抚张秉贞皆降清。顾咸建在反复考虑后缴出县印，"我不纳印，累钱塘一县百姓矣"！回到县衙，即欲挂冠而去，有人告知贝勒王博洛："钱塘令，潞王所与深谋者也。其人才望素著，且大得民心，宜亟用之；否则，亟杀之。"博洛一听此言，旋即命快马追上顾咸建。咸建自知不免一死，曰："往而死，职也！"他衣冠整齐地去见博洛，博洛一见他就站起身，握着他的手，授之以官。咸建声色甚厉："愿早赐一死！"博洛不忍杀他，将他关押在狱中。咸建依然穿着一身整齐的明朝衣冠，端坐狱中，并书于案阅："国不可负，亲不可辱！吾文康公孙、汪夫子门人，若苟偷视息，所失多矣，如所学、所志何！"——所云"吾文康公孙"，咸建曾祖顾鼎臣为明弘治十八年（1505）状元，屡官至礼部尚书兼文渊阁大学士，谥文康；所云"汪夫子门人"，咸建曾入汪乔年门下。汪乔年，字岁星，世称汪夫子，浙江严州府遂安县人，崇祯朝官至陕西总督。崇祯十五年（1642）二月，李自成部攻打襄城，汪乔年率师坚守城池，在城陷后自刎未遂而被俘。据《汪公忠烈祠墓记》："左右喝令公跪，公大骂曰：'吾朝廷大臣，奉命剿汝，恨不获生咬汝肉。吾死当为厉鬼杀汝，以遂我报国之愿。'贼知不可屈，遂割公舌，击公齿，犹以血喷贼，骂不绝口，随遇害磔公尸。"咸建乃以此明志也。博洛见其宁死不屈，此人既不能为清朝所用，那还留着何用！顾咸建"乃与同絷者四人就刑朝天门"，那天是六月二十日，顾咸建被拥至镇海楼，百姓男女遮道恸哭，一条路都走不通了。连刽子手都哭了，不忍加刑。咸建看着刽子手说："我暴烈日下，渴甚，早一刻受一刻之赐！"刽子手挥泪斫之。清军"以咸建及四人头枭示镇海楼上。百姓祭奠者日数千人，烧楮币者如山积。十日夜，面犹如生。余首蝇蚋攒集，而咸建面无一蝇。观者骇异，百姓哀号请命"。连博洛也啧啧赞叹："好官也！"命收葬之。

在历史的夹缝中，每个人物都在自觉或不自觉地扮演其各自的角色，而一个将要被命名为洪昇的胎儿，此时正在母腹里茁壮成长。倘若不是遭逢这兵荒马乱的世道，他原本可以在那个"世代簪缨""累叶清华"的钟鸣鼎食之家静静地等待着降生。然而，他和一个民族的命运皆已注定，在经历了天崩地裂的"甲申之难"后，中国命定还要经受血雨腥风的"乙酉之难"。清兵占领杭州，一座人间天堂已如世界末日一般。又如《仁和县志》载："当时上下不通，兵民未和，往往有意外虞……已而下剃头之令，一时未尽驯服。以此伏法者不可数纪。"

历史不可假设，但人心可以猜度，猜测洪起鲛此时的心境，作为一个"累叶清华"的世家子弟，从小深受孔孟之道、儒家思想之浸染，"身体发肤，受之父母，不敢毁伤，孝之始也"，这是中国士子千古不易之信仰。洪起鲛虽说不是那种直接投身于抗清战争中的报国书生，但他不会轻易抛弃自己的信仰，他选择的是携家带口东躲西藏，一是躲避战乱，一是逃避"剃发易服"的劫数。当他们在惊恐慌乱的人群中夺路而逃时，清兵也正在追捕那些逃难者，一个声音特别强大："留发不留头，留头不留发——！"

有的人已经被清兵抓住了，清兵使劲摁住他们的脑袋，把头给剃了，而稍有挣扎便要付出惨痛的代价，那剃得像葫芦瓢一样的脑门上满是血印子，辫子上沾满了血迹。若敢反抗，"唰"的便是一刀。当一个读书人的脑袋连同头发被鞑虏的快刀齐脖梗斩下，洪起鲛的眼睛一下就红了。那何止是血溅三尺，血珠子飞溅出一丈来远。洪起鲛眼看着躲避不及，被他夫人使劲一拽，一下便钻进了乱哄哄的人堆里。当时，杭州城门口人山人海，谁都想要夺路而逃。一家人好半天才拼命钻出来，当他们在滚滚人流中重新出现时，已经逃到了杭州的荒郊野岭。眼下，洪昇还在他母亲黄氏的肚子里孕育，这也是他的宿命，还在娘胎里就开始颠沛流离。看黄氏那突出的大肚子，很快就要生了，这也是她特别急切的原因，她必须赶紧找到一个生孩子的地方，而洪起鲛好像只关心后边。他一边跑一边频频回首，看看有没有清兵追上来，还要扭转身子看自己的背后，但无论他怎么努力地扭转身子，那背后的东西还是看不见。"呃，我背后有血没有？"他问黄氏。这句话，他一路上已不知问过多少遍了。

当时杭州郊外的荆山就是他们的避难地，如今荆山翠谷已是杭州的一片别墅区，而当年还是荆棘丛生的荒茅野岭，逃到这里已是山穷水尽，无路可逃了。又正值三伏天，江南的天气潮湿闷热，上有烈日暴晒，下有暑气蒸腾，整个人就像在烧开锅的蒸笼上蒸一样。不要说一个养尊处优的书生受不了，想想一个即将临盆的孕妇和她腹中的胎儿，该有多么难受。一个胎儿没有胎死腹中，真是命大了，这个小生命也真是特别顽强。而在那条逃难的生死路上，一个丈夫，一个父亲，眼看着夫人那突出的大肚子，又该怎样焦急万分——当务之急，就是赶紧找一个生孩子的地方。

那个结果已经注定，在一位伟大的剧作家注定要诞生的那个"赤日黄云"的早晨，一个受难的母亲在一个费姓农妇家的茅棚中生下了一个乱世中的婴儿。那破屋覆茅的房子，没有一堵完整的墙壁，山中哀猿乱啼，洪昇落生的那张床是一块粗糙的木门板，遮挡山风的门就是一副竹席。洪昇出生时，父母亲想给他找一块包裹身体的破布都找不到，而一个饥饿的母亲也没奶水喂他。他呱呱的啼哭声，也让父母亲惊恐万状，当时，在那荒野的溪流声中不时传来清兵的金鼓声，而在夜间的鬼火青青中甚至能看见清兵的猎猎飘舞的大旗。洪昇出生后，一家人在此山中躲藏了一个月，夜里稍有点风吹草动，一家人就如惊弓之鸟，抱起孩子便惊慌而逃，有时候一夜里就要在荒山野岭中逃两三回。这一个月，也不知一家人是怎么熬过来的，而洪昇的母亲一辈子也忘不了。洪昇小时候，母亲时常给他讲起这血泪交织的一幕幕，想来也真是悲苦，钱塘洪氏子孙，原本是"门皆赐第，家有珥貂，三洪学士之世胄"，可洪昇竟然降生在这样一户农家里。如果不是洪母后来对洪昇"夙昔为余道其苦",又如果不是洪昇以诗歌的方式把这一切呈现出来,这一幕幕几乎不像是真的发生了。二十四年后,康熙八年(1669),洪昇已入读北京国子监,在自己生日那天,他伤感地抬起眼睛仿佛默默地凝望着被阳光穿透了的江南,杭州,荆山,而母亲讲述的那一幕幕,又一下涌上了他的心头,他的眼前,他的生日就是母亲的受难日啊!一首《燕京客舍生日怀母作》,仿佛就在爱与受难中诞生:

> 母氏怀妊值乱离,夙昔为余道其苦:
> 一夜荒山几度奔,哀猿乱啼月未午。
> 鬼火青青照大旗,溪风飒飒喧金鼓。
> 费家田妇留我居,破屋覆茅少完堵。
> 板扉作床席作门,赤日黄云梁上吐。
> 是时生汝啼呱呱,欲衣无裳食无乳。
> 乱余弥月还郡城,门卒持戈猛如虎。
> 见汝含笑思攫之,口不能言怆心腑。
> ……

　　此诗我只是截取了与洪昇诞生直接有关的一部分,还有一个开头和下文,容后交代。我在此描述,实际上是对这首诗的复写,我甚至觉得这首诗让洪昇重新诞生了一次,让后世得以洞察那历史夹缝中的一幕。而在这一幕的背后还有更残忍的一幕。说来也许是巧合,就在洪昇降生的那天,由于嘉定(今上海嘉定区)绅民对"剃发易服"誓死不从,明南京兵部主事侯峒曾等嘉定士绅率十三万绅民起义反清,那个叛明降清的李成栋此时已任吴淞总兵,他火速率军镇压,并连续三次下令对城中平民进行大屠杀,这是继"扬州十日"之后发生的又一血腥残暴的大屠杀,史称"嘉定三屠"。从历史的本质上说,这当然也是清军犯下的罪孽,李成栋此时的身份已是清军将领,他手下的兵马也是清军。然而对汉民族进行血腥镇压的刽子手,往往又是李成栋这种反复无常、丧心病狂的"贰臣"。不能不说，这次惨案对江南绅民产生了极大的震慑作用，也让许多拒不从命者最终接受了那难以改变的命运，洪起鲛无疑是其中之一。

这首诗的末后四句，则交代了洪昇满月回家时所遭遇的惊险一幕，一个生不逢时的婴儿，在满月后才得以随同逃难的一家人回杭州城。在走近城门时，又发生了惊险的一幕，那守门的清兵手持寒光闪烁的金戈，一个个凶猛如虎，而刚刚满月的洪昇还在天真无邪地笑着呢，那清兵一下盯上了他，他险些就被清兵给攫走了，"见汝含笑思攫之"。还好，有惊无险，清兵没有攫走洪昇，否则，谁也不知洪昇会落入怎样一种命运。有人说，在一个错乱的时代，洪昇一生多舛的命运从此就注定了。不说注定，至少是从此开始了。对于洪昇这样一个个体生命，这的确是一次宿命的诞生，而对于中国戏曲史乃至文学史，这又是一次伟大的诞生。

第一章

西溪的童话

一

　　每年农历八月，当钱塘江潮传来深沉的回响，东南风便长驱直入，吹得杭州满城秋色，西湖、西溪更是水天一色。而对于经历了一场浩劫的杭州，这一场接一场的秋风，也把那浓烈的血腥味渐渐吹淡了。

　　洪起鲛终于结束了逃难的日子，带着一家人回家了。一家人经此劫难都还全须全尾地活着，还多了一口人，这真是不幸中的万幸了。而这也意味着，在清军"留头不留发，留发不留头"的威逼之下，洪起鲛最终也只能屈服于"剃发易服"的命令，选择了"留头不留发"。对他的屈服也好，妥协也罢，其实也无可厚非，毕竟还是要先保住脑袋要紧，就算你不为自己考虑，也得为一家人思量啊。这兴许就是洪起鲛当时的心态。在最初的一段时间，洪起鲛对自己的古怪模样也许会感到屈辱和羞愧，这"猪尾巴"一样的辫子和"拖尾奴才"的模样真是愧对列祖列宗啊。不过，时间一长，慢慢就习惯了。习惯成自然。习惯是一种比遗忘更持久的力量。洪起鲛慢慢也习惯了，在今后的漫长岁月里，他将慢慢淡忘一个明朝士人的衣冠，习惯于拖着那一根"猪尾巴"似的辫子，穿着一袭长袍马褂，头戴瓜皮帽，脚蹬布靴，在士林中交游宴集。这一身行头还挺搭配、蛮舒服的。那一代由明入清的士人，大抵都像洪起鲛一样，就这样从头到脚都突然改变了，又慢慢习惯了。

一切历史皆已注定，清兵无论占领哪里，剃发易服便是征服的象征。一如《招魂》之怅叹，"时不可以淹"，随着时光的流逝，在清兵入主中原两百六十余年后，汉人早已习惯了那"拖尾奴才"的模样，都不记得自己的祖先原来是什么形象了。到辛亥革命号召民众剪去辫子时，又有许多人哭着喊着不愿意剪。诚如鲁迅先生所说："对我最初的提醒了满汉的界限的不是书，是辫子。这辫子，是砍了我们古人的许多的头，这才种定了的，到得我们有知识的时候，大家早忘却了血史。"这不只是一个民族的悲哀，更是人类在时空中渺如尘埃的卑微。总之，无论在军事上，还是政治上、文化上，最终是大清帝国取得了完胜。当然，此言还有些为时过早，南明政权似乎不堪一击，却又此起彼伏，前仆后继，各地抗清武装也依然在拼死抗争，烽火硝烟从江南延烧到岭南，从大陆延烧到大海。但对于杭州，血雨腥风正渐渐过去，乱世之民又回到了"暂时做稳了奴隶的时代"。

又尽管已经剃发易服，但那些骨子里、血脉里的东西却是难以改变的。按江南习俗，儿子弥月，又是头男长子，这是被家族寄予重望的，而满月的头一件事就是拜谢祖宗赐福。洪昇为钱塘洪氏第二十二世孙。世称洪昇为钱塘人，严格说他是仁和县人。其实都没错，洪昇既是钱塘人，也是仁和人。明清时，杭州府治钱塘、仁和，而钱塘县与仁和县的地域呈交错状，杭州城墙内的老城区，原本就是两县共同管辖的地盘，其辖区也呈交错状。说来挺复杂，其实很简单，无论钱塘还是仁和均属杭州府，而钱塘乃杭州城的古称或别称。

追溯钱塘洪氏一脉的缘起，祖籍江西鄱阳，其始迁祖是一个载入了《宋史列传》的人物，洪皓（1088—1155），字光弼。洪皓所处的时代，也正是一个划时代的历史关口。在金军的金戈铁马之下，北宋覆没，宋室南渡。宋高宗建炎三年（1129），洪皓"以徽猷阁待制、假礼部尚书"

出使金国。当时金国正处于煊赫之势，根本没有与南宋议和之意，所谓议和一如与虎谋皮，"凡使金者，如探虎口"，基本上是有去无回。洪皓深入虎穴，不辱使命，坚拒伪职，被金人流放冷山（今黑龙江省五常县境内），在雪窖冰窟中囚禁了十五年，才被释归南宋。连宋高宗赵构都称赞他"忠贯日月""虽苏武不能过"，但赵构对他并未重用，仅授予他一个没有什么实权的官职，"除徽猷阁直学士、提举万寿观兼权直学士院"。赵构重用的不是洪皓这种坚毅不屈之士，而是秦桧一类在金人跟前卑躬屈膝的朝臣，而洪皓又"以论事忤秦桧，罢官"，结果是，这样一位"忠贯日月"的大宋国士，"惟为桧所嫉，不死于敌国，乃死于谗慝"。赵构或是心有戚戚焉，在洪皓的迟暮之年"赐第宅于西湖葛岭，并赐田三顷"，也有人说赵构赐予他的是一座御花园。洪氏一根血脉就这样从江西鄱阳迁到了杭州西湖葛岭，而洪皓也就成了钱塘洪氏的始迁祖，"卒年六十八，谥忠宣"。在正史之外的记载则是"洪皓封为魏国忠宣公，赐国公府第于钱塘葛岭"，这已是后世加之于他的更耀眼的光环了。而我觉得他是一位当之无愧的国士，子曰："使于四方，不辱君命，可谓士矣。"

葛岭为道教名山胜地，为东晋道人葛洪结庐修道炼丹处，从此处可俯瞰西湖，有"瑶台仙境"之称。洪皓膝下三子，洪适、洪遵、洪迈，一个个都是文名昭著的人物，先后高中博学鸿词科，而洪适、洪遵兄弟同榜登科，洪遵中状元，洪适中榜眼，加上后来登科的洪迈，号称"洪门三学士"，时有"天下三洪，文章之雄"的盛誉，而三洪同朝并为台辅（三公宰辅之位），不说绝无仅有，也是史上鲜有。从学问著述看，洪适著有《隶释》《隶续》，与欧阳修、赵明诚并称"宋代金石三大家"，洪迈著有《夷坚志》《容斋随笔》，其《容斋随笔》与沈括的《梦溪笔谈》、王应麟的《困学纪闻》并称为南宋三大笔记，这也确为宋代最有学术价值的三大笔记。洪遵则政绩斐然，累官至翰林学士承旨、同知枢密院事、右丞相，抵达了人生仕途之巅峰，后安家于钱塘。此公当为钱塘洪氏二世祖。

南宋亡国之后，洪昇的祖先从杭州逃避到浙江上虞一带，直到明代建国才返归钱塘。如今，在杭州西溪洪家埭村还保存了一副洪家祠堂的对联，上联为"宋朝父子公侯三宰相"，所指正是洪皓和他那三个同朝并为台辅的儿子洪适、洪遵、洪迈，这也是钱塘洪氏的第一个辉煌时代，下联为"明季祖孙太保五尚书"，说的是钱塘洪氏在明朝又进入了第二个辉煌时代，其首屈一指的人物就是洪昇的六世祖洪钟。

洪钟，生年不详，字宣之，明宪宗成化十一年（1475）中进士，累迁至明朝刑部尚书、工部尚书、左都御史，曾总督川、陕、湖广、河南四省军务，因平湖广之乱有功，加太子少保兼左都御史，掌院事。卒于嘉靖三年（1524），谥襄惠，赐葬钱塘西溪东穆坞，"松楸列植五里"。其墓碑为明代大儒、南京兵部尚书王守仁（王阳明）亲撰，王氏还撰有《祭洪襄惠公文》。从两人的生平看，王守仁于弘治十二年（1499）参加礼部会试，举南宫第二人，赐二甲进士第七人，观政工部。而洪钟于弘治十一年（1498）升任右副都御史。于此可知，两人虽不同部，却有同朝为官的交集。透过王守仁为其所撰的碑文、祭文，大致可以还原洪钟的生平事迹及其回归钱塘后的生活。

王守仁在其祭文中云："公既归，筑两峰书院于西湖之上，自号两峰居士。日与朋旧徜徉诗酒以为乐，如是者十有一年。"两峰书院位于西湖之南的涌金门，因其面对南北两座山峰，故名，洪钟亦以两峰居士自号。关于洪钟晚年的宅院，一说为"嘉靖皇帝赐邸，府邸绵延四五里"，一说为洪钟晚年退隐回籍后，在西溪故地（今杭州市余杭区五常街道）建别业，世称洪钟别业。无论是御赐，还是自建别业，那都是在西溪数一数二的一座山水园林，位于凤凰山麓南宋帝城之城西十里，为坐北朝南、前府后园的格局，园为洪园，府为洪府。洪府坐落在老和山（古称粟山）平缓的山坡下，西溪之水绕山潺潺而流，洪园中亦有溪流穿过，时间之水渗透了每一个角落。那亭台、楼阁、水榭，还有花草、树木、竹林、奇石，一切都随流水的自然流淌而自由伸展，又因为流水表现出节奏与韵律。水是特别养神的东西，遥想一个苍老的士人，或看书，或吟咏，而流水之声向两耳中漫溢，在眼中浸润，该是何等地舒心惬意。山水从来是江南庭院的灵魂，除了水，还有山。在园中地势较高处，可以远眺五色云彩萦绕盘旋的五云山峰。这江南庭院处处流露出一个隐逸之士的闲情逸致，一切都随流水的自然流淌而自由伸展，又因为流水表现出节奏与韵律。临水的街边上，那些逐水而生的树木，从宋元明清一路绵延而来，它们依然在各自的朝代里活着，所有的枝丫一律向着流水凌空生长着，它们的根系因水的滋润而扎得更深。你听见了那江南春风中重重的飒飒之声，你就知道了岁月的深度。说到底，这样的别业，这十一年的晚年生活，其实都是古代士大夫最后的退路，甚至是一种完成，在历尽宦海沉浮之后，他终于可以退下来享受一下自己想过的日子了，而他一生的积蓄也有条件来完成这样的享受，这座别业就是他晚年休养吟咏之地。而前人栽树后人乘凉，这也是为子孙后代造福，他于此辟书院、筑书楼、课子弟，又是一种入世很深的士大夫情怀了。古代士大夫大多兼具这两种情怀，于两者之间进退自如，进则为儒，走仕途经济道路，退则为道，归隐江湖，悠游林泉。而洪钟就是一个典型，他既是儒家士大夫的代表，也是西溪隐逸文化的突出代表。这两者其实又是一个因果关系，设若没有走仕途经济道路打下的基础，所谓隐逸也只能是安贫乐道、君子固穷而已，何来这样一个江南第一等的山水园林？

洪钟有子洪澄、洪涛，据称皆"官居显要"，然史载均不详，而这二人中必有一人为洪昇的五世祖。洪昇的高祖洪椿（一作洪桥），据后世考证官至都察院右都御史，此为都察院最高职，正二品，却未见史载。又一说洪昇的高祖为洪楩，字子美，这倒是一个史载确凿、世系清楚的人物，其祖父为洪钟，其父为洪澄，他本人曾官詹事府主簿，但其历史地位不在于官，而在于学，为明代文学家、藏书家、刻书家。他在其祖父洪钟"两峰书院"和"清平山堂"的基础上扩大规模，"清平山堂"原址位于钱塘城南清平山仁孝坊（俗称清平巷），一说为洪楩营建，除了藏书，洪楩还"余事校刊，既精且多"，其所刻之书皆署清平山堂，其刻本为世所公认的精刻本。他曾刻印自编的《清平山堂话本》（又名《六十家小说》）六十卷，该书是现在所知的保存宋元话本最多的一部小说选集，还收集了元明间的戏剧曲目，这为后世研究宋元时期文学和戏曲提供了少有的原始文献。只是，他未曾料到，四代之后，他的后裔中将有一位"曲中巨擘"横空出世。

历史往往是越远越清楚，越近越模糊。自洪昇上溯三代，一直难以考证，关于洪昇的曾祖父、祖父及父亲，学术界分歧很大。章培恒先生以治学严谨著称，他生前坦承"由于材料不足，洪昇的曾祖父、祖父、父亲的名字目前还未能考出"。章先生于二〇一一年辞世，此后又有一些文献史料被发现，据此可以大致勾勒出洪昇以上三代的世系：其曾祖洪瞻祖也是一个载入了《明史列传》的人物，为明万历二十六年（1598）进士，后官兵科给事中，曾出使琉球，累迁南京都察院右都御史、南赣巡抚，死后追赠太子少保、兵部尚书。对他的身世与功名没有争议，然而他到底是洪昇的曾祖还是族曾祖，却说法不一。

洪瞻祖生有四子，长子洪吉晖为洪昇祖父，洪吉晖之子洪起鲛乃洪昇之父。即便洪瞻祖、洪吉晖、洪起鲛这三代血缘世系可以确定，也还有许多不确定因素。又一说洪昇的祖父为洪吉臣，崇祯十三年（1640）会试副榜，授湖广德安推官。著有《明文荟》《二十一史识余》《学圃萱苏》《群书备考》等。葬西溪湿地横山。洪吉臣生二子：洪起鲛、洪翮。但对此更有争论，学术界大多还是认为洪昇的祖父为洪吉晖。如此，洪昇的祖父和父亲都是名不见经传的人物，他们的生平事迹都已被岁月湮没了，如果不是因为洪昇，也没有人会追溯他们模糊的身影。又据章培恒先生推论，洪昇出生时，"昉思父本年约为十八岁，年事甚少，故昉思祖父母本年或尚在世，年事无考"。

这里，笔者依据洪父及洪昇的交游作出以下考证或推论。

洪起鲛，字武卫（一字卫武），生年不详。据其挚友、洪昇的师执陆繁弨在《洪卫武双寿序》中称，"岁丙午，仆友洪子卫武四十初度"。当时，同赴这场寿宴的还有洪起鲛的另一位好友王嗣槐，他也写了一篇《洪氏寿宴序》："时维八月，旬有五日，为吾友洪武卫及其元配钱夫人四秩初度，称双寿焉。"初度出自《离骚》"皇览揆余初度兮，肇锡余以嘉名"，后称生日为"初度"。若以洪昇出生的农历乙酉年往后推测，最近的一个丙午岁为康熙五年（1666），是年洪起鲛四十初度，于此可以推测他出生于明熹宗天启六年（1626）八月十五日中秋节，恰好四十初度。从洪昇后来的诗中也有佐证，康熙二十六年（1687），洪昇四十三岁作有《夜泊》一诗，其中有"堂上二人年六十"之语，其父母当时为六十一岁。当然，这只是笔者的推测，按江南民间习俗，计算年岁有男虚女实的传统，四秩初度，也可能是三十九岁，而生日宴也未必在生日那天过。另据刘辉先生对《夜泊》一诗的编年："洪昇父生于明天启七年（1627），至是年恰为六十岁。"这个推测也比较靠谱。洪昇为其长子，洪昇出生时，其父母约十七八岁，这在那个早婚早育的时代是很正常的。

在我接下来的叙述里，还将有更确凿的史料证明洪起鲛是洪昇之父，但此公的生平事迹却难以寻觅。对他最了解的应该是他那最有出息又最没出息的儿子洪昇，但在洪昇后来的著述中也很少提到他父亲的生平事迹，即便无法绕开之处，也多以为尊者讳的笔法，还多有难言之隐的曲笔，这与父子俩日后的关系以及所处的时代环境有关，这些暂且按下不表。但这里还有一个极易忽略又十分关键的疑团，王嗣槐在《洪氏寿宴序》中称"洪武卫及其元配钱夫人"，而洪昇生母为黄氏，这是毫无疑问的。黄氏乃是生于钱塘望族金墩黄氏的大家闺秀，为黄机之女，她嫁给洪起鲛时才十六七岁，洪昇为其长子，按说，这才是洪起鲛的元配啊，怎么又冒出了一个"元配钱夫人"呢？而这个钱夫人，也同样是大家闺秀，乃清初进士钱开宗之妹。钱塘洪氏、黄氏、钱氏有着错综复杂的姻亲关系，容后叙述。这里还说这个谜团，古人哪怕妻妾成群，按说也只有一个元配夫人，而洪父却有两个出身显贵的夫人，那就只有一个可能，在元配去世后，再娶夫人，所谓续弦也。所谓元配，一般指第一次娶的正妻，也是与庶妻（如妾侍等）相对的"嫡妻"，如此，就只能这样勉强解释了，洪昇生母黄氏早逝，洪父续娶钱夫人，而钱夫人虽非洪起鲛的真正元配，但有正夫人的名分，而王嗣槐出于礼貌，称她为"元配钱夫人"。诚然，这只是我的推测，也有人说钱夫人为大夫人，那黄氏就只能是小夫人了，只是，这实在不符情理逻辑。而洪昇后来常以父母并称，也不知具体所指其母为谁。不过，这个钱夫人还真不可小觑，她极有可能改变了洪昇的命运。这又是后话了。

自洪昇的六世祖洪钟在西溪故地建造洪钟别业，钱塘洪氏子孙便世居西溪。到明万历二十六年（1598），一说为万历四十六年（1618），洪氏后人又对洪府与洪园进行了一次大规模的翻修和扩建。当时，明末士大夫、藏书家冯梦祯在老和山的山坡上建有西溪草堂，睁眼闭眼都能看见洪府和洪园。据其所记，洪园翻建后，在当时西溪的诸多园林景观中，是规模最大、景色最美的一座园林（此为转述，我未查到冯氏的原始记载）。这次翻修，也可能是两次翻修扩建，距洪昇出生都不算久远，长则四十余年，短则二十多年，先代留下的福荫，洪昇在年少时应该也享受到了。不过，自洪钟到洪昇已历经六代繁衍，钱塘洪氏人丁兴旺，生齿日多，已繁衍成一个村庄——今杭州市余杭区五常街道洪家埭村。估计洪园再大，恐怕也难以容下这么多人，只能分家析产，另起炉灶。那么，洪起鲛一家人有可能居于洪府一隅，也有可能另盖宅院。只是，无论他们当年居于何处，如今那洪府、洪园皆已荡然无存。我只能在一片虚无中，揆情度理地作一些历史性猜测：洪起鲛抱着刚满月的儿子走进洪氏祠堂，在列祖列宗的灵位前焚香跪拜，沐浴祖泽，或许他还会久久凝望着那副承前启后的对联。钱塘洪氏历经宋、元、明三次改朝换代，一副对联贯穿了一个家族五百年来绵延不绝的香火和英才辈出的荣耀，而那一身清代衣冠又唤醒了一个亡国士人对江山易代的兴亡之感，而这一切都化作了满腹惆怅和胸中块垒，这其实就是那一代士人的普遍心态，压抑、憋闷、堵得慌，却又只能无可奈何地屈从于清朝无所不在的强势逼迫与高压。

拜祭祖先后，洪起鲛又把儿子抱进了书房。钱塘洪氏藏书之渊博，我在前文已有交代，洪昇后来的老师毛先舒也有词为证："子家素号学海，书籍拥专城。"洪起鲛虽已"剃发易服"，但一个士人的人格理想是不会轻易改变的，也是难以改变的，他要让自己的儿子从小浸染在这世代传承的书香里，从小就以纯正的儒家教义来开启他的心智。说穿了，就是朱熹那句箴言："此先生之教，所以继往圣，开来学，有功于斯世也。"而说得更透了就有了矛盾，纯正的儒家一向主张"华夷之辨"，如今已进入了一个夷狄统治华夏的时代，他又怎么教他的儿子"有功于斯世也"？一个诞生于历史夹缝中的人物，一生下来就是一个矛盾体。这也是洪昇那一代人的宿命。而对于少不更事的洪昇，至少在最初一段懵懂岁月，还真是无所谓矛盾不矛盾，习惯不习惯，他一生下来就是大清帝国的臣民，从小就开始剃发结辫，穿满人衣冠，自然没有那种"拖尾奴才"的屈辱感。他也没有看见过明朝的社稷，一睁开眼看见的就是大清的江山，压根就没有那种"山河崩裂"的断裂感。

　　那么，这里又切入一个很现实的问题，洪家的家世在明清易代后又是否发生了翻天覆地的变化呢？按主流的说法，"明朝的覆亡，给世受国恩的洪家以灾难性的打击"，结论是，"洪昇出身于一个没落的世宦之家"。这似乎是历史的因果逻辑。但据我所搜寻到的史料，至少在洪昇二十四岁入国子监之前的那一段岁月，由于洪起鲛已屈从于清朝，后来还出仕清朝，按例授官，那么，除了此前的一段逃难经历，他们家并未遭受什么灾难性的打击，他们家在明朝过着怎样的生活，由明入清后，在清朝也可一如既往地过着明朝的生活。唯一的变化，只是换了一个他们在心理上有抵触情绪的主子而已。要说打击，也只有心理上的打击。如果说洪家此时已经没落，或家道中落，那也与改朝换代无关。从洪昇的祖父、父亲两代看，都是没有功名、出息不大的人物，而一个大家族是必须要有大人物来支撑的，否则就会落入"富不过三代"的历史陷阱。但以钱塘洪氏基业之深厚，哪怕经历了平庸的两代，只要家产不被查没，或不毁于战火、灾难，这个家就应该还是那个"累叶清华"的钱塘望族。笔者所引之言，出自陆繁弨诗《同生曲》，他既与洪父交游，又是洪昇日后的老师，对洪家应该是相当了解的，他的描述应该是接近真相的。于此推测，在洪昇二十四岁之前的青少年时代，他还可以尽情享受一个公子少爷的优裕生活。

二

　　我在洪昇满月的那个月份走进了西溪。那是二〇一五年农历八月初，与洪昇满月的那个八月间隔着整整三百七十年。一个在我想象中渺远的存在，其实也不算太遥远，但在明清易代后中国又经历了三次江山易代，时空如此浩瀚，而人生何其渺小，"念天地之悠悠，独怆然而涕下"，这怆然之感其实与时代没多大的关系，而是源自时空与人生的巨大反差。我来这里不是为了凭吊，也不是徒发沧桑之浩叹，而是来寻找一个古人儿时的欢乐，这一方水土就是他当年生活的现场。一旦抵达现场，便有时空颠倒之感，眼前布满了不同时空的对应物。

昔人云，"西溪之胜，独在于水"，西湖与西溪实为一双姊妹湖，而西溪就在杭州涌金门外，涌金门也是杭州的一道水门。水，不只是一种流逝，也是一种挽留。我的脚步不知不觉在这里慢下来，慢得可以听见岁月的脚步。这种逐水而行的感觉是奇妙的，西溪之水曲折而幽深，有水之处皆有曲径通幽，仿佛一条条时空的隧道，可以通向各种的可能，历史虽说已经注定，但其实又未必那么确定。那蜿蜒的西溪之水仿佛从南宋悠悠流来，转过一片芦苇，转眼便到了明朝，穿过两行杨柳就到了清朝，多少兴亡多少朝代的演变与更迭，或许只有这岁月中的静水深流，方能洞悉其间的波诡云谲。而这流水从来不会为人类的历史划出清晰的边界，这让我在模棱两可中完成了一次次历史性的穿越。

若要追溯西溪的历史，必然会追溯到南宋建炎三年（1129），也就是宋高宗置杭州为行在的那一年。宋室南渡（建炎南渡）后，一直没有建都，升杭州为临安府，以临安为行在，也就是一个临时驻跸的首都吧，这表明宋室一直有恢复中原、回归故都之念，未承想一驻就是一百五十余年，再也回不去了。据说宋高宗赵构一见西溪便相中了，原本想在西溪之滨营造宫苑，后来发现凤凰山麓更有帝王之气，便选址凤凰山麓营造帝城。又据说他还说了一句"西溪且留下"，这是圣旨，却阴差阳错地变成了赐名，从此西溪就有了一个别名——"留下"，这实在不像个地名，但一方风水宝地从此就留下来了，一直没有沦为鳞次栉比的城郭，这也是西溪之幸、杭州之幸了。自南宋以来的历朝历代，西溪一直没有西湖那样风流繁华，然而这一方清静的山水却是雅人深致、修真养性的佳境，一些达官贵人、文人雅士，有钱的在此营建别业与园林，没钱的在此建造草堂，还有一些庵堂寺观。而无论奢华与寒碜，如今皆已难觅踪影，而流不走的还是悠悠西溪水，悠远得像从宋朝流来，穿过两行杨柳，便流过明朝，哗哗涌入我的眼帘。

据清雍正年间《西湖志》载："西溪，在西湖北之阴，由宝石山背陆行，绕秦亭山，沿山十八里，为宋时辇路（皇帝乘车所行的路），抵留下……水道由松木场入古荡，溪流浅狭，不容巨舟。自古荡以西，并称西溪。曲水弯环，群山四绕，名园古刹，前后踵接，又多芦汀沙溆。"而在这名园古刹中，我要寻觅的那座洪园和洪府，如今安在哉？

远远就看见一座在袅袅水汽中浮现而出的洪园，走近了，却是一座漆光闪亮的仿古建筑，"洪园"二字为沈鹏先生所书，里里外外还有一些今世书家题写的楹联匾额。在"洪府"里，还摆满了明式红木家具，那些梅兰竹菊和岁寒三友浮雕图案看上去古色古香，据说皆为当年的布置，唯独缺少岁月的气味。对这样的仿古之物我也有一种本能的抵触情绪，就像看见了赝品一样。当我看到门口高悬着一块"洪昇纪念馆"的牌匾，我释然了。当我看见那明亮发白的阳光，我更释然了。时空其实并未颠倒，一切都是顺序，江南农历八月初的天气应与三百多年前那个农历八月差不多。此时白露早过，而秋分将至，正当秋老虎横行的季节，却也不觉燥热，一阵一阵的东南风，随着钱塘江潮奔涌而来，吹拂着这星罗棋布的水泽，往日的情景仿佛又在涟漪波光中涌现。

据主攻明清史的蒙古族学者土默热考证，洪园堪比《红楼梦》中的大观园。土默热对红学研究有独到见解且自成体系，著有《土默热红学》一书。我无心于红学考证，就算有此心也不堪胜任，但借助一座大观园，可以让我在想象中走进一座早已不存在的洪园，而洪园之内的景致，洪园附近的名胜，如芦雪庵、竹窗、花坞等，据说均可与大观园周边的风景一一对应。谁都知道，大观园是虚构的，那么是谁虚构的？据说就是洪昇，洪昇就是《红楼梦》的原作者，也是贾宝玉的原型。当贾宝玉和洪昇发生对应时，对我还真是有所启示，这至少可以让我想象那一个生长于"诗礼簪缨之族，温柔富贵之乡"的公子哥儿的青少年岁月是怎样度过的。

一个少年的脑袋蓦地冒了出来，像半边溜光的葫芦瓢，后脑勺上拖着一根细长的辫子。

是的，我走神走得太远了，一下走到了距我三百多年前的顺治年间，然而这样一个少年的形象是接近真相的。洪昇从小就是一个野性十足的孩子，西溪也比西湖更有野趣。此地当年还属杭州郊野，那些在城内横行跋扈的八旗禁兵较少来此骚扰。据《洪昇年谱》载，直到洪昇七岁时，"杭州自屯戍八旗禁兵以来，其将士横甚。居民皆颠沛困顿，无可告语。民房被圈占者甚多"。而西溪，却是洪昇儿时可以无拘无束地嬉戏的一片乐土，他"幼年常偕弟妹于虞氏水香居嬉戏"。这个虞氏水香居，屡见于洪昇诗中，却不知是何所在？按蒙古族学者土默热之说，这就是当年的洪园或洪府，而我没有找到其他文献史料佐证，不过可以肯定，这个虞氏水香居确实是洪昇儿时的乐园。洪昇晚年回归钱塘时，睹物思情，写过一组忆念童年生活的诗《重过虞氏水香居示季弟》，其二一开头便是这样两句："少日山亭畔，常时竹马嬉。"这是他写给季弟中令的。洪昇在另一首诗中交代了自己"同父三昆弟"，却没说是"同胞三兄弟"，这也是很严谨的交代。在他三岁时，仲弟洪昌（字殷仲）出生，这是与他一母所生的同胞兄弟。在他六岁时，季弟中令生，庶出。中令应该是其字，但不知其名。另外，洪昇还有两个不知其名、皆为庶出的妹妹。洪昇后来曾在《寄妹》一诗中赞美她们"霜管花生艳，云笺玉不如"，这是佳句，也是佳人。由于洪昇生母黄氏的生卒难考，未知是否不幸早逝，更未知逝于何时，致使洪起鲛之妻妾情况一直成谜。但洪昇在诗中已经明确交代了兄弟三人、妹妹二人，这就意味着那个"元配钱夫人"没有生育。而除了两位夫人，洪起鲛还有一个妾侍，季子中令和两个女儿皆为其妾侍所生。这个错综复杂的家庭关系，给洪昇的未来提前埋下了"天伦之变"的隐患。

不过，眼下，洪昇和他的兄弟姊妹们还是一群天真无邪、无忧无虑的孩子，凭自己的天性游玩嬉戏。另外，洪昇还有众多的表兄弟、表姊妹，而他的妹妹、堂姊妹、表姊妹们加起来据说正好十二人，这不就是金陵十二钗吗？这是土默热先生考证的结果，并以此作为洪昇是《红楼梦》原作者的证据之一。诚然，历史不能这样牵强附会地猜测，诚如红学专家、首都师范大学中文系教授段启明所说："土默热对洪昇生平的叙述确系史实，但一涉及与《红楼梦》相关的部分，所采取的方式就是猜想了。"而我在叙述中也只参考那"确系史实"的一部分，不作与《红楼梦》人物一一对应的猜想。

古人多以诗纪事，很多诗歌是可以作为诗史来读的。从洪昇存世的诗歌看，有不少以虞氏水香居为背景，但如前文所述，尚无史料可以确证虞氏水香居就是洪园或洪园的一部分。不过，透过洪昇青少年岁月的诗作，可以窥探一个少年的隐秘生长，他也确有怡红公子情结。他青少年时与大观园里的贾宝玉一样，在虞氏水香居中同众多的姊妹们打成一片，也可谓是倚红偎翠。随着洪昇渐渐进入青春期，他在与这些姊妹的交往中，既有了生理变化所带来的男性意识的觉醒，也渐渐对女性有了深入的体察，在其诗集《啸月楼集》中就收入了不少这一类的作品，如其《东家女儿歌》：

> 东家女儿红粉妆，横垂绣幕掩兰堂。
> 雕笼月映娇鹦鹉，碧树春来栖凤凰。
> 凤凰鹦鹉双双见，凝涕含情长掩面。
> 燕蹴轻花宿雨飘，莺啼细柳微风转。
> 可怜花柳正芳菲，愁绝狂夫去不归。
> ……

这是一首描写东家女儿思春和闺怨的长诗，以东家女儿的装扮入笔，此时，青春萌动的洪昇仿佛正透过一层绣幕在窥视那位深闺中的东家女儿，从"凤凰鹦鹉双双见"到东家女儿"凝涕含情长掩面"，细致入微而又逼真地描写出了时空场景中东家女儿情态之变化，从"可怜花柳正芳菲"到"愁绝狂夫去不归"，既点出了东家女儿独守空闺的缘由，更倾诉了她心中的孤寂与幽怨。这首诗不知确凿作于何时，但无疑是洪昇青少年时的作品，《啸月楼集》是他的第一部诗集，所收皆为其早年作品。而此诗已颇见功力，他以白描的手法层层刻画出了东家女儿微妙而隐秘的内心世界。特别值得注意的是"狂夫不归"一语，洪昇后来赴北京入国子监就读，又为生计而四处漂泊，在其远离家人与故乡的诗作中，常用"狂夫不归"以自喻，而他后来也确实是一个充满了狂狷之态的"狂夫"。

在洪昇青少年时代还有一段不可忽视的经历，就是参与蕉园诗社的交游吟咏。

蕉园诗社乃闺秀结社，又称蕉园吟社。据吴晶《西溪与蕉园诗社》考，蕉园诗社是清初乃至中国古代史上第一个真正意义的女性诗社，"清初闺秀结社称于当世者，首推蕉园诗社"，入社女子"人订金兰"，她们不但订下了金兰契，还缔结了"生死盟""兼葭秋水盟"，并且发表了《蕉园诗社启》，"意在吟赏梅月之风，以添妆台逸兴之情"。这也是中国古代第一个有启事、有组织、有盟约的女性文学社团，主要活跃在钱塘特别是西溪一带，蜚声于西湖之滨，却具有超出地域和时代的影响。但史上对该诗社的成立时间说法不一，一说为康熙四年（1665）"由顾玉蕊发其端绪，组织诸闺秀创立蕉园诗社"；一说其最早成立的时间应在顺治年间。又据王丽梅《曲中巨擘》考："顾玉蕊把自己的女儿钱凤婉、钱凤纶，儿媳林以宁以及同好柴静仪以及其儿媳朱柔则和女词人徐灿等人召集在一起联诗对句。"

无论哪种说法，顾玉蕊都是首倡者。那么这个顾玉蕊又是何许人也？据《清代闺阁诗人征略》等载："顾之琼，字玉蕊，钱塘人，钱开宗室。"钱开宗，字亢子，仁和人，顺治九年（1652）进士，官至翰林院检讨。此职常以三甲进士出身之庶吉士留馆者担任，从七品。前文提及，钱开宗就是洪起鲛"元配钱夫人"的兄长，那么在姻亲关系上也是洪昇的舅父。除了这层关系，顾玉蕊还是洪昇的表姑或表姨，钱开宗又是洪昇的表丈。顾玉蕊生卒不详，工诗文骈体，还是明末清初著名的女曲家。洪昇因这沾亲带故的关系，加之他天资聪明，心有灵犀，惹人喜爱，时常被蕉园诗社的姊妹们邀请参加诗社的活动。这一段经历对洪昇之所以特别重要，一是让他得到了琴棋书画、诗词曲赋的艺术陶冶，顾玉蕊很可能就是他的第一个戏曲老师；二是在他的成长期逐渐加深了他对女性的了解和认知。这是一个由才女组成的女性群体，洪昇对这些才女备加推崇，而在朝夕相处、耳濡目染中，一个少年体察着她们的情思，渐渐地，对她们的心灵、她们的命运遭际也有了由浅入深的体察。在一个少年的眼光里，她们的性情与才情，她们的姿态与心态，几乎是完全自然而然地从她们身上流露出来。但也有人对他这一段经历过度演绎，这无关风月，但要看能否在时间上经得起推敲。

从时间上看，蕉园诗社历时四十余年，可以清晰地分为两个阶段，前有"蕉园五子"，后有"蕉园七子"。对"蕉园五子"也有多种说法，一说是因徐灿、柴静仪、朱柔则、钱凤纶、林以宁五人合刊诗集，故称。徐灿为光禄丞徐子懋之女、弘文院大学士海宁陈之遴继室，夫荣妻贵，后封一品诰命夫人。她工诗，尤长于词学，其词多抒发故国之思、兴亡之感。柴静仪，字季娴，孝廉云倩女，虎臣侄女。虎臣即柴绍炳，字虎臣，为康熙朝著名的"西泠十子"之一，也是洪昇日后的师执。她本人多才多艺，与姊贞仪并擅诗名，又工写梅竹，有《木樨芙蓉图》，笔意韶秀，能鼓琴。朱柔则为柴静仪长子沈用济之妻，工诗善画，而沈用济后来又师事洪昇，为其门生。钱凤婉和钱凤纶姊妹为钱开宗与顾玉蕊的女儿。林以宁，字亚清，生于顺治十二年（1655），卒于雍正年间。她为进士林纶之女，其母为洪昇的姑姑，她是洪昇的嫡亲表妹。后来，她嫁给了钱开宗与顾玉蕊之子钱肇修（字石臣，号杏山）。据章培恒先生稽考，肇修生于顺治九年（1652），比洪昇小七岁，林以宁则更小，比洪昇小十岁。而"蕉园五子"无论哪一种说法，都少不了林以宁，但也都经不起时间推敲。历史是很残酷的，在洪昇十三岁那年，发生了一桩惊天大案，导致钱开宗被绞杀，家产妻子籍没，蕉园诗社因此遽尔中断。而此时，肇修年仅七岁，林以宁才两三岁，连话都还说不太清楚，她又怎么可能成为"蕉园五子"呢？绝对不可能。

走笔至此，先看看到底发生了怎样的惊天大案。顺治十四年（1657），接连发生了三起震惊朝野、天子震怒的科场舞弊案，分别为丁酉顺天乡试案、丁酉江南乡试案、丁酉河南乡试案。这里只说江南乡试案。清廷命方猷为江南乡试主考，钱开宗为副考官。在方、钱二人赴江南之前，顺治帝还对他们耳提面命，自然是以儆在先，命他们秉公取士。自顺治七年（1650）摄政王多尔衮死后，顺治帝就开始亲政，这位十四岁的少年天子集大权于一身，乾纲独断，坐在金銮殿的那把龙椅上指挥文武百官，旁若无人。在争取汉族士人、重用汉官方面，他也进行大胆的尝试和努力，而当时天下未定，盘踞岭南的南明永历政权一直难以消灭，东南沿海又有郑成功以台湾为据点，凭借其海上水师优势几番登陆，一度夺取金门、厦门，并在闽海大练水军，而郑成功也多次誓言北伐中原，恢复大明社稷。江南不少反清志士则闻风而动，大有里应外合之势。顺治帝深知，若要大清根基稳固，仅靠武力是难以征服天下汉人的，而最难征服的就是民心。而科举乃为国择士，尤其在清初，更关乎清朝社稷之安危，清廷开科取士，首在让天下归心，这也是他对科举特别重视的根本原因。否则，他也不会特意召见方猷、钱开宗这两位官不过七品的考官，对他们再三叮嘱，此乃国策所系也。而此前，清廷也严令"考官阅卷有弊者，杀无赦"。

考官，又称帘官，因至贡院公堂后进有门，加帘以隔之，而这一帘之隔也如同内幕。方猷、钱开宗在主试江南时是否有什么幕后交易不为人所知，但那个结果一出来，所取者多为富贵官宦子弟，而那些有真才实学、众望所归的平民子弟几乎无人登榜。同场竞技者，又大多知道彼此的底细和学问文章之高低，他们抓不到徇私舞弊的把柄，却眼睁睁地看见了徇私舞弊的结果。一时间嘘声一片，怨声载道，那些愤其不公的士子采取了各种激烈的反应，他们在江南贡院门前抗议疾呼，又在文庙里号咷恸哭。当方猷、钱开宗一行乘舟离开江南回京师时，一路都有人逐舟唾骂，纷纷捡起石头、砖头往他们船上乱砸一气。此乃"殴帘官"之举，按律应当严惩。然而堂堂两位大清考官，此时早已没有了这个底气。他们来时前呼后拥，望之俨然，而走时，却只能缩头藏尾地躲在舱中，否则不被砖头、石头砸死，也会被唾沫星子给淹死。江南士子如此一闹腾，动静就大了，连远在三千里外的京师都惊动了。随后便有工科给事中阴应节参劾："江南主考方猷等弊窦多端，榜发后，士子忿其不公，哭文庙，殴帘官，物议沸腾。"

而江南也确实一直沸腾不止，一首不知是谁所作的讽刺诗从士林传入市井坊间，黄发垂髫皆能诵："孔方主试合钱神，题目先论富与贫。金陵自古称金穴，白下于今中白丁。"江南书坊中还刻了一部无名氏所作的传奇小说《万金记》，一经上市，旋即就被抢购一空，只得夜以继日地赶印，依然是洛阳纸贵，一书难求。这书名还真是极具影射的天赋，所谓"万金"，既直指方猷、钱开宗受贿之多，而"万金"又暗指方、钱两人的姓氏，万乃"方"字去掉一点，士人皆曰，这个主考应该砍头；金则为"钱"字的一半，或指副主考钱开宗该受斧钺劈身之刑。

这一类的讽喻影射之作，在丁酉江南乡试后以各种形式推出，层出不穷，如时人笔记《研堂见闻杂记》所云："好事者为诗，为文，为杂剧、传奇，极其丑诋。"而其中影响最大的则是尤侗所作的传奇《钧天乐》。尤侗，字展成，一字同人，号西堂，生于明万历四十六年（1618），苏州府长州人，明末清初著名诗人、戏曲家，他比洪昇年长二十七岁，后以诗词戏曲为缘，两人结为忘年之交，尤侗暮年还曾为洪昇的《长生殿》作序。洪昇对他十分敬重，而顺康两帝也对他十分看重。他曾被顺治帝誉为"真才子"，后又被康熙帝誉为"老名士"，但这样一位"真才子"六入考场，皆榜上无名。他也参加了丁酉江南乡试，结果又是名落孙山。一部《钧天乐》，实乃其抒心中积久之愤，并非具体指丁酉江南乡试。说来也许是巧合，此剧刚好在江南乡试发榜之际搬演，时人均疑其影射此次江南乡试，"观者如堵墙，靡不咋舌骇叹"。此剧上本写文才出众的沈子虚应试落第，而不学无术的贾斯文、程不识、魏无知，却因财大气粗而登状元、榜眼、探花三鼎甲。主考则名叫胡图，糊涂也。通过这些角色的演绎，揭开了科场徇私舞弊的幕后交易。剧本中还有一首《黄莺儿》词："命意在题中，轻贫士，重富翁。诗云子曰全无用，切磋欠工，往来要通，其斯之谓方能中，告诸公，方人子贡，原是货殖家风。"子贡为孔门十哲之一，以善于经商营财而著称，为孔子弟子中首富。这首词对科场不公揭示得更加淋漓尽致；下本则写沈子虚升天后参加了天界的科考，而天界所取者为真才，沈子虚既高中状元，又夫妻团圆，而这样的好事只合天上有，不在人间。而顺治帝在追查江南乡试案时，也看过《钧天乐》剧本之刻印本，由于他对尤侗的道德文章欣赏有加，对剧中所描述的科场弊端也深信不疑，甚至以此作为插板此案的证据之一，至少是旁证吧。无论当时还是后世，皆有不少人认为《钧天乐》是引爆江南乡试案的导火索，如顺治十一年（1654）江南乡试举人董含所谓："上览震怒，遂有是狱。"

江南乡试案经刑部审查一年后，将审实的结果禀报顺治帝，刑部原本是比照此前的顺天科场案进行处治，而顺治帝则罪加一等，下旨将主考、副主考及该场乡试所有同考官共十八人悉数绞立决，妻子家产尽皆抄没入官。顺治帝如此苛刻严厉，除了上述业已交代的历史背景，也是欲以此案以示严惩不贷之意志，而收杀一儆百之功效。还有史家认为，在丁酉江南科场案的背后，还涉及南北党争、江南社事之争，这也是顺治帝欲以快刀斩乱麻之举。应该说，清廷以霹雳手段打击科场舞弊案是必须的，也还了那些愤其不公的士子一个公道。但清廷在打击面上肆意扩大化，以致株连甚广，殃及了太多的无辜。

可怜顾玉蕊这样一个骈文诗词兼工的大才女，就这样随同家产一起"籍没入官"，将发卖给旗人为奴。钱家男女老少连同佣仆共两百多口，全被枷锁押解进京，像串在一起的蚂蚱，他们也将以出卖的方式沦为旗人的奴仆。这是少年洪昇眼睁睁地看见了的一场天降大祸，一个如烈火烹油的钱塘大家族，一眨眼，说没就没了。一家子如鲜花着锦的人物，一转身，就沦为了别家的奴仆。冬月的寒风猛烈扫过门庭，只留下一片狼藉，一张贴在大门上的封条，还有门口蹲着的一对如挣扎般惨不忍睹的石狮子。想来，就算钱开宗罪有应得，这一家大小连同仆从又何罪之有？洪昇实在想不通，打心眼里对这个大清王朝充满了反感，也充满了恐惧。而最让洪昇可怜的还是他那七岁的小表弟肇修，一个小小的身影，又怎能承受住那沉重的枷锁？肇修也是洪昇童年的玩伴，特别机灵可爱。而这一别，不知何日才能相见，也不知道他最终将流落何方。

钱肇修后来在《惜阴亭有作》一诗中追忆："七岁为孤雏，哀哀泣路隅。八岁为俘虏，荷锸到上都。九岁还乡里，十岁通群书。"其姊钱凤纶则在《哭伯兄》诗中悲叹："老母头半白，风波多艰险。北走飞狐道，西出玉门关。"幸运的是，清廷还算网开一面，顺治十七年（1660），年过半百的顾玉蕊与其子得以释归。肇修释归后，家产已籍没入官，老母已白发参差，只能靠亲戚接济抚育。洪昇十分疼爱这位小表弟，两人从小到大情同手足。钱家后来咸鱼翻身，长子元修、次子肇修先后中进士。肇修于康熙三十年（1691）中进士，其时已年过不惑，后官至陕西道监察御史，有《石臣诗钞》等集传世。从钱肇修幸或不幸的身世看，清廷多少也有人性化的一面，一是将被系入狱的年迈年幼者释归，没有赶尽杀绝；二是不计前嫌，还能给予这种朝廷钦犯的子弟一条出路。而钱肇修出仕清朝后，对清朝也是尽忠报国，鞠躬尽瘁，只叹身世不幸，对清廷则没有流露出丝毫怨言。

钱肇修和林以宁结婚后，林以宁继承姑志，又重组了中断多年的蕉园诗社，于是又有了"蕉园七子"，这七子又有多种说法，一说为张昊、冯娴、顾姒、姚令则、李淑昭、毛媞（毛安芳）等。张昊，字玉琴，号槎云，约生于顺治元年（1644），卒于康熙七年（1668），为"孝廉（举人）张义坛女，诸生胡大潆室"。胡大潆，字文漪，生平不详。其与张昊皆能诗，夫唱妇随，合著《琴楼合稿偶钞》。据施闰章《琴楼合稿序》："钱塘胡子文漪与妇张氏槎云并能诗，槎云二十五死。"这是一个红颜薄命的才女，而序者施闰章为清初著名诗人，洪昇后来拜其为师。冯娴，生卒不详，字又令，钱塘人，仲虞女，同邑诸生钱廷枚室，著有《和鸣集》《湘灵集》。钱凤纶、林以宁皆称其为姊母，据此可推，其夫钱廷枚当为钱开宗的兄弟或族兄弟辈了。顾姒，字启姬，生平不详，著有《静御堂集》《翠园集》等。姚令则，字柔嘉，仁和人，著有《半月楼集》。李淑昭，字端明，生卒未详，其父乃是明末清初大名鼎鼎的文学家、戏曲家李渔。毛媞，字安芳，乃洪昇师执毛先舒之女，从年岁看，她是诗社成员中比较小的，但也比洪昇大三岁。她十六岁嫁给同邑诸生徐邺。《诗话》云："安芳刻苦吟诗，积稿盈帙。时年逾三十，未有子。尝执其诗卷曰：此我之神明所寄，即我子也。"一个婚后无子的古典仕女，却留下了一个"以诗为子"的故事，至今犹为人津津乐道，却未知其内心之苦也。毛媞于康熙二十年（1681 年）先于其父离世，年仅四十。毛先舒悲痛之余，恐其生前诗作日久散佚，乃编为《静好集》，以志其悲。

从蕉园诗社的前后成员看，多是才情并茂的大家闺秀，除顾玉蕊等几个长辈外，又多为洪昇的姊妹辈，她们之间有着如藤蔓一般盘根错节的血缘或亲缘关系。而这些女子也可谓是那个时代的新女性，洪昇在与她们的交游中，度过了青葱岁月的快乐时光，也见证了她们的幸与不幸。他日后写过不少怀念这一段岁月的诗，却又如唐人李商隐诗云："此情可待成追忆，只是当时已惘然。"拉开时空的距离后就有了人生的况味，也能让他以一种更成熟、更深沉的目光来回望青少年时代的这段生活。这些才女后来各有各的命运，但大多难逃"自古红颜多薄命"的宿命，洪昇那两个"霜管花生艳，云笺玉不如"的妹妹，后来所嫁非人，堕坑落堑，皆在年纪轻轻时便香消玉殒，这是洪昇的终生之痛。

三

在我的叙述中，总会下意识地提到宿命，我并非宿命论者，但在人生中确有生来就已注定的因素，否则你都无法解释。譬如说，在洪昇的宿命中，就有一位必将与他"执子之手，与子偕老"的女子，那就是他的嫡亲表妹黄蕙。

黄蕙，字兰次。古时女子大多有名无字，只有极少的大家闺秀才有字。黄蕙与洪昇同年同月生，差一点就是同日生了，洪昇只比她早生一日。黄氏也是钱塘望族之一，世居钱塘金墩武林积善坊巷，世称金墩黄氏。其始祖黄府，字大方，为南宋福建莆田黄石金墩平海军节度判官，赠太尉，谥清惠，钦赐庙号金墩。若论及先代的辉煌，金墩黄氏还不及"三洪学士之世胄"钱塘洪氏，然而在明清易代之际，金墩黄氏几乎抵达了位极人臣的巅峰状态，这个巅峰，就是黄府的十五世孙黄机所登临的。黄机（1612—1686），字次辰，一字澄斋，号雪台，顺治四年（1647）

中进士，累迁礼、户、刑、吏四部尚书，屡官至光禄大夫、太子太师、文华殿大学士兼吏部尚书。明清两季不置宰相，大学士就已是位极人臣的相国了，黄机就被誉为"太平良相"，钱塘黄府则是名副其实的相国府。若要附会《红楼梦》，洪氏乃四大家族中的贾氏家族，黄氏乃四大家族中那个"东海缺少白玉床，龙王来请金陵王"的王氏家族。

又从血缘关系看，洪昇的生母为黄机之女，黄蕙则是黄机的孙女、黄彦博的女儿。黄机是洪昇的嫡亲外公，黄彦博则是洪昇的嫡亲娘舅，洪昇的生母则是黄蕙的嫡亲姑妈。这可不是一般的亲上加亲，这种血缘亲情在人间几乎无以复加了。从洪昇的出身看，无论父系，还是母氏，其门第何其荣华，何其显赫。古时联姻，既讲究门当户对，也讲究亲上加亲，倘若洪昇能与黄蕙缔结姻缘，这样一桩门当户对、亲上加亲的婚姻谁不看好呢。然而，姻缘也要看缘分。这一对表兄妹还真是从小就很投缘，在洪昇后来写给黄蕙的《寄内三首》之一中，描写了他俩如在童话世界里度过的天真岁月："少小属兄弟，编荆日游憩。素手始扶床，玄发未绾髻。"这不是全诗，但透过这五言四句，可知他们时常在一起"编荆游憩"，黄蕙在他的诗中活灵活现，她儿时那模样多可爱啊，一双干净的小手，还要扶着床才能行走，那乌亮如丝的头发披散着，飞扬着。而在他们两小无猜的岁月，自然没有什么男女之别，就像小哥俩一样。随着年岁渐长，日久生情。双方家人从他俩的眼神里看出了两人那点小心眼，便有了为他们缔结姻缘之念。

每个人内心都有一片隐秘地带，在虞氏水香居山石下的小池畔，长着两株桂树，对于洪昇一生，他最隐秘、最愉快的一段岁月就是与黄蕙一起在这桂树掩映的小池畔度过的，这也是我们走进他灵魂深处的第一个入口。这儿是他们青梅竹马的游乐园，也是他们情窦初开的伊甸园。夏日里，那一池清水渗透着凉意，他们倚着树干，坐在池边，一边乘凉，一边听蝉。每到深秋，桂子飘香，香远益清，他们又在这儿看花影游鱼。这些都成为了洪昇未来创作的源泉，天性敏感的他，总能从这自然变化中获得奇异的启示。而两株桂树也不知长了多少年头了，这是洪昇与黄蕙的爱情见证。他后来在诗中反复描写和吟咏过这两株桂树，如

《忆桂》，洪昇写作此诗时，已是他历尽沧桑、归隐钱塘之后，这两株桂树已不知"剪伐归何处"，却剪不断洪昇绵绵无尽的追忆：

> 池畔两株桂，年年开暮秋。
>
> 天香清鹤梦，花影乱鱼游。
>
> 剪伐归何处？婆娑忆未休。
>
> 惟余一拳石，似写小山幽。

他俩十三岁时，顺治十四年（1657），黄蕙随父入燕。此时黄彦博尚未中进士，据吴鼎雯撰《国朝词垣考镜》卷三载："康熙三年甲辰庶吉士黄彦博，机子，字公路，号泰征，浙江仁和人。"一般中进士后即选庶吉士，其当为康熙甲辰科进士。此时，距他中进士还有六年，他或是随父黄机入京专攻举业。黄蕙随父赴燕之前，已与洪昇订婚，一双朝夕厮守的小情人，一别经年，洪昇日思夜念，在《寄内三首》中如泣如诉，"独坐心烦伤，伏枕或流涕"，他也在诗中明确交代了他俩订婚的时间以及黄蕙随父入燕的年岁，"嗣后缔昏因（婚姻），契阔逾年岁。十三从父游，行行入幽蓟"，于此可知，他俩十二岁就订婚了，到黄蕙随父入燕时"契阔逾年岁"。而《寄内三首》则写洪昇北望幽蓟，满腹愁思：

> 幽州气候殊，八月寒惨栗。
>
> 北风吹飞藿，动地卷霜雪。
>
> 层冰结黄河，水落鲤鱼绝。
>
> 浮云千里来，玄鸟去欲灭。
>
> 愁人不能寐，中夜闻蜻蛚。
>
> 明月有盈亏，众星自罗列。
>
> 嗟哉双鸳鸯，如何久离别。
>
> 虽有合欢被，独眠为谁设。
>
> 北望愁我心，踟蹰俟还辙。

透过此诗，可知他日夜为寓居燕京的黄蕙担忧，他其实还未去过北京，也从未到过中原及黄河以北，他想象中的北方和北京风雪交加，鱼鸟灭绝，寒冷得令人战栗，你甚至感觉他在江南写这首诗时都在发抖战栗。而黄蕙那样一个从小娇生惯养的江南小女子，又如何能抵御那儿的严寒啊？而当这担忧与思念交织在一起，他忧愁得夜不能寐，以致反复嗟叹和诘问"如何久离别""独眠为谁设"，一心渴盼着黄蕙早日"还辙南归"。经历了长达六载的苦苦相思和期盼，他终于把自己的心上人给盼来了。在《寄内三首》之三中，洪昇一扫往日的郁闷忧伤，喜不自禁地抒写："去冬子南归，饥渴慰心期。邂逅结大义，情好新相知。"

对于洪昇诗中"去冬子南归"的时间，就要看洪昇与黄蕙结婚的时间了，很明显，这个冬天，就是他们"邂逅结大义"之前的那个冬天。但他到底在何时成婚呢？对此，章培恒先生以《武林坊巷志》所引《郭西小志》为依据，确定了洪昇为康熙三年（1664）二十初度之际成婚。此说如今已是定论，也有比较可信的证据。而洪昇成婚的时日一旦确定，又可推定，黄蕙是康熙二年（1663）冬天南归的，而他们成婚时皆已二十初度，这在盛行早婚的古代已算是"晚婚"了。而这既是婚礼，也是洪昇之冠礼、黄蕙之笄礼。按周礼，男子二十岁行冠礼，又规定贵族女子在订婚（许嫁）以后出嫁之前行笄礼，一般在十五岁举行，如果一直待嫁未许人，则年至二十也行笄礼。冠笄之礼乃汉民族源远流长的成人仪礼。那是一个钱塘文士名流云集的婚礼，又加之一对新人同年同月生，这天赐良缘世间鲜有，友人既贺其新婚，又贺其初度，"于是梁园佳客，共吮霜毫，邺下文人，争传彤管。花怜并蒂之名，乐奏同生之曲"。如今存世的有张竞光的《同生曲·为洪昉思作》。张竞光，字觉庵，钱塘名士，生年不详，卒于康熙十一年（1672）岁末。明亡之后，他怀遗民之志，隐而不仕，工诗，有《宠寿堂诗集三十卷》传世。他是洪昇在钱塘交往密切、亦师亦友的名士之一。他的诗，让我等后世如临现场，一睹洪黄婚礼之盛况：

　　高门花烛夜，公子受绥期。

里闬传光彩，宾阶吐妙词。

仙郎重意气，静女整容仪。

含思连枝树，定情合卺卮。

扇摇扬比翼，衾锦织双丝。

共饮一流水，相看并本芝。

鸳鸯隐绣幕，鸾凤逐重帷。

眷恋无穷已，绸缪有独知。

永怀从此夕，初度竟何时！

岁月无先后，芙蓉冒绿池。

洪昇的另一位师执柴绍炳作《贺昉思新婚》："年少能吟绝妙词，况今燕尔是佳期。早春未放桃花朵，正月当舒杨柳枝。"这首诗很容易让后世引起误会，以为洪昇成婚于早春正月。章培恒先生特加按语："早春二句，当是比喻。"而这首诗还透露了一个重要信息，洪昇年少时不仅诗鸣钱塘，而且"能吟绝妙词"，词乃诗之末，却是戏曲创作的基本功，古人甚至把戏曲创作直接称为"填词"，这就让填词有了双重意义，但无论是指词体创作，还是指戏曲创作，词曲创作都是相辅相成、密不可分的。而柴绍炳既工诗词，也善乐律，对洪昇的诗词戏曲创作有深远的影响，容后再叙。

当时，"友人为赋《同生曲》，一时和者甚众"，众人又将所赋之《同生曲》结集，洪昇的老师陆繁弨特作《同生曲序》，既是对"友人为赋《同生曲》"之附和，也是对洪昇夫妇结缔之庆贺。序曰：

及门洪子昉思暨妇黄氏，两家亲谊，旧本葛萝；二姓联姻，复称婚媾。壻（同婿）即贤甥，仍从舅号。侄为新妇，并是姑称。而况门皆赐第，家有珥貂。三洪学士之世胄，累叶清华。春卿大夫之女孙，一时贵介。又乃芙蓉芍药，誉满士林。柳絮椒花，声标珠阁。……辞人揽笔，忽珠露之胜光。贤女试妆，正秋蝉之鼓翼。尔乃进衣初罢，昏定余闲。葡萄织锦，枝蔓相交。迷迷煎香，氤氲不散。玉镜新开，情自深于披扇；章台归去，事或盛于画眉。桂魄未升，陋姮娥之独处，银河虽浅，笑双星之不逢。是知春风初扇，不足拟其太和。秋水高淡，无以形其至乐。于是梁园佳客，共吮霜毫，邺下文人，争传彤管。花怜并蒂之名，乐奏同生之曲……

这四六句子的骈体文倒也写得活泼多姿，幽默诙谐，妙趣横生。尤为重要的是，这篇序文把洪黄二姓联姻的血缘姻亲关系交代得一清二楚。从门第看，"门皆赐第，家有珥貂"，洪昇乃"三洪学士之世胄，累叶清华"，黄蕙乃"春卿大夫之女孙，一时贵介"。其时黄机已官至礼部侍郎，跻身于卿大夫之列，为改朝换代后的一代新贵。"芙蓉芍药，誉满士林"，乃指洪昇，当时他已是一位丰神俊逸、誉满士林的钱塘俊秀了，而"柳絮椒花，声标珠阁"则指黄蕙也是一个名扬闺阁的才女。"椒花"典出《晋书·列女传·刘臻妻陈氏传》，陈氏秀外慧中擅写文章，曾于正月初一献《椒花颂》，后遂用为典，指新年祝词，其人亦以其才情而名于世、载于史，成为古典才女的象征。黄蕙也是一个知书达礼、闻名于闺阁的小才女，她精通书画，妙解音律。这样一对才子佳人，琴瑟和鸣，加之又是同生奇缘，成就了钱塘文坛的一段佳话，至今为人津津乐道。陆繁弨以独处月宫中的姮娥（嫦娥）、被银河分隔的双星（牛郎、织女）来反衬这一对天成佳偶的美满幸福，还觉得这样的形容远远不够，"无以形其至乐"。

据《洪昇年谱》，当时黄彦博"以嫁女故，请假归里"，在这场婚礼中他拥有多重身份，既要操持女儿的于归之礼，又要参加外甥和女儿冠笄之礼，亲上加亲又喜上加喜。在一对新人成婚后的第一个七夕节，又是一个"高门花烛夜"，只不过是换了一个场景，这次是黄彦博在自己的府邸大宴宾朋。七夕节不仅是牛郎织女跨过鹊桥一年一度相会，还演绎出了多种民俗意蕴，如女儿拜织女，双手合十仰望织女星座，在心中默默许愿，希冀嫁个如意郎君。男儿拜魁星，相传七月七日是魁星的生日，魁星为北斗七星的第一颗星，主掌文事，想求取科举功名的古代士子，必在七夕这天祭拜魁星，祈求魁星爷保佑自己"一举夺魁"。而已婚男女，还有在七夕种生求子的习俗。黄彦博于七夕设宴，既是为女儿女婿欢度良宵，也是为自己十年寒窗苦读、终于进士及第、入仕为官而庆。这是继洪昇婚礼后的又一次文人雅集，有酒助兴，诗性盎然。而洪昇每至兴会，才思敏捷，即席赋诗一首《宴外舅黄泰征宅》，可惜这首诗已经失传，只留下了一句"庭外长竿悬犊鼻"，载于柴绍炳《与洪昉思论诗书》一文中，为这一句诗，师生俩还有一番论辩。据章培恒先生推测，此诗不载于洪昇诗集，当是"昉思遵绍炳教而删之也"。而关于洪昇与柴绍炳之论辩，则留待后文再叙。

洪昇有很深的七夕情结，在他与黄蕙聚少离多的一生中，曾写过多首以七夕为题的诗歌，而他在新婚后所赋《七夕闺中作四首》，描绘了他们的蜜月生活：

> 吹罢秦箫复唱歌，行杯忘却夜如何。
> 深闺亦有机中锦，不向天孙乞玉梭。
>
> 两两鸳鸯戏碧流，夜深贪宿藕花稠。
> 笑他着意防人眼，不管银蟾照并头。
>
> 忆昔同心未有期，逢秋愁说渡河时。
> 从今闺里长携手，翻笑双星惯别离。
>
> 琼窗斜掩彩云低，莲漏将残又唱鸡。
> 纵使一年浑不晓，莫言容易得双栖。

透过这一组诗，可见此时洪昇家境之优越，若没有这样的家境，又怎能过上这种"吹罢秦箫复唱歌，行杯忘却夜如何"的生活？小两口如胶似漆，日夜缠绵缱绻，浑然已经忘却了整个世界。洪昇还以小两口"从今闺里长携手"的美满甜蜜，来反衬为银河所隔的牛郎织女，一句

"翻笑双星惯别离"，其实也寄寓了洪昇对牛郎织女长久别离的怜惜与悲悯。他后来在《长生殿》中反其意而用之，把双星化作了李隆基、杨玉环生死之恋的撮合者，真乃别出心裁又意味深长。而新婚燕尔，黄蕙归宁（回娘家），洪昇一日不见如隔三秋，于此作《寄内三首》，这一组诗从他俩"少小属兄弟，编荆日游憩"，一直写到他俩"邂逅结大义，情好新相知"，实际上是追忆他们这二十年的成长史、爱情史，还没完，他最后一段则是写黄蕙归宁后的相思与哀怨："春华不再至，及此欢乐时。尔我非一身，安得无别离？今当赋归宁，恨恨叙我思。屏营寂无语，徒倚恒如痴。长叹卧空室，恍惚睹容辉。咫尺不可见，何况隔天涯。一日怀百忧，踟蹰当告谁？"

洪昇真是一个多愁善感、儿女情长的痴情公子，他似乎还没有清醒地意识到，他已经不是成婚之前的那个公子少爷了，而成家就意味着立业，作为这家里的长子，他应该为承继和延续这个"累叶清华"的世家而作准备。诚然，洪昇不只有一个游玩嬉戏的青少年时代，他更应该有一个"业精于勤"的青少年时代，那也是他的父亲和师长寄予了厚望的。

第二章

何去何从

一

设若没有明清易代，再退一步，倘若不是异族入侵，洪昇的人生之路从他一出生就已注定，那就是延续"三洪学士之世胄"的儒宗传承，走仕途经济之路，这也是摆在天下士子面前的一条进取正途。然而，当明清易代，社稷易主，面对这突如其来的王朝更迭，从社稷颠覆势必会产生的价值倒置，也势必会产生身份焦虑，更何况这还是异族王朝取代汉族王朝，价值倒置和身份焦虑愈加强烈。文人士子对社会角色的重新认定，一个大前提是对清王朝的正统地位必须认定，这需要假以时日，需要从更长远的历史空间来审视这段历史。而对于置身于历史夹缝中的那一代人，尤其对于江南士子，这是一个艰难的抉择，一如屈原《楚辞·卜居》："此孰吉孰凶，何去何从？"

如今一提江南，立马就让人想到多雨的江南，柔情似水的江南，还有温文尔雅的江南秀士。又如笔者在前文提及，南明降臣钱谦益等向南征江南的多铎献策曰："吴下民风柔弱，飞檄可定，无须用兵。"这个江南大才子既不了解自己，以至于反复无常，忽而抗清忽而降清，他也不了解"吴下民风"，在吴越绅民温文尔雅的外表下，在他们的骨子里、血脉里，尚存那剽悍的、刚强的、充满了血性的天性。慎终追远，江南先民原本是尚武逞勇的战斗民族，又能忍辱负重以图霸业，那卧薪尝胆的越王勾践就是一个最典型的越人标本，而他所持的一把寒气逼人、锋利无比、所向披靡的绝世兵刃——越王勾践剑，被世人誉为"天下第一剑"，既造就了勾践这位春秋时代的最后一位霸主，也是越人的神圣图腾，而越人高超绝伦的铸剑工艺，在很长一段时间也远胜于诗书。吴越文化从尚武转向崇文，一般认为是晋室永嘉南渡之后，把中原文明从黄河流域带到了长江流域，随着中原文化与江南文化的一次大融合，晋室南渡带来的士族文化给吴越注入了"士族精神、书生气质"，逐渐改变了吴越文化强悍的一面。迨至宋室建炎南渡，又是一次中原文化与江南文化的大融合，杭州作为南宋帝国的中枢，自然也成为了南宋的文化中心，从中枢神经到毛细血管都被宋室南渡带来的中原文化所渗透。大宋王朝原本就是一个把崇文尊儒、乐学重仕之风推向了极致的王朝，也把杭州这个首善之区推向了崇文尊儒、乐学重仕的极致。南宋一直想要恢复中原、还都汴京，而直至覆没，中原是回不去了，却把崇文尊儒、乐学重仕之风留了下来。到清初时，中原文化与江南吴越文化已在此风云际会五百余年，让吴越文化进一步向阴柔、温婉、清秀、恬静、精致的方向生长，直到今天，吴越或江浙文化依然是中国文化中精致典雅的代表。然而，当一个时代被强大的外力改变后，时代断裂与生命撕裂之感，生存的重负与精神的伤痛，几乎同时呈现，那种特殊的生存环境所激发出的生命能量，那种绝望而顽强的挣扎，每每遭逢这样的断裂与撕裂，江南子弟便凸显出他们骨子里的血性，爆发出势不可当的力量。否则，你就无法解释江浙一带为什么会有那么多书生满怀慷慨报国之志，投身于抗清战争的行列，更有无数忠烈为国殉节。

诚然，并非所有人都能成为忠烈义士，在无所适从的茫然与困惑之中，只能依据各自的价值取向作出自己的抉择，如湖广遗民杜濬所谓："当时同学十数人，两人引颈先朝露。一人万里足重茧，一人入海随烟雾。三人灭迹逃空门，四人墙东长闭户。一人卖药不二价，一人佯狂以自污。黄生计划无复之，门前便是青山路。昆吾宝剑千金值，改铸腰镰应有数。黄生终日无踪迹，上山清晨下山暮。"

若要看清当时的士人何去何从，还得交代一个很关键的历史背景。顺治元年（1644）四月，那个叛明降清的"千古贰臣"洪承畴随清军入关，在历史的转折点起到了关键作用。在明朝，这位进士出身的文臣，以其文韬武略把自己打造成为了一位以文驭武的大将，在镇压农民起义中连战连捷，俘杀高迎祥，屡败李自成，成为深受崇祯皇帝倚重的股肱之臣，他曾在厅堂挂出一副对联："君恩深似海，臣节重如山。"崇祯十五年（1642），洪承畴身为兵部尚书、蓟辽总督，在指挥松锦之战遭受惨败后，被清军俘虏，尽管他在内心里几经挣扎，最终还是作出了"识时务为俊杰"的选择，叛明降清，从此又深受清廷器重。清朝定鼎燕京后，洪承畴以太子太保、兵部尚书兼都察院右副都御史原衔入内院佐理机务，并授秘书院大学士，成为清朝首位汉人大学士。其时顺治帝年幼，清廷由多尔衮摄政，他对洪承畴宠信有加，一连数日召见垂询各省应兴应革之事。为让他打消进言的顾虑，清廷还特意传谕他"凡有所奏，可行即行；纵不可行，朕亦不尔责也"。

洪承畴在清朝入关后的第一大功德，就是劝谏清廷崇信孔孟之道，"五经皆治天下之大宝也"。他还建议清廷沿袭了许多明朝的典章制度。他的这些建议大多为清廷信纳，加以推行，其目的当然是为了尽快完善清王朝的国家机器，巩固清廷的统治，而客观上，这也为满汉合流打下了基础，逐渐淡化满汉之间的畛域。应该说，洪承畴从建议清朝采用明朝典章制度到迅速稳定南方均功不可没。在清军入关之初，尤其攻打江南的清军统帅、清豫亲王多铎，对江南人民采取了残暴的铁血手腕，然而铁腕与高压之下江南形势却越来越难以收拾。为了迅速平定江南，清廷授予洪承畴"招抚江南各省总督军务大学士"，并敕赐其"便宜行事"。洪承畴采取以抚为主、以剿为辅的策略，一则尽可能避免过多的武装冲突和血腥屠城，二则招抚并举荐大批明朝降官，他这策略已经历史验证，江南秩序能在较快的时间内得以恢复，证明他这软硬兼施的策略是行之有效的，史称"开清第一功"。

说来，洪承畴也是一个历史夹缝中的尴尬人物，在现实中，此公不愧为一位登峰造极的成功人士，人生如戏，无论是在明朝还是清朝，又无论扮演哪种角色，都被他演绎得入木三分。而在历史上，尤其是在文人士子很看重的身后名上，他却很失败。对于明王朝和汉民族，他无疑是叛国投降的叛徒和汉奸，有人将他那副对联各加一字："君恩深似海矣！臣节重如山乎？"而对于清朝，在开创基业之初势必会争取这种叛明降清之人，这在当时就是弃暗投明啊，但历史的叙事方式往往是此一时、彼一时，随着清王朝逐渐巩固了自己的政权，对洪承畴这种"贰臣"的心态也发生了根本性变化，从内心里瞧不起这种人，到乾隆皇帝时，就将洪承畴列于《贰臣传》之甲等。想来真是悲哀，汉人骂他是汉奸，满人斥他为"贰臣"。洪承畴为《明史》最初的纂修总裁官之一，但他最终却难以掌控历史对他的书写，沦为了一个被打入历史另册的"千古贰臣"。当然，历史还有改写和翻案的时候，今世又有学者对他进行重新评价，但至少，他所效忠的清朝对他已经盖棺论定。

所谓历史，此一时彼一时也，当江山稳固，突出强调的是对君王与社稷的绝对效忠，而前朝忠烈大多为后朝所尊崇，他们曾经最痛恨的敌人大多得以追谥，彪炳青史。而在天下甫定或未定之际，则要招降纳叛，几乎不择手段笼络和网罗天下英雄为己所用，科举就是最有效的方式之一。洪承畴与浙江总督张存仁都是清朝入关后开科取士的首倡者。对他们的建议，清廷倒也干脆爽快，在入关第一年（顺治元年，1644）即诏告天下，大清帝国将沿袭明朝惯例，按期开科取士。顺治二年（1645），清廷先在已征服的北方数省举行乡试，录取了清朝首批举人。顺治三年（1646）又在北京举行殿试，录取了清朝入关后的首批进士。顺治四年（1647），此时江南基本上已被清军占领，清廷又加行会试，此举意在多取江南文士。

清廷开科取士，对于当时的江南士子还真是心理上的极大考验，崇祯尸骨未寒，亡国之恨未消，很多士人还在怀念明朝。而在当时，大多数汉族士人尤其是江南士子依然未把清朝视为一个正统的王朝，而是异族入侵者，何况南明政权还在延续，南有永历政权，一度取得桂林大捷，收复广西全境，东南沿海则有郑成功率师抗清，水陆并进，一度威逼南京、震撼东南，连早已剃发降清的钱谦益也一度看到了明朝复国的希望，慨然赋诗歌颂抗清之师，"杀尽羯奴才敛手"。倘若南明政权能够整合举国抗清义师，又能有文韬武略之人统率，顺应天下民心，彰显人间正道，也不是没有东山再起之机。这也是很多江南士子对朱明王朝一直还没有死心的原因之一。历史，还真是必须拉开距离才能看清真相。如我等后世，对于明清一代的的历史结果已是旁观者清，而置身于其间者却难免当局者迷。这里且不说什么国族与社稷，只说中国士人的心态，他们既看重生前功名，也顾及身后名，在尘埃尚未落定之际，除了那些毅然决然的抗清义士，大多数士子都抱有瞻前顾后的心态。因而，当清朝首次开科取士，天下士子便出现了分化，一种是抱着强烈的抵触心理，决不参加清朝的"伪科举"，不出仕"伪朝"，如洪昇的师执陆繁弨、毛先舒等就是这种矢志不移者；一种是在不确定的状态下犹豫观望，万一朱明王朝卷土重来，他们参加的那就是名副其实的伪科举了，出仕的伪官职了，因此还是以小心谨慎为上策，走一步看一步，如洪昇之父洪起鲛很可能就属于此类；还有一种急于出仕者，也可谓是对天下大势看得非常明白的识时务者，他们则急不可耐地参加了清朝的科举考试，洪昇的外公黄机就是"第三种人"，他在江南士子中率先应试，于顺治三年（1646）乡试中举，又于顺治四年（1647）一举登科，成为清朝入关后在江南录取的第一批进士，为清初江南士子中的第一批"引颈先朝露"者。

黄机中进士时只有三十六岁，而他的孙女黄蕙和外孙洪昇已经三岁了。在盛行早婚的时代，这并不稀罕，黄氏生洪昇时大约只有十六七岁。其实，黄机决意参加清朝的科考，其内心里也经历过一番挣扎，当一个王朝的正统地位尚未确立或为天下确认时，他必须找到一个名正言顺的理由来说服自己，如其《元配赵夫人传》云：

予数困闱事。夫人常念王母年高，冀得荣禄以养，谓予

曰：祖姑历三世科甲，享荣臕者数十年。今相继而作，家中
微，寿益高，望诸孙有成。苟得通显以怡堂上，斯孝之至，
又何论一身之厚为哉！予益自奋。丙子中副车，不得一第。
方以才自负终不为人所弃，而王母悲痛，谓吾孙不患不显，
患老人年齿衰，恐不得见耳。予闻之，与夫人俱泪下不自禁
矣。……不虞癸未夏夫人以疾终，……又不虞乙酉春先王母寿
百有四龄而终，予尚为诸生，不得一伸志以娱堂上而并慰夫
人交勉之思，呜呼伤哉！

从此传中看出，黄家乃是一个"祖姑历三世科甲，享荣臕者数十
年"的仕宦之家，而他祖母蔡氏在那个时代是一位极为罕见的长寿老
人，寿高一百零四岁，既亲历了家世之荣华显贵，也经历了家道之中道
衰微。这也是实情，一个家族若后继无人，哪怕三世科甲，也会成为过
眼云烟，很快就会式微。黄机之父黄克谦于史无载，但有黄机与其父黄
克谦、其子黄彦博"祖孙三进士"一说，黄克谦后官至广东参政、杭州
右卫所指挥使，秩正三品。由于黄克谦去世得早，黄机在年少时便承担
起了奉养祖母的职责，以孝道闻名钱塘。而古之孝子贤孙，不只是奉养
侍亲，还要膝下承欢，他老祖母最高兴的事情，就是盼着孙子能金榜题
名。明崇祯九年（1636），黄机中丙子副车，所谓"不得一第"，也就是
正榜无名，副车即副榜，也可谓是备选举人。他自我安慰，只要有真才
实学终不为人所弃，而他祖母则悲痛地说，她不担心自己孙子日后没有
显贵的一天，只怕自己看不到那一天了。黄机与夫人赵氏闻听此言，不
禁潸然流泪。结果是，祖母和夫人都没有等到他金榜题名时便相继撒手
人寰，而直到明清易代，他依然只是一个副车，正式功名也就是一个
诸生（秀才）。为了告慰祖母与夫人的在天之灵，他不能不继续参加
科考。他没有交代此时的科举已是清朝的科举，却为自己找到了一个
"斯孝之至"的理由。而清廷于他进士及第的当年，还钦赐旌表建坊，
以表彰蔡氏"教子孙慈惠有方"，这无疑也是对他"斯孝之至"的最高
嘉奖。

对于黄机的这一番自我申辩，章培恒先生一针见血地指出，其"追求利禄之情，跃然纸上。宜其为清廷怀柔政策所诱致，于民族矛盾至剧之时而出应科举也"。可见，黄机等"引颈先朝露"者，无论当时还是后世均不看好，而他也确实在历史的夹缝中钻了一个空子，当时很多满腹经纶的士子都不愿意应试，科场竞争力大大减弱，否则"数困闱事"的黄机也不一定能够一举登科。

如果说黄机参加清廷的科考还"心有戚戚焉"，到其子黄彦博康熙三年（1664）中进士，已不可同日而语了。此时清朝入关已历二十余年，已将大明江山基本上收入囊中，又经历一个整饬秩序、走向大统的过程，清廷整饬并重建的这个秩序，其实就是中国历代王朝固有的秩序，这也意味着，一次摧枯拉朽的农民反叛，加上一次铁马金戈的外族入侵，依然没有打破中国固有的社会秩序，更没有中断孟子所谓的"由尧舜至于汤，由汤至于文王，由文王至于孔子，……由孔子而来至于今"的道统，在短暂的动乱之后，一切又得以重建和恢复，明朝表面上看是覆没了，其实它依然活在大清帝国的躯壳内。所谓固本强基，这个道统就是大清帝国最根本的统治基础。随着清政权的日益巩固和满汉文化的逐渐融合，清王朝也渐渐为天下公认为一个正统的王朝，江南崇文尊儒、乐学重仕之风又得以复兴。此时的黄机已进礼部尚书，令天下士子高山仰止，而钱塘黄氏父子两进士，同朝为官，若排除对异族的异见，这也算是钱塘佳话了。不过，这也是后话。从黄机父子的命运看，其实也是从更长远的历史看，汉民族对异族的异见往往是暂时的，而对"学而优则仕"则是永恒的追求，无论怎样改朝换代，这都是天下士人骨子里最强大的动力。对于天下士子，这条路不是走不走的问题，而是能走多远、走不走得通的问题。这条路也确实是一条比登天还难的路，你必须从小开始穷究四书五经、研习八股文章，然后从童试、乡试、会试到殿试，过五关斩六将，若能在殿试中博得一个进士功名，那就称其为天子门生了，进而"一人得道，鸡犬升天"，光宗耀祖，封妻荫子。

那么，我们的主人公洪昇又是怎样的心态呢？在这二十余年里，他已度过了游玩嬉戏的童年和少年时代，如今年方弱冠，他又该有着怎样的心路历程和人生抉择呢？说来话长，还特别复杂，若不将他这一段人生岁月和精神脉络厘清，也就难以解读洪昇复杂多变的性情和他一生坎坷乖蹇的命运。

二

洪昇一生转益多师，其思想谱系相当复杂。据《洪昇年谱》，顺治十一年（1654），洪昇"从陆繁弨受业。读书甚勤奋。母黄氏抚育周至"。这里且不说黄氏对洪昇的"抚育周至"，直接切入他转益多师的求学经历，并通过他师执们的命运来解读那一代文人士子在历史夹缝中的命运遭际和心路历程，这也是洪昇青少年时代成长和塑形的历程。

钱塘南庵陆氏乃书香名宦之家，据清人丁丙辑《北隅续录》载，明万历年间，陆繁弨的祖父陆运昌（初名鸣勋，字梦鹤）与弟鸣时、鸣煃先后中举，有"三凤齐鸣"之称。而陆运昌又于万历二年（1574）登进士榜，一说为崇祯甲戌科（1634）进士，先后任江西永丰、吉水知县，著有《易学》《西江治谱》《元圃集》等。陆运昌之子陆圻、陆培、陆堦，皆以文学、志行见重于时，时称"三陆"，又号称"陆氏三龙门"。不过，他们都是生不逢时，在一场陵谷之变中皆被抛入了命运的深渊。

陆圻，字丽京，一字景宣，号讲山，约生于明万历四十二年（1614），为明崇祯年间钱塘贡生，曾与夏完淳、陈子龙等在杭州西湖结为登楼社，后又与毛先舒等结为西泠社，并高居"西泠十子"之冠，著述甚丰，其代表作有《威凤堂集》等。清朝入关后，陆圻与夏完淳、陈子龙等江南士子毅然投身于抗清战争，事败后剃发为僧，隐逸逃禅于东南海滨，在母亲的催促下回归钱塘，其人"性至孝，尝割股为母疗疾，久而知医"。顺治十八年（1661），庄廷鑨私著《明史》遭人告发，此案为清初大狱之一。由于庄氏慕名而将陆圻等列之卷首，陆圻无辜遭此株连，举家被系入狱。直到康熙二年（1663）案情查清后，陆圻一家才被释归。陆圻原本在抗清失败后就已满怀绝望，而这次株连入狱，更让他陷入了对清廷之威压、命运之无常的双重绝望，于是"遁之黄山学道"。其子陆寅后来辗转千里，徒步入山寻父，长跪号泣哀求他回家扫墓，但他遁世之意已决，未久，"又往依岭南金堡于丹崖（广东丹霞山）精舍修道，忽易道士服遁去，遂不知所终"。陆圻子孙两代均未见有大出息者，直到其曾孙陆宗楷（字健先，号凫川）于雍正元年（1723）乡举夺魁，翌年中进士，后累官至内阁学士、兵部尚书。乾隆二十六年（1761），"赐三班九老宴于香山，在朝王大臣九人，武职九人，致仕诸臣九人"，陆宗楷为"致仕诸臣九人"之一，后世亦云他被乾隆帝钦定为"文职九老"之一。对于钱塘陆氏，这是一个在仕途上登峰造极的人物。陆圻虽有高士之名，但毕竟无力拯救这个家族，而真正能让陆家复而再起的还是陆宗楷这种走仕途经济道路的士大夫。

陆堦，字梯霞，约生于明万历四十七年（1619），卒于清康熙四十年（1701），在诸史中这是一笔掠过的人物，据说他出生时，掌纹极像"才人"二字，世有"才人"之誉。清朝入关后，由于其兄长陆圻隐逸逃禅而去，陆培又以身殉国，陆堦责无旁贷地承担起了奉养老母的责任，他除了"以渔佃奉母"，亦以教书课徒的菲薄收入作为奉养老母之资，"以资菽水欢也"。此外，他还要抚育陆繁弨、陆寅等子侄。在西溪沿山河北，距秦亭山不过二三里处，今有骆家庄，又称骆坞，当年陆堦便隐居于此，并建有陆庄。这方圆六十余亩的隐居之地，实为一个四面环水的孤岛，"非舟船不能通达"。洪昇的第二位老师毛先舒与陆氏三兄弟素有交游，曾作《过陆庄》诗二首，"修竹编篱席挂门，先生风节此中存。曾经患难名尤重，只爱幽栖道更尊"。透过他的诗句，大致可以勾勒出一个隐逸之士的生活境况与精神境界。陆堦著有《白凤堂集》，所谓诗意的栖居，其实也是隐逸的一种精神姿态。

在"三陆"之中，尤为人崇敬的则是陆培，字鲲庭，生于万历四十五年（1617），明崇祯十三年（1640）中进士。当清军南下、南京沦陷之际，陆培因父亲去世回籍丁忧，当时钱塘还是南明的天下，由潞王朱常涝监国，陆培"乃谋结壮士保乡土。旋闻潞王降"，清军占领杭州后下令剃发，陆培拒不从命，闭门不出，他写了三封遗书辞别母亲，又作《绝命词》："谁谓朝廷一命轻？行人使节本皇明。春秋官叙诸侯上，周礼班从司马名。雍国尚惭双采石，荆胥无计求秦兵。荡阴徒有渝衣血，烈帝孤臣恨未平！"然后"冠带叩头，北向五，南向三，结绳坐方床，从容自缢"，年仅二十九岁。如此义士，连犬亦知义，"殓葬之后，犬不食，触树死"。其夫人陈氏在陆培殉难后，欲追随其夫殉节，"自堕楼，又自饿十余日，皆未死"，她最终只得认命了，顽强地活了下来，而每念及亡夫，"哭不绝声"。洪昇入于陆繁弨门下，自然常常见到这位年轻守寡、国难守节的陆太师母，而陆培夫妇的高贵节操，在陆繁弨的言传身教之下，让少年洪昇从内心里接受并认同了这样的道德伦理和价值取向，也渐渐化入了洪昇青少年时代的诗篇中，成就了他诗篇中乃至生命中的高贵内质，并从中获得了源源不断的激情和动力。康熙四年（1665），洪昇二十一岁时作《为陆太师母五旬作二首》，即为陆繁弨的母亲、那位大难不死的陈夫人而作：

> 化碧于今二十秋，朝朝含泪掩空楼。
> 黄云城上悲风急，一夜霜乌尽白头。
>
> 回首横山落月孤，吴宫花草久荒芜。
> 口口欲化千年石，不独伤心为望夫。

这是洪昇青年时代的重要诗篇之一，其一借"苌弘化碧"之典形容以身殉国的陆培，苌弘为周敬王大臣、春秋时代刘国国君刘文公所属大夫，其人刚直忠正，后蒙冤为周人所杀，而其忠魂不散，血化为碧。据《庄子·外物》云："人主莫不欲其臣之忠，而忠未必信，故伍员（伍子胥）流于江，苌弘死于蜀，藏其血三年而化为碧。"所谓丹心碧血，典出于此。洪昇抒写了一个劫后余生的未亡人"朝朝含泪掩空楼"的无尽悲怆，更突显了"黄云城上悲风急，一夜霜乌尽白头"的陵谷之变，命运是如此猝不及防。其二第三句前两字已为岁月磨灭，但依然可以看出洪昇对陆太师母"欲化千年石"的坚贞不屈充满了由衷的敬仰，一句

"不独伤心为望夫",其境界为之一变,从个人的命运一下升华到了阔大而悲悯之境,这也足以证明洪昇早年的诗歌已具有观照辽阔现实的空间和潜力,如此,方能在一个女人的伤心黯然的个人命运之中攒射出穿透灵魂、辐射出家国命运的力量。章培恒先生评此诗"抒写陈氏伤悼亡夫、眷念明室之痛,意颇感怆"。

陆繁弨,字拒石,号偋胡,钱塘南庵人,约生于明崇祯七年(1634),他是洪昇的第一个老师,也是一个载入了《清史列传》的人物,其生平事迹比洪昇更清楚。父亲殉难时,繁弨年仅十岁,从此孤儿寡母相依为命,而繁弨与其伯父陆圻一样性至孝,"以孝义为乡里表率",又勤奋于经史诗文。据《杭州府志·陆繁弨传》载:"奉母陈,晨昏色养。暇则编摩经史,为诗文。最工骈体,有《善卷堂集》行世。尤善谈论,长筵广座中,吐佳言如玉屑,风流文采,奕奕动人。同学诸人先后掇高第去,繁弨泊如也。"在他的成长过程中,除了得母亲和叔父陆堦的教养,还一直得其父好友、"西泠十子"之一陈廷会的悉心教育,加之他天资甚高,"年十五,作《春郊赋》,辞藻流美,笔不停挥",世称"繁弨之诗,豪华精整",而他最擅长的还是骈体文,对此他也毫不谦逊,自视甚高,"自许为海内无双"。待他成年后,虽无心于科举,但以其博学多才而闻名于钱塘,浙江提学金事张安茂肩负"为国择士"之责,也曾三顾茅庐,邀请陆繁弨出任府县学官或教授一类的职务,繁弨以"有意负薪"而"无心对策"婉言谢绝。他既有一个为明朝壮烈殉国的父亲,又有一个坚贞不屈的母亲,集国仇家恨于一身,在内心里早已毅然决然绝意仕进。后来陆圻曾孙陆宗楷撰《陆繁弨传》,谓其"亲亡国破,万念尘灰,地厚天高,一身局踏,效平原之舐血,如飞汤火之中。同卞壸之殉身,欲附云霄而上",章培恒以此认为"繁弨实衔恨于清廷,誓不屈节出仕者也"。而不归顺、不屈服则要付出一生的代价,他与叔父陆堦一样,终其一生都是隐居于西溪骆坞"穷居著书"的陋室寒儒。但君子固穷,穷愁而不潦倒,那骨子里有一股精神在坚韧而顽强地支撑他。

陆繁弨仅比洪昇年长十一岁,洪昇入其门时,陆繁弨二十出头,却已博通经史，且是一个在诗文和音韵学上都有很高造诣的通才。洪昇从十岁到十五岁，在陆繁弨这里接受了正统的儒家教育。而作为一个未来的诗人和戏曲家，他也从陆繁弨这里汲取了足以滋养一生的文学营养。陆繁弨对音韵要求极高，在其严格训练下，洪昇打下了音韵学基础，也为他后来的诗词乃至戏曲创作打下了坚实的童子功。尤为重要的是，陆繁弨作为洪昇的第一个老师，其坚守节操和孝义的品行，对洪昇的人格理想有着最初的塑形，这让生于清初的洪昇也有很深的遗民思想和忠孝节义情结。诚然，洪昇与跨越明清两代的父辈不同，他生于清朝死于清朝，乃是一个彻头彻尾的清人，但这种遗民情怀也会蛰伏下来，在未来的岁月里，一旦与现实遭逢，就会触动他心理上的某个暗设机关。而他能够在十五岁"鸣笔为诗"，无疑也是陆繁弨悉心培育的结果，而且一开始就出手不凡。在洪昇早年的诗作中，有一组抒写家国兴亡的代表作，《钱塘秋感六首》，兹录其六：

晓陟南屏独振衣，丹霞出海露初晞。
几声老鹳盘容落，无数征鸿背日飞。
秋水荒湾悲太子，塞云孤塔吊王妃。
山川满目南朝恨，短褐长竿任钓矶。

这一组诗作于何时，史上也有争议。据刘辉笺校，"作于康熙八年己酉（1669）"，即洪昇二十五岁那年所作。另有后世考证此诗作于顺治十六年（1659），即洪昇十五岁时所作，那么这一组诗堪称是洪昇五年来师事陆繁弨的毕业之作。其实，无论此诗作于何时，均可从诗中看出，洪昇深受陆繁弨遗民思想之浸染，尽管他对明清易代没有直接感受，但凭他少年的敏感和直感，也感受到了那一代士人内心的痛苦，他也下意识地像自己的老师一样以遗民心态审视异族入侵和满汉对峙，这是洪昇青少年时期诗作所抒写的重要主题。譬如此诗，从"秋水荒湾"到"塞云孤塔"，从"悲太子"到"吊王妃"，这对千古兴亡的沉痛悲吊，是那样悲怆和压抑，顷刻间，又以爆发的力量迸发出一句"山川满目南朝恨"。我无意对此诗作艺术欣赏，而是窥探洪昇青少年时的精神状态和思想倾向，可以说，他的这首诗，是他青少年时代最有分量、最具代表性的诗作之一，这力量并非源自悲秋之感，而是源自他内心的对异族入侵的悲愤。而随着年岁渐长，洪昇的这种遗民情怀将变得更加沉郁而苍凉，成为他生命中最持久的一种力量。

就在洪昇十五岁时，又拜"浙中三毛，东南文豪"之一的毛先舒为师。

毛先舒，原名骙，字驰黄，后改名先舒，字稚黄，仁和人，生于明光宗泰昌元年（1620），为明末诸生。这是一个比少年早慧的洪昇更神奇的神童，他六岁能辨四声，八岁能咏诗，十岁能作文，十八岁就著刊《白榆堂诗集》。他曾师事陈子龙、夏完淳、刘宗周等矢志抗清的义士，其才华深得陈子龙等师执的赏识。而追溯洪昇的精神源头，又不能撇开他老师的老师陈子龙。

陈子龙，字人中，别号采山堂主人。清顺治二年（1645）闰六月，陈子龙与陈湖诸生陆世钥等聚众千余，拜祭明太祖朱元璋像，誓师抗清，军号振武。但书生报国，在军事上往往失之于谋略，又加之敌众我寡，振武军很快便为清兵击败，陈子龙只能潜伏下来，等待时机。顺治四年（1647）四月，一个机会来临了，此前叛明降清的清苏松提督吴胜兆因受排挤，密谋策划反正，命其部下戴之儁私访陈子龙，一再请求陈子龙致函联络南明舟山守将黄斌卿率舟师为外应。陈子龙慨然应允。然而，吴胜兆尚未举兵便因事泄被捕，陈子龙逃往吴县（今苏州），改名换姓潜伏下来，但他却未剃发易服，这是很容易暴露的。当时清军江宁将军巴山欲乘吴胜兆反清之事，"尽除三吴知名之士"，并把陈子龙列为首位。五月上旬，陈子龙在吴县被捕。当巴山等人审讯他时，他"植立不屈，神色不变"。巴山问他："何不剃发？"陈子龙凛然作答："吾惟留此发，以见先帝于地下也。"五月十三日，陈子龙被押往江宁，在途中经松江境内的跨塘桥时，他乘押兵不备，突然从桥上跃入水中，等到清兵把他捞起来时他已经气绝。清兵觉得这也太便宜他了，又残暴地将其枭首凌迟，弃尸水中。这样一个"负旷世逸才"的民族英雄，活得壮烈，死得惨烈，其时才刚刚年届不惑。

陈子龙不只是一位抗清志士，更被后世公认为明末清初三大诗人之一。以陈子龙为首的"云间三子"及其所开创的"云间派"，是明末清初重要的诗歌流派。陈子龙诗词俱工，又被誉为"明代第一词人"，陈子龙等人的词创作对于纠正明代词风的卑弱起到了不可忽视的作用，形成历史上第一个真正的词派"云间词派"，"开创了清代三百年词学中兴之局"。其文章气节，让毛先舒既备感悲怆又深受感染。古人特别讲究师承关系，毛先舒是陈子龙的弟子，洪昇是毛先舒的弟子，这其间必有一脉相承的影响。明亡后，毛先舒从此不求仕进，一心专注于音韵学与诗文，矢志于以古学振兴西泠，为"西泠十子"之一。

毛先舒虽未直接投身于抗清战争，但他感于陈子龙等师执的义节，有着矢志不移的的遗民情结，不过，同陆繁弨相比，他正统的儒家情怀则比遗民思想更为突出。洪昇入毛先舒门下时，在钱塘已"早擅作者之林"，难免有少年得志的轻狂之态，而毛先舒对洪昇要求甚严。据毛先舒《与洪昇》云："李文靖为相，尝云：我于中外陈利害，唯一切报罢，此少以报国。今我于昉思，无大裨益，但不肯妄赞一语；及四方怀刺客欲来投谒，我辄止之，以此差不负耳。"李文靖，即李沆，为北宋太宗、真宗两朝名臣，被誉为"圣相"，他在执政过程中力主安静，尤为注意戒除人主骄奢之心，在选拔人才上建议真宗"不用浮薄新进喜事之人"。毛先舒寄望洪昇能秉承和延续"三洪学士之世胄"的儒宗传承，对洪昇从不妄赞一语，对那些从四方慕名而来造访洪昇者，他一概拒之门外。他还谆谆告诫洪昇一定要究心经籍，勿务虚名，又谓治学须秉"温雅忠爱"之心以求古人。所谓古人，也就是古之儒家圣贤。但洪昇这位严谨以至严厉的师执，又是一个很有胸怀的学者，除了经史子集，他也给洪昇传授那些无用之用的学问，并把洪昇这位得意门生引荐给"西泠十子"的其他同仁，这让洪昇得以"与邑中文人游处"，那也是洪昇青少年时代在钱塘最重要的文学交游。

明崇祯间，天下文社四起，杭州文士在西湖西泠桥（又称西陵桥）缔结西泠社，其诗词又称西泠派，尤以"西泠十子"著称于世。"西泠十子"为陆圻、柴绍炳、沈谦、陈廷会、毛先舒、孙治、张纲孙、丁澎、虞黄昊、吴百朋等十人，他们既是诗人也是词人，更是德高望重的钱塘名士。在文献史料中，亦有把陈子龙纳入西泠社的缔造者之一，无论其是否直接参与其间，这一江南著名的遗民诗群源于陈子龙的云间派，也可谓是以陈子龙为代表的云间派的一个分支，这是史上公认的。柴绍炳与毛先舒订有《西泠十子诗选》行世，其诗学"守唐人门户，音调浏亮，音律规整，有建安七子余风"，而在明清易代之际，亡国之痛，故国之思，成为了他们诉诸笔端之最撼人心魄的主题，这也让西泠社超越了地域，具有了辽阔而博大的文学史意义。毛先舒为西泠派的核心人物，其诗论《诗辩坻》是"西泠十子"唯一的诗歌理论著作。在诗学理论上，毛先舒以儒家"温柔敦厚"的诗教观贯穿始终，即在主观上特别强调创作主体的品德胸襟的修养，对于诗歌的法度格调他也有特别难能可贵的辩证认识，主张以通过学习古法为基础，又以不守成法，熟后生巧方为佳境。同时，他认为"诗贵自然，而又不害乎锤锻"，反对那种"不事雕饰，直写性情"的倾向。他针对明代前后七子"后起守文，职成拘敝"之弊端，提出"诗本无定法，亦不可以讲法"，这是对明末清初诗风的一次及时矫正。从洪昇一生的诗歌创作看，他深受"西泠十子"之潜移默化，尤其是毛先舒诗学理论的影响。

毛先舒在音韵、训诂上造诣精深，与萧山毛奇龄、遂安毛际可并称"浙中三毛，文中三豪"，而"稚黄居其一"。洪昇在音律之学上更深受毛先舒的影响，他于弱冠之年便写成了平生第一部音韵学著作《诗骚韵注》六卷，对《诗经》和《楚辞》这两大韵文文学之源头有探本溯源之功，毛先舒为之作序，他对自己的这位得意门生从不妄赞一语，但对洪昇这部《诗骚韵注》却很是称道，赞其"穷极元古，旁参博稽"。如今存世的《诗骚韵注》已残缺不全，但依然可以窥见其在考证上下足了功夫，这也为他未来在词曲创作上大显身手而打下了基础。毛先舒也堪称是洪昇在词曲创作上的启蒙老师，在毛氏的《诗辩坻》中编有专论戏曲的文章。而毛先舒还与当时的戏曲大家袁于令、李渔等素有往来交游。按说，洪昇的老师毛先舒是那么一本正经的一个儒士，应该不会与袁于令这种人打交道，但毛先舒既工音韵之学，对其戏曲欣赏有加，乃是于令难得的知音。而对于一位未来的戏曲大师，在顺治十八年（1661）发生了一件载入洪昇年谱乃至可以载入史册的大事，袁于令来到杭州，游览西湖，"洪昇从之游"。那年洪昇十七岁，从现有文献史料看，这当是洪昇与一位戏曲大家的第一次近距离接触。

袁于令，原名韫玉，字令昭，江苏吴县人，约生于明万历二十年（1592），清朝入关时他已五十三岁，已历明万历、泰昌、天启、崇祯四朝，这还不包括南明。此人既是江南文士中的一个奇葩，也是明清戏曲家中的一大奇葩。从其人看，这是一个在名节与操守上皆充满争议的人物。他出身吴门仕宦世族，少年时便精通音律，名扬吴中，但他最大的名声还不是才名，而以其狂狷的性格和放浪风流而在吴中声名狼藉。这其中的一个奇葩事件，就是他与同郡公子沈同和争夺名妓周绮生，"争妓"既让他被褫夺了贡生学籍，也成为了他在名节上背负一生的污迹。顺治二年（1645），清兵南下，他又在操守上背负了一个更为人不齿的大污点。当时，吴地豪绅为保苏州免遭"扬州十日"屠城之劫，"浼于令草降表进呈，因功，授荆州太守"。这不只是归顺和出仕清朝的问题，而是起草降表以进呈，这就是名副其实的降清之举了，而一道降表就让一介布衣换来了一个荆州太守，这也算是历史夹缝中的奇葩事件了，从世俗功利来看那可真是极大的成功，也可见清初入关之初，其招降纳叛之意是何其急切。

不过，袁于令这样一个奇葩实在不适合做官，据清代学者顾公燮《丹午笔记》云：于令"以京官议叙荆州太守。十年不调，惟纵情诗酒，不理公事。监司谓之曰：闻公署中有三声：弈棋声、唱曲声、骰子声。袁答曰：闻明公署中亦有三声：天秤声、算盘声、板子声"。那监司所谓当是真言，于令在荆州太守（知府）任上十余年未有升迁，其浪子性格始终未改，成天纵酒唱戏，嫖赌逍遥，换一种方式说，他是"大有晋人风度，绝无汉官威仪"。果真如此，那就莫要当官。况且他对监司的诚勉不思改悔，反唇相讥，其下场就不用说了。而于令所言也是实话，所谓监司，就是负有监察辖区官吏之责的官员，他们常以刑讯逼供的方式，对贪赃枉法的官吏进行清算，而于令终以"侵盗粮款"之罪名遭弹劾，被撤职。其时他已在六十开外，竟落到了"失职空囊，侨寓白下。扁舟归里，惆怅无家"的境地，这就怪了，他那"侵盗粮款"哪儿去了？很可能都在嫖赌逍遥中挥霍一空了，否则你真是无法解释他怎么会落得"惆怅无家"的狼狈境地。他晚年的大多数时间是在游历中度过的，说是游历实为游食，走到哪里吃喝到哪里，在"空囊返家"之后又常常要向朋友求告救济，其穷窘落魄竟至如此不堪的地步。他游杭州西湖时已年届古稀，却依然是一位老没正经的风流才子，时人董含在其笔记里以不屑的口气贬损袁于令："其为人贪污无耻，年逾七旬，强作少年态。喜谈闺阃事，每对客，淫词秽语，冲口而发，令人掩耳。"

洪昇见惯了满腹经纶的儒雅之士，还是第一次遇到这种放荡不拘、风流成性的老顽童，而于令老翁这次还是携妓而游，那可是令"座客尽痴呆"的吴中名伶朱素月，洪昇称之为朱素月校书，而校书为文人雅士对妓女的雅称。那个时代，戏子歌妓原本也没有太大的差别，差不多吧。洪昇当时正处于蠢蠢欲动的青春萌动期，一见素月那花容月貌，他还真是如痴如呆了，但毕竟还是少年，难免腼腆羞涩，而这样一位朱颜倩女竟然不爱武陵少年，偏爱白发老翁，这让洪昇对于令老翁的艳福又是羡叹又是惊妒，而一别之后，洪昇更是对素月朝思暮想，他日后作有《遥赠朱素月校书戏简袁令昭先生三首》，他那一段春心荡漾又怅恨不已的心绪，在生理与心理的交织中充盈其间：

> 亦知相见杳何期，无奈闻名即梦思。
> 一片月光横素影，画楼何处不堪疑。

> 玉步含娇不肯前，朱唇吹雪堕琼筵。
> 罗浮记得元相识，那不逢人说可怜。

> 想象朱颜隐画屏，夜阑灭烛酒微醒。
> 五陵年少春如海，不信偏怜老幔亭。

　　据刘辉笺校，这一组诗作于康熙七年（1668），那时洪昇已二十四岁，已是钱塘诗坛乃至浙中诗坛的青年领袖之一，自然也就更有了成熟男人的风度与魅力，这也让他在女性面前从少年时的腼腆羞涩变得更加自信，他把自己十七岁时的那惊艳与惊妒之感直抒于朱素月，尤其是"五陵年少春如海，不信偏怜老幔亭"，这既是直接向素月示爱，也是向于令老翁直接挑衅了。那么，朱素月与于令老翁又是否真有什么风流韵事呢？仅有猜测是不够的，这里还有一个旁证，沈谦作有南曲《和袁令昭先生赠朱素月》一套，其词假素月之口，其情态惟妙惟肖，纤毫毕至："垂怜多谢。我名儿呼为素月，无端误落莺花社，好些时受了轻亵。歌君妙词缘早结，相逢莫负良宵者，誓从今做袁家侍妾。"可见，于令、素月的忘年之恋，还真不是传说。

　　当然，洪昇同袁于令、朱素月的近距离接触，不只是一段风月趣谈，这对洪昇一生的影响不可小觑。一则是，他见到了文人士子的另一种生活方式，也可谓另类吧，而洪昇原本也是风流多情种子，在未来的生活中也难免会深受袁于令的感染。而更重要的是，作为一个未来的戏曲家，他也会受到袁于令的影响。袁于令十九岁时便写成了《西楼记》传奇，这既是他的第一部戏曲作品，也是他的代表作。全剧以书生于鹃与青楼女子穆素徽之恋为主线，于鹃满腹才情却无心于举业，元宵观灯归来，忽闻西楼曲声，侧耳倾听，竟是自己所作的《楚江情》。这让他得遇知音，乃往西楼探望那歌女，而素徽久慕于鹃之名，于鹃乃是她神交已久的知音，于是抱病出迎，两人琴瑟和鸣，在西楼同歌一曲《楚江情》。自此两人情投意合，而于鹃不只是爱慕穆素徽，还欲与之结为连理，这风尘之恋、"疯狂"之举，必然遭其父之极力阻扰。而就在这纠葛之间，池相国三公子趁机以巨款买通鸨母，强纳素徽为妾，素徽虽身受杖刑而坚拒不从。于鹃高中状元后，在侠士胥表的帮助下，才得与素徽结为伉俪，演绎了一曲"有情人终成眷属"的大团圆。据《书隐丛说》等书记载，此剧实为袁于令"我手写我心"，于鹃就是他的自我写照，而剧中主人公"于鹃"的切音即为"袁"。他因"争妓"而让其父老羞成怒，并被其父送官下狱，《西楼记》即在狱中写成。这样的作品，在当时虽不能为大多数的传统、正统文人所接受，也可谓是情词艳曲之类，但《西楼记》突出了一个"情"字，把于鹃与穆素徽的红尘之恋凌驾于功名利禄之上，从而超越了所谓艳情，升华为人间最难得的真情与至情，因而引起了那个时代的观众的强烈共鸣。用现代话语诠释，这乃是一部追求"个性解放"的文本，而在那个充满了卫道士、伪君子的时代，此剧确是一曲直逼人性、抒写真情的经典之作，时人将《西楼记》与《西厢记》《还魂记》并举："《西楼》一剧传天下，四十年来无作者。"毛先舒也是正统文人，但没有偏见，他在《赠袁箨庵七十序》里还写到了《西楼记》等剧当时的流行情形："歌词一落笔，晨而脱稿，夕遍里巷。过数十日，而海内管弦而歌。"

袁于令当然不只创作一部《西楼记》，他一生著述甚丰，作有杂剧《双莺传》、《剑啸阁传奇》（为《西楼记》《金锁记》《玉符记》《珍珠记》《肃霜裘》五种合称）、《长生乐》及《瑞玉记》等，凡十部。他不仅是一位戏曲大家，还是一位小说家，著有长篇小说《隋史遗文》，在"说唐"系列小说里具有举足轻重的地位，夏志清称之为一部"明季崇祯年间刊行后一直从未再版过的小说杰作"。但其作品多已佚失，如今存世的只有传奇《西楼记》、杂剧《双莺传》及《隋史遗文》。其作品又大都作于明朝覆亡之前，而入清之后袁于令既背负着名节与操守的双重骂名，却依然享有盛名。张岱在《张岱诗文集》里有诗《为袁箨庵题旌停笔哭之》，末尾两句为"欲慰孝子呱呱泣，已享盛名八十一"。

史上对袁于令的生卒岁月争议颇多，比较可信的是，他约卒于康熙十三年（1674），病逝于告求会友的长旅之中。又一说卒于康熙十一年（1672）。总之，他一生历经明清两代六朝，一生跌宕起伏，却得享八十余岁高寿。他本身的命运也是一部漫长的传奇。而清人对他的评价一直很低，或有歧视贬低的因素。由于古人对戏曲充满了歧视，一旦沾上了戏曲似乎都变得人品低下，如祁彪佳《远山堂曲品》对另一位戏曲大家李渔的评价："性龌龊，善逢迎，游缙绅间，喜作词曲小说，极淫亵。常携小妓三四人，子弟过游，便隔帘度曲，或使之捧觞行酒，并纵谈房中，诱赚重价，其行甚秽。"对清人笔记，可以作为参考，但须加以辨析。

洪昇随从袁于令游西湖，只是他青少年求学生涯的一段短暂插曲，据文献所载，洪昇"曾就业于陆繁弨、毛先舒、朱之京等人"，那么朱之京当是洪昇的第三位业师。据《国朝杭郡诗续辑》卷一载，"朱之京，字子祁，号篁凤，又号渔友。原名孔昭，字子晋。郡诸生。渔友生前明万历三十八年（1610），卒康熙二十三年（1684），年七十五"。说来此公还真是命苦，"生七岁而孤"，祖母、母亲两世孀居。他工诗文、书法，在时人诗文中偶见有"西陵朱之京篁凤"之谓，当为西泠诗社成员之一，但未跻身于"西泠十子"之列，也未见其以诗文传世，他辑有《明诗汇选》十三卷传世，从选家的视角看，他针对当时诗坛的竟陵余风，从正变角度出发，极力拥护七子复古。明代相继出现了"前后七子"，提出了"文必秦汉，诗必盛唐"的口号，这种复古，实为拟古，他们凭着少年锐气，起身反抗明代钳制士人思想的八股文以及雅正有余、生气缺乏的台阁体。这又与西泠派是一脉相承的，而洪昇乃是西泠派一脉相承的传人，朱之京对其影响，既毋庸置疑也毋须赘言了。

洪昇又"与师执柴绍炳、徐继恩、张丹、沈谦、张竞光游处，与沈谦交尤密"。

沈谦，字去矜，号东江，仁和人，生于明光宗泰昌元年（1620），与毛先舒同庚，卒于康熙九年（1670）。此公生于杏林之家，世代行医，他却是一个神童，"少颖慧，六岁能辨四声，九岁作文便有佳句"，但他从小便逃避科考，无意仕途，这与明清易代无关。清朝入关后，沈氏家道中落，沈谦"隐于临平之东乡，深居南楼二十年"，在音韵学上，他与柴绍炳、毛先舒比肩，柴绍炳作有《古韵通》，毛先舒作有《南曲正韵》，沈谦作有《东江词韵》，又与毛稚黄（毛先舒）、张祖望赋诗为乐，时称"南楼三子"，"其诗初喜温李（温庭筠、李商隐），后乃由盛唐以窥汉魏"，而他还擅长词曲，尤工于词，为西泠社的代表词人之一。在词学主张上，西泠派提出推尊词体的主张，他们取词之大雅，而不满词乃小道、末技和"卑体"的观念，并将词与经典文体相提并论。从词体特性看，西泠社以婉约派为正统，但兼容各类词风，高度推崇东坡词、稼轩词等悲壮豪放派。沈谦作为西泠社的代表词人之一，提出"词要不亢不卑，不触不悖，蓦然而来，悠然而逝。立意贵新，设色贵雅，构局贵变，言情贵含蓄，如骄马弄衔而欲行，粲女窥帘而未出，得之矣"。沈谦之词极为当时的大家所推许，如与王士禛齐名、时号"彭王"的彭孙遹，就特别欣赏他。沈谦不仅诗词俱佳，其人品亦为时人称道，他为人谦和，性孝友，他兄长家的房屋被盗贼焚毁了，他"分己宅以居"，在钱塘传为佳话。晚年，为了养家糊口，他继先人业行医，"居山食贫，亦能不改其乐"，有孔门圣徒颜回之风，"一箪食，一瓢饮，在陋巷，人不堪其忧，回也不改其乐"。古人多纵情诗酒，沈谦"性不喜饮"，"但遇亲朋过从，即使典当衣物，总是招待备周"，"对门下弟子，每多提携奖励"。洪昇师事于他，对其人其学，其诗其词，耳濡目染，潜移默化，无论在诗词创作上，还是在人格心理的形成期，均影响至深。

说到洪昇与沈谦的交游，至少在十五岁时就开始了。据章培恒先生考证，顺治十六年（1659），沈谦妇卒，洪昇时年十五岁，作《为沈去矜先生悼亡四首》，这是洪昇诗集中有年代可考之最早者，也是他十五岁"鸣笔为诗"的证据之一，诗云：

> 西陵陵下草芄芄，怅望斜阳思不堪。
> 蝴蝶那知花落尽，还随春色到江南。

> 脉脉凭栏泪未休，夜深珠斗挂西楼。
> 无情最是填鹊桥，只见年年度女牛。

> 孤琴弹罢意凄凄，隔树明河望欲迷。
> 露落寒空秋水白，一声别鹤过楼西。

> 银烛青烟冷画屏，珠帘不卷见流萤。
> 可怜一夜西风起，碧沼芙蓉落不停。

当我反复品咂此诗，觉得洪昇"早擅作者之林"绝非徒有虚名，其诗中已全无青涩稚气，其遣词造句也不只是清新秀逸的少年才子之风，却有一种阅世已深的沧桑之感。他逼真地描述了一位遗世独立的隐者在丧妻之后的那一种被世界遗忘的孤单，那怅望斜阳的苍凉与酸楚，那孤琴弹罢后难以言说的凄清，实在难以想象这是一个十五岁的少年所作，此中真意，绝不是一个天赋才情的少年才子所能呈现出来的，这需要阅历，需要历尽沧桑后的纵深思索和独到感悟，方能把那"一声别鹤过楼西"人生况味抒发出来。这是我的一个疑窦，对此，《洪昇集》的笺校者刘辉先生也表示怀疑，其笺校云："沈妻徐氏死于顺治十六年，昉思尚幼，不能为诗。十年后，沈梦其妻，是夜即病（见《东江集钞》附录《先府君行状》）。盖昉思于徐氏忌日所作。"他因此认为此诗"疑作于康熙七年戊申（1668）"，也就是洪昇二十四岁那年。但这里又早已存在一个时间错位问题，笔者在前文已经提及，由于刘辉在《洪昇集》笺校中将他的出生年岁定为"顺治十四年（1657）"，从而导致其《洪昇集》笺校的编年整体错位。不过，我觉得刘辉对于此诗作于何时的推测还是比较合理的。

洪昇还有一位对其影响深远的师执，柴绍炳，字虎臣，号省轩，仁和人，约生于万历四十四年（1616），卒于康熙九年（1670）。他原为明末诸生，明亡后，弃诸生，隐居西湖南屏山，以教授著述为生。他兴趣广泛，天文、地理、历法、礼制、乐律、农田、水利、兵制、赋役，无不精通，尤究心于音韵学。康熙八年（1669），诏举天下博学鸿儒，巡抚范承谟将荐之，绍炳力辞不就，可见其遗民之志不移。在"西泠十子"中，"以绍炳名为最著"，其诗颇有冲淡平和的隐逸之风。走笔至此，又该交代前文埋下的一个伏笔了，在洪昇成婚后的第一个七夕，黄彦博在自己的府邸大宴宾朋，洪昇即席赋诗一首《宴外舅黄泰征宅》，只留下了一句"庭外长竿悬犊鼻"，为这一句诗，洪昇与绍炳还有一番论辩。据《洪昇年谱》载，柴绍炳认为这句诗不妥，与洪昇反复讨论，因作《与洪昉思论诗书》一文。这句诗典出《世说新语·任诞》，乃用"竹林七贤"

之一阮咸（字仲容）的掌故，"阮仲容步兵居道南，诸阮居道北。北阮皆富，南阮贫。七月七日，北阮盛晒衣，皆纱罗锦绮，仲容以竿挂大布犊鼻裈于中庭。人或怪之，答曰：未能免俗，聊复尔耳"！竹林七贤皆以率性洒脱而驰名，洪昇借此典故来称道自己的舅父兼岳丈，但柴老先生却认为"以泰征才名志操，雅有门风，自可不至比方南阮。且发端以华堂箫鼓，宾筵甚设，而忽著犊鼻语，点次风景，未免龃龉耳"。此言确有道理，洪昇之诗也确有龃龉之处，由此可猜测洪昇之诗的开头，对黄彦博大宴宾朋已作了"华堂箫鼓"的渲染铺垫，如此豪庭盛筵，忽然冒出一根长竿挑出的犊鼻裈，实在是大煞风景，而穿犊鼻裈乃是穷人、粗人的象征，阮仲容此举虽说洒脱，毕竟居贫，以此来比喻进士及第、已为朝廷命官的黄彦博，实在是自相矛盾又大煞风景。柴老先生十分较真，而洪昇也很较真，对两人争辩的最终结果，据章培恒先生推测，此诗不载于洪昇诗集，当是"昉思遵绍炳教而删之也"，我也觉得这是实情。从洪昇与师执柴绍炳的这次争辩到他寓居北京后与其师王士禛的"意见多不合"，可以看出洪昇具有一个特别难能可贵的性格，甚至可谓是现代人的人格，"吾爱吾师，吾更爱真理"，而一旦发现他所坚持的并非真理，而是谬误，他也会自我矫正。

洪昇青少年时代在钱塘的师执还有不少，难以一一列举。一方面，他们在诗词创作和学养上各有千秋，一方面，洪昇能博采众家之长，加以融会贯通，从而转化为自己创作的精神资源，应该说，洪昇受过他那个时代最好的教育，又不只是文学；另一方面，透过洪昇在钱塘或耳闻或目睹的这些人物，让我等后世得以窥见，江南士子在明清易代之际对自我角色作出了不同选择。如陈子龙、夏完淳、刘宗周、陆培等，或矢志抗清，或以身殉节，无论怎么时过境迁，他们的反抗无疑是正义的反抗，皆被历史认定为爱国民族英雄；如陆繁弨、毛先舒等，他们虽说被迫剃发易服，拖着辫子，穿着长袍马褂，但骨子里怀有誓不屈节的遗民之志，对明朝有着难以割舍的记忆，在民族情感上对清朝入主中原有着不可弥合的裂痕，但他们又没有力量公然反抗，只能采取不合作的态度，终其一生决不出仕清朝，而以闭户授徒或躬耕自给，这是他们一直到死都坚守的最后的底线；如陆圻、沈谦、柴绍炳等，或隐居，或逃禅，所谓"穷则独善其身"，大抵就是指这些坚守节操、持己端洁的隐逸之士；如黄机、袁于令等，则引颈先朝露，改仕新朝，对于他们也不能一概而论，如黄机也有"达则兼济天下"之意愿，之事功，足以名垂青史。

对于洪昇，这些前辈和师执的人生抉择与生存境域，让他的思想情怀既特别丰富也特别驳杂，又直接或间接地影响了洪昇的人生走向，让他的自我角色一直难以确立。对于一位未来的戏曲大师，这是一个驳杂而漫长的塑形过程。

三

洪昇在顺治年间度过了十七年。顺治十八年（1661）正月，清世祖（顺治帝）爱新觉罗·福临崩殂，由其第三子玄烨（1654—1722）即位，次年改元康熙，世称康熙帝。

说来，在清朝定鼎燕京、入主中原后的这一关键历史阶段，爱新觉罗氏王气不振，两代帝王皆为冲龄嗣统。福临六岁即位，顺治七年（1650），摄政王多尔衮出塞射猎，猝死滦河，年仅十四岁的福临提前亲政，他在位十八年，亲政近十年，死时年仅二十四岁，他是清朝入关的第一位皇帝，也是清帝中最短命的皇帝之一。玄烨八岁即位，也是十四岁亲政，在位六十一年，乃是中国历史上在位时间最长的皇帝。历史上幼主登基，多为太后、大臣乃至太监擅政，皇位极不稳定，而擅政者在一念之间就有可能发生政变。又加之反清复明的势力一直延烧不断，清朝入关后经历了三十多年战争，才终于坐稳了江山。爱新觉罗氏能在金銮殿的一把龙椅上坐享二百六十八年江山，也是一部漫长的传奇，而这又归功于康熙这个"千古一帝"的文治武功，是他奠定了清朝兴盛的根基，开创出康乾盛世的局面。

在康熙即位之初的六年时间，清廷由鳌拜等四大臣辅政。鳌拜原本仅列四位辅政大臣之末，但这位"满洲第一勇士"未久便乾纲独断，一手遮天。鳌拜辅政时期依然奉行"首崇满洲""重满轻汉"的既定国策，对汉民族一直保持高度警戒，稍有风吹草动，清廷便如临大敌，立马施以残酷镇压。

就在康熙即位的顺治十八年（1661），在江南接连发生了两桩惊天大案。

二月初四日，正值顺治帝国丧期间，在吴县（今苏州）文庙里，江苏巡抚朱国治正在主持祭奠仪式。为防止国丧期间出现异动，当地官府戒备森严，加派了大量士兵在文庙四周巡逻。然而还是防不胜防，让金圣叹等吴县诸生钻了空子。在极为压抑肃穆的祭奠气氛中，顷刻间响起了一片呼天抢地的号啕声，他们如此号啕恸哭，不是为国丧而哭，而是为民请命，以哭庙的方式声讨吴县县令任维初的贪酷行径，史称"哭庙案"。而任维初的贪酷行径也确实令人发指，他以酷刑追逼釜炊告绝的农民缴纳钱粮，而且是变本加厉肆意加征，每次升堂，他都要命衙役准备数十块在尿水中浸泡过的竹条，一旦有人抗拒不缴或无力缴纳钱粮，任维初一声断喝，便扒掉那人的裤子打得皮开肉绽，而那绽裂的伤口遭尿毒感染，致使许多农民身体溃烂，或痛不欲生，或一命呜呼。而对那些加征的粮食，任维初又暗暗指使亲信衙役在米店里高价销售。金圣叹等书生在得知实情后义愤填膺，他们本着"为天地立心，为生民立命"的儒家情怀，以哭庙的方式向有司请愿，乞求抚台朱国治主持公道，惩贪肃腐，给老百姓一条生路。这原本是一种无力又无奈的请愿活动，结果却变成了"纠党千人，倡乱讦告"之大罪，金圣叹与哭庙诸生被"不分首从"一律斩决。据《辛丑纪闻》记载："至辰刻，狱卒于狱中取出罪人，反接，背插招旌，口塞栗木，挟走如飞。亲人观者稍近，则披甲者枪柄刀背乱打。俄尔炮声一震，一百二十一人皆毙死。披甲者乱驰，群官皆散。法场之上，惟血腥触鼻，身首异处而已。"又有史载，金圣叹在临刑前泰然自若地向监斩官索酒酣然畅饮，边酌边说："割头，痛事也；饮酒，快事也；割头而先饮酒，痛快痛快！"

六月初三日，江南又爆发了因催征积欠钱粮赋税而引发的"奏销案"。江南既是膏腴之地，亦为历代钱粮赋税征收之重地，人道是"江南安，天下皆安；江南危，天下皆危"。当清军南下时，在江南遭到了前所未有的激烈抵抗，而清廷占领江南后，对江南实行了比明代更为严厉的催科。这种明显带有报复性的征收，让江南绅民不堪重负，年复一年，往往是旧赋未清而新赋又至，历年累积而造成巨额积欠。为应对清廷催征积欠之令，江南巡抚朱国治造了一份黑名单，罗列了苏州、松江、常州、镇江四府及溧阳县绅衿凡一万三千五百余人，另有衙役人等二百五十四名，均为有积欠钱粮赋税未完者，请求朝廷按名单"严提究拟"。清廷随即批示："绅衿抗粮，殊为可恶。"经刑部察议，将上年奏销有未完钱粮的现任官员降二级调用，上述四府一县的在籍绅衿，无论诸生、举人、进士，凡钱粮未完者，悉数按名黜革，涉案衙役均照章治罪，其中被械送刑部议处者逾三千人。这里还有一个极端的案例，顺治十六年（1659）己亥科高中殿试一甲第三名探花的叶方蔼，授翰林院编修，他还抒写了一首《授职翰林学士感恩述怀》诗："麻衣席帽满尘埃，亲荷先皇衅沐来。敢道齐贤留异日，屡称苏轼是奇才。身离牛口惊还在，梦挽龙髯恨不回。今遇吾君重拂拭，孤桐果否爨余材。"然而这位对清廷感激涕零的探花郎，只因其家中欠赋税折银一厘，即被黜革功名，他为此而上疏陈情："所欠一厘，准今制钱一文也。"却被清廷驳回。此事经民间演绎，便得出了一个荒诞的结果："探花不值一文钱。"而历史也确实如此荒诞，一桩原本为催征积欠钱粮的经济案，却演变为一桩打击面极广、整个江南为之震动的政治事件，而清廷也确有以"抗粮"为借口，在政治上打压江南缙绅之意图。继江南"奏销案"后，清廷又下令对江南钱粮赋税施以"十年并征"，致使江南元气大伤，民不聊生，直至"三藩"之乱时，清廷为了对付更强大的敌人，才放松禁令，以争取江南绅民的支持，那些在"奏销案"中被黜降的官绅士子终得以纳银开复。而对于江南"奏销案"，由于实在荒诞不经，也成为清廷讳言、官书不载的一桩公案。

时至康熙二年（1663），洪昇十九岁那年，清廷对"庄氏明史狱"进行了残酷的惩处。此案的"罪魁祸首"为浙江乌程南浔（今属湖州市）贡生庄廷鑨（字子襄）。庄家为南浔富户，庄廷鑨十五岁为贡生，入国子监，因"少患疯疾"而双目失明，欲效"左丘失明，厥有《国语》"，于是购得明朝天启年间大学士朱国祯所撰《明史》，延聘吴炎、潘柽章等隐居故里、尤精于史学的名士十六人，以千字三十两白银为润笔，补写尚未载入史册的明天启、崇祯两朝和南明史事。吴炎、潘柽章等倒也不只是为了这不菲的润笔，他们原本就深怀遗民之志、对异族入侵痛心疾首。吴炎在明亡后改号赤民，隐居授业，潘柽章则经常拜谒南京明孝陵，在其诗文中称颂明太祖之伟绩，歌颂宋末名将陆秀夫、谢翱等人誓不仕元的民族气节，以自勉励。在他们所撰《明史》中奉南明弘光、隆武、永历帝为正朔，直斥洪承畴等叛明降清者为叛逆，更直呼清朝的奠基者努尔哈赤为"奴酋"、清兵为"建夷"。顺治十二年（1655），庄廷鑨卒，书尚未成。又五年，顺治十七年（1660）冬，庄廷鑨之父庄允诚将书刻成，定名《明史辑略》，开始于坊间传播。翌年，庄廷鑨父子私撰《明史》案为归安知县吴之荣告发，鳌拜责令刑部到湖州彻查。若同金圣叹等的哭庙案相比，"庄氏明史"还真是触犯了清廷的底线，犯有颠覆悖逆之大罪。庄允诚等涉案嫌犯被械捕上京，因不堪笞杖而死于狱中。庄氏父子虽逃脱了活剐之罪，但难逃凌迟之刑，皆被戮骨碎尸。吴炎、潘柽章等首犯等被凌迟处死于杭州弼教坊，牵连出来的七十余人被斩立决，还有两千余人遭遣戍流放。"明史狱"株连甚广，凡购过、看过此书者皆被系入狱，洪昇的多名亲友被牵连，如前文提及，陆圻举家被捕，连洪昇的挚友、时年十五岁的陆寅也没有放过。而以读闲书、"禁书"为乐事的洪昇，没有遭此株连真是三生有幸，却也毛骨悚然。

无论是血腥的镇压，还是荒诞的报复性打压，都无法在短时间内压服江南绅民不忘故国的情怀。但在清廷如此严酷的高压之下，汉族士人必须屈服于这种被压迫、被奴役的命运，才能苟且偷生，还有一种方式便是如劫后余生的陆圻一样隐逸逃禅。如陆圻，原本是怀有救世之志的国士，而从国士到隐士，从遗民到逸民，虽经陵谷之变，却未必有丘壑之隔，这是自然而然就发生的转化。中国古典士人，几乎都是集儒释道于一身，隐逸从来不是什么独特的心路历程，但无论在哪个时代，儒又是占主导的。当明清易代之际，天下士人遭逢杀伐酷烈的异族入侵，隐居逃禅，势所必然成为避世与避难的最佳方式，这也是他们唯一可以避免与统治者对抗或合流的出路。尤其在清朝入关的最初一段时间，当他们正统的儒家情怀与异族入侵、剃发易服发生不可调和的遭逢，儒既不立，释道便成为他们别无选择的价值认同、文化选择和精神归依，从遗民到逸民，庶几可谓江南文士之主流。

所谓隐逸，隐，就是逃离他们备感压抑乃至绝望的又无可奈何的社会现实；逸，则意味着一种以独特的方式获得的精神自由。而隐逸的姿态则各有各的不同，也要看家世而论。那些家世优越者，或寄情于琴棋书画，只谈风月莫论国是，或沉醉于诗酒之中，飘飘乎入忘我之境也。说是归隐，实际上仍然过着养尊处优的生活，但既不出仕，倒也脱离了功名利禄的世俗纷扰，抵达了某种超然之境。而一些茅庐寒士，则优游于山水林泉，"乐与竹林为友"，在他们身上更凸现了安贫乐道的精神气质和遗世独立的人格特征。逸民情结谁都有，只是程度不同而已，即便如陆繁弨这样坚定的遗民，也有逸民情结，如其《骆坞杂诗》之二，就是描摹其恬淡而宁静隐逸生活："小隐归山去，秋风一草堂。双流溪水白，十里暮云黄。松鼠穿萝径，山鸡上石床。何须彭泽令，到处是柴桑。"但他更深厚、更典型的特征还是遗民。而如柴绍炳、沈谦，则有着明显的从遗民到逸民的精神嬗变，也可以说，这种隐逸情结在柴、沈二氏身上比洪昇的其他几位师执表现得更鲜明，也可谓有一种看得更穿的通透，洪昇后来曾这样描述柴绍炳的隐居生活："遥羡柴桑遗世者，黄花篱畔醉斜曛。"这其实也是洪昇憧憬的一种生活方式。洪昇在师执的言传身教下，既有很深的遗民情怀，也有挥之不去的逸民情结。他的遗民情结和逸民情结几乎是同时萌生的，又自然而然地在为洪昇的青少年塑形，形成了他未来性情的一部分，尤其是在饱受挫折之后，这种性格在他身上表现得尤为突出。

说到这种隐逸的心态，又该说到洪昇之父洪起鲛了，他在历史的夹缝中又将如何扮演自己的角色呢？在洪起鲛四十初度时，笔者已在前文提及，其友人王嗣槐为他写了一篇《洪氏寿宴序》，我已援引了一个开头，还有一段下文，特意留待此处分解："……武卫才绝时人，文倾流辈，乐与竹林为友。有时莲社同群，……以例授官，非其所好也。优游梓里，偃息湖干；非有季鹰忆鲙之赋，自逐秋风；颇同陶令种秫之怀，长眠夏月。令子昉思，英才特出，正平之交文举，自尔忘年，……今武卫不汲汲于名场，无营营于宦牒，抚琴书以自适，与花鸟而相亲。夫人偕老，笑牛衣相谪之谈，令子承颜，有鸡黍独供之乐。进可以浮沈执戟，不愧东方；退可以偃仰谈经，无殊长统……"

洪起鲛名不见经传，但王嗣槐却是一个载入了《清史列传》的博学鸿儒，他生卒不详，字仲昭，号桂山，仁和人，为明末诸生。据史载，其人"性慷慨，善谈论，书无不窥"，既有遗民情怀，又有隐逸之态，"性简脱，与俗忤，日偕友人散发祖裸，嬉笑怒骂，不复知人间事"。这是典型的魏晋风度了。其"少工骈体，晚乃专为大家文，尤善作赋，诗与陆繁弨并推"。不过，这位遗民兼逸民，后来还是出仕清朝了，在康熙十八年（1679）举博学鸿儒，授内阁中书。——这是一段提前十五年交代的后话。回到眼下，正是他这篇《洪氏寿宴序》，把洪起鲛和洪昇的父子关系交代得一清二楚了，在这篇文章发现之前，关于洪昇的身世，他父亲是谁，一直是后世争议纷纭的一个谜团，而在这篇序中明确提到"令子昉思"，洪昇，字昉思，这是确凿无疑的。

透过这篇序，洪昇之父那模糊的身影也渐渐变得清晰起来，这是一个"才绝时人，文倾流辈"的士人，而"以例授官，非其所好也"，则交代了他已出仕清朝的仕宦身份。所谓"以例授官"，一般指恩荫授官，因祖辈、父辈的地位而使得子孙后辈在入学、入仕等方面享受特殊待遇，未能考取科举功名者，也能授予官职，官职大小又取决于祖辈、父辈的地位，但凡恩荫授官一般级别都不高。这也证明了我此前的一个猜测，尽管经历了改朝换代，但在明朝世受国恩的钱塘洪氏并未遭遇灾难性的打击，清朝还继续保留了洪家从明朝沿袭下来的恩荫。依"按例授官"的一般规则而推测，洪起鲛当是袭父亲洪吉晖之恩荫，所任应为州县的低级官职。没有科举功名，一般都只能担任这种"些小衙门吏"，而且终生难以提拔超升，无论清朝还是前朝，这都是难以破例的。担任这种地位卑微的小官，既非科举正途，为官场所不屑，又没有什么前途，洪起鲛自然也难免灰心失望。而古典士人一旦官场失意，大多会憧憬陶渊明式的生活，"颇同陶令种秫之怀"。对洪起鲛的逸民情结我不奇怪，奇怪的是，这样一位"才绝时人，文倾流辈"的士人，虽非达官，至少也是一方名士，与他交往的友人如陆繁弨、毛先舒等均有诗文存世，他们虽无科举仕途功名，却也未被历史遗忘，皆是载入了史册的人物，但洪起鲛既无诗文传世，只知他"好读书，喜谈论"，关于他的生平事迹除了偶见时人诗文之中，于正史野史皆无点滴史载，岂不怪哉。

又据张竞光《宠寿堂集》卷十《为洪昉思尊人作》云，洪昇之父秉承先世遗教，清操自守，以"闭门读我书"为乐事，又以"高谭（谈）自警众"而为时人尊重。简而言之，这是一个好读书、喜欢高谈阔论也颇有高见的士人，张竞光诗中还特别交代了洪昉思尊人出仕清朝的事实："抚志凌霄上，仗剑游京都。矫迹聊捧檄，恬旷每有余。"清人常在诗中用典，捧檄之典，乃出东汉，"庐江毛义少节，家贫，以孝行称。南阳人张奉慕其名，往候之。坐定而府檄适至，以义守令，义奉檄而入，喜动颜色"。这让慕名而来的张奉在心里很瞧不起他，"心贱之"。直到毛义之母逝世后，毛义无论怎么征召都坚辞不就，张奉这才恍然大悟，叹曰："贤者固不可测。往日之喜，乃为亲屈也。斯盖所谓'家贫亲老，不择官而仕'者也。"他感叹自己对毛义太不理解了，因而产生了误解，毛义捧檄，乃是为奉养母亲而出仕啊。又不能不说，王嗣槐借用此典，也是意味深长，又与黄机出仕清朝不谋而合，他们都是为了尽孝，还有什么比这更有人伦之道和人情味的缘由？诚然，对洪起鲛出仕清朝，也不能作出过于苛刻的评说，对于他，这很可能是无奈的、不情愿之举，或为生计所迫，毕竟一大家子人要靠他来养活，纵使家大业大也难免坐吃山空，而"自逐秋风""长眠夏月"才是他的真性情。

洪起鲛四十初度时，洪昇已是弱冠之年，王嗣槐在这篇序中赞赏他"英才特出"，这既非应酬上的客套话，也非孤证，柴绍炳在《与洪昉思论诗书》中亦称洪昇"舞象之年，便能鸣笔为诗"。从舞象之年到弱冠之年，洪昇已创作了许多为时人交口称赞的诗文词曲，笔者在前文也已多有援引，那是名不虚传。然而，这都是与"仕途经济"无关的旁门左道。洪昇也勤奋于读书，但他最爱读的不是经史子集，而是诗赋词曲传奇一类，这是与举业无关的闲书或"杂览"。此时他已成家，又将如何立业呢？在那个唯家长是瞻的时代，一个儿子的命运，先取决于父亲的意愿。洪起鲛既"不汲汲于名场，无营营于宦牒"，也可谓是一位疏狂淡泊的才子，那么，他对儿子的人生取向又是何态度呢？这还真是很难说。至少在清朝入关之初的十来年里，他父亲对儿子的人生去向还态度暧昧，由于我所寻觅到的关于洪起鲛的行状事迹寥寥无几，对他的心态未敢妄自猜测、过度诠释，但有一点是可以肯定的，无论是洪起鲛交往密切的友人，还是他为儿子选择的老师，全都是决不仕清的遗民。

　　然而，当洪起鲛捧檄出仕、按例授官后，他的心态无疑发生了变化。此时清朝入关已二十余年，透过这样一个士人的命运与志向，也可以逼近那一代士人的心态变化。无论他是否还有遗民情怀或逸民情结，至少他没有对清朝采取不合作的态度，他既已出仕清朝，自然不反对儿子去参加清朝的科举考试、出仕清朝。而洪昇作为家中的正出嫡长子，这在任何一个家族都应该是寄予重望的继承人。这就意味着，接下来，洪昇就将按部就班，通过科举考试，走仕途经济之路，然而，那也就没有中国文学史和戏曲史上的洪昇了。

　　性格即命运，而命运往往取决于人生抉择。从洪昇的性格发展成长史看，他的个性并不叛逆，他只是比较放纵自己的天性或个性，他这种性格的形成不是偶然的，而是天然的。譬如说他从小就"醉心风云月露，热中花笺彩笔"，这皆是由家境、环境和天性自然生成。除了怡红公子情结，他优越的家世和天赋才情，也难免让他有少年轻狂之态，又从轻狂演绎为清高孤傲、疏狂淡泊之态，越到后来，越是狂狷。这一点其实也不奇怪，他的父亲"抚志凌霄上，仗剑游京都""高谭自警众"，岂不是一副狂态？他的老师，哪一个不清高、不孤傲？而那个王嗣槐"日偕友人散发袒裸，嬉笑怒骂"，更是狂态十足了。而狂狷，就是放纵自我的天性而不遵礼法，这也是道家的典型特征，庄子就是中国的第一狂士。自他之后，狂狷之士源源不绝，竹林七贤哪一个不狂？又看唐人李白，还有谁比他更狂？尤其是在思想极为禁锢、士人备感压抑的时代，狂狷是可以抵抗人性失真的一种方式，从嵇康提出"非汤武而薄周礼""越名教而任自然"的主张，到以"异端"自居的明人李卓吾（李贽）提出"童心说"，他们以狂狷和异端的姿态，展现了自己的真性情，更展现了什么是完整的人格。

对于洪昇，若从真性情看，他对科考在心理上可能有厌恶抵触情绪，在兴趣上更是格格不入。他的内心世界很丰富、很敏感，他的接受能力又特别强，在他的成长过程中，对长辈与师执的各种思想情怀他都接受了，如前文所述，他既有遗民情怀，又有逸民情结，还有怡红公子情结，对袁于令那种风流放荡的生活他也充满了羡慕和惊妒，对外公和岳父的仕途功名他也充满了敬佩。这么说吧，他此时的思想与性情既简单又复杂，还没有成型，还处于游移不明的状态。不仅是青少年时代，在他的一生中，他的性情和倾向似乎一直处于未成型的状态，很多倾向集于一身，一直是并存的，又在他内心里互相冲突，这也造成了洪昇思想和性格上很矛盾的一面，在他未来的人生与命运中都会体现出来。

如今有人说他拒绝走仕途经济道路，这也是不符合实情的。事实上，他从来没有拒绝过走仕途经济道路，随着年岁见长，他心里越来越清楚，如果不走这条正途，他就找不到现实生活的出路。他所虑的还不是自己一个人的前程，还有这个家。而就在他还处于茫然彷徨之际，发生了一件大事。康熙四年（1665），对于洪昇与黄蕙，那是他们有生以来最不幸的一年，黄彦博在京师病逝。章培恒先生认为"彦博当于甲辰冬病，乙巳夏秋间殁"。而在此前一年，黄彦博中进士，选庶吉士，"孰知英英髦士，才登鸳鹭之班"，"陈言见鲠直之风，揽辔有澄清之志"，谁料未及一年，一个英英髦士便遽尔早逝。洪昇痛彻心扉，作《遥哭黄泰征妇翁》诗七首，其一云："旅榇荒原未得归，遥天酹酒泪沾衣。江南蓟北三千里，一夜寒霜雁不飞。"黄彦博英年早逝，以一种更让人绝望的方式完成了人生命运的逆转与颠覆，"曾闻簪笔向兰台，转眼松楸入望哀"，这也是洪昇有生以来对生死、生命的最深刻又最叵测的感受。而哀莫哀过黄蕙，这出身显赫门第的小女子，说来也真是命苦，她幼年丧母，在婚后一年又痛失其父，而父亲弥留之际，还牵挂着她与洪昇小两口，伏在枕头上给他们写信，"可怜垂死天涯夕，伏枕犹裁尺素书"。可怜她才二十出头，就成了一个没爹没妈的孤女。是的，她还有一个仕途正旺的祖父，然而那毕竟已经隔代了，对于子孙众多的黄机而言，也难以独怜这可怜的孤女。黄蕙终日以泪洗面，"相思骨肉便欹歔"，而一个弱女子在无依无靠的命运中，她最亲最亲的亲人只有夫君洪昇了。她对丈夫更加充满了依赖，这也是她一生一世的依赖了。

当生命中的一个骨肉亲人离去，既让洪昇有如切肤之痛般的生命体验，也会让他重新审视生命和命运。毕竟，他此时已经不是不更事的年岁了，他是否考虑过，如果他父亲一旦遭受不测的命运，作为家中长子，他能否撑得起这样一个大家庭？而从接下来的事实看，他父亲无疑考虑到了这一点，这么一大家子人全靠他一个小官来供养，就是家底再殷实也会坐吃山空。这是很现实也很迫切的问题，人道是富不过三代，如果三代之中没有出现一个栋梁之才，一个大家族没有一根强有力的顶梁柱来支撑，这个家只能走向衰落以至没落。以洪父的身份地位，此时已年过不惑，还是一个"些小衙门吏"，最多能勉勉强强作为一个维持者，而这个强有力的支撑者，他只能寄望于长子洪昇，至少是首选。

康熙五年（1666），洪昇与仲弟洪昌及好友陆寅寄寓南屏僧舍读书。那闻名遐迩的"南屏晚钟"就在南屏山慧日峰下的净慈寺内。净慈寺位于西湖南岸、雷峰塔对面，洪昇和钱塘文士诗文中常以"湖南古寺"称之。这是西湖历史上四大古刹之一，因为寺内钟声洪亮，"南屏晚钟"成为西湖十景之一。净慈寺也是济公修行和圆寂的地方，大雄宝殿西侧的济祖殿前是带有传奇色彩的运木古井，据说井底还留有济公运木时的最后一块木头。而洪昇兄弟及陆寅借这一方清净之地闭关读书，就是为了心无旁骛、潜心举业。据其好友胡大瀯《访洪昉思、殷仲读书南屏》诗云："掩关古刹里，兄弟自相师。芳草迷深径，垂杨弄短丝。幌摇湖水绿，窗面石峰奇。幸托同门谊，深谈未觉疲。"胡大瀯即蕉园七子之张昊的夫君，据他诗中的描述，时值南屏之春，几人谈诗论文，不知疲倦，但他们所谈其实并非举业，而天性浪漫、随心所欲的洪昇，也实在受不了四书五经和八股文的那种拘束。他在南屏读书的时间不短，与洪昌、陆寅及来访诸友"日与论文",然在举业上无所精进。南屏山也是其师执柴绍炳的隐居之地,沈谦也曾来访,但洪昇的这两位隐逸之师,对洪昇在举业上的进取无所裨益,反而让他更沉迷于诗词曲赋。

当年秋天,洪昇创作了套曲《秋日南屏怀王丹麓》。据章培恒先生考证,洪昇散曲,今存五套,而这组套曲为洪昇散曲有年代可考之最早者。此曲中的王丹麓,乃是钱塘隐士。据《国朝杭郡诗辑》卷六载:"王晫,初名棐,字丹麓,号木庵,又号松溪。……年十二补诸生,稍长弃去。"王丹麓比洪昇年长九岁,于顺治四年(1647)补诸生,时年十二岁,这在科举功名上是洪昇远远不及的,而洪昇在二十二岁时尚无半点功名。不过,洪昇在此曲中所抒写的不是丹麓之功名,而是其旷达而通透的心态。他在这组套曲第一曲【北中吕·粉蝶儿】中一唱三叹:"秋到湖南,净长空雨疏云淡。隔寒林一带烟岚。柳添黄,蘋损绿,红消菡萏。蓦地愁含,对西风独凭雕栏。"一个隐逸之士,没有如此之旷达和通透,又怎能抛却世俗功名,入超尘出俗之境?王丹麓隐居湖墅,堂号霞举,"四方士夫过武林者必造霞举堂,故座客常满"。武林,乃杭州之旧称,杭州十大古城门之武林门与西湖相望,王丹麓大隐隐于市,霞举堂"为往来舟车之冲"。但他如此广宴宾客,招待四方,日渐拮据,而他依然慷慨好客,"客至质衣命酒",哪怕典当了衣物也要让四方宾客尽醉而归。如洪昇于此曲【煞尾】所唱:"蛩声不要听,秋光谁耐览。待驱车早暮还相探,怕只怕醉倒琼楼绣鸳毯。"洪昇曲中还有"潘令好容姿"之语,称誉王丹麓是一位如潘安般丰神俊逸的美男子。丹麓工于诗文,尤擅填词,有《墙东草堂词》行世,他还以南朝宋刘义庆《世说新语》之后继者自命,著有《今世说》八卷,"耆旧风流,藉资掌录",记录了清顺康四十年间之士林生平言行为主,在历史的夹缝中,为后世留下了关于那一代由明入清的历史人物之珍贵实录。但在当时,这一类杂著只是人们茶余饭后的谈资,而王丹麓却视为自己的得意之作,以此自炫而"傲形于色"。

未知洪昇是否与这位大隐有过交游,但他对王丹麓的赞美与崇敬,这表明他在南屏僧舍读书期间,对隐逸逃禅有了进一步靠拢的倾向。而栖身僧舍，他对求道问禅也兴趣盎然。豁堂禅师为南屏高僧，在豁堂禅师的点化下，洪昇越来越觉得出世隐遁也是一种理想的归宿，他后来自号"南屏樵者"，当与这段经历和心结有关。但眼下，无论如何，他还得硬着头皮钻研举业。他的这段经历，恰好反映了两个洪昇之间那种难解的悖结。从理性上看，他有意举业，但从性情上看，他却无所用心，依然把更多的精力倾注在吟诗填词作曲上，这对惯于"我手写我心"的洪昇是本性难改的。即便没有明清易代，没有遗民情结，凭他青少年所表现出来的天性，他也不是那种"两耳不闻窗外事，一心只读圣贤书"的小圣人，他的心事从来没有放在四书五经和八股文上，从来不做正经功课。一方面，他打心眼里不愿在这方面下功夫，而在另一方面他似乎根本不需要下功夫，譬如他喜爱那些诗词、音韵、戏曲、琴棋书画等，那才是他在内心里热爱的东西，他被其魅力自然吸引，甘之如饴，他的天性和天赋在这方面也得以淋漓尽致地发挥。笔者在前文已援引了洪昇青少年时代的不少诗篇，而他在词曲创作上也已崭露头角，有不少佳作存世，如其《念奴娇·殷仲弟初度，兼怀季弟在燕》：

> 露浓霜冷，叶纷飞、楼外寒蝉将歇。况是菊花堪酿酒，那用长生桃核？健笔凌霄，高怀拨雾，年少真才杰。一声鸾啸，海天惊破秋月。
>
> 回忆昨岁河桥，骊驹初唱，执手难轻别。纵有茱萸谁待插？不记登高时节。两地都愁，三人各瘦，鸿雁应能说。何当欢聚，乘秋共醉瑶阙。

据章培恒先生考证，"此当（洪昇）早年乡居所作"，原注作"九月八日"，乃重阳节的前一天，既是"殷仲弟初度"，也是洪昌的生日。其上阕借《晋书·阮籍传》"鸾啸"之典："籍尝于苏门山遇孙登……至半岭，闻有声若鸾凤之音，响乎岩谷，乃登之啸也。"后遂以"鸾啸"为胸怀志趣更高的典故。洪昇以此形容或激励殷仲弟，赞其"健笔凌霄，高怀拨雾，年少真才杰"，并寄望于殷仲"一声鸾啸，海天惊破秋月"，这兴许也是他的自勉吧。无独有偶，洪昇日后的师执王士禛亦爱用"鸾啸"一词，如其《题乔子静桃花流水图》诗云："傥遇避秦人，或逢鬼谷子，鸾啸一迢然，沙禽忽惊起。"洪昇与王士禛师徒俩，也可谓是"鸾啸"知音。此词下阕，则深情抒写了他对季弟中令的怀念。康熙四年（1665）深秋，其季弟中令随父入燕，洪昇作《别弟》一诗送行，"季也年十六，意气殊浩然。今将从父游，行行入幽燕"。这首诗细致入微地描写了洪昇与中令难舍难分的手足之情，"兄弟牵裳衣，踟蹰不能前"，"执手一相视，泪下如流泉"，丝毫看不出兄弟间有什么嫡庶之别，而所谓嫡庶之别、兄弟阋墙，也是后世时常拿来做文章的，如土默热红学，就将洪中令比喻为那位赵姨娘所生的贾环。不过，洪昇在诗中对父亲为何入燕没有交代清楚，那时从杭州到北京天遥地远，"江南蓟北三千里"，水陆兼程，大约一个多月行程。如果没有特别重大的事情，一般是不会轻易赴燕的，何况洪起鲛还是一家之主，不可能为游玩而去。而洪起鲛这次携季子中令入燕，一去经年，洪昇与中令契阔经年后，"回忆昨岁河桥，骊驹初唱，执手难轻别"，眼看重阳将至，洪昇难免有王维《九月九日忆山东兄弟》之感伤，"纵有茱萸谁待插"？

对于洪昇，南屏僧舍的读书生活是他一生难以泯灭的记忆，他后来曾在《稗畦集·题画》一诗中追忆："烟树渺无际，不辨南屏山。旧时读书屋，指点在其间。"而让其一生念念不忘的还有在南屏僧舍与他朝夕相处、"日与论文"的陆寅。洪昇在《重过南屏僧舍怀陆冠周》诗中写道：

> 僧楼高枕看雷峰，此地曾偕陆士龙。
> 湖面花开凉醉酒，山头月出静闻钟。
> 重随野鹤吟黄叶，独卧寒云对碧松。
> 惆怅故人今远客，一庭秋雨草茸茸。

陆寅，字冠周，生于顺治五年（1648），比洪昇小三岁。洪昇以陆氏先祖陆云（字士龙）比拟陆寅，陆云少聪颖，六岁即能文，其兄陆机死于"八王之乱"而被夷三族后，陆云也被牵连入狱。那么陆寅的命运又如何呢？他幼而颖悟，能诗，在"庄史案"中，十五岁的陆寅亦被系入狱。据《钱塘县志》卷二十三《孝友》载，自其父陆圻遁迹远方后，"寅以一身，上事老母，下抚弱弟妹"，直到母亲去世，他又出门徒步访父，他此生的唯一意义仿佛就是为了寻找父亲的踪迹。他往来万里，苦寻数载，"历东粤、匡庐、洞庭、湘潭，远经天台、剡中，复登泰山，涉沂水，凡荒崖绝壑，深林穷谷，靡所不至，其最险几殆者，莫如海上成崂蓬莱为甚，如是者十余年，鼍面重眠，水宿风餐，绝无踪迹"。对陆圻最终的去向，史上有两种说法，"或云武当为道士，或云岭南为僧，终莫能定"。洪昇后来有《答友》诗曰："君问西泠陆讲山，飘然瓶钵不知还。乘云或作孤飞鹤，来往天台雁宕间。"

笔者于此援引洪昇的这些诗词散曲，一是交代他与洪昌、陆寅寄寓南屏僧舍的这段读书生活，也是为了验证一个事实，洪昇多才多艺，才情恣肆，具有广泛而丰富的情趣，但依然"不务正业"（举业），而他也以这种"不务正业"的方式一点一点地接近自己一生的正业。只是他自己此时还不知道自己一生的正业是什么，谁又知道呢？或许，只有天知道。

是的，这只是我的猜测，但我的猜测其实也有佐证，洪昇之师毛先舒曾专门作过一首《水调歌头·与洪昇》，实为诫勉规劝之词："君子慎微细，虚薄是浮名。子家素号学海，书籍拥专城。不在风云月露，耽搁花笺彩笔，且问十三经。屋漏本幽暗，笃敬乃生明。　　百年事，千古业，几宵灯。莫愁风迅雨急，鸡唱是前程。心欲小之又小，气欲敛之又敛，到候薄青冥。勿谓常谈耳，斯语可箴铭。"从中不难看出，洪昇依然沉浸在"风云月露""花笺彩笔"之中，追求那些虚薄的浮名，不做正经功课。毛先舒在读书上亦颇有心得："读书有四要：一曰收，将心收在身子里，将身收在书房里是也。二曰简，惟简斯熟，若所治者多，则用力分而奏功少，精神疲而岁月耗矣。三曰专，置心一处，无事不办，二三其心，必无成就。四曰恒，虽专心致志于一矣，而苟无恒，时作时辍，有初鲜终，亦无成也，故存恒尤要焉。"在其《与子侄书》中，他诚勉后生："年富力强，却涣散精神，肆应于外。多事无益妨有益，将岁月虚过，才情浪掷。及至晓得收拾精神，近里着己时，而年力向衰，途长日暮，已不堪发愤有为矣。回而思之，真可痛哭！汝等虽在少年，日月易逝，斯言常当猛省。"——这又何尝不是对弟子洪昇的谆谆教诲。但洪昇却不听教诲，而且"恶劝"——厌恶别人的规劝，可以说屡教不改，实在也是本性难移。而洪昇日后在其诗文中也曾痛悔自己"背父母教育之恩，负师兄规训之德"，这也证实了我的猜测是接近真相的。而洪昇后来遭遇"天伦之变"，被逐出家门，很可能就是他"背父母教育之恩"，至少是原因之一吧。

康熙七年（1668），洪昇二十四岁，从此告别了他在钱塘的求学生涯，入北京国子监就读。这是他人生的一道分水岭。清代科举沿袭明代科举制，而且进一步强化了，也可谓是愈加僵化了，四书五经的解释主要限于朱子注疏，而"制艺"（作文）则必须严格遵循程式的"八股文"，每个段落都必须死守在固定的格式里面，连字数都有一定的限制，你只能按照题目的字义敷衍成文。据孟森《心史丛刊》云："明一代迷信八股，迷信科举，至亡国时为极盛。余毒所蕴，假清代而尽泄之。盖满人旁观极清，笼络中国之秀民莫妙于中其所迷信，始入关则连岁开科，以慰蹭蹬者之心，继而严刑峻法，俾怏求之士称快。……此所谓天下英雄入我彀中者也。"的确如此，清廷也明知这种八股文没什么实际用途，却又不愿放弃，康熙帝曾对大臣们说："非不知八股文为无用，特以牢笼人才，舍此莫属。"这位"千古一帝"还真是实话实说，"特以牢笼人才"才是大清帝国实行科举制的真正目的，又何尝不是历代王朝的目的。对于清廷，以科举取士是"舍此莫属"，对于欲出仕清朝的天下士子也是"舍此莫属"。

洪昇走科举正途，只能说是注定走不通的，到二十四岁时，这在当时已是老大不小的年岁了，他居然连个诸生也未得中，他父亲的失望可想而知。好在，当时还有另一条出路，入国子监。据《清史稿·选举志》载，"世祖定鼎燕京，修葺明北监为太学"，国子监生也可称为太学生。国子监为国中最高学府，也不是谁想进就能进的，但除了考试，还可以恩荫或捐纳入监。按清制，文职京官四品以上，外官三品以上，武职二品以上，俱准送一子入监读书，捐纳则须花费不菲的费用。洪昇到底是以哪一种方式入监，我没有搜寻到历史文献的记载，后世大多猜测他以恩荫入监。这又再次验证了，洪家在明代的恩荫在入清后依然得以世袭，其父"按例授官"，洪昇又以恩荫入监，清朝对钱塘洪氏还真是不薄。又无论以哪一种方式入监，对读书人而言，只要能进入最高学府——国子监读书，就意味着离仕途的距离拉近了，近在天子的眼皮底下了，虽说也要参加考试才能授官，但机率更高了。而国子监监生中有能力做到高官者亦大有人在，这也让洪家终于看到了后继有人的希望。

在一个难以确定的时日，洪昇拜祭了列祖列宗的牌位，拜谢父母的养育之恩，然后便是与妻子作别。此时，他们结婚已四年，洪昇还是平生第一次别家远行，对于冰雪聪明的黄蕙，她一眼就能看出丈夫去意已决，而在一个贤惠的妻子眼里，她又何尝不希望自己的夫君"一声鸾啸，海天惊破秋月"，这也是丈夫应该走的一条路。在那个早春的清晨，当她目送着丈夫远去的背影，泪花在眼中颤颤跳动，她就像看一只在风中飞舞的纸鸢，是那样缥缈而又高远。她以为丈夫从此会走上祖父、父亲走过的那条路，她也憧憬着有朝一日随夫君赴燕，在京师的官邸里相夫教子，但她做梦也没有想到，谁也没想到，洪昇会走上一条钱塘洪氏所有前辈从来没有走过的一条路。

第三章

看花赴上林

一

康熙七年（1668）正月，洪昇第一次揽辔赴燕，这也是他一生中最风光的一次赴燕。江南的早春季节，阳气正缓缓复苏，而北风一旦吹将起来还有几分凄冷。一个裘马豪雄的钱塘世家公子，虽说难免也有几分辞家别乡的惆怅，然而那种奔赴皇皇帝都、以满腹才华黼黻盛世之豪情，更让他踌躇满志，逸兴遄飞。

尽管此行只是赴国子监就读，同金榜题名、入仕为官不是一回事，但谁都觉得对洪昇来说这是迟早的事，也没有谁不看好这位"三洪学士之世胄"。沈谦、张竞光、毛玉斯等"诸人来送，恋恋而别"。在洪昇交游的钱塘文士中，毛玉斯还是第一次出现，其生平无考，洪昇约于康熙六年（1667）与毛玉斯交游，情谊日趋笃厚。他是洪昇情同手足的契友之一，更是洪昇在词曲上的知音。洪昇尝作曲赠与毛玉斯，此曲何曲，于今已不得而知，而沈谦作有《哪吒令·读昉思赠毛玉斯曲戏作》，于中可知毛玉斯的词曲之妙："赛东家妙词，有毛家玉斯。胜东阳好诗，羡洪家昉思。理东江钓丝，拼醺醺醉死。只图他食有鱼，管什么碑无字。醒来呵月上花枝。"显然，沈谦对毛玉斯之词和洪昇之诗尤为欣赏，但他对洪昇之词曲不作评价，可见洪昇之词曲此时尚未入其法眼。而透过沈谦戏作，也可知毛玉斯"亦沦落不偶者也"，而他虽穷窘却并不潦倒，也可谓是一个已把浮名看淡的垂钓之隐吧。洪昇称毛玉斯为毛生，则可知其与洪昇为年岁相仿之同辈，他在《与毛玉斯》诗中更称"知己从来只一人"，诗云：

> 去年临歧将揽辔，毛生相送忽垂泪。
> 殷勤薄物出穷交，马头即拜千金馈。
> 忆与君游才几时，倾盖一话成心知。
> 山水登临朝恣乐，文章欣赏夜忘疲。
> 如何经此远离别，梅花乱飘北风冽。
> 白沙夜覆滹沱水，黄云晓冻燕山雪。
> 落魄逢春又历秋，怀人时复增离忧。
> 断鸿一片入天际，长河落日寒悠悠。
> 归帆已过昌平郡，把袂班荆日已近。
> 知己从来只一人，如君可洗虞翻恨。

这首七言古体实为一首大跨度的叙事诗，从洪昇钱塘北发、毛生相送，一直写到他在国子监肄业、南返钱塘。去时，钱塘还是"梅花乱飘北风冽"的春寒料峭之季，归时，已是翌年"断鸿一片入天际"的萧瑟寒秋，这就相当清楚地交代了洪昇此次入国子监就读的时间，他于康熙七年（1668）春初（很可能是年节过后的正月）赴燕，在北京度过了一年半载的时间，"落魄逢春又历秋"，在翌年深秋又带着满腹的失落之感踏上了归途。而洪昇此诗中也明确交代了，他赴京时与毛玉斯还是"忆与君游才几时"的初交。如今有一说，毛玉斯为毛先舒之子，果真如此，洪昇十五岁即师事毛先舒，两人就该相知相交久矣，不可能是初交。而洪昇与毛玉斯虽是初交，然两人一见倾心，情投意合，"山水登临朝恣乐，文章欣赏夜忘疲"，当洪昇远赴京师时，两人已经难舍难分，洒泪相别，"毛生相送忽垂泪"，毛生与洪昇虽是"穷交"，却倾囊相赠，"马头即拜千金馈"。关于洪昇与毛玉斯的交谊，还将贯穿他们未来的一生，尤其是在洪昇创作《长生殿》的过程中，他这位早逝的"亡友毛玉斯"是一个绕不开的人物。

洪昇此番赴京，还有一个传奇人物进入了我们的视线，恽格（1633—1690），字寿平，后以字行，改字正叔，号南田，别号云溪外史。其父恽日初，字仲升，号逊庵，武进人，崇祯六年（1633）中副榜，"从刘宗周游，学益进，尝上书申救，义声震天下"。他对兵书颇有钻研，在士林中有"知兵"之名，曾"应诏上备边五策"。当清兵下浙，恽日初避走福州，长子桢、次子桓、少子格皆追随他赴闽。其长子桢在抗清战争中牺牲，次子桓在建宁被掠，不知所终，少子格被俘，恽日初因外出求援亦不知下落。恽格被俘时还是一个十五岁的少年，由于他从小擅画，被推荐给清闽浙总督陈锦夫人画图样。总督夫人见他"丰神俊朗、进退从容"，而自己膝下无子，一直想收养一个孩子，就这样，一个少年俘虏摇身一变，成了闽浙总督之公子。顺治九年（1652），陈锦率军与郑成功作战，在战败后驻扎同安时，"贼夜入其帐，刺中要害，遂卒"，一个戒备森严的闽浙总督居然这样被干掉了，亦有人说他是被家丁刺死。

陈锦遇刺身亡那年，恽格已被收养四年，年及弱冠。某日，陈夫人带着恽格在杭州灵隐寺给陈锦超度亡灵，又出现了奇迹般的一幕，恽格竟然在众僧中一眼看见了失散数年的父亲。当时，由于养母和众多的家将兵丁在场，恽格想要相认又不敢相认，他心生一计，暗中向寺中住持道出了实情，请他出面为自己求得解脱。佛家以慈悲为怀，为了让这一对失散多年的父子团圆，那住持对陈夫人说：我看你这儿子天不假年，若要保住他的性命，只能让他入寺礼佛。陈夫人已抚育恽格数年，视如己出，又怎肯让恽格入寺为僧？而按清制，恽格还可以世袭陈锦汉军正蓝旗的贵族爵位。但恽格向陈夫人痛哭陈情自己甘愿出家，陈夫人也是信佛之人，只得流着眼泪应允恽格暂留寺中，自己再从长计议。而陈夫人一走，恽格便随父亲逃出了灵隐寺，为了躲避陈夫人，父子俩一直在外东躲西藏，数年之后，父子俩才辗转回到上店老家，在旧宅坍塌的瓦砾间盖起了一间小屋，恽格从此以卖画为生，奉养父亲。他一生清贫，以侍父至孝、待友至诚而著称。他这一段传奇身世，在康熙十八年（1679）被善乐府体的诗人王抃（字怿民，一字鹤尹，别号巢松）编成了曲本《鹫峰缘》。而作为戏曲家的洪昇，又与此曲中的主人公熟识，理所当然会对此曲加以关注。想来，洪昇作为一代戏曲大家，未能将恽格的命运写成传奇，实在有些遗憾了，又或许是他知恽格太深，因而深知恽格不愿成为一个戏中的主角吧。

恽格比洪昇年长十二岁，未知他们在何时结交。洪昇此次赴京，据《洪昇年谱》载，"时恽格在杭，亦有赠行诗，并赠以所绘便面"。恽格惜墨如金，但凡遇到知音，无论贫贱，只要求他作画，便即刻挥毫。若是势利之徒，即便重金求画，也难得他一枝一叶。他主动赠画给洪昇，可见其视洪昇为知音。他在画论亦有高见，如其"摄情说"，在当时可谓是大胆而又别出心裁的一种精辟之论："笔墨本无情，不可使运笔墨者无情。作画在摄情，不可使鉴画者不生情。"无论对于作画者，还是鉴画者，皆为一个"情"字所统摄，以此而驾驭艺术、征服观者，才能于画内画外产生高度的共鸣。他还提出既要"师古人"更要"师造化"，以天地为师。对"似"与"不似"的辩证关系，他也有独到的见解。苏东坡尝谓："论画以形似，见于儿童邻。"此论对后世影响深远，不只是画，还有诗，都以神似、神韵为主流，而一旦惟妙惟肖反而就成了"见于儿童邻"的浅俗之作了，换言之，那就是小儿科了。而恽格提出"世人皆以不似为妙，余则不然，惟能极似，乃称与花传神"。这一观念贯穿融会了他的整个艺术创造，其诗、书、画有"南田三绝"之誉，据《国朝画征录》载："近日无论江南江北，莫不家家南田，户户正叔，遂有常州派之目。"世称恽南田为常州画派的开山祖师，当之无愧。而洪昇作为他的知音，对他的艺术观自然心领神会，对此，笔者将在接下来的叙述中交代。

从民族气节上看，恽格虽曾为陈锦夫妇养子，却如陆繁弨一样集国恨家仇于一身，穷其一生绝意仕进，其所有作品、书信从不署清朝的年号，而是用天干地支。这样一个矢志不移的遗民，对洪昇入国子监却不以为忤，他既赠画扇，又赋《送洪昉思北游》，以诗送行：

> 赠尔芙蓉剑匣霜，一声骊唱昼云黄。
> 才翻乐府调宫羽，又戏金门和柏梁。
> 白马沈秋歌瓠子，黑貂残雪度黎阳。
> 遥知鼓箧初观礼，绵蕞诸生欲拜郎。

凡后世论及洪昇这一阶段的人生选择，恽格这首赠行诗为必引之作，所谓"拜郎"，也就是入仕为官，古人诗中常有"拜郎"之说，如"印绶妻封邑，轩车子拜郎""相庭贻庆远，才子拜郎初"等等。"才子拜郎"才是正才与正途，否则你再有才，也只是末道小技或旁门左道了。恽格祝愿洪昇"拜郎"，其实也反映了那一代遗民的普遍心结，许多坚定的明遗民终生不出仕清朝，但对子孙和友人出仕清朝抱有理解和宽容的态度。

这也是与洪昇订交已久的张竞光之心态，他也是一位终生不仕清的遗民，在其所作《送洪昉思北上》诗中云："涉趣暂相许，论交久自深。何当临远别，那复可招寻？"这就是说，此为洪昇与张竞光"论交"以来的第一次远别，而他对洪昇入国子监也是很看好的："仗剑辞南郡，看花赴上林。题诗留古驿，挟弹落残禽。延览皆成赏，兴思属所钦。怜余若有问，嘉树听清音。"好一句"仗剑辞南郡，看花赴上林"，洪昇当时还真是跃跃欲试，试欲博取一番功名。

当时由钱塘赴京的一条路，大抵就是清军南征江南的一条路，洪昇只不过是逆向而行，他先从钱塘溯江南运河而上，绕太湖东岸经嘉兴、苏州、无锡、常州，抵达当时的江南省镇江府，镇江位于长江——扬子江与京杭大运河两条黄金水道交汇的十字路口，古称京口，境内焦山、北固山横枕大江，山势险固，被誉为"天下第一江山"。历代争霸天下者，无论北伐还是南征，这都是一个绕不开的关口要津，乃兵家必争之地，一旦京口失守，南京即危在旦夕。南宋开禧北伐之际，时任浙东安抚使、镇江知府的老将辛弃疾登临北固亭，抒写了一曲千古绝唱《永遇乐·京口北固亭怀古》，这位老将追怀千古英雄孙仲谋（孙权），"想当年，金戈铁马，气吞万里如虎"，而当他北望中原，故国山河早已沦陷于金人铁蹄之下，不禁仰天悲叹："元嘉草草，封狼居胥，赢得仓皇北顾。四十三年，望中犹记，烽火扬州路。可堪回首，佛狸祠下，一片神鸦社鼓。"辛弃疾当年已是一个六十六岁、风烛残年的老人，只叹自己"廉颇老矣"，而洪昇此时正血气方刚，但他的心态已为之一变。他在渡江北上之际，抒写了一首《晓渡扬子江》：

> 宿雾晓迷茫，轻帆暗中挂。
> 极目扬子江，寒潮正澎湃。
> 近绕北固山，遥接沧溟派。
> 地合吴楚壤，天分南北界。
> 叹息京口城，壮哉古要害。
> 临风坐舡头，江豚迎我拜。
> 寺钟花里鸣，渔罾日边晒。
> 金山塔势孤，高高碧云外。
> 波澄心自闲，烟消日逾快。
> 不睹江山奇，谁知天地大。

这首诗是洪昇青年时代诗作的代表作之一，同他十五岁时所作的《钱塘秋感》相比，其心态已发生了明显的变化，他少年时的"山川满目南朝恨"，于今似乎已淡忘或泯灭，而此时他乃是一副"临风坐舡头，江豚迎我拜"的得意忘形之态，其心态还有一种"波澄心自闲，烟消日逾快"的闲适与超然，而这首诗最豪迈的便是煞尾一句"不睹江山奇，谁知天地大"，这也洪昇诗中的经典之语，也堪称绝唱，但这已是无关家国命运、超越时空之旷达抒怀，洪昇的好友陆次云对此诗赞叹有加："爽气逼人，心目俱快！"

自京口北渡长江，便是繁华绮梦的扬州，从扬州到淮河下游、洪泽湖南岸的盱眙，又从盱眙至泗州，这一路上洪昇又作有《淮扬道中》《盱眙至泗州作》等诗，而透过他的诗篇，也让我们得以重新发现他眼前身后不断切换的背景。渡淮后，洪昇仿佛进入了另一个世界，他已经行走在千里冰封的北国大地。在鲍家集，他遭遇了一场铺天盖地的大雪。鲍家集位于今江苏省盱眙县城西北部，相传为纪念春秋时期齐国大夫鲍叔牙而得名。冰雪中，一个恍惚的世界，多少事，似真似幻。在那被白雪覆盖的客舍里，雪夜的寂静是深沉的，万籁俱寂中，只有屋外的树枝在冰雪中发出咯吱咯吱声。洪昇在土炕上翻来覆去，愁思难眠。随着钱塘渐行渐远，而乡愁与思亲之情越来越浓，他忆及儿时母亲对他无微不至的疼爱与呵护，吟写了一首《鲍家集大雪寄母》：

> 淮河已渡复驱马，大雪长风正飘洒。
> 口噤无语舌在喉，手执冻鞭不能打。
> 荒郊极望断炊烟，饥乌不飞噪野田。
> 五更枵腹冒寒起，行行薄暮谁相怜。
> 策蹇趣投鲍家集，羊裘淋漓雪沾湿。
> 斜傍竹炉拥布衾，传催豆粥声声急。
> 因思往日在庭帏，百事都将阿母依。
> 丁宁不住加餐饭，未降寒霜早授衣。
> 如何经此行役苦，土炕愁眠泪如雨。
> 四野纷纷雪不停，鸡鸣又向长河浒。
> 嗟嗟行路多艰辛，况复萧条一病身。
> 高堂若见关山路，雪马冰裘愁杀人。

洪昇之诗，如恽南田之画，亦如杜甫之诗，以"惟能极似"而逼近其现实生活之真相。这里暂且不论洪昇的诗歌艺术，只说他诗中的叙事，一是交代他这次赴燕长旅中的"行役"之苦，他水陆兼程，"淮河已渡复驱马"，而淮河一带为中国南北季候的分水岭，从他描述的细节看，"口噤无语舌在喉，手执冻鞭不能打"，这就更加确凿地表明他此行应为正月，尽管他身着羊裘。这是一副公子少爷的穿着打扮，却也难耐荒郊断炊之饥、雪水淋漓之寒，而他每每五更即起，乃至闻鸡起行，饿着肚子冲风冒寒赶路，直到入夜之后才能投宿客栈，而客栈极为简陋，疲惫不堪的、饥寒交迫的他只能"斜傍竹炉拥布衾，传催豆粥声声急"，实在是冷得慌、饿得慌啊。对于他未来南来北往的大半辈子，这"行役"还只是刚刚开始，而"行役"也是他后来的他诗中用得最多的一个词。一个自小养尊处优的公子少爷，第一次出门远行，在这种孑然一身、孤苦无依的"行役"之中，自然特别思念在父母身边的日子，从小到大他"百事将将阿母依"，而母亲对他的关怀无微不至，"丁宁不住加餐饭，未降寒霜早授衣"。

走笔至此，就有了一个疑问，这也是一个迄今一直未解的谜团，洪昇此时怀念的母亲是他的生母黄氏，还是他的大母或继母钱夫人呢？这其实不是问题，洪昇思念的无疑就是他的生母黄氏，那么黄氏此时又是否健在呢？这还得从此诗标题说起，据刘辉先生笺校，"寄母"，本作"怀母"，而"怀母"和"寄母"是截然不同的，若是"寄母"，表明他生母黄氏还活着，若是"怀母"，则无论生死皆可怀也。对这一疑团，暂且依然只能搁置，在及后的叙述中还将继续探究。

接下来又看洪昇之"行役"，他在渡淮之后继续辗转北上，一路策马而行，经灵璧、宿州等州县进入河南。灵璧位于今安徽省东北，为楚汉相争最后的决战之地——垓下之战的古战场，别称霸王城。刘邦在这一场生死大决战中创造了中外战争史上最经典的一次攻心战术，当楚歌自垓下四面而起，致使项羽惊骇不已，而楚兵更是军心动摇，以致被汉军围之数重、兵少食尽的项羽兵败如山倒。一直追随项王戎马征战的虞姬悲歌一曲"大王意气尽，贱妾何聊生"，拔项羽之剑而自刎，随后项羽亦以此剑自刎乌江，一曲"霸王别姬"，从此成为千古绝唱。洪昇拜谒虞姬墓，遥想项羽那英雄末路、虞姬那香消玉殒的生离死别和慷慨悲歌，赋诗一首《虞姬墓》，他哀惋虞姬"提君之剑为君死，血污游魂娇不起"，这红颜倾城又坚贞不渝的虞美人又何尝不是为殉一个"情"字

而死？他悲叹"夜夜青磷烧鬼骨，朝朝白日啼神鸦"，这与其说是沧桑
兴亡之叹，莫若说是一种幻灭之感。这也是洪昇之心态乃至那一代士人
心态嬗变的一个必然结果。在清朝入主中原二十多年后，从兵荒马乱的
世道到动荡不安的人心，清王朝逐渐重建并巩固了其统治秩序，"人心
渐有固态"。那些最初怀有反清复明之希冀者，其希冀也渐渐变成了幻
想，其遗民之志也必然会在岁月中渐渐消退、泯灭以至幻灭。而洪昇的
遗民情怀原本就源自父辈师执的间接感染，势必更容易消退。而从接下
来的事实看，他那遗民情怀似乎已经全然遗忘。若从潜意识而言，其实
也并非泯灭或幻灭，当一个目标变得明确而突出时，人类会将很多东西
无意识地深埋在心底，若没有一种更深沉的力量去触发它，就连自己也
没有感觉了。这兴许就是洪昇当时的心理状态。否则，洪昇接下来发生
的故事，那就匪夷所思、难以理喻。

　　这一次北上京师之旅，洪昇且行且吟，以诗歌的方式勾勒出了一条
清晰的路径，纵贯了今浙江、江苏、安徽、河南、河北、北京，这是当
年由江南赴京的途径之一，先走东线然后入中线，这条路有些绕了，走
的是一条弓背路。而洪昇后来南来北往多走东线，由江苏取道山东，并
数次途经泰山，这条路要直接一些。而他这次没有直奔目的地，兴许是
想要多游历一些风景名胜，如其所谓"不睹江山奇，谁知天地大"。他
在途经河北邯郸时，游览了赵武灵王"胡服骑射"的发生地"武灵丛台"，
并赋诗《丛台》："豫让桥头边月昏，廉颇冢上塞云屯。丛台四顾行人绝，
万里悲风酒一樽。"这是他沧桑幻灭之感的延续。过丛台后，他又揽辔
策马而行，渡滹沱河，作有《滹沱道中》："匹马长堤白雪中，青天落月
叫孤鸿。蒌芜亭北孤烟断，只有萧萧大树风。"经巨鹿，他又作有《巨
鹿道中》："冻云遥压紫荆关，猎火寒烧天地殷。百队健儿冲大雪，呼鹰
直过太行山。"这一路上，对于"看花赴上林"的洪昇，看得最多的便
是雪花，从他在鲍家集遭遇大雪后，真是千里冰封，万里雪飘。途中，
他思亲怀友，有诗《寄汪雯远》："崇明不相见，薄暮便思君。况是经时
别，燕关怅夕曛。"汪雯远也是洪昇交游的密友之一，两人多有诗文唱
和酬答，据此判断两人情谊非同一般。

洪昇这次赴京，由于一路游历，又加之他绕道河南，走的是一条弯路，还有天寒地冻等因素，其行程约莫在两个月左右。对于他，这也是有生以来第一次"读万卷书，行万里路"的身体力行。明代山水画大师董其昌在其画诀中云："读万卷书，行万里路，胸中脱去尘浊，自然丘壑内营，立成鄞鄂。"这次远行令洪昇的眼界变得从未有过地辽阔，既目睹了江山之奇、天地之大，更让他有了阅尽千古兴亡、参透世事沧桑之觉悟。这远行之旅，也是他的心路历程，但此时他依然不知道，他未来还将走多远，又将走上怎样一条路。

二

在洪昇抵达北京国子监的三百四十多年后，我在一个春日抵达这座中国古代的最高学府一探究竟。从雍和宫大街西侧拐进安定门内的一条老街，阳光落在身上，满身是古槐沧桑的树影和光斑。这是一条东西走向、一眼就可以看穿的老街，却有难以想象的深度，从渺远的岁月深处通向今天的阳光，今人的脚底。这条街，如今叫国子监街，其实它还有一个令古典士子充满了憧憬的原名——成贤街。在夹道的老槐树中，掩映着一座座牌楼，无论你从哪个方向来，抬眼一望，映入眼帘的都是那横额上题写的"成贤街"，这让我心里怦然一动，仿佛，只要往这条路上一走，摇身一变就可以成贤了。然而真要成贤，绝不是一个摇身一变的过程，而是一个脱胎换骨的过程。

又往树荫深处走，便是国子监大门——集贤门，群贤毕至，于此云集，然后入其门径，由此延伸出一条贯穿了元明清以来七百余年历史的中轴线。追溯一座学宫的开端，据《元史·哈剌哈孙传》："京师久阙孔子庙，而国学寓他署，乃奏建庙学。"当年元世祖忽必烈定鼎大都后，为了笼络汉族民心，牢笼天下士子，下令袭历代旧典，命宣抚王楫于金枢密院建宣圣庙，从此构成了北京国子监左庙右学之规制。感觉历史有着宿命般的轮回，越过明朝，又轮到清朝定鼎燕京、入主中原了，其尊儒崇道之举亦与元朝如出一辙。我所瞻仰的国子监，其主体建筑为坐北朝南的三进院落，又以中轴线构成东西两厢对称的格局，又被古槐交错重叠、遮天蔽日的浓荫笼罩为浑然一体。这古槐不只是树木，而是中国古典士人源远流长的信仰。槐树又称国槐，为公卿大夫之树、柱国栋梁之才。自周代起，就有"面三槐，三公位焉"之说，即在皇宫大门外种植三棵国槐，分别代表太师、太傅、太保等三公之位。在明清时的北京贡院内，还有一棵始植于元代的古槐，名曰文昌槐，相传此槐乃是文昌射斗的地方，古代考生们在大比之前都要拜文昌帝。而在国子监内外，满目都是苍劲的古槐，当我置身于这国槐的浓荫之下，瞻仰着一座重檐叠宇、博大而恢宏的学宫，面对这一伟大而威严的存在，我被深深地震撼了，许久都喘不过气来。我深信，这也是洪昇当年的感受，当他抵达这座皇城根下、天子足下的学宫，第一感觉就是震撼，而对于一位有幸入读国子监的太学生，他无疑比我有更强烈、更直接的肃然起敬、顶礼膜拜，甚至下意识地想要在天子和圣人的膝前跪下。

这只是我的猜测，但绝非妄猜，接下来还将有洪昇的诗篇为证，他的诗，是可以作为心史来读的。洪昇入国子监的一个重要意义，就是让他终于从江南遗民的包围圈里跳了出来，进入了大清帝国的文化中心。在入国子监后的一年多岁月里，随着洪昇对一座帝都皇城的逐渐深入，对明清易代后所形成的命运反差又有了耳闻目睹的直感。那些明朝的公子王孙，在社稷倾覆后或死于非命，或败落凋零，这让洪昇感慨歔欷不已。他在《王孙行》诗中描绘了昔日"王孙日日盛繁华，宝马金鞍油壁车。载酒春游梁孝苑，闻歌夜入富平家。闻歌载酒欢非一，五侯七贵经过密"的豪奢生活，而其笔锋一转，"须臾故国生荒草，琐第朱门宾客少"，这强烈的反差，不能不让他产生了强烈的宿命感和幻灭感。而另一方面，在清朝入关后的那些识时务的仕途进取者，此时已跃升为朝廷新贵。如洪昇的外公兼妻祖黄机，在康熙初年进礼部尚书，寻调户部、吏部尚书，离拜相只有一步之遥了。

黄机担任户部尚书时，深受天子宠幸，曾受命于御前作字。由于户部尚书相当于古代的大司农，洪昇还作了一首《黄大司农御前作字歌》，对外公沐浴圣恩、奉召于御前作字之宠幸充满了钦羡和礼赞："月高凤阙鸣疏钟，五云飞彩随六龙。陛前问谁奏封事，金章玉带黄司农。"又赞其"朝回玉珂增宠光，彩笔还带宫花香"。这是一首七言古体长诗，在此就不援引全诗了，透过这些摘引的诗句，既可见洪昇对黄机极尽阿谀恭维之词，而字体行间，也表达了洪昇对天子圣恩的虔诚感谢。又据刘辉笺校，此诗作于康熙八年（1669），也就是洪昇入国子监后的翌年。洪昇此时的心态与志向已昭然若揭，也可说他的人生目标已经非常明确，那就是像外公黄机一样走仕途经济之路，成为一位效命于清帝的忠臣和宠臣。这与他的幻灭感并不矛盾，他幻灭的其实是他的遗民情怀，是对明朝灭亡的一种事实上的确认。而当一个人对前朝产生幻灭感，往往竭力抓住当下现实中那些他特别渴望得到的东西，譬如说黄大司农所享有的功名利禄。这其实也是洪昇以现实功利对精神幻灭的救赎。而此时涉世未深的洪昇，还不知道自己将来会活成一个什么样子，但他知道自己想要活成什么样子。他兴许会天真地认为，他外公既深受天子宠幸，而自己乃是黄大司农的嫡亲外孙加嫡亲孙婿，一定会得到特殊的关照而平步青云。

康熙八年元日，洪昇入国子监将近一年，但一直没有找到在天子面前一展才华的机遇。而随着己酉元日来临，这个机会终于来了。元日乃正月初一，相传舜继天子位便把这一天作为元日，率文武百官祭拜天地，从而缔造了中华民族最隆重的一个节日。清朝入关后亦把春节作为一年之首节，每逢元日将至，皇帝即诏命天下文人士子作文赋诗，或奉皇帝所作之诗，步其韵而和之。而应制之作，自然要以取悦帝王、歌功颂德、迎禧接福、祈求丰年、赞美天下形势一片大好为主旋律。对于一心渴望"拜郎"的洪昇，这还真是一个不可错失的机会，他早早便抒写了一首《拟元日早朝应制》：

> 万国车书会，千官拜舞同。
> 青阳回玉历，紫气绕璇宫。
> 凤阙开云际，龙旂出雾中。

辇花沾宿雨，御柳变春风。

日月瞻皇极，乾坤仰圣功。

微臣沾惠泽，抽笔颂年丰。

这首诗既施展了洪昇的才华，更极力歌颂"日月瞻皇极，乾坤仰圣功"，然而他的颂歌简直是白唱了，这首诗进献之后未见一点动静，他这"微臣"愣是一点"惠泽"也没沾上。不过，还有机会。就在洪昇入国子监的翌年春天，发生了一件载入史册的大事。据《清世祖实录》，康熙八年（1669）四月，"上幸太学，亲释奠毕，驾幸彝伦堂。衍圣公孔毓圻，率祭酒、司业、学官、五经博士、五氏子孙、各监生恭进谢表，赐衍圣公、祭酒以下等官宴于礼部，并赐袍服。助教监生等赐银两有差"。康熙帝驾幸的彝伦堂始建于元代，原名崇文阁，为国子监的藏书楼。后经明永乐年间重新翻建，改名彝伦堂。这是一座单檐悬山顶建筑，面阔七间，后带抱厦三间，堂前还有宽广的灵台，是国子监召集监生列班点名、集会和上大课的场所。灵台东南角上，立有一座石刻日晷。其大堂中门上方高悬着一块"彝伦堂"横匾，乃是康熙帝御笔亲题。大堂正中，为皇帝设置宝座，历代皇帝幸太学，皆在彝伦堂宣学或赐见诸生。

当十六岁的少年天子康熙驾幸彝伦堂，洪昇等国子监生，随衍圣公孔毓圻等依次觐见皇帝，行三跪九叩之礼，山呼万岁，还领到了一份恩赏银子。此时，康熙帝尚未亲政，不过很快了。洪昇有幸朝拜天子，不只是行礼如仪，更是热血沸腾，就在康熙帝"幸太学"的当日，洪昇一气呵成《恭遇皇上视学，释奠先圣，敬赋四十韵》。此诗在洪昇第一部诗集《啸月楼集》中居"五言排律"之首，开篇便是"圣主崇文日，皇家重道时"，这倒是把准了"上幸太学"之脉，这位少年天子"释奠先圣"之举，就是向汉族士子传递这样一个充满"正能量"的信号，而当二十五岁的太学生洪昇有幸见到这位比自己小了差不多十岁的圣君，心里也充溢着满满的"正能量"，这让他一口气抒发得实在太长了，他不厌其详地描述了"皇上视学，释奠先圣"的整个过程，表达了他得承皇帝圣恩时诚惶诚恐、受宠若惊的心情:"吾道将谁属,斯文总在兹。君心资启沃,国政寓箴规。"当然,他更热切地表达了自己对步入仕途、效命盛世的期盼:"盛世真多幸,儒生窃自思。凌云无彩笔,向日有丹葵。拜阙恩何极,环门乐不支。"看看!洪昇真乃是天才啊,他这诗中最令我惊奇的是一句"向日有丹葵",一个古典士子竟把少年康熙比作红太阳,把自己与众生比作向日葵,这让笔者在惊奇之中又不禁哑然失笑,这个比喻原来是洪昇的发明创造,他在太阳升起时降生,还真不愧为"洪昇,字昉思"啊!这也让我对他名字的寓意又有了新的理解。

如果说此时洪昇还有什么遗民情怀、逸民情结那是胡说八道,他的意念仿佛已经被神灵控制了。翌日,洪昇与国子监监生又随衍圣公等赴阙拜谢皇帝。洪昇意犹未尽,其兴奋之情依然高涨,又一口气抒写了《太和门早朝四首》和《午门颁御赐恭纪三首》,这一系列"颂圣"之作,后来均收入了《啸月楼集》,看看那些诗句,"崇儒逢圣世,同此拜恩晖""凤阙开云际,龙旂出雾中""日月瞻皇极,乾坤仰圣功。微臣沾惠泽,抽笔颂年丰",还有"宠锡天家盛,恩光御路新。青袍能伏谒,一日即千春",即便在今天看来,这也是令人肉麻骨酥的吹捧,以至已成为洪昇研究中的一个争论较大的问题,洪昇是否真的有什么遗民情怀或民族意识?这个问题实在太大。如今也不乏为他辩解者,谓其是抱着以诗"黼黻太平之治"的人生理想,因而其入仕之念强烈而迫切。但如此辩解不足以令人信服。我觉得,还得从人性和洪昇的个性来加以分析。人性是复杂的,洪昇原本就是一个内心充满了矛盾纠结的历史人物,他的"颂圣"之作,包括他对黄机的奉承之作,其实让我们看到了另一个洪昇的存在,他确实是有两副面孔的,而这两副面孔在他未来的人生岁月中还会交替出现,又是受命运遭际所左右的。

洪昇的这些颂歌当然不是写给自己看的,他想找机会向康熙帝进献。他就是这样一个既天真也不乏心机的文人。尽管他有幸谒见天颜,但他又是否进入了天子的视线呢?想那国子监学子莘莘,而圣天子"一览众山小",在芸芸众生中他又知道你洪昇是谁啊?而洪昇一心想要走捷径,他这样一个满腹才华的钱塘大才子,若能让皇帝读到自己的诗作，龙颜大悦，皇恩浩荡，还愁没有官袍加身？而最有可能将洪昇的"颂圣"之作进献皇帝的便是黄大司农。涉世未深的洪昇可以这样天真地设想，但久经官场历练的黄大司农又怎会如此天真。未知洪昇这些"颂圣"之作最终是否进献康熙帝，又是否能入康熙帝的法眼，但可以肯定，在洪昇入国子监的一年多时间里，他除了随大流赴阙拜谢皇帝，从未进入天子的视线，更未获得康熙帝的赏识。而与他一生有不解之缘的同窗乡党高士奇，则获得了洪昇梦寐以求的幸运和康熙帝的宠幸。说来还真蹊跷，高士奇与洪昇同年生，又差不多在同年死，六十花甲一轮回，他们在岁月间刚好走了一个轮回。若说人生如戏，他们扮演了两个不同的主角，又恰好形成了人生的两极，这让他们从生到死在人生命运上都互为镜鉴，成为我们观照那一代文人士子的两个标本。

高士奇（1645—1704），字澹人，号瓶庐，又号江村，生于浙江余姚樟树乡高家村（今慈溪市匡堰镇高家村），顺治十八年（1661）入籍钱塘，补杭州府学生员。据此推测，洪昇和高士奇这两位十七岁的少年才俊在钱塘应已相识。又据蒙古族学者土默热考证，"高士奇出生在京师，弱冠返回原籍浙江平湖，年轻时由于违反族规，不容于当地豪强，被迫寄籍钱塘，与洪昇作了邻居。……青年时洪昇生活豪阔，肥马轻裘，而高士奇则为一介穷书生，生活极为困顿。由于出于同乡同年之谊，洪昇不时接济高士奇，乃是情理中事"。——笔者以为，此说直如小说家言，臆测的因素太大，不足为凭，但可供参照。又据康熙朝左都御史郭绣之弹章所云："高士奇出身微贱，其始也，徒步来京，觅馆为生。皇上因其字学颇工，不拘资格，擢补翰林，令入南书房供奉。"这里又有一段传说可供参考，康熙三年（1664），高士奇二十岁时，随父高古生游学京师，因父不久亡故，遂以卖文自给。在他流寓京师的几年里，贫病交加，苦不堪言。康熙七年（1668），正当溽暑，高士奇害了一场大病，全靠妻子照料。其时，他妻子身怀六甲，还挺着一个大肚子为他煎熬汤药，而那段日子对于高士奇就是苦苦地煎熬。而溽暑季节，大雨时行，寒热互至。妻子临盆之际，大雨倾盆，血水交织，他们栖身的棚户在风摧雨打之下摇摇欲坠，四处漏雨。刚生下孩子的妻子只能抱着襁褓里的儿子站在屋檐下，以防不测。即便如此，高士奇也从未绝望过，风雨初歇，他便抱病上街，去庙市上卖字画。他还真是写得一笔好字。据说，康熙帝途经京师一座刚翻修过的关帝庙，高士奇正在庙市上卖字画，康熙帝不经意间看到"天子重英豪"几个大字，落款为"钱塘高士奇"，一句"天子重英豪"让康熙帝怦然心动，而那一笔字也让龙颜为之一悦。但那时康熙还是一个十来岁的孩子，尚未亲政，即便确有其事，这也只是他对高士奇的一点印象而已。

时至康熙八年（1669），高士奇考入太学，他与洪昇一样，躬奉"上幸太学"之盛典，得以初觐康熙，他也擅诗，但"皇上喜其一手'王'字，好其理学文章，钦赐拔取，旬日中二试皆第一，记名翰林院供奉"。这就是说，他能得到康熙帝欣赏，一是其书法，所谓"王"字，所指当为王羲之体，再就是他的理学文章，而康熙也的确特别推崇朱明理学。然而，哪怕皇帝欣赏你，仕途或有近路可抄，入仕却无捷径可走，清廷在为国择士上还真是循规蹈矩，极少"不拘一格降人才"，应试一关是谁也绕不过去的。凡国子监监生，即便"不拘资格，擢补翰林"，也必须通过廷试或者吏部试等途径才能授予官职。康熙十年（1671），康熙帝钦赐一批国子监监生廷试，高士奇在半个月之内两次考试中都名列第一，才得以入内廷供奉。又据《清史稿·高士奇本传》："幼好学能文。贫，以监生就顺天乡试，充书写序班。工书法，以明珠荐，入内廷供奉，授詹事府录事。迁内阁中书，食六品俸，赐居西安门内。"关于高士奇被清廷破格擢用的这段经历，无论正史野史，其事实大致相同，但细节各有各的不同，笔者在此就不深究了。这其中有一个在高士奇命运转折点上的关键人物——纳兰明珠，为康熙朝权臣，时任武英殿大学士、太子太傅等要职，他的举荐无疑起到了关键作用。而另一个重要因素，就是高士奇工书法，而清廷的各类文簿诏令急需誊录人才，无论高士奇是充书写序班，还是授詹事府录事，皆须能写一笔好字。詹事府录事为正九品，论品秩比七品芝麻官还要卑微得多，但高士奇既已供奉内廷，进入了天子眼皮底下，只要他能把握机遇，自有步步高升、飞黄腾达之日。但离天子太近也是一把双刃剑，伴君如伴虎，一个内廷小官，其性命在一个天子手里简直就像一只小虫子，随时都可以掐死你。历史已经证明，高士奇属于前者，一说他"机巧便捷，阿谀取容"，未久便得到了康熙帝的宠遇，"迁内阁中书，食六品俸，赐居西安门内"；一说他博学多才，能诗文，擅书法，精考证，善鉴赏，如此，高士奇就堪称是一个极为难得的通才了。康熙帝后来也确实这样高度评价他："得士奇，始知学问门径。初见士奇得古人诗文，一览即知其时代，心以为异，未几，朕亦能之。士奇无战阵功，而朕待之厚，以其裨朕学问者大也。"其实这两说并不抵牾，一个人既有如此之高的情商与智商，又有这么渊博的学问，而且还特别忠诚，又怎能不受主子宠幸和倚重呢？

那么洪昇呢？首先洪昇就没有高士奇这么好运气，也没有遇到纳兰明珠这样一个大贵人，似乎也看不出黄大司农对自己的这位亲外孙、亲孙婿有什么特殊关照。在接下来的叙述中，笔者还将追溯洪昇与高士奇一生的性格与命运的发展史，并予以观照和对比。所谓性格即命运，而命运其实也在不断地塑造性格和人格，这又往往与时势直接关联。

就在康熙帝"幸太学"一个月后，当年五月十六日（6月14日），这位少年天子密令他的少年侍卫队，在鳌拜觐见时，突然以"扑击之戏"将鳌拜逮捕。可怜这位清朝三代元勋、"满洲第一勇士"，就这样猝不及防地一头栽在这充满了孩子气的游戏里。人生如戏，这是大清帝国历史上最伟大的一个游戏，也是一出大戏。仁慈的康熙帝念及鳌拜为大清开疆拓土的赫赫军功，赦其死罪而予以拘禁，这不但显示了他的大度，更彰显了他的自信。但他下令诛杀了鳌拜众多的弟侄、亲随及党羽，未久，已被彻底剪除了羽翼的鳌拜在悲愤与绝望中亦死于禁所。康熙帝又将仅存的另一辅政大臣遏必隆削去太师、一等公爵。总之是，一场游戏过后，一位十六岁的少年天子已经完全夺回了原本就属于一个天子的权力，开始亲政，他将成为中国历史上在位时间最长的皇帝，长达六十一年，比洪昇的寿命还长。而洪昇终其一生，除了在顺治朝度过的十七年，从此便是康熙的臣民，他接下来的一生，也可以说是在康熙盛世中度过的。这在清朝，乃至中国古代史上，也是为后世津津乐道的"最好的时代"，康熙亲政之后，便致力于缓和满汉矛盾，对汉族士人采取怀柔分化的政策，极力拉拢安抚。而对于文人士子，若能得到统治者的怀柔、拉拢和安抚，那更是"书生报国正当时"了。

奇怪的是，一心想要效忠清廷的洪昇，竟然一直报国无门。如今有人如此臆测，"按照正常情况推理，凭借洪昇的聪明才智和社会关系，他定然能通过科举顺利地进入仕途"，这话说得太绝对了，说来还是不大了解那个时代和洪昇本人的"正常情况"。洪昇的聪明才智摆在那里，但那并非仕途经济之才，他纵有满腹才情，却没有满腹经纶，他的心思在诗词曲赋上。如果他躬奉以诗取士的盛唐，兴许会成为李白一流的人物，李白再不济，也算大器晚成，在四十三岁时"诏翰林院"，当了一位给皇帝写诗文娱乐、陪侍皇帝左右的"供奉翰林"，实乃天子的文学侍从。洪昇日后尝以李白的命运嗟叹自己"怀才不遇"，但在命运遭际上他其实远不如李白，连皇帝的边儿也没有挨着。这只怪他生逢于一个以四书五经和八股文取士的王朝，可以说他压根就不是这块料，他的存在，说穿了就是"正常情况"下的一个非正常的另类。

又从社会关系看，洪昇做梦也希望能在仕途上得到贵人们的赏识与引荐，而他最大的贵人、最硬的背景莫过于黄大司农。据《清史列传》载，"康熙初，（黄机）进礼部尚书。疏陈民穷之由，主张严察地方各级官吏。寻调户部、吏部尚书。因以疏通铨法、议降补官对品除用，为人所劾。寻以迁葬乞归"。从他"疏陈民穷之由，主张严察地方各级官吏"的事迹看，他还是一位正直敢言、敢于为民请命的官员，而他也"因以疏通铨法、议降补官对品除用"而为人所劾，"寻以迁葬乞归"，直到康熙十八年（1679）才"特召还朝"。洪昇入国子监时初依黄机，然而，像黄机这样一个正直的官员，也不大可能在"正常情况"之外对他的亲外孙和孙婿给予什么特殊照顾。前文述及，清朝对科场舞弊案的处置是极为严酷的，黄机也曾受命典试江南，自然深知其间之厉害。除了黄机，洪昇后来在京师还结交了一些达官贵人，如李天馥、王士禛等，但这已是洪昇第二次入京之后的故事，这是不能颠倒的历史。事实上，无论此时，还是此后，这些"社会关系"在仕途上最终也帮不上洪昇什么忙。

三

自洪昇"看花赴上林"到康熙帝"幸太学"，在入国子监一年多的时间里，洪昇一直热情高涨，以致头脑发热，以为"拜郎"唾手可得，但无论是天子还是天命都没有赐予他热切渴望得到的功名。就这样，一个原本为着明确目标而来的钱塘大才子，平生第一次产生了深深的挫败感，又从热情高涨到心灰意冷，在心理上形成了巨大的落差。

当他二十五岁的生日来临时，他已如换了一个人，从踌躇满志一变而为惆怅满腹，在《燕京客舍生日怀母作》一诗中，他追忆自己在爱与受难中降生的身世，此诗我在"引子"中已截取了与他诞生直接有关的一部分，还有一个开头和下文，特意留待此时交代，否则就难以理解。其开篇即云："男儿读书亦何补，皂帽羊裘困尘土。编荆织荻能几时，倏然今年二十五。"而我此前已引至"口不能言怆心腑"一句，这是洪昇追忆儿时的感觉，其实也是他此时最真实的心境，满心悲怆，却难以言说，继而，他又将心中的悲愤怆然一吐而出："我思此语真伤悲，身滞长安空刺股。潦倒谁承菽水欢，悔不当年学稼圃。苍天为我亦生愁，遥空不断飞秋雨。"一首诗从他降生写到他二十五周岁，至此终于完成。

一句"皂帽羊裘困尘土"，可见洪昇在这一年半载的变化如此之大，他对自己"身滞长安空刺股"的潦倒落魄愧悔不已，以至于天人感应，苍天为之生愁，秋雨为之悲戚，而此诗"苍天"一句还有一个版本："苍天为我亦泪流，一晚空阶滴秋雨。"那就愈加悲凄了。

转眼间，又是牛郎织女双星鹊桥相会之七夕，在七夕过后的那天清晨，洪昇被晓角（晨钟）惊醒，念及与妻子一年多来分居两地，连为银河所隔的双星也于七夕鹊桥相会，而他却只能在蓟门遥想妻子拜祭七夕的情景，而远在三千里之外的妻子黄蕙，不也正愁望着蓟北的丈夫吗？此情此景，乃是笔者对他《客中七夕后一日》一诗的转述：

鹊桥初散路泠泠，晓角惊吹旅梦醒。

玉镜昔年分两地，银河昨夜渡双星。

针楼尚尔余金缕，果席依然列画亭。

最是蓟门愁望处，万重烟树越山青。

从洪昇在国子监度过的一年多时间看，他既是性情中人，也非常情绪化，他性情上、性格上的冲突与矛盾很快就凸显而出了。他愈是追问"男儿读书亦何补"，愈是无法放弃对功名的渴望和追求，这是他穷其一生都难以放弃的，恨只恨自己难以企及。他浓烈得难以化解的乡愁与思亲之情，既是天性使然，更是他在失落中的心灵慰藉，而每当此时，他尤为想念的其实是那种放浪于山水、纵情于诗酒的逸民生活，他一生抒写了很多充满了隐逸情怀的诗篇，譬如他写给张竞光的《寄张觉庵先生》，便是他这一类诗的代表作：

忆昔征帆指帝畿，津亭杯酒话依依。

黄云鸿雁愁难度，白雪梅花冻不飞。

洒泪各惊千里别，牵裳悬计一年归。

风尘久作长安客，始信交情在布衣。

洪昇一句"始信交情在布衣"，为其诗中名言，也是他"风尘久作长安客"后的深切感受，他在京师难以找到在钱塘交游的那种推心置腹、坦诚相见的布衣之交，而他一个未能求取功名的国子监监生，游走于冠盖云集的名利场中，自然也找不到一个钱塘大才子的优越感，更多的则是被冷落、被蔑视的屈辱感。而如此感受，对于此时的他还只是浅尝辄止而已，在他未来一生中还将有更深的切肤之感。不过此时，年轻的洪昇很快就要失望而归了。

一场冷雨过后，转眼已是深秋了。京师的天气一日凉似一日，这年的深秋似乎要比往年更冷一些，在萧萧落叶中，洪昇下意识地仰望着那集贤门的鎏金匾额，他忽然惊觉，这国子监原本就不是他该待的地方，与其飘零，不如归去。康熙八年（1669）秋末，洪昇从国子监肄业，踏上了南返之旅，据此推算，洪昇从来到去在北京寓居了一年零三个季度。

洪昇的归途，已与来路走的不是一条路，看上去也已判若两人，来时他是一个"裘马豪雄"的公子少爷，去时他已是一个"皂帽羊裘"的落魄书生。不过，他在归途上已不是孑然一身、踽踽独行，而是"与洪云来相偕南返"。洪云来，字茂公，号巨山，大约为钱塘洪氏族人，也是一位自伤不偶、落魄而归的国子监监生，洪昇在《同茂公兄北归途中作》一诗中，表达了两人同病相怜、惺惺相惜之感："与君俱失路，驱马出长安。"这条失去的路，便是经济仕途之路。从洪昇归途诗作看，他们经督亢陂（古地名，今河北省涿州市东南）、琉璃河（今北京房山区琉璃河镇）、涿州至郑家口，而章培恒先生据洪昇诗考证，"昉思出京系由郑家口、武城经濮阳而南"。郑家口为今河北省故城县的一个大集镇，为京杭大运河西畔的一个故渡口。洪昇在郑家口作有《忆母》诗：

> 客行已逾旬，始及郑家口。
> 霜风吹寒星，一夜落疏柳。
> 归心惨不舒，灯前忆父母。
> 飘忽辞家门，经年事奔走。
> 伤哉游子衣，尽出慈母手。

从这首诗分明可以看出，他的慈母依然健在，而慈母所指当为其生母黄氏。一个伤心不已的游子，对慈母如泣如诉，字里行间渗透了亲生骨肉之情。很难想象，这是他对钱夫人或庶母的倾诉。而从洪昇接下来的命运看，这也确实是一个谜团。

过了郑家口，洪昇抵达武城县。武城为今山东省德州市属县，位于今山东、河北两省三市六县交界之地，隔京杭运河与河北省相望，乃是鲁西北、冀东南的交通枢纽。濮阳今属河南，也是河北、河南和山东的交界之地。洪昇一路上"自伤不遇，情甚抑郁"，郁结成诗，说来倒也是诗家之幸也，其《北归杂感四首》，乃是他这一时期的代表性诗作。其一云：

> 碣石宫前沙草黄，黄金台上野云长。
>
> 招贤自古称燕地，逐客今朝别帝乡。
>
> 日射马头开晓雾，风吹鸦背落寒霜。
>
> 故园极目遥天际，烟水秋来正渺茫。

洪昇借唐人陈子昂《燕昭王》诗中的"南登碣石馆，遥望黄金台"以抒发其自伤不遇之感。春秋战国时，燕昭王修碣石宫、黄金台以招揽天下英才，从而造就了跻身于"战国七雄"之列的燕国盛世。而无论是二十四岁举进士的唐人陈子昂，还是二十四岁入国子监的清人洪昇，都是踌躇满志而怀才不遇者，洪昇更是自比"逐客"，当年秦王驱逐来投奔秦国的天下英才，李斯被逐后上书劝谏："今逐客以资敌国，损民以益仇，内自虚而外树怨于诸侯，求国无危，不可得也。"而"秦王览其书，大悟，遂除逐客之令，使人驰车往追李斯，及于骊山之下"，而洪昇又何尝不希望有这样的奇迹发生，若他大献殷勤的康熙圣君此时也能"使人驰车往追"他洪昇，那又该是一段千古传奇了，然而这只是洪昇异想天开，尽管他也梦想成为经世辅国的栋梁，但那个招揽天下奇士的黄金台，对于他却是可望不可即。

洪昇回首幽燕，远眺故乡，于晓雾寒霜间备感前途渺茫，在过天津之后，又作《北归杂感四首》之二：

> 一过天津不见山，大和日夜水潺湲。
>
> 天横白月孤鸿去，地接黄云万马还。
>
> 乡信寥寥秋渐暮，壮心郁郁鬓将斑。
>
> 拂衣归卧秦亭下，耻傍风尘学抱关。

秦亭山为西湖北山之正脉，也是进入西溪的第一座大山，洪昇在仕途绝望后，一路上归心似箭，而所谓"抱关"，就是守着家门的意思，又借指地位卑微，如《孟子·万章下》云："为贫者，辞尊居卑，辞富居贫，恶乎宜乎？抱关击柝。"击柝，打更巡夜，比喻职位卑下。这句诗，表达了洪昇的心理落差之大和摒弃红尘的幻灭之感，凸显了他的隐逸情结。而他对自己怀才不遇的命运也有所反思，如《北归杂感四首》之三：

> 舟过平沙见远郊，村居强半覆黄茅。
> 寒花波底藏鱼窟，独树天边堕鹤巢。
> 落拓何辞人共弃，佯狂一任客相嘲。
> 平生畏向朱门谒，麋鹿深山访旧交。

一句"落拓何辞人共弃，佯狂一任客相嘲"就是他对自身反思的结果，也是他对自己入国子监后依然不改少年轻狂的交代。如今有学者解读，这诗凸显了洪昇"倨傲的性格，寄住岳家期间屡屡遭人白眼，受尽挪谕讥诮，也是不言而喻的必然结果"。对此说我也信以为然，只是这里有一个比较具体的问题，洪昇在入国子监的这一年多里，并无确凿交代他寄寓何处。国子监规模宏大，是辟有监生宿舍的，或许也有监生投亲靠友或另觅住处。但洪昇是否"寄住岳家"并无确凿史载，应该只是一种猜测。而在洪昇二十五岁生日前后的诗篇看，他已居于"燕京客舍"，但不知具体所指，感觉有些微妙。他为何不住在外公黄大司农的府邸呢？又从他诗中的自供状看，他落拓不羁的性情和狂狷之态确实已到了"落拓何辞人共弃，佯狂一任客相嘲"的程度，此中也不排除他为外公所弃，如是，才可理解他为何"平生畏向朱门谒，麋鹿深山访旧交"，又为何"始信交情在布衣"，很明显，他心里的确有受伤之感。

总之是，从洪昇兴冲冲地奔赴国子监的那个早春，到他心灰意冷、失望而归的那个深秋，这一年半载的时间，让洪昇有历经沧桑之感，他原本想要脱胎换骨，结果又回归了原来的自己，那可能才是一个更真实的洪昇吧。洪昇此时对自己还没有那么清醒的认知，他最不了解的人可能就是他自己。但他在历史夹缝中的命运早已注定，每当他"平生畏向朱门谒"，便转向"麋鹿深山访旧交"，洪昇一生的大半辈子就是在这两极间舞蹈。如果有一天他不再折腾了，他对人生的另一极也就彻底绝望了。

第四章

天伦之变

一

康熙八年（1669）秋冬之交，洪昇带着满身的倦意、满心的失落风尘仆仆地回到了钱塘西溪。他原本想要"麋鹿深山访旧交"，而他的旧交却已日渐凋零。

就在洪昇南返途中，那位让他少年时又是美叹又是惊妒的戏曲大家袁于令，已死于步步成灰的游食途中，而此时洪昇又怎能预料，他很快也将成为一个囊中羞涩、"惆怅无家"的游食者。而他回归西溪不久，他那两位隐于山水林泉中的师执柴绍炳和沈谦便相继于康熙九年（1670）正月和二月病逝。洪昇对恩师追念不已，多次拜祭师墓。他在《拜柴虎臣先生墓》诗中悲叹和哀惋："白杨荒草路，一恸晋遗民。"洪昇假托晋朝，又岂止是追悼柴虎臣这一个遗民，而是祭奠明清易代的那一代遗民。这又凸显了洪昇在出与处之间的两面性，当他渴望出仕时，他可以对清廷清帝极尽讴歌礼赞之能事，当他失望而归、处江湖之远时，他的逸民情结又一下变得突出而强烈。而洪昇对出与处的态度没有古代仁人志士那样高尚，人家那是邦有道，则出，邦无道，则处，而洪昇不太在乎什么邦有道、邦无道，而是从自身的遭际出发。在遗民或逸民看来，异族入侵乃是无道之邦，而只要清廷能给洪昇一条出路，他兴许比他的外公黄机更感恩戴德。而一旦此路不通，洪昇也就只能满怀怅恨地做一个逸民了，与其说这是他内心的选择，毋宁说是他走到穷途末路后的一种无奈选择。洪昇接下来的大半辈子，就是在这种狭隘而自私的出与处中左冲右突，穷其一生也难以突围，只能犹如困兽般挣扎。

转眼便是康熙九年（1670）夏天，洪昇仲弟洪昌远赴京师，洪昇后来作有《忆殷仲弟》诗："汝从溽暑向燕都，赤日长空过鸟无。"但殷仲此去有些莫名其妙，不知何所去而去，而洪昇在寂寞之余也于当年秋天往游天雄。洪昇的游历虽说为他开拓了眼界，让他的文字得江山之助，越来越有成熟的气度，然而，又不能不说，他实在是一个没有太多家庭责任感的男人，尤其是对不起黄蕙，一个父母双亡、无依无靠的弱女子，丈夫就是她最亲的亲人、最大的依靠，但他的肩膀和怀抱却是那样靠不住。他时常把她抛在一边，只身远去，一走就是一年半载，让她孤清地独守空房，长久地压抑着自己的青春。"翻笑双星惯别离"，已变成了他们真实的生活写照，只是没有"翻笑"，对于黄蕙，只有无尽的悲苦。而在国子监肄业之后，洪昇已经找不到任何借口可以抛下家人东游西荡。从国子监回归钱塘后的这段时间，洪昇几乎是活在自己一个人的世界里，逍遥自在。

洪昇这次往游天雄，也是一次莫名其妙之旅，他原本可以与洪昌结伴而行，却迟至秋天才上路，而他抵达天雄，朝着京师的方向走了一大半，却没有入燕与弟聚首。他于此留下了一首《北游天雄》：

> 短剑轻裘别故乡，黄河北去是黎阳。
> 马头但饮三杯酒，踏尽秋原万里霜。

从洪昇诗中那一身行头看，他还是一副"短剑轻裘"的公子少爷的派头。而天雄即今河北大名县，唐设天雄郡，后改大名府，清属直隶省，曾为直隶第一省会。天雄一带则为古魏州之地，黎阳为今河南省浚县之古称，清顺康时隶属直隶省大名府，雍正三年（1725）改隶河南省卫辉府。县境地处太行山与华北平原过渡地带，为今河北河南两省的交界处，境内有黄河故道和京杭大运河。洪昇这次北游天雄，流连于今属河北省的大名、今属山东省的武城和今属河南省的浚县、长垣、滑县、淇县等地。洪昇在淇河之滨凭吊商都朝歌，"莫道回车地，朝歌亦旧京"，又拜谒比干庙，"比干遗庙在，千古傍龙城"，他于所游之地皆有追怀之诗，其代表作便是《魏州杂诗八首》，如章培恒先生论曰："凭吊往古遗迹，多兴亡之思，而又自伤不遇。"诚哉斯言，洪昇此时的"兴亡之思"，已不复是他少年时在《钱塘秋感》所抒发的"兴亡之感"，其中既有"雁沙飞白雪，狐火照黄云。衰草长丰泊，孤松汲黯坟"的幻灭之感，更掺杂了他对人生仕途的惆怅与失意，且看其最后一首：

浮丘山上树，不断入城来。
晓雾屯沙麓，寒云抱鹿台。
风尘飘客泪，鼓角老雄才。
莫忆兴亡事，狂歌酒一杯。

当他"看花赴上林"、试欲走仕途经济之路时，在北上途中对"天下兴亡"就产生了幻灭之感，而此时，其幻灭之感更进一步，竟以"莫忆兴亡事，狂歌酒一杯"而排空了天下兴亡的全部意义，至此他已陷入了彻底的幻灭与虚无，用现在的话说他已沦为一个历史虚无主义者，而他最在乎的是自己的前程命运，这对于他才是最实在的，而一旦仕途无望，他对清廷便耿耿于怀，洪昇的这种心结在北游天雄中始终纠缠，一直悲愤填膺而挥斥不去，他的每一首诗都是在这种纠结中生发的。

洪昇这一游就是小半年，"自秋冬至明春"，而洪昇那没留下名字的大女儿就在他北游天雄这一年降生。这当是洪昇的头一个孩子。但洪昇诗中没有关于长女出生的叙写，直到这女儿五六岁夭亡时，他作有《遥哭亡女》诗，据此推断此女当生于康熙九年（1670）。这是后话。说来，洪昇实在对不起妻子黄蕙，如果说他赴国子监求学乃是将妻子抛在空房中的一个正当缘由，而在回到钱塘后，他却只身远游，全然不顾有孕在身的妻子。他在游山玩水之余，偶尔也会兀自沉吟"他乡明月色，独夜倍相亲"之诗句，而以古孝子自居的洪昇，似乎也不那么在乎"父母在，不远游，游必有方"的圣人之言，而他的孝道，似乎都在其怀母忆父的诗中表达了，却未见他奉母侍父、恪尽孝道的行动。至少在他遭遇"天伦之变"之前，我在故纸堆里反复搜寻，也没有发现他有什么尽孝之举。从康熙八年（1669）秋洪昇回到钱塘家中，到康熙十年（1671）秋，这两年间，洪昇既无心举业，也无心家业，简直就是一个不务正业、无所用心、只知游山玩水的浪子。

康熙十年春，洪昇终于从天雄回家了，按说，他该消停一阵了吧，然而，他这心却越游越野了，"抵杭，寻游严州。自严还，又游越中"，简直是马不停蹄啊。洪昇往游严州，或是慕东汉隐士严光之名而来。严光，字子陵，与汉室宗亲刘秀原本为同窗挚友。当王莽篡汉，天下大乱，刘秀乘势揭竿而起，而严光为其出谋划策，指点江山。待到刘秀建立东汉王朝，君临天下，严光却隐姓埋名，隐居富春山，垂钓富春江，身在江山之间，白云幽深。洪昇一路云里雾里，越往深处走，越是云遮雾罩，人一下子虚浮起来，脚脚都像踩在空处，而眼前的江山如从梦里浮现出来的幻境。严子陵居然选了这么个地方来钓鱼，真是神了。他的钓台位于半山的一块磐石上，石嘴凌空飞峙，高高地悬于江面，江水在钓台下面很深的地方流着，一个人要在这里钓鱼，那该要多长的钓丝啊？那位"独抒性灵，不拘格套"的公安三袁之一的袁宏道曾有诗质疑："路深六七句，山高四五里，纵有百尺钩，岂能到潭底？"严子陵的富春江之钓，姜子牙的渭水之钓，皆离题太远。人道是，渭水钓利，桐江钓名，名与利，从来就是人类永远的诱惑，同时又是人类永远想要放下的两个人生包袱。这是人的两难处境，背不起，放不下，抓不紧，解不开。在处江湖之远的范仲淹看来，严子陵是何其高风亮节，"云山苍苍，江水泱泱。先生之风，山高水长"，而在居庙堂之高的刘秀眼里，这高隐的姿态就像个笑话，刘秀笑称："狂奴故态也！"洪昇来到这里，难免又会勾起其逸民情结，他甚或就是受这逸民情结鬼使神差而来。不过，此行洪昇有些一反常态，他居然没有以诗抒怀。直到十五年过后，康熙二十五年（1686），洪昇已年过不惑，重游故地，而他青年时代的隐逸情结在历经十五年的沉潜压抑后，愈加一发不可收拾，一气抒写了《钓台》四首：

> 烟峦万叠水千回，涌出严陵双钓台。
> 十五年前旧游客，青衫白发此重来。

> 不事王侯只挫廉，双台高踞碧峰间。
> 布衣一日闲垂钓，千古州城便属严。

> 逃却高名远俗尘，披裘泽畔独垂纶。
> 千秋一个刘文叔，记得微时有故人。

> 道旁行客知多少，每望高台不敢登。
> 嫌杀先生清到骨，树头残雪渡头冰。

我尤为欣赏"布衣一日闲垂钓，千古州城便属严"一句，当一个隐士心无旁骛、一心一意地把握着自己的钓竿，他的意念已全然集中在一根钓丝上，此时他已然忘却了这个世界，又已然拥有了这个世界，他自己就是整个世界，他就是这个世界的主宰。而洪昇既赞颂"逃却高名远俗尘"的严子陵，又称道那位不忘贫贱之交、"记得微时有故人"的刘文叔（刘秀），无论居庙堂之高，还是处江湖之远，他们都是君子。这确为理性而中肯的评价。当然，他也有自己的偏见，对那些"每望高台不敢登""嫌杀先生清到骨"的世俗之人充满了嘲讽。诚然，笔者在此解读的是十五年之后的那个"青衫白发此重来"的洪昇，那么，此时，这个二十七岁的洪昇又是怎样一种心态呢？洪昇在游越行舟于钱塘江上时，也曾作有《早秋江上》一首，于此可以窥见他心态之变化：

一叶西风动早秋，秋高江上迥生愁。

天青鹳鹤横前浦，露白芙蕖落远洲。

山拥惊涛连海市，云随飞雨入江楼。

登临未敢悲摇落，随意烟波一钓舟。

这首诗从悲秋生愁切入，将其愁思诉诸秋风江景，随着诗人的视线渐次纵深，从沉郁的秋景到山雨欲来，顷刻间把风云变幻推向了"山拥惊涛连海市，云随飞雨入江楼"的紧张状态，几至令人屏息敛气、神经紧绷，最后却以一句"随意烟波一钓舟"而将一切化解，颇有一种"任凭风浪起，稳坐钓鱼船"的风度，甚至比"稳坐钓鱼船"更有一种飘逸与潇洒，也可谓，一切都无所谓，以不变应万变吧。然而洪昇又怎能料到，当他在外游历大半年后，刚刚回到钱塘家中，就遭遇了一场"天伦之变"，他连家带口被父母逐出了家门。

对于洪昇遭受的"天伦之变"，说来实在有些诡谲。而作为当事者的洪昇，一直为尊者讳，致使"天伦之变"成为一个讳莫如深的谜团，而谜团上还套着一个一直未解之谜。为解开这个谜团，后世只能依据洪昇本人及其友人的诗文加以推考，而最多的一种说法是，这次"天伦之变"，是由于有人挑拨离间，致使洪昇和他一母所生的仲弟洪昌为父母所不容，致使洪家家庭成员间积聚了大量难以化解的矛盾，终于以"天伦之变"的方式爆发。章培恒先生亦有这样的猜疑："父当有姬妾，谗构昉思及殷仲者，或即昉思父妾欤？"又据说洪起鲛性格古板暴躁，洪昇同胞兄弟俩由于生母早逝而失去了照护，因而在他人的挑拨下屡遭其父的严厉责罚。古代孝子，对长辈的责罚采取"小杖则受，大杖则走"之对策，对于"小杖"总是咬紧牙关忍受或逆来顺受，而面对致命的"大杖"则选择避走逃离。最典型的莫过于远古圣君虞舜，他生母很早就去世了，父亲瞽叟续娶后母并生弟象。瞽叟天生就是个瞎子，不但两眼瞎了，心也瞎了，且顽冥不化。其后母形色嚣然，弟象则桀骜不驯，几个人串通一气，必欲置舜于死地而后快。在"父顽、母嚣、象傲"的家庭环境里，舜以孝悌为行仁之本。当家人加害于他时，他采取的对策就是"小杖则受，大杖则走"，而一旦情势稍有好转，他马上就会回到家人身边，对父母（后母）恭顺尽孝，对弟象友爱如初。后世赞叹他"欲杀，不可得；即求，尝在侧"。如此，舜不但成功地规避和化解了一个又一个致命的凶险，还圆满地践行了圣人之源本："孝悌为行仁开源，行仁为达道之本。"

　　洪昇在诗中常常以"古孝子"自律，奉行"小杖则受，大杖则走"之古训，他的连襟挚友陈讦后来在《寄洪昉思都门四首》中也称洪昇"大杖愁鸡肋，飘然跳此身"。那么，洪昌此前莫名其妙赴燕，洪昇如此频繁地外出游历，其实不是为了游山玩水，而是为了"避祸"。在洪昇的诗中还经常出现"避缴者"和"施缴者"一类的隐喻，如其在《行役》一诗中哀叹："一岁四行役，栖栖何太劳。……冥冥避缴者，失侣又哀号。"很明显，所谓"避缴者"，所指为他与洪昌，而"施缴者"则无疑是指挑拨离间者。如此看来，洪昇兄弟俩为逃避"施缴者"而离家出走，或被逐出家门，当是实情。而在洪昇的诸多友人看来，他是衔伯奇之冤，无罪见斥，如洪昇之友、康熙举人魏坤《赠洪畴思》诗云："足践清霜怨伯奇，十年惘惘去何之？黄金台外瞻云恨，泣补《南陔》东皙诗。"此诗借用《履霜操》之典，《履霜操》为古乐府曲名，又曰《琴操》，相传为周宣王时重臣尹吉甫长子伯奇所作。伯奇无罪，而且是一个大孝子，却"为后母谗而见逐，乃集芰荷以为衣，采蘋花以为食。晨朝履霜，自伤见放，于是援琴鼓之而作此操。曲终，投河而死"。还有一种说法，"吉甫感悟，遂求伯奇，射杀后妻"。韩愈曾作《履霜操》诗："父兮儿寒，母兮儿饥。儿罪当笞，逐儿何为。儿在中野，以宿以处。四无人声，谁与儿语。儿寒何衣，儿饥何食。儿行于野，履霜以足。母生众儿，有母怜之。独无母怜，儿宁不悲。"魏坤借用此典，兴许就是为了表达洪昇遭受后母（继母或庶母）谗构陷害后被父亲逐出家门的悲惨命运，这似乎把一种猜测推到了真相的边缘。

　　设若洪昇、洪昌的生母黄氏确已不幸早逝，上述说法还真是颇为符合情理逻辑的。再进一步推测，这家中既有正夫人地位，又容不得他们的只有"元配钱夫人",其"谗构"的可能性最大。有此一说,洪昇、洪昌昆仲因"不得意于大母,不得不与父亲和生母长期分居"。另外,洪昇庶母以及庶出的季弟中令也有"谗构"之嫌疑。从洪昇一生写给其季弟中令的诸多诗篇中,可见其殷殷手足之情,未见有丝毫兄弟阋墙之意,无论是把中令比之为舜弟象,还是如土默热红学将他比之为贾环,都有亵渎之嫌。这里又牵扯出洪父的妻妾之谜,如果在洪昇的生母之上还有一个"大母",那么洪昇的生母则是如夫人。——对此,笔者在前文就已论及,此说于情于理实不靠谱,据笔者前文所引王嗣槐《洪氏寿宴序》,"元配钱夫人"与洪父同庚,而黄氏亦与洪父年岁相若,洪昇出生时其父母都在二十岁以下,年纪轻轻的洪起鲛又怎么可能在弱冠之前同时迎娶两位大家闺秀为正室?而以黄氏、钱氏门第高贵的出身,谁又情愿屈居如夫人?黄氏、钱氏皆为钱塘大家族,谁又能忍受得了这种有辱门第的婚姻呢?而这一疑团,迄今无解。章培恒先生既提出了"谗构昉思及殷仲者,或即昉思父妾欤"的疑问,又依据洪昇之诗再三考证,洪昇生母黄氏并未早逝,如笔者在前文所引的洪昇多首怀母或寄母、忆母诗,皆为黄氏依然健在的明显证据,在洪昇此后的诗作中还有大量佐证,章培恒先生由此而断定,至少在康熙十五年(1676)之前,也就是洪昇三十二岁之前,"昉思生母尚未死也"。章先生又进一步推论:"则昉思实为不得于生母而非不得于后母。"这实在是一个残酷无情的结论,也是一个最逼近真相的结论。不过,对于洪起鲛缘何既有夫人黄氏又有"元配钱夫人",依然无解。

我大致认同章培恒先生之说,当然,即便章先生之说确为实情,这里也还有一个疑问,洪昇、洪昌昆仲又为何被父母逐出家门呢,难道真是"无罪见斥"?这就要从洪昇自国子监回到钱塘之后到底干了些什么来看了,的确,他还真是没干什么坏事,可他却也什么也没干。对他入国子监,父母是寄寓厚望的,而他混了一年半载却没半点出息,只混了个"国子监肄业"就灰溜溜地打道回府了,回家之后又不务正业,不做正经功课,终日游山玩水,逍遥自在。而家中生齿日繁,坐吃山空,入不敷出。就在"天伦之变"之前,洪家又遭盗窃,可谓雪上加霜,从而让这家中日积月累的矛盾在激化中爆发。如此推测，洪昇的父母亲将两个老大不小又没有出息且不务正业的儿子撵出家门，实在情理之中。对这样的结局或后果，其实我在前文已经作了许多铺垫，又兴许洪昇应该预料到了。这也有诗为证，洪昇在日后的诗中充满了自怨自责之语，笔者还将慢慢道来。

二

洪昇在京师自伤不遇、失望而归时，尝自比逐客，还真是一语成谶。当他"逐客今朝别帝乡"时，还有一条归途或一条退路，在帝乡之外的家乡，他还有一个可以安身立命的家。他原本想"归卧"家中，从此不问俗世、不求闻达，在优游隐逸中了此一生。然而，优游也要有资本的，隐逸也是要穿衣吃饭的。当他被父母逐出家门后，几乎走投无路了。这是洪昇遭遇的第一次"家难"，也是他人生的第一个大变故，更是他有生以来所遭遇的最无情的、最漫长的打击，他那优游富贵的公子少爷生活由此而猝然结束。只是，他可能做梦也没有想到，这打击竟然来自他最亲的亲人，他们把他带到这个世界上来了，又将他从这家中逐出，而对于此时的洪昇，这个家就是他的整个世界了。

洪昇被逐出家门后，从此"怫郁坎壈缠其身"。自与父母别居之后，他在数年内一直没有能力把家庭生活重建起来。他一心渴望父亲能够原谅他。而在最初的一段日子，他显然还抱有某种幻想，以为这一切都是暂时的，一旦父亲回心转意，他就可以回家，回归他原来的生活状态。他先是带着妻小析居于杭州庆春门外南宋的东苑残址内，由于失去生活来源，一个钱塘大才子才真正体会到了"百无一用是书生"，任你那诗文出神入化，也是一文不值，换不来柴米油盐。洪昇被逐时已是深秋，转眼便是冬天，对于洪昇和黄蕙，这也是他们经历的最寒冷的一个冬天，在那断壁残垣中，一家三口也不知是怎样度过了那个饥寒交迫的冬天。

康熙十一年（1672）正月过后，洪昇抛下妻儿，又将远游。此行，他的目的地是大梁（开封），据《洪昇年谱》，洪昇于去年秋往游开封，但对照洪昇游梁前后的诗作，当在今年早春出发。不过，他在去年秋也许就有了游梁的打算。而在遭遇"天伦之变"后，他哪里还有什么游山玩水的心情，只能说是为饥寒所催逼的"行役"了。在《答朱人远见送游梁》诗中，他交代了这次行役的悲怆与无奈："我岂乐于役，饥来催出门。凄凉游子意，珍重故人言。亲舍白云远，吹台飞雪繁。飘零倦司马，何处问梁园？"朱人远生平不详，当为洪昇交游的一位遗民逸士，据黄宗羲《朱人远墓志铭》云："人远悲天悯人之怀，岂为一己之不遇乎！"而黄宗羲乃是刘宗周的弟子，被后世誉为秦以后二千年间"人格完全，可称无憾者"的少数先觉之一，又是与顾炎武、王夫之并称的"明末清初三大思想家"之一，他能如此高看和礼赞朱人远，可见朱人远为当时之高士。洪昇对朱人远以故人相称，可知两人结交久矣。但我未觅见为洪昇"见送游梁"之作，不过，从洪昇这首答诗中，他对这位故人还真是推心置腹，以诉苦衷。而在洪昇的《将游大梁》一诗中，他则交代了此行的目的："匹马嘶荒野，群山拥乱云。迢迢二千里，去哭信陵君。"信陵君，为战国时的魏国贵族魏无忌，仁爱宽厚，礼贤下士，广纳门客，士人争相投奔他，归附他，最高峰时其门下曾有三千食客。而此时连饭也吃不饱的洪昇一心想要成为这样一个食客，既能填饱饥肠，还能受到礼遇。这应该是洪昇游食生涯的开始，一个未来的戏曲大师，就这样不知不觉地走上了前辈袁于令的游食之路。然而，如今大梁是否还能寻觅到一个信陵君呢？对于洪昇，那是去寻找一线渺茫的生机。

洪昇从"亲舍白云远，吹台飞雪繁"的钱塘出发，由江南运河入长江，然后溯江而上，抵达芜湖一带。而洪昇这段芜湖之旅，《洪昇年谱》交代得很清楚："春，与表弟钱肇修同游处。"除肇修外，这次同游的还有洪昇的表兄江谕封、李美含。他们各有各的目的地，洪昇此行的目的地是大梁，钱肇修则是赴京，"谕封旋赴淮上、粤东"，李美含则不知所之。从钱塘到芜湖则是他们结伴而行的一段路，也有人说他们是在各奔东西时在途中邂逅，恰好碰到一起了，那也实在太巧了。抵达芜湖后，他们又"同游处"了一段时间，一起游览了芜湖鹤儿山，登识舟亭。苏东坡被贬岭南时，舟过芜湖时曾抒写了一首《鹤儿山》："人老簪花不自羞，花因自上老人头。醉归扶路人应笑，十里珠帘半上钩。"

鹤儿山由此而声名鹊起。识舟亭则是鹤儿山的一处名胜，迁客骚人多会于此，反复吟咏，而洪昇再次入京后的师执、渔洋山人王士禛在舟过芜湖之际远眺鹤儿山，抒写了一首《江行望识舟亭》："鸠兹北面识舟亭，天际归帆望杳冥。松竹阴中孤塔白，楼台缺处数峰青。赭山人去生春草，江水潮回没旧汀。更忆于湖玩鞭迹，吴波不动客扬舲。"其诗中的"鸠兹""于湖"乃是芜湖的旧称。洪昇凡来此一游，一般都不会留下空白，于此留下一首《登识舟亭，同表兄江谕封、李美含、表弟钱石臣》：

> 鸠兹江上识舟亭，并倚危阑望远汀。
> 春水倒衔千树碧，曙云遥散数峰青。
> 天涯兄弟怜同调，客里莺花笑独醒。
> 今日一尊须尽醉，断蓬从此各飘零。

洪昇和他的这些表兄弟当时均为落魄士子，他们肩膀挨着肩膀，倚靠着高耸的栏杆，远眺着被江水侵蚀的江岸或河洲，却无心欣赏春水倒衔的万千碧树和晨雾飘散、崭露而出的青峰。洪昇既顾影自怜，又与他这几个沦落天涯的表兄弟同病相怜，他的两位表兄身世无考，可见终生名不见经传。而四子中，最终唯有钱肇修在年过不惑后进士及第。而此时的洪昇无论对自己还是他人的命运都还浑然无知，只是徒发伤感，而自伤不遇又兼离愁别恨，唯以诗酒遣怀，一醉方休，而后各自飘零。

送别江谕封后，洪昇又与钱肇修由芜湖沿江西行，在当涂盘桓数月。当涂位于今江苏芜湖市和安徽马鞍山市之间，南齐山水诗人谢朓任宣城太守时，曾筑室（谢公宅）于当涂青山南麓，唐天宝年间敕改谢公山，后人又称谢家山、谢家青山。洪昇踏寻谢公履迹，遥想谢朓年方弱冠便"解褐入仕",既享受着一个士大夫轻裘肥马、广结诗友的贵族生活,又享受着一个山水诗人"凌风翰""恣山泉"的潇洒人生,世间能达到如此佳境者,能有几人哉?在谢朓的《之宣城郡出新林浦向板桥》一诗中,他表达了自己对如此佳境的追求:"既欢怀禄情,复协沧洲趣。嚣尘自兹隔,赏心于此遇。虽无玄豹姿,终隐南山雾。"一个士人,既不愿意割舍俗世之功名利禄,又想达到超尘出俗的境界,这是极难达到的,然而谢朓似乎达到了,他也因此而成为了一个"仕隐"的典范。在宣城太守任上,谢朓更是将他的山水诗推向了高峰,这是他个人诗歌艺术的高峰,也是中国山水诗的一座高峰。他因此而被誉为南齐诗人之冠,在当世便享有盛名。一个人能活到这样的境界,让落魄书生洪昇追慕不已,又岂止是洪昇,连梁武帝萧衍对谢公也极为追慕,尝谓"三日不读谢诗,便觉口臭"。在谢公宅旁还有一眼谢朓开凿的谢公井,井水甘醇,千年不竭,史称"元晖古井"。据说掬饮井水,可洗去一身浮垢,忘却俗尘是非。然而谢公井水也不是什么忘情水,在谢朓短暂的一生中仿佛想要得到的什么都得到了,然而人生实在难得圆满,谢朓年仅三十六岁便冤死狱中。谢朓这个最终的结局,显然是洪昇绝不追慕的,只会让他坠入更深的宿命感和幻灭感。

在翠峰嵚崎的青山脚下,还长眠着诗仙李白。李白一生傲视于天下,而谢朓却是他一生倾慕的偶像。他一生游历无数名山大川,其境界已远远超越了山水诗人的定义,只能用伟大来形容。而他生游谢公楼,卒葬谢公山,一半原因是他也有浓得化不开的"仕隐"情结,还有一半原因只能用宿命来解释。而李白频繁往来于当涂,有人说他独钟当涂采石矶,这也是实情,但一个更直接的原因是,李白到当涂来也是为了生计,为着游食而来。其时,当涂县令李阳冰乃是他的族叔,也是他的知音。唐肃宗上元二年(761),年过花甲的李白顶着一头白发,抱病来到当涂,他生命的最后一段岁月就寄寓于李阳冰处。翌年李白病重,在病榻上把手稿托付李阳冰,赋《临终歌》而逝,卒年六十二岁。但关于李白之死,又没有这么简单,至少有三种死法:第一种死法是醉死,据《旧唐书》载,李白"以饮酒过度,醉死于宣城";第二种死法即病殁于李阳冰处；第三种死法则是极富浪漫色彩的民间传奇了，李白在清风朗月的当涂江上纵酒放歌，喝得酩酊大醉后跳入水中捉月而溺死。此说实在过于浪漫传奇，却又让人深信不疑，一个飘逸如仙的诗人，若是病死或醉死那就太平凡了，若能以这样一种浪漫的方式完成自己，那不是一种完成而是一种飞升。

洪昇访青山谢公宅，掬饮谢公井水，又拜谒青山脚下的李白墓、登临采石矶上的太白楼，这一游又是近半年。而在中国文人的血脉里，那千年不竭的甘醇井水，也是一种千年不竭的文脉，在文人士子的血脉中世世代代延伸，而此时此地，这文脉又与洪昇的血脉接通了，一脉相承了。他在《芜湖旅次示钱石臣》诗中云："采石矶边远树稠，丹阳湖上乱帆收。天连海气春如雾，雨杂江声夜似秋。来去浑疑双社燕，浮沉莫叹一沙鸥。从来此地多流寓，谢朓青山李白楼。"此诗末后一句，是原文袭用唐人陆龟蒙之诗。陆龟蒙早年热衷于仕途经济之路，屡试不第后隐逸田园，在躬耕南亩、垂钓江湖之余，抒写了大量隐逸田园诗。他以江湖散人自号，"散人者，散诞之人也；心散、意散、形散、神散。既无羁限，为时之怪民，束于礼乐者外之曰：此散人也"。从谢朓、李白到陆龟蒙，皆为隐逸高士，而此时洪昇之隐逸情结已成为他最浓烈的情结，然而，他想要"凌风翰""恋山泉"，却又没有宣城太守谢朓的资本，没有资本就意味着你想要隐逸还没有资格。他也想如怀才不遇的李白一样洒脱，可李白的命运再不济，也曾深受唐明皇赏识，在四十三岁时"诏翰林院"，做了一位供奉翰林，成为了皇帝的御用诗人和文学侍从。唐明皇如此爱才，李白进宫觐见天子，玄宗降辇步迎，"以七宝床赐食于前，亲手调羹"，这让"饥来催出门"的洪昇钦羡不已。而在李白抱疾怀饥时，又总有李阳冰这样的贵人相助，而能助他洪昇的贵人又在哪儿呢？当他反复品咂李白的命运遭际时，一个灵感或已乍现，那就是为李白也是为自己写一出戏，他一生最伟大的作品《长生殿》就是在这灵感乍现中萌生的，然而此时还只是一个隐秘的动机，连他自己也不知道将来会写成什么样子，他也不知道自己的未来是什么样子。当他看着一个又一个漩涡席卷而去，想象李白醉酒捞月的那一幕，洪昇又是否会有一种末日预感？这是李白人生的最后一幕，这也将是他人生的最后一幕。

洪昇于何时离芜湖赴大梁，是一个难以确定的时日。据《洪昇年谱》，当在早春二月。其时，洪昌尚在北京，他从康熙九年（1670）夏天赴燕，到康熙十一年（1672）春，已近两年，却未知他为何寓京，洪昇除了在诗中抒写自己对殷仲的忆念，也从未透露洪昌长久寓京的原因。当钱肇修北上京师，洪昇与之在芜湖话别时，作《送钱石臣北上，兼忆舍弟殷仲》一诗：

> 多少伤心泪，吞声不敢言。
> 因君千里别，北望转销魂。
> 鸿雁黄云断，风沙白日昏。
> 此中吾弟在，莫为话烦冤。

对于猜测"天伦之变"的缘由，这是一首非常重要的诗，洪昇依然没有道出实情，但明明白白地诉说了自己的忍气吞声的苦衷和委屈："多少伤心泪，吞声不敢言。"他还特意叮嘱肇修："此中吾弟在，莫为话烦冤。"可见，他确有太多的烦恼和冤屈，但他又不想让洪昌知道了而为之担忧添烦。

告别芜湖，洪昇取道江宁（南京），先北上，然后辗转西行，此时他已孑然一身，形若一意孤行。这一路上皆有诗，如《夜泊浦口》："收帆依浅濑，系艇傍危滩。沙雨吹灯急，江声入梦寒。淹留金欲尽，漂泊剑空弹。明日淮西道，风尘又跨鞍。"浦口即今南京浦口区，明太祖朱元璋建都南京，以浦口"扼抗南北，钳制江淮"之形势而筑浦口城，拱卫南京。而洪昇此诗则是凄风苦雨，连梦里都浸透了悲凉。而此时，他已是"淹留金欲尽，漂泊剑空弹"，然而既要乘舟，又要骑马，哪怕沿途游食，一路上皆要盘缠，他又怎能抵达两千里外的大梁呢？这又是一个很现实的问题，也不知他是如何解决的，但他没有回头。

洪昇经滁州时有《滁州道中经关山庙作十八韵》，因诗中有"杏花晴照座，松影暗遮庭"，章培恒先生推测当在二月。过滁州，至淮西，说来真巧，洪昇又邂逅了在芜湖送别的表兄江谕封，再赠以诗。又作《酬顾立庵见送游梁》：

> 朝雨桃花扑马来，春风杨柳拂离怀。
> 君探真气寻钟阜，我听遗音上吹台。
> 两地河山皆故国，一时羁旅孰雄才。
> 文章不负千秋事，须鬓何妨向草莱。

这首诗对于我们探究洪昇在游梁之路上的心路历程特别重要，它一改洪昇多日来的沉郁悲凄，又彰显出了其故国情怀和不甘沉沦之志。据刘辉先生笺校，"顾立庵"，系顾且庵之误。此乃刊行之误。据笔者搜检其他文献，在洪昇交游的故人中，顾豹文（1618—1693），字秀蔚，号且庵，浙江钱塘人。顺治十二年（1655）进士，官至御史。诗中有"朝雨桃花扑马来，春风杨柳拂谁怀"之句，这已是春水桃花之景，当在三月。又据诗中交代，"君探真气寻钟阜"，钟阜即南京钟山，紫金山，据此可以推测，洪昇在途经南京时应与顾豹文有过交游宴集，或许还曾得其资助。洪昇又云"我听遗音上吹台"，吹台至少有两处，一在扬州瘦西湖，俗称钓鱼台；一在开封禹王台，相传为春秋时师旷吹乐之台，又称繁台。阮籍《咏怀》诗之六十云："驾言发魏都，南向望吹台。箫管有遗音，梁王安在哉！"洪昇此诗所指显然为上大梁之吹台，听师旷之遗音，感阮籍之咏怀。而特别值得注意的是，洪昇此时的心态又为之一变，"文章不负千秋事，须鬓何妨向草莱"，他已把"文章"作为人生最重要的选项了，而后一句则表达了他对功名满不在乎，所谓"草莱"，自然是指仕途之外的乡野民间了。这表明洪昇依然怀有隐逸情结，但已不是消极以致绝望之隐，而是一种积极向上的、追求"文章不负千秋事"的归隐，用今天的话说，也可谓是抛却功名利禄，回归文学艺术本身吧。

若以《洪昇年谱》为准，此时洪昇尚未"上吹台""听遗音"，他还有很长的路要走,而他一路上继续且行且吟。自淮西入河南,时令已入初夏,洪昇在《初夏道中》中描写了"南风一夜遍天涯,游子心惊见物华"的初夏风景,更倾诉了他"却忆高堂违奉养,故山千里夏云遮"的自责与憾叹。在途经今涡阳县义门镇伯俞故里时,洪昇入伯俞庙虔诚跪拜这位东汉大孝子。伯俞,亦作伯瑜,韩姓。这是一个高寿孝子,其母更加高寿,伯俞年届古稀时,母亲还把他看作一个小孩子加以管教,一旦犯了过失,母亲则予以鞭笞。而伯俞之大孝,不是忍痛挨打,而是因母亲的鞭笞日渐苍老无力,让他不禁悲泣。据刘向《说苑·建本》载:"伯俞有过,其母笞之,泣。其母曰:'他日笞子,未尝见泣,今泣,何也?'对曰:'他日俞得罪,笞,尝痛,今母之力不能使痛,是以泣。'"又据曹植《鞞舞歌·灵芝篇》:"伯瑜年七十,采衣以娱亲。慈母笞不痛,歔欷涕沾巾。"洪昇借用此典,作《伯俞庙》诗,伯俞泣杖,他也悲泣不已,泪似泉涌:"伯俞泣杖者,祠庙独巍然。羊乳平莎际,乌啼老树巅。发肤忘己痛,筋力爱亲年。拜罢荒墀暮,瞻云泪似泉。"

拜过伯俞庙,洪昇又拜颍考叔庙。颍考叔为春秋时的郑国大夫,执掌颍谷(今河南登封西),素有孝友之誉。据说,郑庄公因其母武姜与其弟共叔段图谋叛乱,妄图篡夺王位,庄公一怒之下将母亲软禁于城颍,并对天发誓:"不及黄泉,无相见也。"但庄公也是孝子,思母之情甚切,却又不能违背自己的誓言。颍考叔心生一计,建议挖一个隧道,取名"黄泉",安排郑庄公与母亲在"黄泉"相见,这就是"黄泉见母"之典故的由来。《古文观止》注曰:"君子曰:颍考叔,纯孝也。爱其母,施及庄公。"洪昇于此触景生情,对母亲思念尤甚,可他无"黄泉见母"之路,只在《颍考叔庙》诗中悲吟:"一拜先贤庙,凄然泪满缨。荒林寒日色,哀螿响松声。仰止千秋意,瞻依方思情。小人空有母,何处可遗羹。"

洪昇一路上泪流不止,终于在萧瑟秋风中抵达大梁。初来乍到,他满怀希望能有所际遇,而他最渴望的是能遇到属于自己的信陵君,如其《夷门》诗云:"信陵如可作,刎颈亦酬恩。"他对这座"此地由来传好客"的古都也充满好感,在《汴梁客夜》诗中表达了他"不妨湖海暂为家"的愿景："独携长铗到天涯，浊酒寒灯夜自嗟。断雁一声风忽起，啼鸟三匝月将斜。信陵门外惊哀柝，梁孝台边怅落花。此地由来传好客，不妨湖海暂为家。"然而，此时之大梁，既没有延揽食客、养士三千的信陵君，也不是那个《清明上河图》中繁华旖旎的北宋京都。他也曾往游宋州梁园（今河南商丘）。据《史记》载，梁孝王"筑东苑，方三百里，广睢阳城七十里，大治宫室，为复道，自宫连属平台三十里"。梁园既是一座皇家园林，也是文人士子兴会雅集的一个大本营。梁孝王招揽天下人才，"豪俊之士麇集"，当时的名士如邹阳、严忌、枚乘、司马相如、公孙诡、羊胜等皆投奔梁园，梁园蔚然而成天下第一文苑。司马相如客居梁园数载，相传他临别时说了一句"梁园虽好，不是久恋之家"，这是一句大实话，而越是实话实说越能够流传。梁园不可久恋，却也不能不来，自西汉以来历代文人士子无不慕名而来，趋之若骛，其文脉绵延不绝。李白居梁园长达十年之久，于此抒写了一首《梁园吟》，既是他春秋鼎盛时期的代表作之一，也是他的通达知命之作，"人生达命岂暇愁，且饮美酒登高楼"，兴许只有在通达知命后，才能一眼洞穿人生岁月的本质："昔人豪贵信陵君，今人耕种信陵坟。荒城虚照碧山月，古木尽入苍梧云。梁王宫阙今安在？枚马先归不相待。舞影歌声散绿池，空余汴水东流海。"而李白在幻灭之感中奇峰突起，以豪迈之气完成了他此诗的最终抒发："东山高卧时起来，欲济苍生未应晚。"

那么，洪昇往游梁园后又有怎样一番心境和感慨呢？他写过许多关于梁园的诗，而最有代表性的莫过于其《客夜书感》：

> 寂寞梁园客，秋来百感生。
> 依人甘陋巷，寄食厌荒城。
> 衣桁尘空积，书帏月自明。
> 邻家有思妇，砧杵急三更。

陌巷荒城，依人寄食，这应该就是洪昇当时的生活写照，但他没有交代清楚，他所依何人，寄食何处，但如章培恒先生所谓，他在寄食他乡、穷窘寒碜的生活中"既而沦落无聊，意绪愈益悲怆"。但他在内心里又有不甘沉沦之挣扎、意欲奋起之振作，这种悲怆与挣扎、沉沦与奋起的自我冲突和痛苦煎熬，渗透了他游梁后期的诗作，如他在入冬后所作的《大梁客夜寄舍弟殷仲》一诗：

> 空桑城外鹡鸰飞，中夜凭楼泪满衣。
> 尔已一身聊寄迹，吾今八口欲何依？
> 风吹白草翻沙色，雪冻黄河静月辉。
> 期我弟兄惟努力，并肩他日拜庭闱。

这首诗里有很多值得探究的关键词，如"鹡鸰"，在《诗经·小雅·常棣》中有"脊令在原，兄弟急难"之句。脊令，即鹡鸰，俗称张飞鸟，因活跃于水边，其尾贴着水波而上下摆动，又称点水雀。《诗经》以鹡鸰比拟生死相依、患难与共的兄弟，一方有难，另一方必将赶来相救。又如"庭帏"或"廷闱"，也是洪昇诗中的常用词，即父母也。而洪昇在诗中还有一句"吾今八口欲何依"，如果这八口人为实数，洪昇兄弟三人、妹妹两人，加上父亲、生母黄氏、"元配钱夫人"，已有八口，若再加上洪昇的妻子黄蕙和女儿，还有洪父的妾侍，那就远不止八口了。而随着洪昌、中令相继成婚，洪昇日后还有子女出生，那人口就更多了。而在洪昇后来的诗中，他依然说是"八口之家"，这也是一个谜，那么八口也许并非实数，而是虚数，泛指人口之多。但如此泛指并不多见。除了这些关键词，最后一句尤为关键，洪昇已经清醒地意识到，他与洪昌兄弟俩只有努力拼出一个前程来，才有为父母重新接纳的那一天。这似乎又验证了笔者对"天伦之变"原因的第二种猜测，洪昇确乎是因为不努力、没出息而被逐出家门的。他于游梁期间还作了一首《客中秋望》，这也是他诗歌的代表作之一，也表达了他漂泊流徙，骨肉分离，思亲甚切而有家难回的无奈之情：

> 非关游子澹忘归，南望乡园意总违。

三载无家抛骨肉，一身多难远庭闱。

洪昇在大梁度日如年，熬到年终又踏上了归途。他这次芜湖、大梁之旅，将近一年，从茫然起行，到怅然而归，终究还是茫然。这让他无时无刻不在歔欷落泪，自责自怨，一方面他对自己被父母逐出家门有着难以言说的伤心委屈，只能忍气吞声，"多少伤心泪，吞声不敢言"；一方面他又觉得自己是有罪的，乃至罪不可恕，如他在《旅次述怀》中所叙：

> 我罪诛无赦，亲恩报敢忘。
> 心非同槁木，身岂出空桑。
> 缩地无仙术，呼天只异方。
> 惊看春草际，日夕恋群羊。

此诗未知作于何时，但无疑作于他的行役旅次，而这种饥寒行役、依人寄食的日子，将成为他未来一生的生活常态，又如其后在《天涯》一诗中所悲叹："饥寒行役惯，贫贱别离多。狡兔思营窟，枯鱼泣过河。吞声不敢道，总付断肠歌。"

三

洪昇约于康熙十一年（1672）岁暮回到钱塘，西溪依旧，而他有家难归。而他刚一返杭就得到一个噩耗，张竞光病故了。洪昇与这位长辈亦师亦友，交游多年，而在悲怆的命运之中，故人西辞，更添悲怆。洪昇奔赴觉庵草堂拜祭，在《哭张觉庵先生三首》中，他恸哭"暂作梁园客，先生忽丧亡。归来不重见，洒涕满衣裳"，又怅叹"只谓暂相别，谁知成永离。凭棺不得送，执绋那能"？

然而，斯人已逝，生者犹生，此时已是年关，洪昇的妻子黄蕙和孩子此时却不知寄身何处，是回到了那没爹没娘的娘家，还是被仁慈的公婆接回了洪家。历史的细节大多流失了，但有一点可以肯定，壬子除夕，这个阖家团聚、共叙天伦的大年夜，洪昇却在孤灯四壁间孑然一身地度过了自己人生的第二十八个大年夜，他以无尽的哀怨，作了一首《壬子除夕》诗：

> 一岁已除夕，孤灯四壁间。
> 到家翻似客，有妇却如鳏。
> 柏叶谁能醉，荆花不可攀。
> 梦魂寻觅处，大雪满燕关。

这是一个奇异的梦示，他在除夕竟然梦回燕关，看来他与北京有不解之缘，那儿才是他的"梦魂寻觅处"。而在他重返北京之前，还有一段插叙，那是一个貌似偶然或不经意的开端，但对于一个未来的戏曲大师，却是他一生的真正开端。

除夕过后，进入了康熙十二年（1673）。在某个不确定的时日，洪昇与友人严曾榘相聚在皋园。严曾榘，字定隅、沆子，约生于清顺治四年（1647），比洪昇小两岁，卒年不详。初为余杭监生，后授同知，著有《雨堂诗余》。洪昇与他原本是诗友，而这次皋园相聚他们谈论的话题不是诗，而是戏。去岁洪昇游芜湖、大梁，给他印象最深刻的就是李白的遗迹和命运。席间，两人不知不觉地又将话题转到了唐玄宗开元、天宝年间的故事，而最精彩的一个故事就是李白带着三分狂态、七分醉意，奉唐明皇之命在沉香亭为杨贵妃作《清平调》词三阕，三阕第一首之首句便是千古绝唱"云想衣裳花想容"，这句诗以互文见义的方式，以云朵与杨贵妃的衣裳媲美，又以花朵与杨贵妃的容貌比妍，极言贵妃衣饰之美、容貌之妍，而尤为绝妙的是，这并非人类的想象，而是云想，花想，诗人将一个"想"字用得出神入化，真是绝了！要说呢，这《清平调》词原本是奉旨填词，御用之作，李白此时也的确是一个御用诗人，一般应制御用之作难出佳作，而李白还真是天才，竟然将这样的应景之作写得如此绝美，绝妙，让唐明皇极为惊艳，往事越千年，依然让世人惊艳不已，这也堪称是永恒的惊艳之作。

对于洪昇，还不只是惊艳，回到钱塘后，他对李白命运有了进一步的感思。

洪昇称严曾燊为严十定隅，或因其在家中排行第十。据洪昇日后在《长生殿例言》追叙："忆与严十定隅坐皋园，谈及开元、天宝间事，偶感李白之遇，作《沉香亭》传奇。寻客燕台，亡友毛玉斯谓排场近熟，因去李白，入李泌辅肃宗中兴，更名《舞霓裳》，优伶皆久习之。"章培恒《洪昇年谱》："案，《长生殿》卷首自序，署康熙己未仲秋。考《沉香亭》作于癸丑，改《舞霓裳》为《长生殿》在康熙二十七年戊辰，则己未所作序，盖为序《舞霓裳》者；后改为《长生殿》，序仍沿用未改。《舞霓裳》之作当亦在本年。"

这里有三个关键年份，康熙己未即康熙十八年（1679），康熙癸丑即康熙十二年（1673），还有康熙二十七年（1688）。章培恒先生推考，《沉香亭》作于癸丑，而其《长生殿》卷首自序署康熙己未仲秋，相隔六个年头，此时离《长生殿》问世还有十五年之久，与其自序的下文显然有矛盾。章先生因而进一步推考："后改为《长生殿》，序仍沿用未改。《舞霓裳》之作当亦在本年。"如此，《长生殿》的创作过程大致厘清了，其第一稿为作于康熙十二年（1673）的《沉香亭》，第二稿为改于康熙十八年（1679）《舞霓裳》，第三稿为改定于康熙二十七年（1688）的《长生殿》。由于《沉香亭》剧本散失，是否搬演也不得而知，对其内容笔者不敢妄加猜测，这里只能以洪昇的追叙为准，而洪昇似亦不愿多提《沉香亭》，仅有寥寥数语追述其"偶感"。

那么让洪昇"偶感"的又到底是什么呢？作为追叙，这已不是悬念，而是事实，《长生殿》的缘起，就是从这个"偶感"开始的。他既感叹李白的天赋才情，更羡叹李白能被唐明皇这样的天子赏识，并不拘一格将之予以擢拔。然而李白的命运又岂止是这样一个美妙的结局，还有太多令人感叹的东西。他担任了供奉翰林，身为天子近臣，其狂狷之态不改，"尝奉诏醉草诏书，引足令高力士脱靴"。若以魏晋风度而看，这也是率直任诞、清俊通脱的文人风骨了，而高力士乃是一恃宠擅权的宦官而已，让他给李白脱靴，实乃人心大快之事。然而，那个结果已经注定，李白此举，令"宫中恨之，谗谤于玄宗，玄宗疏之"。李白终被逐出长安，从此浪迹天涯，直至捉月而死。这又何尝不是命运对一个天才的捉弄？这让满腹才情又怀才不遇的洪昇感慨欷歔，他的"偶感"貌似偶然，又实是必然，至少在洪昇嗟叹"谢朓青山李白楼"时就灵感乍现了，由此开始酝酿创作一部以李白为主角的传奇。对于洪昇，他二十九岁时最值得载入年谱的一件事，就是创作了《沉香亭》传奇，这也是他平生创作的第一部戏曲，据洪昇自叙《长生殿》历经"十余年、三易其稿而始成"，而《沉香亭》就是《长生殿》的第一稿，其后又经历了反复修改、脱胎换骨乃至出神入化的过程。对于创作时间上的考证，章培恒先生认为，"其作《沉香亭》传奇，当以本年之可能性较大"。

当洪昇开始琢磨李白这个戏剧角色时，他或许也一直在琢磨自己这个悲剧性的角色。

当然，一部传奇无法改变洪昇悲苦的命运，而他的悲剧还在继续，穷其一生，在现实生活中他都是一个悲剧性的人物。自遭"天伦之变"后，洪昇一直"与父母别居，贫甚，时至断炊"。是年夏，洪昇以诗寄好友汪鹤孙，自述坎坷。

汪鹤孙，据其《延芬堂集》卷首附录薛颂唐所撰小传："梅坡先生讳鹤孙，号雯远。……康熙己酉科亚魁（中乡试第六名），癸丑会魁（即五经魁。明清科举制度，考生于五经试题里各认考一经，录取时，取各经之第一名合为前五名），翰林院庶吉士。少无宦情，虽早入词馆（翰林院），即请假南旋。性好游，神情飞动，识解过人。"又，陆繁弨、毛先舒为其《延芬堂集》作序，据陆繁弨《汪雯远诗余序》云："……追观里门，亦多郁尔，沈敬修之韶令，张砥中之冲夷，洪昉思之激浪崩雷，余季琭之微云疏雨，是皆光能照乘，翼拟垂天。……今雯远与诸子，巷近乌衣，人皆玉树，既非相如子云，生而异代，又岂挚虞叔广，各有偏长，何不并辔康庄，连衡周砥，……相与鼓吹休和，发扬风雅，见钱塘词体之振，亦西陵文阵之雄也。"于中可知，陆繁弨看好的几位青年俊秀，都住在乌衣巷附近，他们在诗词创作上自成风格，各有特长，而洪昇诗词方显"激浪崩雷"之气势。繁弨希望他们能联合起来，为振兴西陵文阵以壮声势。如此，汪鹤孙与洪昇缔交，乃得陆繁弨之促成。

汪鹤孙生于明崇祯十六年（1643），年长洪昇两岁，卒于康熙五十二年（1713），享年七十一。洪昇约在十九岁时与汪鹤孙缔交，后来成为了一生心心相印的挚友。汪鹤孙工诗善词，在两人缔交时作有《绮罗香·赠洪昉思》，其上阕云："世路嵚崎，樗材琐屑。将缔同心谁与？奇杰如君，今日骚坛有主。乍开颜、酒盏频呼。只倾尽、死生相许。兴酣时、纵屐西郊，锦囊内彩云飞举。"他自谦为无用之材，又自述求友之难，盛赞洪昇为奇杰，乃至将洪昇推崇为骚坛盟主，而欲缔同心之交，舍昉思其谁也。从当时的情况看，洪昇确实比汪鹤孙更有优越感，不说生活之优渥，以洪昇当时的诗鸣，不说是骚坛盟主，在钱塘诗坛的后起之秀中，洪昇也确实是佼佼者，想要与他缔交还真不容易，汪鹤孙长他两岁，如此谦逊，看得出也是主动结交他。然则时隔十年，两人的地位已发生了颠覆性的变化，汪鹤孙于康熙十二年（1673）金榜题名，登癸丑科进士榜，而洪昇则陷入了饥寒交迫的境地，因赋《喜汪雯远授太史，兼述近状，却寄，三十二韵》，这是一首五言排律，开篇即礼赞汪雯远中进士、授太史（即选庶吉士）："风雅传当世，功名及妙年。"紧接着又书写了两人命运的反差："泥涂余潦倒，霄汉而腾骞。"此时洪昇正潦倒于泥涂之中，而汪雯远已呈霄汉腾骞之势，此乃霄壤之别也。洪昇追忆两人"十载论交旧，千秋结契坚"，因而可知两人是结交十年之久、极为投契的好友，他羡慕雯远"彩笔凌云健，宫袍着露鲜"，又嗟叹自己"依人偏傲骨，入世遂多愆。适越航空返，游梁车倦还。破琴违剡曲，市酒混炉边。去住踪无定，疏狂态自怜"。这是他对自身命运与个性的反思，他还真是找到了自己骨子里的病根，那就是"依人偏傲骨""疏狂态自怜"，然而他一辈子也改不了这"傲骨"与"疏狂"。性格即命运，而骨子里的病根往往就是宿命。诚然，他也想真心改悔，然而无论此前还是此后，他终究是秉性难改，时不时就被打回了原形，甚至是原形毕露。

洪昇既在与友人的诗中自述坎坷，也备感自己愧对家人，而他最对不起的就是妻子黄蕙，说来，最可怜的也是他的"贫居妻子"黄蕙。谁能想到，这样一个出身显贵的大家闺秀，又嫁入了一个门第显赫之家，又加之郎才女貌，琴瑟和鸣，在当初看来，这堪称是天底下第一等的美满姻缘，谁不看好啊，没承想婚后几年，竟沦落到"贫至断炊"的境地，说来真是令人难以置信。

洪昇在《至日楼望答吴瑑符》诗中，诉说了他们被逐出家门后的生活窘况：

> 六琯灰飞又一年，高楼极目泪潸然。
> 江空白日摇晴雪，野阔黄云接暮天。
> 负郭田畴无二顷，贫居妻子实三迁。
> 同人漫道阳和至，穷谷何曾傍日边。

吴瑑符，原名吴人，又名仪一，字瑑符，一字舒凫，号吴山、吴人等，钱塘人，一说生于清顺治十四年（1657），那就比洪昇小十二岁，在洪昇二十八岁时他才十六岁，而从两人的酬唱之诗看，订交久矣，这个生年存疑，其卒年不详，约康熙中前后在世。洪昇与吴仪一既是钱塘乡党、少年同窗，又先后入国子监肄业，后又共师渔洋山人王士禛。据载，吴仪一"髫年游太学，名满都下"，而狭义的髫年，则为幼年，女子七岁称髫年，男子八岁称龆年，即便吴仪一是一个神童，也不可能在七八岁时入太学，应该是一个十五六岁的少年了。而他入太学时为康熙元年（1662），洪昇当年十八岁，据此推测，两人少长也就一二岁的差距。那时洪昇还是个阔少，也大方得很，一出手就赠之以狐裘，并作《吴瑑符北征，赋此赠别》：

> 骊歌已无声，欲别心烦纡。
> 牵裳告我友，燕山气候殊。
> 北风杀野草，尘沙飞长途。

层冰与积雪，严寒欲裂肤。

献之狐狸裘，愿护千金躯。

　　从科举功名看，吴仪一也没有太大的出息，一说为举人，一说为贡生，后来也未入仕，在游幕生涯中蹉跎度日。但他在清初词坛颇有声名，著有《吴山草堂词》十七卷，传于世。其词为王士禛所称道，为"西泠三子"之一。尤为值得一提的是，吴仪一还是洪昇的曲中知音，其曲论造诣很深，对洪昇的戏曲创作尤其是《长生殿》的创作，他起到了很关键的作用。《长生殿》问世后，他还撰有贴合《长生殿》内在的评点本（《吴仪一批评本长生殿》），对《长生殿》的解读和推广起到了重要作用，一直到现在还被广泛征引。这是后来的故事，这里先不谈戏曲，只说洪昇此诗，于中可知洪昇自与父母别居之后，居无定所，多次搬迁，而末后一句，则交代其居所或在某个穷谷里。阳和，指春天的暖气，他一家所居之地，则是一个阳光照不到的阴暗角落。当然，这有可能是实指，也有可能是形容或比喻的虚指。但洪昇的穷窘却是实实在在的，在他的诗中随处可见嗟穷叹困之作，他时常以"江湖双泪眼，天地一穷人"自况。

　　就在这一年秋天，洪昇的第二个女儿之则降生了。洪之则后来成为一个小有名气的才女，尝为《吴吴山三妇合评〈牡丹亭〉杂记》作跋。这又是后话了，在后文中还将叙及。

　　这年秋天，还有一件载入《洪昇年谱》的事情，陪黄机游葛仙祠。

　　笔者已在前文交代，黄机"因以疏通铨法、议降补官对品除用，为人所劾"，于康熙十一年（1672）二月"以迁葬乞归"，而请假迁葬只是一个借口，实是他仕途上遭遇的一大挫折。此时黄机已年届花甲，也到了告老还乡的年岁，不过他的仕途还没有走到尽头，康熙十八年（1679），黄机又被康熙特召还朝，以吏部尚书衔管刑部事，次年授光禄大夫、文华殿大学士兼吏部尚书，由此而登上人生仕途之巅峰，成为位极人臣的大清相国。洪昇陪外公兼妻祖黄机游葛仙祠，说来只是一件小事，但以黄机的显赫身份却也非同小可。在我所搜寻到的文献史料中，这也是洪昇在钱塘与黄机的一次亲密交集，而这样的交集还真是比较少见。葛仙祠乃是后世为纪念葛洪所建之道祠。葛洪，自号抱朴子，少好神仙，寻养生之法，习炼丹之术，尝于西湖葛岭结庐炼丹，后羽化登仙。而葛岭又是钱塘洪氏始迁祖洪皓之封地，洪昇作为"三洪学士之世胄"，陪同自己的外公兼妻祖到此一游，难免又有一番追古思今的感叹，因作《游葛仙祠陪黄太宰》：

> 葛岭曾栖葛稚川，荒祠遗像静炉烟。
> 官居勾漏何殊隐，婚就南溟不碍仙。
> 古墓霜余花淡淡，残碑露白草芊芊。
> 山公幽兴耽丘壑，拂石新题抱朴泉。

洪昇在诗中抒发了沧桑变迁之感，却只字未提自己的穷途困窘，而黄机对他遭家难后的生活又怎能不知道？洪昇是他的亲外孙也是孙女婿，而洪昇生母黄氏则是他的女儿，洪父则是他的女婿，按说，以他如此德高望重的身份和血浓于水的骨肉亲情，应该可以于中化解洪昇与父母的家庭矛盾，然而，似乎没有。而洪昇和黄蕙已贫至断炊，这位黄太宰无论如何也该搭救一把吧，然而，似乎也没有。对个中隐情，笔者不敢妄自猜测，但无须猜测的是，在洪昇陪黄太宰游葛仙祠之后，洪昇和黄蕙一家的生活并没有得到改观，而是每况愈下。这反过来又证明了，这位黄太宰对洪昇和黄蕙还真是没什么搭救。

洪昇若要走出悲惨的生活境地，只能自救了。这年仲冬，洪昇撇下妻子和嗷嗷待哺的一双女儿，再次远赴京师。从洪昇"看花赴上林"到再次赴京，他已蹉跎六载，年届而立，在远游之际唯有沈通声等知己好友以诗酒钱行，而洪昇"当杯忍涕"，不胜凄怆，他悲惨的境遇和心中的酸楚也只有与知己诉说，如其《留别沈通声》：

> 冬十一月将远行，愁云不断悲风生。
> 故人惜别饮我酒，当杯忍涕伤中情。

落月沉沉天未曙，沙头橹鸣分手去。

数声断雁叫寒霜，飞下烟汀最深处。

沈遹声，即沈丰垣，字遹声，号柳亭，仁和人，与洪昇同师毛先舒、沈谦门下，终生不仕，为洪昇的钱塘同窗密友之一，亦与吴仪一交游。沈遹声与其妻俞璇（字宜宜）皆善词。沈遹声著有《兰思词》，吴仪一称其词"妙语天然，直臻神境"。然而天然神境也要先解决最基本的生存问题，洪昇此去，已不复再有第一次赴京时"仗剑辞南郡，看花赴上林"的豪迈之态，唯有"愁云不断悲风生"，他在清晨的寒风中与送行的知己好友分手道别，又在"数声断雁叫寒霜"的无尽凄凉中只身远去。

就在洪昇远赴燕京的冬十一月，大清帝国狼烟再起。由于清廷撤藩，引发了平西王吴三桂、平南王尚可喜和靖南王耿精忠的"三藩之乱"。康熙元年（1662），清朝封三位为其开疆拓土立下了汗马功劳的原明朝将领为王，封吴三桂为平西王，镇守云南；尚可喜为平南王，镇守广东；耿继茂为靖南王（后由其子耿精忠世袭），镇守福建。三藩各拥重兵，久据数省，清廷在入主中原之初还曾准予吴三桂等便宜行事，由此形成独立王国，自为政令，清廷一直难以约束。而一旦清廷下令撤藩，吴三桂率先叛乱，诛杀云南巡抚朱国治，自称天下都招讨兵马大元帅，将矛头直指清廷。随后尚可喜、耿精忠也相续叛乱。尽管三藩在变乱后发布的檄文中指斥清朝"窃我先朝神器，变中国冠裳"，声称要"共奉大明之文物，悉还中夏之乾坤"，但这与清朝入关之际的抗清战争是有本质区别的，前者是抵御外侵的正义战争，而"三藩之乱"则是逆历史潮流而动的叛乱，这是对历史的一次反动。由此，已入主中原三十年的大清帝国，一度基本平定天下、进入励精图治时代的"大清江山"，又陷入了长达八年之久的战乱。

这一场看似与洪昇的命运无关的战争，又为钱塘洪家埋下了灾难性的命运，只是洪昇暂时还不知道。

第五章

诗鸣长安

一

洪昇第二次赴燕没有转弯抹角，而是走东线直奔目的地。一个人穷窘到了这般境地，他还哪有心情和资本游山玩水啊，此行的盘缠都是友人资助的，而他的友人又多为"贫交"。于情于理，他都应该过年后再上路，然而饥寒交迫，家难愈烈，他恨不得早点奔赴京师去打拼一番。还有一说尤其可怜，他此去是为了减少一张吃饭的嘴，因国子监监生每年有八两例银，他若能找到一个糊口之处，这八两例银就可以节省下来补贴家用。即便这是猜测，从洪昇的诗中也可知他当时穷窘到了何等地步。

他奔走在风雪肆虐的旅途上，早已没有了那裘马豪雄的姿态，想当年吴仪一赴北京国子监时，他牵着吴仪一的衣裳提醒他，燕山的气候特别寒冷，"北风杀野草，尘沙飞长途。层冰与积雪，严寒欲裂肤"，其实他和吴仪一当时都没有去过北方，仅仅是凭空想象，如今他终于用生命体验到了他想象中的一切，而当年他这个钱塘公子是多么豪雄，随便一出手，便赠之以狐裘，"献之狐狸裘，愿护千金躯"，如今他却只能把破裘之下的身子缩成一团，一路上只听见身子骨被风雪抽打的声响，而眼前和身后，则是那些扬长而去的马车辗过的车辙和翻卷的雪泥。眼看着，又一年除夕来临了。去岁，他在"孤灯四壁间"孑然一身度过了他的壬子除夕，此行，他又在凄然孤旅中度过了癸丑除夕：

> 客里逢除夕，凄然百感并。
> 惊风吹四壁，大雪冻孤城。
> 骨肉皆分散，形容半死生。
> 家家传柏酒，箫鼓达天明。

这首《癸丑除夕》诗，不知作于何处，孤城何指，但据洪昇接下来的行吟可知，当在他渡江北上之前。在京口渡扬子江后，洪昇便踏上了扬州道。时已交春，而洪昇悲不自禁，如其《扬州道中》所述：

> 春雨朝来歇，新花堕作泥。
> 东风吹客泪，独马过隋堤。
> 龙舸苍波远，迷楼蔓草齐。
> 兴亡不可问，落日又乌啼。

隋堤，龙舸，迷楼，皆是隋炀帝时的景物，迷楼乃是炀帝在扬州建造的行宫，据唐人冯贽《南部烟花记》载："迷楼，凡役夫数万，经岁而成。楼阁高下，轩窗掩映，幽房曲室，玉栏朱楯，互相连属。帝大喜，顾左右曰：使真仙游其中，亦当自迷也。"然而炀帝最终迷失了自己，他在短暂的一生中三下扬州，但每次来，他都太得意了，得意而忘形，最终被叛军绞杀于扬州，留下了一座日渐荒圮的孤坟。洪昇在扬州道中一路行吟，发兴亡之思，抒幻灭之感，当他下意识地追问时，却猛然顿悟"兴亡不可问"。

洪昇由苏北而入山东，渐入东蒙（沂蒙山之东），此时已是"芳树遥遮日"的深春，一个穷愁落魄的士子，在西连泰岱、东接沂河的蒙山道上揽辔独行，如其《蒙山道上》所记："乱石绕东蒙，崎岖古道通。一身千里外，匹马万山中。芳树遥遮日，春沙细逐风。思家还有泪，不独为途穷。"既走蒙山道，泰山乃是为必经之地。洪昇日后在南来北往途中，多次途经泰山、登山览胜，留下了不少抒写泰山的诗篇，但癸丑之春还是他平生第一次抵达憧憬久矣、梦想一游的泰山。但他此时似也没有多少游兴，只在山店投宿一晚，又于翌日拂晓便匆匆赶路了，于此留下了一首《晓发山店》：

> 梦回山店客凄凄，门外惊闻过马嘶。
> 半壁残灯孤枕泪，五更落月一声鸣。
> 回看宿处惟烟树，遥向行人问路蹊。
> 东望岱宗何处是，明朝云树蹑丹梯。

从洪昇诗中的行程看，他抵达京师时当是康熙十三年（1674）三四月间，那时他还不知道，这一次旅京，他将要在京师漂泊漫长的十七年岁月。据《洪昇年谱》，洪昇抵京之初"栖遑靡所倚"，第一次来他还可以"初依黄机"，如今黄机"以迁葬乞归"，洪昇陷入了举目无亲的境地，即便有几个此前在京师交游的友人，也多为自顾不暇的京漂一族，不过他还有国子监监生学籍，可以入监寄宿。这次他机缘不错，他"以诗卷投李天馥，天馥大赞赏之"。此时已是而立之年又当立未立的洪昇，终于找到了一个对他特别赏识的"信陵君"，而一个百无一用的书生，也终于以百无一用的诗卷，迎来了自身命运的一个转折点，对于他，这几乎是一个绝处逢生的转折点。

李天馥（1635—1699），字湘北，号容斋。据《清史稿·李天馥传》，其"先世在明初以军功得世袭庐州卫指挥佥事，家合肥。有族子占永城卫籍，天馥以其籍举乡试。顺治十五年（1658），成进士，选庶吉士，授检讨"。是故，关于他的籍贯，既有合肥之说，又有永城之说。又有史载，天馥少时聪颖，七岁能诗，称神童。母亲瞿氏曾告诫他："遭时多艰，门祚渐衰，兴宗之寄，属望在子。"李天馥每述此语，则呜咽流涕。而他也没有辜负母亲的告诫和瞩望，还将远远超越母亲的期望。康熙十一年（1672），李天馥充顺天武乡试副考官，寻迁国子监司业，掌儒学训导之政。李天馥不仅"博闻约取，究心经世之学"，以"扬清激浊，学行俱优"而为康熙朝的一代名臣良相，也是清初诗坛的一位大家，清初文坛领袖王士祯在《带经堂诗话》中云："合肥李相国《容斋诗》仅存千首，以南、雅为经，以史、汉、骚、选、古乐府为纬，取材博而不杂，持格高而不亢，托兴深而不诡，遣调婉而不靡，敷采丽而有则，卓然为本朝一大宗无疑。"在诗歌创作上，李天馥主张诗贵高雅，其诗宗法唐人，又博采唐诗诸家之长，毛奇龄谓其诗"五言超逸鸿博，直追汉魏"，"七言以太白（李白）古乐府之学，兼少陵（杜甫）、昌黎（韩愈）、长吉（李贺）、义山（李商隐）之长"，五七近体，格律精严，神韵洒落，识者谓"在王（王维）、杜（杜甫）伯仲间"。曹溶评曰："天然之句，冲口而出，虽老师宿禅，多所缩舌也。"徐世昌选辑《晚晴簃诗汇》，谓其诗"皆以雍容渊秀出之"。

洪昇投诗卷于李天馥时，天馥尚在国子监司业之任上，而洪昇作为在籍的国子监生员，李天馥也是他名义上的老师了。当然，李天馥此前未必知道芸芸众生中还有洪昇这么个国子监肄业生，而洪昇将诗稿投给了李天馥，一开始或许也与这种师生名分无关。而以诗相投，乃是历代文人士子的传统，一是投其所好，互相交流酬答；二是渴望以其诗才获得贵人的荐举提携。如李白，曾向唐玄宗胞妹玉真公主、朝臣贺知章献诗投卷，甚至将诗卷藏于袖中，一遇贵人便拿出来乞请斧正，这还真是一条能够一步步地接近上层或名流的捷径。洪昇与李白确有很多相似之处，他们在举业上不善经营，但对功名利禄一直苦心经营，且不乏心机。李白还真是把仕途之路走通了，他后来没走多远就遭受贬逐那是另一回事，而洪昇却是一辈子此路不通，布衣终生。不过，洪昇此时还不知道他未来的命运，但他不会放过任何一个可能的机会。

一开始，洪昇也许只是抱着投石问路的心理，没想到这一下还真是投对了，他和这位大贵人还极为投契。后来，洪昇以一首长诗《旅次述怀呈学士李容斋先生》追忆了他从以诗相投李天馥到以身相依、以心相交的日子，这首诗大致可分为三部分内容，他首先诉说了自己沦落穷途、困于泥滓的命运，在"栖遑靡所倚"时，幸得有"合肥李夫子"赏识他，搭救他，如此知遇之恩，让他念兹在兹：

> 儒生不可为，伤哉吾道否。
> 伏处淹衡茅，客行困泥滓。
> 茫茫六合间，眷顾谁知己？
> 朝有贤公卿，合肥李夫子。
> 欣然吐握怀，愿尽天下士。
> 昇也入长安，栖遑靡所倚。
> 投公一编诗，览罢辗然喜。
> 揄扬多过情，光价顿增美。

李天馥礼贤下士，以荐贤为己事，为时人交口称赞。钱塘名士王晫在《今世说》中称他"著述自豪，读书不辍，好贤下士，海内仰为人宗"。《清史稿》云："天馥在位，留意人才，尝应诏举彭鹏、陆陇其、邵嗣尧，卒为名臣。为学士时，冬月虑囚，有知县李方广坐当死，天馥言其有才，得缓决，寻以赦免。"乾隆年间曾任内阁学士兼礼部侍郎的沈德潜在其《清诗别裁集》对他尤为称道："容斋以荐贤为己事，己未召试鸿博，所荐者为李太史天生、秦太史对岩。又清献陆公（谓陆陇其）、猗氏邵公（谓邵嗣尧）罢官，特汲引为名臣。余单门寒素有文行者，必使之成其名，所谓其心好之，实能容之者。后大臣中绝无其人。"而洪昇能得此知遇，实乃三生有幸。这里还是就诗论诗。当贺知章览李白之诗，曾如是惊叹："公非人世之人，可不是太白星精耶？"那么，李天馥又是如何对洪昇诗"大赞赏之"的呢？李天馥捧读洪昇的诗卷，对其满腹才情充满了惊奇、惊喜、惊疑，一边读一边连声叫绝，如其在《送洪昉思归里》一诗中所赞："武陵洪生文太奇，穷年著书人不知。久工长句徒自负，持出每为悠悠嗤。一朝携之游上国，寂寞无异乡居时。我得把读亟叫绝，以示新城相惊疑。"应是"昉思"之误写。"武陵"当为"武林"之误。洪昇诗鸣长安，首先在李天馥这儿鸣响了第一声。

由于李天馥对洪昇这个特殊人才特别赏识，洪昇在遭"天伦之变"后，终得以在李天馥府邸度过了一段极为难得的富贵悠游、诗酒徜徉的生活。李天馥待之为上宾，洪昇的游梁之梦仿佛于此才得以实现。且看其诗：

> 昨岁秋七月，轻风送微凉。
> 我公召宾客，高宴卧游堂。
> 名士半东南，触目皆琳琅。
> ……
> 率尔奏短歌，下里不成章。
> 公实知我深，嗟叹称擅场。
> 转盼届重九，招游城南庄。
> 仰视天宇空，云日流清光。
> 浩然发长啸，意气忽飞扬。
> 酒酣自落帽，不待西风扬。
> 四座颇惊怪，公独容疏狂。
> 情专爱无倦，高馆延我住。
> 出则后车载，食则四簋具。
> 往往坐宵分，篝灯论辞赋。
> 恩遇日以深，漂蓬忘流寓。
> 只缘脱略性，苦被时俗妒。
> 赖公砥中流，直道屡周护。

李天馥慷慨好客，又以"倡兴古学"为己任，在公务之余，常与知己好友"商榷风雅源流正变之旨"。据其好友王士禛记述："二公（谓李天馥、陈廷敬）嗜好略相似，每下直日，必相聚，聚必相与研六艺之旨、穷四始五际之变，至参横日落，然后散去。"洪昇于此诗中记录了李天馥举办的两次诗酒盛宴，一次是当年七月，李天馥大宴宾客，"名士半东南，触目皆琳琅"，而在这群英荟萃之际，李天馥特意给了人微言轻、地位卑微的洪昇一个施展才华的机会，洪昇即席赋诗，李天馥连声喝彩。还有一次是在城南庄重阳聚会上，洪昇"仰视天宇空，云日流清光"，兴许是醉后失态，忽然间狂态大作："浩然发长啸，意气忽飞扬。酒酣自落帽，不待西风扬。"一时间举座皆大惊失色，一个没有半点功名的落魄书生，何故如此啸傲不群、狂态十足？而在"四座颇惊怪"时，唯独只有李天馥，"公独容疏狂"。这还真是对洪昇"情专爱无倦"之专宠，也是对一个狂狷之士的包容，而这世上如李天馥这样特别有胸怀、对洪昇这个特殊人才又特别赏识的知音贵人，又有几人哉？庶几为绝无仅有了。而洪昇在李天馥的照顾下，既有"高馆延我住"，还得以与李天馥出同车，食同席，而两人纵谈辞赋，宵夜不辍，如此恩遇，让洪昇乐不思蜀，以致下意识地忘怀了自己只是一个漂泊之客。

这里又有一个很具体的问题，洪昇到底是以何身份寄居李公馆呢？当时京漂一族，多为科举难遂之士，或觅馆课徒，或为幕客，还有一类便是清客了。而所谓清客，泛指旧时在富贵人家帮闲凑趣的文人。此言颇有贬义，但若要当一个为富贵人家赏识的清客还真不容易，必须能诗，能酒，若是诗词曲赋、琴棋书画等才艺百通，那就更为难得。有的大户人家还开有戏班，延请清客教授戏文和吹拉弹唱。而除了才艺，清客还须品行端方。

后世亦有人猜测，洪昇或在李天馥家课教其子，或为其昆班家乐掌教习。这两者皆在情理之中。先说第一个猜测。李天馥有多少子女难于考究，但他有一个被誉为"圣童"的儿子李孚青，字丹壑，康熙三年（1664）生。天馥长洪昇十岁，此时已年过不惑，而洪昇则又长李孚青十九岁，为孚青父辈了。洪昇馆于天馥家时，孚青乃是一个十岁学童。说来，神童还真有基因，李天馥称神童，而孚青比乃父更神乎其神。据王士禛《野香亭集序》，有一次他与一干好友宴于李天馥家，孚青时年八九岁，早有神童之名，能诗。而众人不考其诗，而是很刁钻地拿《左传》《国语》《史记·秦本纪》中一些难题来考问他，孚青竟对答如流，令四座皆惊，连呼其为"圣童"，这是比神童更高的境界了。

洪昇入李公馆时，李天馥已延请何石云为馆师。据《国朝杭郡诗辑》载，何石云，字岱霑，号艮斋，钱塘人。"初游京师，合肥李文定公天馥奇其才，命子孚青受业焉。"洪昇既与石云为钱塘乡党，又同馆于天馥家，自然也时常一起游处，两人多有唱酬之诗。自此两人的友谊一直延续，石云后来入仕，曾官户部郎中，晚年致仕归里，卜居湖墅，而洪昇当时亦已返乡，在西湖孤山筑稗畦草堂，两人同隐西湖，诗酒交游，乃是终生好友。

又看李孚青。乃父登进士榜时已二十四岁，而李孚青年十六，登康熙十八年（1679）进士，授翰林院编修，人呼为黑头公。这一科至少出了两位少年进士，还有一位是大名鼎鼎的赵执信，两人皆工诗，李孚青著有《野香亭集》十三卷，其中有不少与洪昇交游的诗作。而洪昇虽说在科举功名上没有半点出息，却与这两位少年进士过从甚密，李孚青乃是洪昇的莫逆之交，而赵执信则与洪昇命运攸关。洪昇若为其师，也是情理中事。不过，从洪昇与孚青的交游酬唱之诗看，他俩确为忘年之交，似无师生之谊。在科举上自不用说，孚青比洪昇出息多了。而在诗歌创作上，洪昇与孚青后来都入渔洋山人王士禛门下，两人又可谓是同门学长与师弟，而渔洋对孚青甚至还高看一眼。

再看第二个猜测，关于洪昇为天馥家班长教习一说，这似乎更有可能。据孔尚任在《〈桃花扇〉本末》云："己卯除夜，李木阉总宪遣使送岁金，即索《桃花扇》为围炉下酒之物。开岁灯节。已买优扮演矣。其班名金斗，出之李相国湘北先生宅。名噪时流。唱《题画》一折，尤得神解也。"这是确凿可信的史料，金斗班"出之李相国湘北先生宅"，即天馥家班。天馥以此命名，寄托了一个游子的思乡之情。李天馥为合肥人，其母亲河为淝水，又分为东肥河和南肥河，南肥河俗称金斗河，而李天馥就是金斗河哺育成长的。康熙三十八年（1699），李天馥卒，金斗班为李木阉买入府中，这是为搬演《桃花扇》而特意购置的。李木阉，乃是当时的户部侍郎李楠，为孔尚任故交，而李天馥于康熙三十年（1691）转吏部尚书，翌年十月授武英殿大学士，他没少看过金斗班搬演的戏曲，对其精湛的演艺十分了解，因此才特意购置这个戏班。而金斗班不负所望，为当时扮演《桃花扇》之翘楚。如若洪昇曾为其金斗班掌教习，这对洪昇的戏曲创作实践，尤其是从《沉香阁》到《长生殿》的修改，无疑是特别重要的一段经历，但在文献史料中，包括他自己的诗文中，皆难以找到确凿可信的证据，如此就只能是后世的猜测了。这里还有一个问题，李天馥究竟是何时创办金斗班的？洪昇馆于天馥家时，李天馥还只是一个从四品的官员，且是著名的清流，"杜绝苞苴，严峻一无所私"，仅凭他当时的薪俸是养不起一个昆曲家班的。随着他步步高升，才可能有更优厚的俸禄养得起一个家班。诚然，这只是我揆情度理的推测。

如果排除了上述两种可能性，洪昇既非李天馥延请的馆师，也非其家班教习，那就只有一种可能，他就是一个纯粹的依人寄食的清客。而越是这样，越是令他对李天馥感激涕零，又看其诗：

> 回思谒公时，数语真绸缪。
> 谓子富诗卷，今名足千秋。
> 何须博世荣，区区为身谋？
> 誓当佩明训，努力励前修。
> 三复长叹息，感激涕泗流。

我试图通过洪昇的一首长诗，还原一个依人寄食者的生活真相，并借以窥探他们的生存状态和精神状态。这其实不只是洪昇一人，在清初，这是文人士子在出与处的夹缝中寻求的另一条活路，并由此形成了一个相当庞杂的群体。据梁章钜《归田琐记》："都下清客最多，然亦须才品稍兼者，方能自立。"而一心渴望自立的洪昇，在对李天馥感激之余，又是否有失落乃至绝望之感呢？如洪昇这一类依人寄食的落魄士子，其实没有谁愿意一辈子就这样寄人篱下，几乎都怀有一个明确的目的，那就是以此结交达官贵人，寻求获得荐举提携的机遇。无论是馆于李天馥家的何石云，还是洪昇的那位钱塘乡党、国子监同学高士奇，都把这一条路走通了。当洪昇尚为李天馥之门下清客时，高士奇早已随驾于康熙帝的鞍前马后，正在他飞黄腾达的仕途上飞奔。洪昇又何尝不想得到李天馥的荐引，然而这位"合肥李夫子"既对洪昇之诗"大赞赏之"，还说了一句让洪昇对"拜郎"之望几近绝望的话："谓子富诗卷，今名足千秋。何须博世荣，区区为身谋？"这就是说，你凭自己的诗就足以流芳千古了，何必还要在乎那区区世俗功利，为身而谋？洪昇也在诗中表示"誓当佩明训，努力励前修"，可他这样一个依人寄食的清客，思念着啼饥号寒的妻儿，此时还哪管他什么千秋，他最渴望博得的就是世俗功利，只有为身而谋，才能解决养家糊口这个最基本的生存问题，也只有如此才能化解他深陷于其中的家难啊！

二

未知洪昇在李天馥府邸客居了多久，但当不迟于康熙十四年（1675）暮春。

其时，"三藩之乱"愈演愈烈，吴三桂打着"兴明讨虏"的旗号，一时间应者云集，继有孙延龄叛于广西，耿精忠叛于福建，尚之信叛于广东，台湾郑经则渡海连克福建漳州、泉州和粤东潮州，战火席卷了大半个中国，而在"三藩之乱"初期，清军东征西讨，顾此失彼，四方震动，人心动摇，这也是清朝入关以来最危险的时刻，一部王朝兴亡史，仿佛又到了摊牌的关头，"试看今日之域中，竟是谁家之天下！"洪昇此时不忧天下，只忧家室。闽浙山水相依，耿精忠遣兵攻掠江西、浙江州县，浙大震，而福建、浙江、江西诸地民众乘机起事者甚众。清军南下平叛，杭州又是必经之地，而一场叛乱，又很容易演变为满汉之间的民族战争，引发民族仇恨。康熙帝在治世时是一位理性而清醒的帝王，以抚为主，弥合满汉之间的隔阂与矛盾，而一旦遭逢乱世，便对叛乱区域之生民予以铁血镇压。杭州虽未卷入战乱，但作为进入闽粤之要冲，也遭到清军的骚扰破坏，所过之处，劫掠奸淫。洪昇为家人的安危牵肠挂肚，约在这年清明前后，他便离京南返。李天馥的《送洪昉思归里》就是此行的送别之作，而洪昇的《旅次述怀呈学士李容斋先生》则作于他南返之后的北归途中。

洪昇一如既往，且行且吟，沿途皆有诗作。据《洪昇年谱》，他这次南返的路线，"道经开封，与费而奇游，甚欢，赠以诗"。费而奇，字葛坡，杭人，画家，善花鸟，师法五代南唐野逸派花鸟画大师徐熙，山水亦佳。又据查慎行《题葛坡小影》："费生客京华，气带秋山爽。学诗兼学画，离俗寄幽赏。"洪昇既与费而奇交游，而查慎行亦与费而奇交游，可知三人皆为交游之友。由此可见，洪昇这次与费而奇游，很可能是一道结伴南返，他并没有归心似箭之急切，还颇有悠游自适之态。

初夏，洪昇入南境，作有《入江南境》诗，以一句"客行辛苦惯，不用发劳歌"作结，这么多年来东奔西走、南来北往，那长途跋涉的行役之苦，他也确实是习惯了。洪昇抵杭的第一件事便是受天馥嘱托，拜望钱塘名士王晫，"述天馥忆念之状"。王晫虽为市隐逸民，却深为李天馥所敬重，也是李天馥深交之故人。当陆次云、何石云、洪昇相继自京师南还时，李天馥皆托他们代为拜望王晫。王晫当时正埋首著《今世说》，以清初四十余年人物为主要记述对象，其由明入清者，亦一并收入，并于每条之下自注条目中人物生平大略，清初著名人物如李天馥、毛奇龄、王士祯、施闰章、宋琬等人多见于各门类。这是一部由明入清之际的笔记体史著，对于后世研究明末清初的历史弥足珍贵。毛际可为之《序》："殷、刘、王、谢之风韵情致，皆于《世说》中呼之欲出，盖笔墨灵隽，得其神似。"

洪昇探视家人，均告平安，而家难依然难以愈合。但洪昇没有即刻返京，从初夏一直待到秋后。这数月间，洪昇时与"以避乱寓杭"的毛际可、方象瑛等人游处。毛际可乃是与毛先舒、毛奇龄并称的"浙中三毛，文中三豪"之一，三人中，除洪昇师执毛先舒固守遗民之志、终生不仕外，毛际可与毛奇龄都相继仕清。毛际可，字会侯，号鹤舫，晚号松皋老人，浙江遂安人。清顺治十五年（1658）中进士，曾任陕西城固知县、河南祥符县令。康熙十七年（1678）举博学鸿儒科不第，未久以事罢官，回归故里，读书著述。方象瑛，字渭仁，亦为遂安人，生于明崇祯三年（1630），康熙六年（1667）中进士，授内阁中书。康熙十八年（1679），又举博学鸿儒科二等，授翰林编修，历迁侍讲，告归。著有《健松斋诗文集》三十四卷，《封长白山记》一卷，《松窗笔乘》三十卷。毛际可与方象瑛为终生莫逆之交，亦与王晫为深交，洪昇与这些诗文大家、博学鸿儒相游处，对于他的人生见识有着不可忽视的意义。

而作为诗人的洪昇，在当年五月干了一件大事，他将自己从十五岁鸣笔为诗以来的吟咏所得编选为一部七卷的《啸月楼集》。这也是洪昇的第一部诗集，他在编选中特别严谨慎重，初定之后，又分别交由七位同学好友校阅，并对各卷校阅者一一具名。

卷一署"同学李式瑚颂将阅"。李式瑚，又名延泽，字颂将，钱塘人。据《国朝杭郡诗三辑》卷二："颂将为式玉少弟，才具挥霍，器局闳远，更超于两兄。为宪端者数十年。所至之处，公卿倒屣。所著有《春秋四传注疏合参》五十卷，……卷帙之多，为士林罕见。"

卷二署"同学聂鼎元汝调阅"。据《洪昇集》刘辉笺校："聂鼎元，字汝调，钱塘人。年少工诗文，性驯谨，顾喜豪侠，重然诺。李邺园官浙江，欲招致幕，迁延不往。复赴延绥任职。与昉思同师毛稚黄（毛先舒），为昉思密友之一。尝校阅《啸月楼诗集》。著有《扈芷斋词》。"笺校中提到李邺园，为清朝大臣李之芳，字邺园，康熙十二年（1673）五月以兵部侍郎身份"总督浙江军务"，参与平定了"三藩"之一耿精忠叛乱。

卷三署"同学汪鹤孙雯远阅"。汪鹤孙生平已在前文述及，于此不赘。

卷四署"同学柴震尺阶阅"。柴震，字尺阶，钱塘人，诸生。与洪昇同师毛先舒。

卷五署"同学沈士薰楚佩阅"。沈士薰，字楚佩，钱塘人，诸生。洪昇在钱塘编选《啸月楼集》之际，作有《柬沈楚佩》："龆龀论交地，于今二十秋。年华空少壮，身世但沉浮。花暖千金马，江寒五月裘。殷勤公子意，把臂慰穷愁。"据此可知，洪昇与沈士薰乃是龆龀之交。所谓龆龀，乃是垂髫（龆，通髫）换齿的童年。洪昇作此诗时三十一岁，倒推二十年，则在十一岁左右，那正是他从陆繁弨受业之时，沈士薰极有可能为他的陆门同学。从两人的生存境况看，洪昇自况"年华空少壮，身世但沉浮"，又感谢沈士薰"殷勤公子意，把臂慰穷愁"，可见沈士薰当时的生活境况比较优裕，还过着公子少爷宝马轻裘的生活，对洪昇多有接济。在洪昇的《啸月楼集》《稗畦集》中还有多首写给沈士薰的诗作，两人从童年到晚年一直交情笃深。

卷六署"同学张云锦景龙阅"。张云锦，字景龙，又作景隆，为张竞光之孙，善词。据吴农祥《张景隆诗余序》："觉庵没后且一年，而其孙云锦景隆氏雅好诗余，色味俱胜，得北宋之腴。"所谓诗余，词也。

卷七署"同学沈丰垣通声阅"。沈通声为洪昇一生交往最密切的挚友之一，其生平见前文所述。

洪昇对以上诸人俱称同学，并不一定是指同窗，乃是当时对同辈契友之习称。

诗卷编定之后，洪昇又将诗稿呈外祖黄机，乞为之序，兹将黄机序照录于后：

> 诗之为道，有关于世者也，岂仅写风云月露之文，为燕游酬唱之具哉！士君子读书稽古，有志斯世，无不宜致力于诗。穷而在下，则览山川歌谣风俗，以备轺轩之采；达而在上，则入朝奏雅，入庙奏颂，以黼黻太平之治。甚巨事也。世之作者，徒视为具文，其于兴观群怨之旨、温柔敦厚之义何居焉？
>
> 余孙婿洪昉思，少负英绝之才，性耽吟咏，于古近体靡不精究，悲凉感慨之中，有冠冕堂皇之气，决其非久于贫贱者。自此海宇清宴，歌咏功德，非昉思孰任之？独念余备位有年而才质薄劣，无以赞颂皇猷，退又无名山之藏。讽览斯编，不觉兴感。勉旃昉思，其无负学诗之训矣夫。时康熙乙卯端阳后五日，题于怀古堂。

黄机虽是一位抵达人生仕途巅峰状态的"太平良相",却罕有诗文传世,这也是他少有的存世文字之一。这篇序文不过寥寥三百言,却体现了一个正统士大夫之"诗道",今世有不少断章取义者,只是截取黄机对洪昇的赞词"少负英绝之才,性耽吟咏,于古近体靡不精究,悲凉感慨之中,有冠冕堂皇之气",却忽略了他开篇还有一段关于"诗道"的诗论。"诗之为道,有关于世者也",这是"诗道"之根本,他其实也宛转地批评了洪昇"仅写风云月露之文,为燕游酬唱之具",这也曾是毛先舒对洪昇的批评和点醒,他断言洪昇"决其非久于贫贱者",那么洪昇如何才能摆脱这种贫贱者的命运呢?黄机给他的外孙和孙婿指出了一条出路,这不是什么秘密,却是秘诀,关键在于,"自此海宇清宴,歌咏功德,非昉思孰任之"!言之谆谆,语重心长啊。

然而,洪昇生逢于这样一个"海宇清宴"的时代,却总是遭遇风波赤电,如其《京口夏雨》诗云:"白波连地涌,赤电划天开。"这是他在当年秋天再次赴京、途经京口遭遇雷雨所作。除了雷雨还有狼烟,当时除了"三藩之乱",还有民间抗清义军蜂起,所谓"自此海宇清宴",实在与当下的现实形成了强烈的反差。洪昇从家室之忧到江山之患,沉吟一首《过京口作》:

> 家室仍多故,江山未罢兵。
> 一舟愁旅泊,千里怯长征。
> 鼙鼓连秦急,烽烟照楚明。
> 北南形胜地,铁瓮此坚城。

不过,从这首诗看,这种家国忧患已不是他早年的那种遗民情怀,如章培恒先生所谓,他"自拥护清廷之立场出发,深惧危及清廷统治",诚哉斯言,他的立场,或者说他的家国意识,可能连他自己也不知不觉地被置换了。

抵京之后,洪昇刚刚编成的《啸月楼集》正逢其时,在第一时间就得到了李天馥的激赏，随即李天馥又向当时的文坛领袖王士禛推荐。据《洪昇年谱》："李天馥以昉思诗示王士禛，士禛亦嗟赏之。昉思寻从士禛受业，过从甚密。"早在顺治十四年（1657），清廷即谕令内外大小各官"不许投拜门生"，以防"彼此图利，相扇成风"，借以"永绝朋党之根"。顺治十七年（1660），清廷又再次谕令"士习不端，结社订盟……深为可恶。著严行禁之"。然而，此风一直没有刹住，尤在康熙一朝愈加风靡天下，又以京师得风气之先，形成了一个以王士禛为盟主的宣南文学圈。

从地域看，今北京宣武门外骡马市大街以南，东至潘家河沿，西至教子胡同一带统称为宣南坊，但宣南不只是一个地理学意义上的区域，更是京师文化的一个核心区域。自明中叶起，全国各地进京赶考的文人士子大多聚集在宣南一带，而一些已经登科及第、步入仕途的朝臣，也多于宣南雅集。毕竟，衙门里那种按部就班的日子，严谨而又单调，这些终日埋首于文书案牍的士大夫，一天到晚紧绷着神经，而赋诗填词则是他们聊以放松的闲情逸致，他们往往一出衙门，便直奔宣南，诗酒兴会，宣南因此而成为一个人文荟萃、诗文荟萃之地，至康熙年间尤是极一代之盛。而洪昇后来也携家带口，亦借宣南一隅栖身。

王士禛（1634—1711），字子真，一字贻上，号阮亭，又号渔洋山人，世称王渔洋。在他辞世后，其名一再被篡改，雍正时为避帝名胤禛之讳而改为王士正，乾隆时又改为王士祯，如此一改，其名与字就不合了。笔者尊重历史，以其原名为准。王士禛为山东新城（今桓台县）人，常自称济南人。他在举办文学活动上具有很强的组织能力，也颇具创意，二十三岁时，他邀请济南文坛名士集会于大明湖水面亭上，即景赋秋柳诗四首，此诗传开，大江南北一时和者甚众，结成"秋柳诗社"。翌年，顺治十五年（1658）补殿试，王士禛中三甲三十六名进士，两年后任扬州推官，"昼了公事，夜接词人"，一个小小扬州推官，逐渐建立起了自己的文坛江湖地位。康熙四年（1665），王士禛擢户部郎中，正五品。李天馥将洪昇诗推荐给他时，他还在此任上，虽说品秩不高，其文名却已远胜于政声，他是继晚唐司空图、南宋严沧浪（严羽）之后倡导"神韵说"的又一大家，乃至被誉为"神韵说"之集大成者，更是清初继钱谦益之后主掌诗坛的一代盟主和一代宗师，在众声喧哗的清初诗坛，几乎唯渔洋马首是瞻。诗坛新秀入京师拜求名师，第一个就是拜见王渔洋，但渔洋也不是谁想见就能见的，还得有他信得过的人引荐。洪昇能入渔洋门下，一得李天馥荐引，二是其诗"士禛亦嗟赏之"。

文坛亦如江湖，而王士禛就是江湖盟主，京师的文人雅士几乎都围绕在王士禛周围旋转，其中不乏在京师政坛文坛皆呼风唤雨的人物。而古典士子交游雅集，第一要情趣相投、"志同道合"，第二要身份地位相称，绝对的平等是做不到的，但身份地位相称又是必要的，无论是情趣相投还是"志"与"道"之遇合，往往离不开身份地位等社会元素。尤其在那等级森严的时代，文士间的交游从来不是大众的狂欢，而是精英间的小众交往。而以洪昇此时的身份，唯一能拿得出手的就是一个国子监监生，人称"洪太学"，但说穿了，他在冠盖云集中也就是一介布衣，若不是披上一袭渔洋门生的华丽外衣，他还真是难以混杂于这个大清帝国统治中心的上流文学圈。与其说他已跻身于京师上流文学圈，不如说是混迹于京师上流文学圈。这不是贬低他，乃是实情。而他有了李天馥、王士禛等诸多名流的鼎力推荐，一时间如鱼得水，一个在舞象之年就已"诗鸣钱塘"的才子，终于在而立之年"诗鸣长安"。有了这样一个让他得意而陶醉的诗名，他似乎也把仕进之念渐渐淡忘了，至少有那么一段时间他只问诗歌，不问前程，还真以为"何须博世荣，区区为身谋"？

加入宣南士游后，洪昇又拜施闰章为师。施闰章，字尚白，一字屺云，号愚山、媲萝居士、蠖斋，晚号矩斋，后世亦称施侍读、施佛子。明万历四十六年（1618），生于江南名邑宁国府宣城双溪（今属安徽省宣城市），其家为"一门邹鲁"的理学世家。顺治六年（1649）中进士，授刑部主事。顺治十三年（1656）又参加高等御试，名列第一，遂擢山东提学佥事，约相当于一省提学之副职或助理，由于他取士公正，"崇雅黜浮"，时有"冰鉴"之誉，四方名士慕其名而"负笈问业者无虚日"，而他在此任上为后世津津乐道的一大功德，就是择蒲松龄为童子试第一名。蒲松龄十九岁应童子试，接连中县试、府试、道试三个第一，名震一时，补博士弟子员。自此之后，蒲松龄再也没有遇到如施闰章一样既公正又赏识他的学官或考官，屡试不第，直至年过古稀时才成岁贡生，"日给廪饩（膳食津贴），岁供衣服"，然而通俗地说还是一秀才。相比之下，施闰章几乎凡考必中，康熙十八年（1679），又举博学鸿儒，名列二等第四名，授翰林院侍讲，纂修《明史》。康熙二十二年（1683）转侍读，从五品，并作《太宗圣训》的纂修官。这也是他最后的官位，当年闰六月，他便病逝于京邸，享年六十六岁。

洪昇拜入施闰章门下时，施闰章已迈入暮年岁月，他虽说举业顺遂，但官运并不亨通，还在翰林院侍讲任上，为正六品。对洪昇的"拜郎"之愿，他帮不了什么忙，但他对洪昇的诗歌创作有着不可忽视的影响。施闰章以诗文而名于世，在清顺康间的文学流派中，几乎无处不有施闰章的身影，他与同邑高咏等相唱和，时号"宣城体"，入燕为官后，又与宋琬、丁澎、张谯明、陈祚明、严沆、赵锦帆等人号称"燕台七子"，另与宋琬、王士禛、朱彝尊、赵执信、查慎行合称为"清初六家"。施闰章在其《蠖斋诗话》中主张"诗有本""言有物"，反对"入议论"，推尊唐人和明代前后七子，提倡复古，贬抑宋诗。在诗歌创作上，施闰章开清初"清真雅正"之风气，王士禛将他与宋琬并称为"南施北宋"，谓施闰章之诗"温柔敦厚，一唱三叹，有风人之旨"，而后世则因循王氏之论，认为施闰章之诗以"醇厚"为则，追求"清深"的诗境和"朴秀"之风貌。施闰章的诗学主张与艺术追求，与洪昇的师执毛先舒以及"西泠十子"异曲同工，如笔者在前文提及，毛先舒以儒家"温柔敦厚"的诗教观贯穿始终，这其实也是施闰章的追求。洪昇深受毛先舒的影响，既与施闰章情趣相投，其诗自然又深受施闰章"清正""醇厚""朴秀"之影响。施闰章平生最工五言，尤擅五律，而他最受王士禛以及后世推崇的则是晚年取径"王孟风致"的诗作。尽管王士禛对施闰章之诗颇多嘉许，但也有意见不合之处，如《渔洋诗话》卷中所谓："洪昇昉思问诗法于施愚山，先述余昔言诗大指。愚山曰：子师言诗，如华严楼阁，弹指即现；又如仙人五城十二楼，缥缈俱在天际。余即不然，譬作室者，瓴甓木石，一一须就平地筑起。洪曰，此禅宗顿、渐二义也。"洪昇之诗也如施闰章一样"一一须就平地筑起"，绝少有王士禛"缥缈俱在天际"之作。

洪昇在诗歌创作上，除了深受李白、杜甫等唐人影响，也颇受王维、孟浩然之诗风的浸染，而其五言、五律也是他最为当世和后世所看重的。诚然，如今世一些学者指出，施闰章的五言诗虽说体现了"空灵凝炼，意境悠深"的艺术特色，"但内容未免单薄狭隘，诗中多表现封建士大夫孤芳自赏情绪"，他的这一短板恰好被洪昇弥补了，洪昇以其东奔西走、南来北往的行役弥补了其"单薄狭隘"，在其诗中虽不乏"孤芳自赏情绪"，但他更突出的则是自伤不遇的悲叹。

对于李天馥、王士禛、施闰章等士大夫，诗文只是他们在仕途之外的公余唱和、闲情逸致，而闲情逸致往往又是他们最真实的性情，业余爱好才是他们由衷的爱好与追求。洪昇游弋于文坛江湖，当然不只是为诗而诗，直说了吧，他一直怀有一个"功夫在诗外"的目的，那就是借此而与高层文人、上流社会结交，以攀高结贵而推销自我，获取这些达官贵人的赏识和荐举，寻找"拜郎"之机。除了李天馥、王士禛这两大贵人之外，洪昇又相继结识了梁清标、余国柱、徐乾学、王泽弘等朝臣京官。在洪昇日后的《稗畦集》及《稗畦续集》中，收录了他与京师文学圈交游酬唱的诸多诗篇，从他的诗中可知，除了此前参与李天馥组织的城南村庄之游，他后来还参与了祖家园雅集，还有王泽弘邀约的黑龙潭之游、重阳雅集、张氏园之游。

在洪昇结交的朝廷新贵中，除了李天馥与王士禛，洪昇又"与王泽弘游，为忘形交"。

王泽弘，一名泽宏，字涓来，又字昊庐，琅琊人，一说为湖广黄陂人。生于明天启二年（1622），卒于康熙四十三年（1704）。他比洪昇年长二十三岁，却卒于同年，享年八十三岁。年十四，补博士弟子生员，中崇祯壬午副榜。顺治八年（1651）举人，顺治十二年（1655）进士，授翰林院侍读，康熙三十一年（1692）迁礼部左侍郎，助修栖霞寺。康熙三十八年（1699），迁左都御史。康熙三十九年（1700），官至礼部尚书。著有《鹤岭山人诗集》。洪昇与泽弘之交，从纯粹的朋友交情看似乎还要超过李天馥与王士禛。据王泽弘《辛未送洪昉思归武林》诗云："结交十六载，情好如一日。"从康熙三十年（1691）倒推十六年，恰好为康熙十四年（1675），正是洪昇拜入渔洋门下时。史载，"泽宏喜与诸名士游，王士禛、姜宸英、洪昇等"，而洪昇也只能附于这些人物的后面在正史中露一下名。王泽弘一直在京城任职，后来地位越来越高，但他对洪昇这位布衣之交一如既往，始终不渝。关于他们的交游，在后文中还将叙及。

除了王泽弘，洪昇还与同师于渔洋门下的吴雯渐渐有了深交。吴雯，字天章，号莲洋，原籍奉天辽阳，后居山西蒲州，诸生。他在清朝入关那年（顺治元年，1644）出生，比洪昇年长一岁，卒于同一年，享年六十一岁。他和洪昇一样，南来北往，依人寄食，足迹几遍天下，而他的家居生活极为贫苦，而他"虽绳床土座，破屋漏日，而啸咏自得，不易志向"。其实他也不甘于贫困，康熙十七年（1678）召试博学鸿儒科，吴雯应召入都，结果是"既试不售，乃游京师"，以诗见知于王士禛，入于渔洋门下，与洪昇成了同门学子。但从时间看，他至少比洪昇师事渔洋晚了三四年。而交情不在迟早，而在交心。他俩既是穷交，也是心交，他与洪昇一样，也是自伤不遇者。所谓患难之交，最见真情。洪昇于《赠别吴天章归永乐隐居五首》中描述了他们朝夕相处的一段时日："客舍淹晨夕，诗书共讨论。感君常苦口，劝我勿多言。世路谁相假，穷交尚可敦。同心忽离别，徒御亦销魂。"两人情真意切、相知相惜，乃真知己也。吴雯此去，或隐或游，布衣终生。他也是一个大孝子，康熙四十三年（1704），其母辞世，乃是高寿享福了，他竟因哀痛过甚而病故，呜呼哀哉。王士禛既为其撰墓志铭，又为其遗著《莲洋集》删改审定，可见士禛对这位弟子特别看重。不能不说，王士禛对吴雯之诗的评价远远超过了洪昇诗，尝云："汉魏以来二千年间，诗家号为仙才者，曹子建、李太白、苏子瞻三人耳，本朝作者如林，不得不推天章为仙才焉"，这个评价就不是一般地高了，能被一代文坛领袖极赞为"仙才"者，也只有莲洋了。而洪昇诗虽说"士禛亦嗟赏之"，但在渔洋眼里他最多也就是个难得的人才。又据赵执信《怀旧诗序》，他对吴雯的描绘尖酸刻薄，称其"拙于时艺，困踬场屋中。体貌粗丑，衣冠垢蔽，或经岁不盥浴，人咸笑之"，但他对吴雯之诗也是特别称道，赞其"诗才特超妙"。

在渔洋门生中，洪昇还有一位挚友，汤右曾（1656—1722），字西涯（一作西崖，又作西厓），仁和人。汤右曾虽比洪昇小十一岁，但两人同为渔洋门生，在京师与钱塘两地南来北往，一路相偕相伴，此中情谊不言而喻。不过，洪昇在仕途上一直是此路不通，而汤右曾则把一条路走通了，康熙二十七年（1688）中进士，官至吏部侍郎。又据史载，"右曾少工诗，清远鲜润。其后师事王士禛，称入室"。右曾为渔洋的入室弟子，而洪昇只是渔洋的门下弟子，这是有亲疏之别的。而右曾也颇为康熙帝欣赏，"朝热河行在，上命进所为诗，右曾方咏文光果，即以进上。上为和诗，有句曰'丛香密叶待诗公'，右曾自定集，遂取是诗冠首"。时人谓右曾"诗与朱彝尊齐名"，而更重要的是，无论在人生仕途上，还是诗文上，他都名归正传，成为了一个"朝廷正须"。

洪昇在京师交游的这一个个在如今看来多少有些冷僻的名字，在当时一个个都炙手可热，或为居庙堂之高的朝臣，或为叱咤文坛江湖之名流。透过洪昇与他们交游和互相酬答的诗篇，也大致还原了洪昇旅京期间主要的社交活动和他的生存状况、心路历程。从更深远、辽阔的意义看，洪昇的交游已超越了其个人交际，他作为一个来自江南文坛的才子，在某种意义上也起到了勾连南北文学圈的作用，而他作为一介布衣寒士，也是民间文人与上流文学圈或体制内文人互相勾连的一条纽带。这也是今世学者所公认的。

走笔至此，又得说到李天馥的公子、少年进士李孚青。这里不论功名，在诗言诗。尽管洪昇已"诗鸣长安"，又入渔洋门下，但在当时和后世看来，他在渔洋门生中并非出类拔萃的。其佼佼者，除了吴莲洋这个"仙才"，还有李孚青这个"圣童"，如乾隆时创"肌理说"的诗论家翁方纲尝云："往者渔洋之门独许李丹壑为言诗得髓。"在翁氏看来，孚青才是渔洋门生中真正得其精髓的。王士禛对孚青也是特别看重的，孚青之《野香亭集》和《盘隐山樵集》都有王士禛的评点，他还写了《〈野香亭集〉序》，对李孚青的诗学才华大力揄扬。其晚年所著《渔洋诗话》云："李丹壑编修，故友合肥文定公子。蚤（早）慧，能以诗世其家，然有别才。如《洛阳怀古》云：'秋来张掾多归思，事去王郎少宦情。'殊有言外意。"

又看另一位少年进士，赵执信（1662—1744），字伸符，号秋谷，今山东省淄博市博山人。他是康熙帝登基的那年出生，比洪昇小了十七岁，应该算是晚辈了。洪昇这个钱塘大才子，十五岁鸣笔为诗，可这算得了什么，人家赵执信更神了，他九岁写的诗文就"以奇语惊其长老"。据称，官拜秘书院大学士的孙廷铨尝命赵执信作《海棠赋》，赵执信一气呵成，孙廷铨立马刮目相看，预言此子日后必成大器。这可不是一般人的预言，而是一个大清相国（大学士）的预言。而这个预言首先在科举上验证了，这小子十四岁中秀才，十七岁中山东乡试第二名举人，十八岁中会试第六名，殿试二甲进士，选翰林院庶吉士，散馆授编修，二十三岁就担任了山西乡试正考官，而老大不小的洪昇愣是连参加乡试的资格也没有，还是一个久困京师的国子监肄业生，人跟人真是不能比，这个差距实在太大了。

赵执信是王士禛甥婿，而洪昇为渔洋门人，有此因缘，自有际会。他俩初识，当在康熙十八年（1679）赵执信中进士、改庶吉士之后。这是清初两大狂人的遭遇，一个是"啸傲不群、狂态十足"，一个是"桀然独立，目下无尘"，而这位少年进士亦以其狂闻名于士林，据与屈大均、梁佩兰并称为"岭南三大家"的陈恭尹在《观海集序》中云："士以诗文贽者，合则投分订交，不合则略视数行，挥手谢去，是以大得狂名于长安。"那么，赵执信又如何看洪昇其人其诗呢？在赵执信的《饴山诗集》中录有《怀旧诗》十首，第八首为洪昇而作，并附有小传云："钱塘洪昇昉思，故名族，遭患难，携家居长安中，殊有学识，其诗引绳切墨，不顺时趋，虽及阮翁之门，而意见多不合，朝贵亦轻之，鲜与往还，才力本弱，篇幅窘狭，斤斤自喜而已。见余诗，大惊服，遂求为友。"这小传还有后话，此处暂且摘录这一段。赵执信是以一种居高临下的姿态，既狂妄也很直率地表达了对洪昇诗作的看法，如此"引绳切墨""才力本弱，篇幅窘狭"之作，岂能入他的法眼？只是洪昇"斤斤自喜而已"，而洪昇一见他的诗，则"大惊服，遂求为友"，这已不是傲慢与偏见可以形容的，简直是狂妄与嚣张，把自己抬得太高了，把洪昇贬得太低了。

不过，这里还得交代一下，赵执信为洪昇作此小传时，洪昇已经辞世，既已死无对证，也就只能由着赵执信信口开河了。据今世学者分析，以洪昇之阅历、眼界和性格，恐不至于对一位新科进士之诗如此"大惊服，遂求为友"。然洪昇也是一个性情复杂多变的人物，既有啸傲不群、狂态十足的一副面孔，也有随机应变乃至低三下四的一副面孔，而赵执信既是王士禛甥婿，他不看僧面看佛面，在随机应变上他的情商还不是一般地高，这也是有诗为证的，在其应酬之作里，他也曾把赵执信比作文采风流、光彩耀人的元代名士赵孟頫。

这里且不论两人诗歌之高低，只说洪昇"虽及阮翁之门，而意见多不合"，阮翁即王士禛，那么，洪昇与王士禛又是怎样不合呢？说来这里还有一段诗话，用今天的话说，这是一场关于诗歌创作理论的争鸣，也是中国文学史上有关诗论的一个经典案例，被赵执信绘声绘色地记载于其诗论《谈龙录》中：

> 钱塘洪昉思，久于新城（王士禛为新城人）之门矣。与余友。一日，并在司寇（王士禛）宅论诗，昉思嫉时俗之无章也，曰："诗如龙然，首、尾、爪、角、鳞、鬣，一不具，非龙也。"司寇哂之曰："诗如神龙，见其首不见其尾，或云中露一爪一鳞而已，安得全体？是雕塑绘画者耳！"余曰："神龙者，屈伸变化，固无定体，恍惚望见者，第指其一鳞一爪，而龙之首尾完好，故宛然在也。若拘于所见，以为龙具在是，雕绘者反有辞矣！"

这三人以龙喻诗论诗，又各从不同角度立论。洪昇是就诗的篇章结构而言，他强调的是描写对象的整体形象和写实的刻画之功力。在诗歌创作上他追求完整的具象，其诗亦极重章法，以清新整饬见称于时，因而"嫉时俗之无章"；而王士禛对此不以为然，他以神韵缥缈为宗，而所谓"神韵"又实在难以言说，更难以定义，后世为此而争论不休。笔者在此不予深究，且看渔洋如何解说神韵，他尝云自己最喜欢司空图《二十四诗品》中"不著一字，尽得风流"八个字，又时而标举严羽的"羚羊挂角，无迹可求"八个字来阐明神韵之含义。于此可知，其所谓之神韵乃指作品中只可意会、不可言传的某种情思内涵，强调诗歌创作应注重传神，而不是只描摹形骸。他又以画论诗，如其在《池北偶谈》中所谓："昔人称王右丞诗中有画，画中有诗，诗画二事虽不相谋，而其致一也。"言下之意，诗画皆要讲究留白、空灵的艺术，如此才能不为形骸所牵扰，尽情地传达神韵。看来这师徒俩还真是"意见多不合"，那么赵执信又怎么看呢？他认为完整的形象和神韵是不能分割的，你画出来的龙虽然见首不见尾，只有一鳞一爪，但你首先必须在心目中有完整的龙，你画出的一鳞一爪才能反映整体的龙，如此才能给读者以完整的印象，而不是支离破碎的感觉。三人所论，实际上也是在讨论艺术表现上的全与粹（完整与精粹）、虚与实的关系，洪昇工于写实，王士禛强调写意，而赵执信主张虚实结合、形神兼备。赵执信虽说颇有书生轻狂之态，但年纪轻轻就有这样的辩证思维，还真是殊为难得，这不是才情使然，而是深思熟虑，可见其学养之深也。而这一番争论的结果是"洪昇乃服"。

赵执信又岂止是为了说服洪昇，他的《谈龙录》不是针对洪昇，而是直指王士禛这位文坛领袖、一代宗师。他既说洪昇"虽及阮翁之门，而意见多不合"，其实他自己对王士禛的"神韵说"几乎是针锋相对，对王士禛的诗论逐一加以批驳，更是指责王士禛诗伪饰失实，以富贵而作穷酸之语，并举例说，王士禛身为奉命祭告的钦差大臣，声势显赫，然而作诗都满纸落日尘昏，孤怀穷途，言不由衷："司寇昔以少詹事兼翰林侍讲学士，奉使祭告南海，著《南海集》。其首章《留别相送堵子》云：'芦沟桥上望，落日风尘昏。万里自兹始，孤怀谁与论！'又云：'此去珠江水，相思寄断猿。'不识谪臣迁客，更作何语？其次章《与友夜话》云：'寒宵共杯酒，一笑失穷途。'穷途定何许？非所谓诗中无人者耶？"赵执信把一代文坛领袖作为了一个反面典型加以痛砭，在当时应者寥寥，而及后的诗论家则多有同感，如袁枚云："阮亭一味修饰容貌，所谓假诗是也。"

赵执信如此批驳痛砭他的一位尊长，其言辞之激烈颇有时下的酷评之风，可谓是不念亲情、毫不容情，这实在有悖情理，难免有后世猜测其动机，他是否想要扳倒王士禛这个权威而为自己制造影响，甚至试欲取而代之？在下对此不敢妄加猜测，这里还是就诗论诗，在清初形式主义诗风盛行、唯"神韵说"马首是瞻、言与心违的伪饰失实之作泛滥的境况下，赵执信尖锐的批评如一剂猛药，"夫必使后世因其诗以知其人，而兼可以论世，是又与于礼义之大者也。若言与心违，而又与其时其地不相蒙也，将安所得知之而论之"。他不只是扮演了一个推倒者的角色，在理论上也是一个重建者，他在批驳王士禛及其"神韵说"的同时，提出了一套较为完整的诗歌理论，这集中体现在他的诗话《谈龙录》里，而《谈龙录》堪称是明清文学理论的一部经典之作。在《谈龙录》里，他既阐明了全与粹、虚和实的辩证统一关系，更力主"诗之中要有人在"，"诗之外要有事在"，反对脱离现实的无病呻吟，并提出以"文意为主，以语言为役"之论，要求形式服从内容，语言为内容服务，还力主诗人应"从其所近"，自由选择艺术风格，反对以"神韵"作为唯一尺度去衡量作品之高低。

我更情愿相信，赵执信没有别的动机，这是他对艺术的绝对忠诚和执着坚守，而洪昇"虽及阮翁之门，而意见多不合"，也特别难能可贵，亦如今所谓"吾爱吾师，吾更爱真理"。而对于艺术而言，可以有绝对忠诚，但从来没有绝对真理，更没有绝对的价值评估标准。三人皆可恪守自己的艺术观，而最佳选择则是各见其长、互救其短，从"洪昇乃服"看，他对赵执信之论是认可的，从他的诗歌创作看，他对"神韵说"也是心领神会的，这也证明他有变通的一面。而赵、王二人则各执一端，互不相让，最终由原来的彼此欣赏演变到了相互诋厉的程度。

诚然，有高见不一定有佳作，又从三人的诗看，亦各有千秋。

王士禛擅长各体，尤工七律，其诗多抒写个人情怀，清新蕴藉、刻画工整，早年作品清丽华赡，中年后转为清淡苍劲，其散文、填词也很出色，连康熙帝也称其"诗文兼优"，"博学善诗文"。康熙十七年（1678），他受康熙帝召见，"赋诗称旨，改翰林院侍讲，迁侍读，入仕南书房"。康熙帝还下诏要王士禛进呈诗稿，王士禛遂选录三百篇诗作进奉，定名《御览集》。后升礼部主事、国子监祭酒、左都御史，康熙四十三年（1704），官至刑部尚书。又不能不说，王士禛的文坛地位在某种意义上也取决于他的政治地位。当他主宰清初文坛时，自然是赞声一片，而后世对其诗颇有微词，乃至是尖锐的批评，如乾嘉时期的代表诗人袁枚称王士禛的诗作"不过一良家女，五官端正，吐属清雅，又能加宫中之膏沐，熏海外之名香，取人碎金，成其风格"，"然稍放纵，不加检点，便蓬头垢面，风姿全无"。

赵执信所作诗文深沉峭拔，其五言律诗《蝉》算是一篇虚实结合的代表作，描绘了蝉生活的清苦、孤寂和环境地险恶，作者写"蝉"实际上是在写自己。赵执信后因国丧期间观看洪昇的《长生殿》传奇，以"国恤张乐大不敬"的罪名被革除功名、削职还乡，一个原本前程似锦的青年俊士，在年仅二十八岁时就把仕途走到了尽头，而多少士子在他这年纪还在为一张仕途的入门券而寒窗苦读。在革职还乡后，赵执信创作了大量的现实主义诗篇，一首反映农民暴动的《氓入城行》则是他现实主义诗篇的顶峰之作，他也堪称是清初的一位著名的现实主义诗人。

当然，笔者着墨的还是我们的主人公洪昇，这是要用一个专节来叙述的。

三

洪昇是一位足以用伟大来定义的戏剧家，也是一位不可忽视的诗人和词人。从洪昇的创作时序看，他首先是一位诗人，然后才是戏剧家。

唯其作为戏剧家之盛名，尤其是其被誉为"近代曲家第一"的《长生殿》传奇光芒太盛，以至于自我遮蔽，同时也蒙蔽了世人的眼光。

据康熙《钱塘县志·洪昇小传》载：其"尤工乐府，宫商五音，不差唇吻。旗亭画壁间，时闻双鬟讴颂之。以故儿童妇女莫不知有洪先生者"。妇孺皆知的洪先生，乃是一代戏曲大师洪昇，这其实与文体也有直接的关系，戏曲为大众艺术，而诗歌乃是小众艺术，即便雅俗共赏的诗歌，也难如戏曲一样在旗亭画壁、市井坊间广为传播。

对这一被忽视被遮蔽的现象，钱塘名士王晫早就指出："洪子昉思，少工五七言诗，而以余波绮丽溢为填词，为杂剧院本，一时乐人争唱之，其客长安，日取《长恨歌传》，编为《长生殿》传奇。……自此剧风行，天下莫不知昉思为词客，而若忘其为诗人也者。"又如袁枚《随园诗话》所云："钱塘昉思昇，相国黄文僖公机之孙女婿也，人但知其《长生》曲本，与《牡丹亭》并传，而不知其诗才在汤若士（汤显祖）之上。"袁枚是一个相当挑剔的人，连清初一代宗师王士禛诗也难入他的法眼，但他极为推崇洪昇的诗才，并以"逼真少陵""俱足千古"称誉其诗，换言之，就是洪昇之诗具有经世不灭的价值。王晫、袁枚斯言，笔者亦深以为然。王晫甚至认为洪昇是以其诗歌创作之"余波绮丽溢为填词，为杂剧院本"，颇有无心插柳柳成荫之意，这其实也揭示了洪昇的诗作为其词曲、杂剧院本创作打下了深厚的基础。如果没有作为诗人的洪昇，不一定有作为词曲家、剧作家的洪昇。

然则猛地一想，如果洪昇没有一曲《长生殿》传奇，他又能以其诗词而成为载入中国文学史的一流大家吗？这首先要看清诗的文学史定位。文学史家一般认为，清诗流派迭出，风格多样，上承唐宋，下启近代，自有其不可忽视的艺术价值。但清诗只是对古典诗歌的继承与发展，又加之清代文字狱之酷烈远胜于前朝，仅次于秦朝，而禁锢之下的诗歌，其思想性和艺术性势必难以尽情发挥，从而限制乃至扼杀了清诗取得更高的成就，而最能体现明清文学高度的则是小说与戏曲。这就意味着，即便洪昇在诗歌创作上能抵达有清一代的巅峰，那也只是清代的巅峰之作，放之于整个中国文学史，也不可能成为一流大家。更何况，洪昇在清代最多也只是一位杰出的诗人，若以登峰造极而论之，则未免言过其实也。

洪昇的诗歌创作与他的人生历程是一致的，诗是他在不同的生命阶段抚慰自己的最佳方式，他的人生，他的灵魂，皆在诗中得以再现或还原。从时序看，洪昇的诗作清晰地分为三个阶段：第一阶段是其入国子监之前的青少年时期；第二阶段是入国子监直至其以"国恤张乐大不敬"而遭遇斥革、回归钱塘这段时间的诗作，长达二十七年，其间绝大多数时间漂在北京，这是洪昇最重要的一段人生，又正值其春秋鼎盛之年，这也是他诗词、戏曲创作的鼎盛岁月；第三阶段则是他回归钱塘所度过的最后一段人生岁月。洪昇生前编成的诗集，早期有《啸月楼集》，晚期有《稗畦集》，还有一部于康熙五十四年（1715）编成的《稗畦续集》，这是在洪昇辞世十二年后由其门人汪熷编成并为之作序的一部诗集，汪熷称"尊前讽咏，信一字之难移"。该书现今仅有南京图书馆藏康熙五十四年汪熷序刻本。在乾隆年间，《稗畦续集》被列为禁书，可见这部诗集中有些内容触犯了清廷的禁忌或其政教标准，而洪昇生前未将这些犯禁之作收入集中，也是明智的选择。除此之外，洪昇还有一些散佚之诗词，在其生前死后皆未能收入集中，据今世学者统计，洪昇存世诗歌共有七百五十三首，而其创作总量估计超过千首，堪称是那个时代的一位高产诗人。

从题材看，从十五岁鸣笔为诗开始，抒写兴亡之感便是他诗歌创作的重要主题。这种兴亡之感也是有变化的，洪昇早期由于深受师执影响，其兴亡之感有着江山易代后的浓烈遗民情怀，如笔者在前文提及的《钱塘秋感六首》《魏州杂诗八首》等，还有《广陵怀古》《舞阳侯祠》《将次金陵作》《濡头水》《舟行到江宁作》《张睢阳墓》《黄天荡》等诗篇，诗人通过对樊哙、周亚夫、周瑜、谢安、张巡、韩世忠等千古英雄之歌咏或悲叹，寄托了他对这些英雄人物的崇敬，呼唤这些救世英雄魂兮归来。随着年龄渐长、入世渐深，又加之"怫郁坎壈缠其身"，洪昇的兴亡之感在人生变异中，逐渐从民族哀思嬗变为超越了时空的宿命感，如《王孙行》中的"须臾故国生荒草，琐第朱门宾客少"等，又从沧桑感和宿命感中生发出幻灭感，如《夏日偶感》中的"故侯不在青门外，何地还栽五色瓜"等，而这种幻灭感又必然让他越来越倾向于逸民情结，如其在《多景楼》一诗中的喟叹："兴亡今古恨，酹酒问渔樵。"诚然，如前文所述，洪昇生活在历史的夹缝中，乃是一个在非常岁月的非常之人，其思想情怀与个性都非常复杂并且多变。他的遗民情怀、逸民情结和求取功名的"拜郎"之念，错综复杂而集于一身，这是难以按时序清晰地加以分析的，只能是大致而论也。

从抒写兴亡之感到抒发个人自伤不遇，从家国命运到个人命运，因果相倚，势所必然。洪昇的这一类诗篇所占比例很大，我在此前已多有援引，此后还将述及，这是他在失意中的唯一慰藉和精神救赎，也缓解了他与生存之间的对峙。这也是笔者追踪洪昇人生履迹与心路历程的一条主要线索，从中可以窥见，家国的不幸，命运的无常，生活的艰辛，加之不幸的命运与不屈的人格使其所发生的人格分裂，让他陷入了某种自负、自伤、自责的怪圈。这些诗作，又大多寄寓于写景纪游、登山临水之作中。今世学者将其纪游写景之作单独辟为一类，但笔者觉得这样的划分比较机械，对于诗文，情景交融，理趣合一，宛若血肉，原本就难以分割，因而对写景纪游、登山临水之作不作单独的分类。

洪昇诗往往也能超越个人命运，对民生疾苦也有深刻而痛切的揭示，这也是洪昇诗歌创作的又一重要主题。多年来，他一直以一个漂泊者和行吟诗人的双重身份，在漂泊的无奈、自伤与自省中，东奔西走、南来北往，这使得他的叙述一直在现场，一直处于"现在进行时"，堪称是真正的零距离书写。又加之沿途所目击之悲惨现实，这让他展示了异常敏锐而又深邃的洞察力和表达力。如其《京东杂感》："昨岁京都郡，灾伤剧可嗟！草枯连赤地，城坏折黄沙。巢燕无全村，流民只数家。十年生聚后，可得盛桑麻。"读着这些诗，令人感觉一种阅世已深的成熟气度迎面袭来，已非他钱塘青少年时代的那些兴亡之叹。而愈到晚年，其洞察愈是深邃，如他晚年所作《田家雨望》："惆怅立荒蹊，山寒云渐低。草风疏飒飒，竹雨冷凄凄。鸡鹜争余粒，鸬鹚睨浅溪。催科当岁歉，忍更迫穷黎。"读着这首诗，脑海中便下意识地闪现出杜甫瘦骨嶙峋的身影，亦仿佛听见了杜甫的哀叹，如此荒年，催科如催命啊！这是洪昇对那个时代的最揪心的记录，也是他生命中最疼痛的呼喊。只有像杜甫一样最有良知的诗人，才会展现出这般用灵魂呼喊的现实。用现在的话说，杜甫与洪昇，皆是一个站在时代的伤口为民生疾苦喊疼的人。

洪昇虽说偶尔也有"歌咏功德"之作，那是因为不纯粹的动机所驱使，但从他的骨子里看，他主要还是一个听从内心召唤的诗人，能直面惨淡的人生。在他的目击履践中，那沾满了尘土的鞋底，也沾满了民间疾苦，他诗中对底层人民怀有深深的悲悯，与此同时，他也揭穿了一个"海宇清宴"的帝国之灾难深重的现实，裹着浓厚的生存真相。他不只是在诗歌艺术上"逼真少陵"，更如屈原、杜甫一样，哀民生，忧黎元。尤其难能可贵是，他的这一类诗篇不只是对天灾人祸、生灵涂炭的直面呈现，也不仅只有悲悯，更多是从探询诸多现实问题的根源出发，其间不乏追问，如《寇恂故里》："长吁问民牧，中泽几哀鸿？"我甚至觉得，在洪昇的诸多诗篇中，这一类作品虽所占比重不大，但却是最有重量的一部分。我一直将他定位为一个才子式的诗人，然而，我在他的诗中发现了一个更真实的洪昇，我的心灵被这样一个洪昇强烈震撼了，产生了最深的共鸣。就凭这一类诗篇，他也可"俱足千古"矣。

洪昇还有大量抒写乡情、亲情、爱情和友情的诗篇，这也是洪昇诗作的一大主题。他从二十四岁辞乡赴燕到四十七岁返乡卜居，在外漂泊二十余年，离愁别恨与乡愁哀怨郁积交织于这一时期的诗中。他的亲情之作如《燕京客舍生日怀母》《送父》《忆殷仲弟》《寄妹》等，抒写养育之恩、手足之情。为特表孝子之意，洪昇还曾作整卷的《幽忧草》，据王著《挽洪昉思》序云："予与昉思交差晚，读其旧稿《幽忧草》，乃知昉思不得于后母，罹家难，客游京师，哀思宛转，发而为诗"，若按此说，洪昇遭"天伦之变"的原因又确为"不得于后母"。可惜，无论是诗集《幽忧草》，还是他委婉凄凉、以母爱为主题的杂剧《天涯泪》后来都失传了。他的《遥哭亡女四首》，则是他对子女之爱的锥心泣血之作。洪昇还作有不少的爱情诗，如其写给黄蕙的《寄内三首》就是这方面的代表作，他与黄蕙从两小无猜、日久生情、结为连理到婚后的聚少离多、相濡以沫和暌违相思，皆于诗中如泣如诉。除了妻子黄蕙，他也有诗寄情于其小妾邓氏、朱素月校书和其他女性。在探悉女性心理上，洪昇还真不愧为一个"怡红公子"，他似乎有着常人难以企及的细腻与敏感，在刻画女性形象和心理上也显得特别有才情，如其《东家女儿歌》，借助一些微妙的、下意识的细节，将笔触深入女性内心最柔软的部分，探幽发微，从而撕开其深藏于心灵深处的那种难以言说的悸动与痛楚。这对他的戏曲词曲是特别有益的，反之，他的戏曲创作艺术对他的诗歌创作也是特别有益的。

洪昇对友情的抒写则多见于交游酬唱赠答之作和悼亡哀逝之诗。他一生交游极广，又加之长时间过着依人寄食、四处游食的生活，可谓朋友遍天下。但其朋友圈又以杭州和京师两地为主。在钱塘度过的青少年时期，他与"西泠十子"交游密切，并以此为轴心形成了一个广泛的交游圈，包括他的师执和同学少年。其写给师长的，如《奉呈毛稚黄夫子》："展矣觏我师，景行永无教。至德秉真淳，深心探隐赜。"又如《夏日答临平沈去矜先生暮冬见怀》："却忆北窗高卧者，松阴斜日弄琵琶。"还有如《九日简柴虎臣先生》："遥羡柴桑遗世者，黄花篱畔醉斜醺。"他这一时期的交游酬唱之作不以思想深邃取胜，却特别见真情。在他漂泊京师、"落拓名场几十年"中，又周旋于以李天馥、王士禛等人为代表的宣南文化圈，交结了为数众多的朋友，他的交游酬唱赠答之诗作，几占其诗作总数的一半以上。从大体上看，他是一个用心交朋友的人，也是一个用心写诗的诗人，他的酬唱赠之作大多是有感而发，情真意切，如为李天馥所作的《旅次述怀呈学士李容斋先生》《奉寄少宰李公》，便是这方面的代表作。诚然，洪昇也有为了攀高结贵而写的一些应酬、应景之作，由于动机不纯，也导致其诗作不那么纯粹，如《简高澹人少詹》《上徐健庵先生》《赠朗亭侍御》《上真定梁相公》等，大抵可列入应景阿谀之作等。若设身处地为洪昇着想，这些东西虽有伤大雅，倒也情有可原。

从洪昇的诗学思想、艺术特色和价值看，洪昇既承渊西泠，必宗法盛唐，这既是他的诗学思想或诗歌理论主张，也表现为其诗歌创作的第一大特色。在其成长过程中，又逐渐把李白、杜甫、王维、高适、岑参、孟浩然、李商隐等作为参照，如他转益多师一样，他在唐诗诸大家中也是博取众长，自成风格。洪昇有很深的李白情结，其诗篇中有李白式的飘逸豪放之作，但更多是抒发怀才不遇之感。如《初阳台望日出歌和俍亭大师》描写日出景象："来如碧落吐飞麈，动如火珠明鲛宫。灿如青天簇霞彩，飘如赤云荡晴空。飞身矫首倚天半，天寒日出秋水澜。群龙来往雾不散，鳞甲倒射光凌乱。烟水苍茫接天平，渔舟摇入云中行。"诗人从色彩、形态、气势等诸方面描摹日出奇观，境界开阔而绚丽，丝毫不逊李白《梦游天姥吟留别》之雄奇瑰丽。又如《李白酒楼》："一片寒云接素秋，几行疏树覆城头。海风吹上东山月，独倚天边太白楼。"这些诗篇颇有李白豪迈之风，既表现了对李白的推崇敬爱，又表明了自己希望做李白式人物的内心渴望。还有《宝剑歌》《野兴二首》《孤山》《杨花篇》《与沈遹声山游》，等等，均为诗人逸兴勃发之作，飞扬的诗意颇具盛唐之风。如康熙年间官至大理寺少卿的诗人朱廷铉，在《赠洪昉思》里盛赞洪昇之诗，尤其对洪昇的五言诗特别推崇："风流直压李青莲，各擅词场二十年。肝胆向人终见嫉，文章玩世欲成癫。一言每破时流病，五字能争造化权。何事新诗传海内，不教簪笔凤池边。"康熙年间官至刑部尚书的诗人胡会恩（字孟纶，号苕山），对洪昇的五言诗也特别推崇，赞其"五字清真谁敌手"，如此盛赞，几至于天下无人与之匹敌也。但又不能不说，他绝非李白那种天才的诗人，而他有李白那种超乎寻常的疏狂之态，但他的想象力和语言能力并不让人觉得超绝群伦。即便如其恩师陆繁弨所谓之"洪昉思之激浪崩雷"，在其诗中，这样的气势也并不多见。

这么说吧，洪昇虽有太白之风，但更多的还是少陵之骨，如李天馥《送洪昉思归里》诗云："杜门风雅恣扬扢，昔之市隐非君谁？"又如袁枚《随园诗话》论洪昇诗："《送高江村宫詹入都》五排一百韵，沉郁顿挫，逼真少陵。"他们乃是洪昇真正的知音，才能作出如此入骨入髓的评价。洪昇不是为写诗而写诗，除了那些歌咏功德和应景应酬之作，你能感觉到那诗中的每一个字都经过了他的心，他很少隐喻，往往在诗中直接描述和倾诉出他的真实意图。他那些充满了诗性智慧的句子，质朴的哲理，皆是从事物里直接生发出来的，这让他的诗成了真实状态和真实心态的一种直接呈现，当你触碰到他的这些文字，你能重新感受到一个士人三百多年前的心跳，那些场景又被重新激活。这也决定了，其诗不以气势取胜，但很有张力，那是一种内在的力量在起作用。在这方面，他确实是"逼真少陵"，既有杜诗"沉郁顿挫"的风格，更如杜甫一样以正统的儒家诗教为核心，即诗言志，文以载道，在其诗中表现为"上悯国难，下痛民瘼"。从自身命运看，杜甫穷到小儿子饿死的悲惨境地，而洪昇的长女也因饥寒交迫而夭折，这让他如杜甫一样有着深刻的生命体验，越是陷入绝境中，他的诗越是焕发出被绝望逼出来的生命光亮。杜甫亲历了并以诗歌的方式记录了唐代由盛转衰的历史巨变，表达了崇高的儒家仁爱精神和强烈的忧患意识，他的诗因而被誉为诗史。洪昇则经历了由明入清的历史巨变，他也以诗歌的方式记录了这一历史巨变中的诸多细节，其诸多诗篇也是可以当作诗史来读的。但洪昇又与杜甫有很大的不同，他一生颇为矛盾的思想情怀及其自相冲突的性格、自我分裂的人格，导致了他在诗学思想和创作实践中的悖论，如洪昇对魏晋风度的崇尚及其狂狷之态，在杜甫身上及其作品中是鲜见的。

入京之后，洪昇又与李天馥、王士禛等士大夫交游，自然会受到他们的影响，尤其深受施闰章之影响。无论是毛先舒所秉持的儒家"温柔敦厚"的诗教观，还是施闰章所追求的"风致温厚"，均为洪昇所继承，并作为他论诗评诗的重要标准，如他评王锡诗，"如此立言，深得温厚和平之旨""气韵温厚，不得以中晚目之"，皆从施闰章得来。而王士禛的"神韵说"，对洪昇的影响也不可忽视。赵执信谓洪昇"虽及阮翁之门，而意见多不合"，其实只说了一半，洪昇与王士禛也有相通之处，如洪昇"疏淡清新"诗风的形成，即得益于王士禛的"神韵说"，这也是后世学者公认的。但洪昇又确实与王士禛的"神韵说"有异趣之处，他只选取王士禛在意境上的"洒脱自然，别有情致"和风格上的"清远冲淡，自然入妙"，而舍弃"神韵说"所追求的玄虚缥缈之意以及"瑰丽华美"的语言。这让他的诗比王士禛、赵执信等人更接地气。所谓地气，既是底气，也是自然、天然之气。今世王季思先生在为刘辉笺校《洪昇集》作序时，对其诗作出了"语浅情真""感慨遥深"的评价，这也确实是洪昇在诗歌创作上的追求，甚至是天然妙悟。

洪昇还有一点特别值得推崇，他继承了"西泠十子"宗法唐诗的传统，又如杜诗一样"随意立题，尽脱去前人窠臼"，尤其是摒弃了明代前后七子模拟复古之弊，不以蹈袭为功，从而彰显出了属于自己的独特艺术魅力，其"诗品骨格高奇，率真疏淡，自成一家"，这也是世所公认的。对此，朱溶在《〈稗畦集〉序》中论述得精准到位："余行天下三十年，所见诗不为不多。要其实，与昉思匹敌者盖少。昉思近体宗少陵，然求少陵一言半辞于其集中，不得也。其古诗则高、岑，然求高、岑一言半辞不得也。尽精肆力，心得其意，而变化无方。其发者泉流，突者峰峦，而幽者春兰也。其玑珬则灿烂也，其音节和平，金石宣而八音奏也。若钩绳规矩，则斥候远而刁斗严也。"朱溶是洪昇的挚友，又是为洪昇诗集作序，未免有溢美之辞，但他还真是说到点子上了，洪昇的近体诗以杜甫为宗，其诗如杜诗一样"写来若不经意，浑融流转，无迹可寻"，但取少陵之神韵却不着半点痕迹，这也是洪昇诗对"西泠十子"的超越。洪昇的古体诗有着近似于高适、岑参诗的气度与品格，笔力苍劲，诗境开阔，却是神似而非形似。朱溶又说洪昇诗"掐擢心肾，雕琢曼言"，此非指洪昇诗雕琢，而是指其诗歌苦吟炼句的功夫，这其实也是毛先舒所谓"诗贵自然，而又不害乎锤锻"也。毛奇龄则把洪昇诗喻为虽有驳蚀却神韵蕴积的"旧玉"，称道其诗"酷似唐人，其气韵神味，格意思旨，雅似极平"，并针对一些不识此玉者予以诘问："近好新者，率以庸淡目之，犹观旧玉者，不以其神韵，而以其驳蚀，可乎？"

总之，遍查诸史，除赵执信对洪昇诗不以为然，乃至极尽贬低之外，无论当世或后世，对洪昇诗皆赞不绝口。洪昇诗也绝不像赵执信所谓之"引绳切墨""才力本弱，篇幅窘狭"，其诗"以清新整饬见称于时，诸体兼备，七古才情绮丽，五古朴直沉郁，而近体律绝多清新飘逸，诸体中尤擅五律"，这也是一致公认的。如刘大杰先生在《中国文学发展史》中认为："他的诗虽不能评价很高，但无时尚雕琢矫饰之弊，部分感怀作品，真实自然，《京东杂感》十章，尤有特色。……造语遣辞，纯用白描，抒写废兴怀旧之感，真切动人，于平淡处见工力，既不窘弱，也很有生气。"这么说吧，洪昇堪称是清代的一位杰出诗人，而他能成为中国文学史、戏曲史上一位伟大的剧作家，还是因其创作了一部被誉为"近代曲家第一"的《长生殿》传奇。这不是对他诗歌创作成就的忽视，而是正视。

第六章

国殇与家难

一

洪昇虽说已"诗鸣长安",但诗歌依然难以改变他的命运。

这里还得从洪昇第三次入燕后说起。康熙十四年（1675）秋后，洪昇抵京不久便由李天馥府邸移居沈宜民家，章培恒先生则说洪昇"自入京后，常饮食于沈宜民许，宜民颇敬爱之"。据孙治撰《孙宇台集》卷十五《沈君宜民传》："沈宜民，字亮臣，仁和人。祖好问，父允扬，皆以医为业。累试不第，遂发愤治医业。性孝甚，医益精，病人趋赴者如市。殁于京。"《孙宇台集》今存清康熙二十三年孙孝祯刻本，集中收有不少清初戏曲名家传略，如李渔、袁于令等。沈宜民与李渔亦有深交。康熙十一年（1672），李渔在旅京期间作《沈亮臣像赞》曰："居杭十年，仅得一友。沈子亮臣，淡而能久。"李渔另有《与沈亮臣书》，"叹逋累之苦，同病相怜，盖叙顺治末两人居杭时事也"。通过这些旁证文献大致可知，沈宜民，又名晋垣、亮辰，早岁习儒，为诸生，先居杭城，康熙间居京师，以行医售药为生。有孝行，崇祀乡贤，其生平事迹入府志义行传。

这样一个义士，未知生于何年，从他与李渔、洪昇的交游看，确有扶危济困的侠士之风。说来，洪昇与李渔的命运如出一辙。李渔（1611—1680）比洪昇年长三十四岁，幼承母教，肩负光耀门户之重任，以读书出仕为人生目标，在科场失利、明清易代后，他对仕途心如死灰，从此埋首于诗文戏曲。李渔是中国文化史上不可多得的一位艺术天才，更是明末清初的文学与戏曲大家，他穷其一生著述等身，但遗憾的是缺少一部《长生殿》这样的扛鼎之作。李渔于康熙十九年（1680）辞世，从现有的文献史料看，李渔和洪昇这两位戏曲大师平生似乎未有过直接交集，也难觅彼此交游酬唱的诗文，这也是文学史和戏曲史上的一大遗憾了。而沈宜民作为这两位戏曲大师共同的挚友，也算是他们之间的一个间接媒介了。

就在洪昇第三次入燕后不久，康熙十四年（1675）秋末，洪父又遭不白之冤，在洪昌的陪伴下赴京辩冤。那么，洪父究竟何罪之有？对此，洪昇应该很清楚，但他如遭逢"天伦之变"一样，对个中原因一直讳莫如深，在其诗文中一直以"家难"指代。而清人所谓的"家难"多为曲笔，往往和政治问题有关。于此，又只能根据时代背景加以推测。透过国运，往往可以猜测个人命运。洪起鲛早已出仕清朝，按例授官，但所任何职已不可考。从洪昇寄给三弟中令的诗中可以看出，中令经常随父亲往来于闽浙，当清廷的平叛大军由浙入闽，中令一度陷落在兵荒马乱的福建，这就表明，洪父很有可能在福建为官。福建既是耿精忠的镇守之地，也是他的一手遮天的独立王国，洪父在其手下为官，无论官职大小，按说都是靖南王的臣僚。在"三藩之乱"中，耿精忠在福建兴师反清，自称总统兵马大将军，蓄发恢复明朝衣冠，并派兵攻掠江西、浙江，一时间其势汹汹，就当时的形势而言，又到了"试看今日之域中，竟是谁家之天下"的历史关头，这也让很多福建官员又陷入了犹疑观望之中。而清廷对在"三藩"封地及占领区任职的官员特别严苛，如果没有"殉国"，没有"抵抗"，就证明你没有绝对效忠于清廷，皆被清廷视为"罪臣"。那么洪起鲛的态度如何呢？从他在明清易代之际的态度看，他很有可能属于犹疑观望者，甚至有可能在心中重新点燃他的遗民情怀。洪起鲛极有可能就是因这种犹疑观望的态度而"罹事得罪"，章培恒也认为洪父是因受"三藩之乱"牵累，但也拿不出确凿证据，只是对历史的猜测，但这也是最逼近历史真相的猜测。

另有一说，洪起鲛系被官府械捕京师，关押在一个萧寺中。萧寺，破庙也。若他真是为申诉辩冤而赴京，就表明他还是自由身，此时他"械捕京师"的可能性不大，应该是因穷窘而栖身于萧寺。洪昇得知父亲来京，急忙赶往萧寺相聚，此时洪起鲛已年届半百，遭此大祸，心情沮丧，又加之三千里日夜兼程，长途跋涉，那模样又黑又瘦，灰头灰脸，那兼兼白须和麻花辫子已如遭霜打过的枯萎发白的衰草。洪昇一眼看见父亲，悲欣交集，泪流满面。悲哀的是在"天伦之变"后又遭此大祸，欣慰的是父子兄弟终得在他乡久别重逢。对这萧寺重逢的一幕，洪昇当时或是意绪难平，没有在第一时间用诗记录下来，直到次年秋天送别父亲时，他才于《送父》之三中以追记的方式再现了那难以名状的一幕：

> 回思去年秋，我父入燕都。
> 走谒萧寺中，膝下慰勤劬。
> 间关触热来，水陆何崎岖。
> 面目黧且瘦，兼兼增白须。
> 泣罢跪进酒，寒月照坐隅。
> 天涯骨肉聚，愁中暂欢娱。
> 倏忽经一载，归帆欲南徂。
> 严霜既坠地，百卉皆凋枯。
> 风景不殊昔，离散伤羁孤。

从诗中不但可以看出洪父悲惨的形象，更能看出洪昇对孝道的执着坚守。尽管父亲将他这个没出息的儿子逐出了家门，但他在悲泣后，又跪在父亲膝下，为父亲敬酒，一轮寒月映照着天涯骨肉相聚的一个角落，而在无尽的悲愁中父子兄弟也得到了短暂的欢娱。是的，这是追忆，在这近一年的时间里，洪昇几乎没有时间来追忆，为了替父亲开脱罪责，洪昇一直在京师上下奔走，向他在京师结交的朝臣权贵们苦苦求告。

历经数月奔走，又一年除夕来临，洪父之罪依然难以解脱。但不管怎样，洪昇与父亲和仲弟洪昌在萧寺中共度了乙卯除夕。而蹊跷的是，每逢除夕必赋诗的洪昇，却在乙卯除夕留下了空白。我反复搜检，也未能搜寻到洪昇为乙卯除夕所作之诗。而在康熙十五年（1676）除夕，洪昇又作有《丙辰除夕》，在诗中追忆乙卯除夕：

> 昨岁逢除夕，他乡忘苦辛。
> 斑衣同弱弟，柏酒奉严亲。
> 一送南天棹，孤羁北地尘。
> 今宵家万里，灯下信伤神。

除夕过后，洪昇又为父亲脱罪而四处奔走了。而在这近一年的时间里，他结交的不少师友都在走上坡路，李天馥于康熙十四年（1675）擢侍讲学士，翌年正月又转侍读学士，其职掌制诰、史册、文翰之事，以考议制度，详正文字，备皇帝顾问。如若洪父"罹事得罪"真的有冤可申，他是可以代为申诉的。这只是笔者揆情度理的猜测，一则是李天馥刚正不阿，他后来奉旨对已结重案详加审理，凡有可疑之处的，均予以从轻论罪；二则是洪昇的求告起了作用，到翌年秋天，洪父的祸事暂告平息，洪昌侍父返杭。洪昇在哭别父亲之后，将郁积于心中的悲哀沉痛抒写为《送父》六首，除了前文所引之三，他在其四中还倾诉了对母亲的思念，还有洪家当时的生存状态：

> 羁孤且勿伤，兴言悲陟岵。
> 江山郁以盘，吾母在故里。
> 昨宵曾梦见，白发垂两耳。

况闻多难余，形容定销毁。

还愁疾病攻，谁为检药饵。

风雨忽飘摇，旧巢已半圮。

屋角寒鸟声，哀哀中夜起。

迢递忆庭帏，寸心痛不已。

陟岵兴悲，典出《诗经·魏风·陟岵》："陟彼岵兮，瞻望母兮。"郑玄笺注："此又思母之戒，而登岵山而望也。"后世因以"陟岵"为思念母亲之典，如唐人元稹《追封李逢吉母王氏等制》云："孝子之于事亲也，贫则有啜菽之欢，仕则有捧檄之庆，离则有陟岵之叹，殁则有累茵之悲。"而又由此演绎为中国传统丧事礼仪用词，如父丧，则灵堂内横匾书"陟岵兴悲"，如母丧则书"陟屺兴悲"。不过，洪昇在此诗中已明确交代"吾母在故里"，从接下来的描述看，此母当为洪昇生母。他为迭遭家难变故的母亲担忧，为母亲的疾病而犯愁，只恨自己不能为母亲侍奉汤药。而此时，在明清易代三十余年后，那个"门皆赐第，家有珥貂，三洪学士之世胄"的钱塘望族，已落入"风雨忽飘摇，旧巢已半圮"的悲惨境地，如此惨状，不要说洪昇，就是我等远隔数百年的旁观者，也倍感怵目惊心。一个家缘何破落到这般地步？一个直接原因，就是没有撑得起这个大家庭的栋梁人物。洪昇为此而悲泣，为此在《送父》其五中深深自责："儿罪实贯盈。"就算他在"天伦之变"中是无罪见逐，这个家的败落也实在与他这个没出息的长子撑不起这个家直接有关啊！

康熙十五年（1676）十月，在洪父南返途中，耿精忠在清兵大军压境和清廷的招降纳叛之下，袒身露体，率文武官员出城迎降，献出"总统将军印"，并乞请清廷保留其靖南王爵，从征剿灭郑成功长子郑经率的义军，将功赎罪。清廷恩准后，耿精忠率兵挫败郑军，接着又进军潮州，打败尚之信的叛军，康熙帝诏精忠驻守潮州。然而，老谋深算的耿精忠终究算不过"千古一帝"康熙，康熙十九年（1680），康熙诏耿精忠入觐，以负恩谋反罪革去王爵，交司法审理。两年后，康熙帝下诏将耿精忠等凌迟处死，以绝后患。

在大清帝国的国运之下，个人的命运微不足道。不过，洪昇还是以布衣寒士之身，在康熙十五年（1676）创作了《回龙记》传奇。该剧取材福建建宁通判何源濬的事迹。在耿精忠叛乱之际，何源濬虽说只是一个六品别驾，但对历史大势看得分明，旗帜鲜明地站在了清廷一边。当时，其家属尽陷闽中，他不顾家人的安危，弃家许国，只身赴浙请兵，随军征讨，大败叛军。且不说他立下了多大的战功，至少，他对大清帝国这种绝对忠诚的态度是被清廷特别看重的。在清廷奖励平叛功臣时，何源濬名列其中，并被擢拔为绍兴知府。洪昇《回龙记》的主角为山阳人韩原濬，山阳即绍兴，何源濬即山阳人。据章培恒先生考证，《回龙记》基本上属于写实之作。洪昇一生极少创作这种应时写实之作，《回龙记》可能是唯一的一部。很明显，这是洪昇为一位大清帝国的忠臣谱写的英雄赞歌，也有后世猜测，他也想借此为"罹事得罪"的父亲开脱罪责。又无论是于公于私，洪昇对"三藩之乱"确实痛恨不已，对清廷平定"三藩之乱"都是竭诚拥戴的，这从洪昇的诗作中也能找到佐证，如其《一夜》：

> 海内半青犊，梦中双白头。
> 江城起哀角，风雨宿危楼。
> 新鬼哭愈痛，老乌啼不休。
> 国殇与家难，一夜百端忧。

在国殇与家难的交迫之下，洪昇依然过着依人寄食的日子，人生蹉跎而岁月无情，转眼又是一年。

康熙十六年（1677）春天，洪昇在京师结交的好友郑兰谷赴武康县教谕任，和郑兰谷一同南归的还有洪昇的另两位好友。临行前，洪昇以诗赠别："蓟门三友去，转觉故交稀。落魄皆如此，穷途独未归。"蓟门，即京门，诗中的"蓟门三友"，除郑兰谷之外，不知具体所指。当他目送友人渐行渐远的背影，心中总是惆怅不已，一别之后，不知何日才能相见。尤其是那些南归还乡的友人，更让他平添了绵绵无尽的乡愁和对亲人牵肠挂肚的思念。

相见时难别亦难，而人间至痛莫过于生离死别。就在洪昇送别"蓟门三友"后不久，洪昇遭遇了他流寓京师以来最悲痛的一次死别，沈宜民病逝了。洪昇扶柩送至潞河畔，一路悲泣，"哭之甚恸"。潞河又称白河、北运河，北通京师，南通天津，与南北大运河相接，可达杭州。"故乡三千里，漠漠寒云屯。此别永诀绝，酹尔酒一樽"，洪昇在寒云笼罩的潞河畔拜祭泣别亡友的灵柩，在《送沈亮臣归榇》一诗中，追忆了两人深挚的友情："先生儒者流，晦迹卧丘园。偶然来燕市，十载历凉温。忘贫敬爱客，古道尤所敦。嗟嗟长安内，往来多高轩。俳优厌粱肉，士不饱饔飧。后房曳罗纨，短褐无人存。怪哉穷檐下，乃开孟尝门。虽无鼎烹养，半菽亦殊恩。"透过这诗中的描述可以看出，沈宜民家也不是阔绰之家，洪昇诗中称他身后"白头一寡妻，黄口一孤孙"，可见其家世凄凉。但穷檐之下的沈宜民却有孟尝君好客济士之风。而一句"俳优厌粱肉，士不饱饔飧"，则揭示了洪昇等布衣寒士的生存境况比卑微的俳优还要低贱。这不是洪昇妄自菲薄，当是他艰辛惨淡的生活现实，也是他对现实的"深致不满"。而洪昇痛失了沈宜民这个古道热肠的朋友，生活更加困顿不堪。

洪昇送沈亮臣归榇时当在暮春，穷愁加之哀痛过甚，随着毒热的酷暑来临，终于把这个卑微而又顽强的寒士给击倒了，入夏后洪昇便得了一场重病。世间已无容身之处，他只能蛰居长椿寺避暑养病。那时许多流寓他乡、贫病交加又无依无靠者，往往在佛寺内挣扎度过最后一段岁月，然后被佛寺收殓，灵柩也多寄放于佛寺之内，等着家人来认领，最悲惨的将沦为无人认领的孤魂野鬼，唯有大慈大悲的菩萨来超度了。洪昇离这最悲惨的命运其实不远了。他在《夏日简张齐仲、顾九恒、汪寓昭、汤西崖诸子》诗中描述了当时的境况："谁言北地寒，毒热逾炎方。縶余抱沉疴，偃仰卧匡床……"

当洪昇缠绵病榻之际，接到了黄蕙辗转寄来的家书。每次接到妻子的来信，洪昇除了伤感和思念，还有更深的自责，身为人夫，身为人父，他实在对不起自己的妻子和孩子啊！他在京师尚可过上依人寄食的日子，而他的妻儿又在何处寄人篱下啊！他的心里在滴血，而说出来都是泪，如其在《内人书至》中哀诉："兰闺分手四年余，千里殷勤慰索居。若比九重泉路别，只多含泪一缄书。"而妻子在信中告诉了他一个最不幸的消息，他的大女儿夭折了。这个女儿没有留下名字，为洪昇夫妇之头生女，死时年约七八岁。洪昇悲痛欲绝，在病榻上一气写下了《遥哭亡女四首》：

> 吾女真亡殁，终无见汝期。
> 一身方抱疾，千里复含悲。
> 月黑愁鸱叫，风阴鬼火吹。
> 大江南北断，魂魄梦中疑。

> 三载饥寒苦，孩提累汝尝。
> 甑尘疑禁火，衣敝怯经霜。
> 发覆长眉侧，花簪小髻旁。
> 有时还索果，庭下笑牵裳。

> 生小偏聪慧，消愁最喜侬。
> 爱拈爷笔墨，闲学母裁缝。
> 乡梦徒然到，泉台不可逢。
> 尚思生汝夕，大雪正严冬。

> 薄棺依浅土，闻在北山隈。
> 白昼吹狐火，清明断纸灰。
> 死生成永别，漂泊未来归。
> 何日埋先垄，还浇酒一杯。

洪昇诗云"三载饥寒苦"应非实指，从康熙十年（1671）遭遇"天伦之变"到"吾女真亡殁"时已有六个年头，洪昇的家小已至啼饥号寒的极点，他以一句"甑尘疑禁火，衣敝怯经霜"描述了家中贫至断炊、衣不蔽体的绝境，洪昇对这个从小就跟着自己受穷的女儿充满了愧疚和忏悔，他追忆着亡女"发覆长眉侧，花簪小髻旁"的可爱模样，感慨其却要以自己娇弱稚嫩的生命去品尝这饥寒交迫的生活。这个女儿从小就聪敏伶俐，是洪昇苦中消愁的开心果，洪昇写字时她"爱拈爷笔墨"，黄蕙缝缝补补时她也从小学样，"闲学母裁缝"。一个这样聪敏可爱的小生命，就这样被一口薄棺、一抔浅土给掩埋了，洪昇明知这是悲惨的事实，却怎么也不肯相信"吾女真亡殁"这个事实，"数岁后犹悲悼不置"。如果不细究洪昇遭受国殇与家难的一段艰难时事，谁又能相信，一个"门皆赐第，家有珥貂，三洪学士之世胄"的公子少爷，在短短数年里便从天堂堕入了地狱？这一切变故，又怎不令洪昇痛彻肺腑？

二

康熙十六年（1677）之秋，洪昇大病初愈，他对这个不能给他提供一条出路与活路的皇皇帝都已经彻底绝望了，于是决计南归。然而，他又能回归何处？那个"风雨忽飘摇，旧巢已半圮"的大家，就是父亲让他回去，他也撑不起这个家，而他父亲还只是暂时得以解脱，那"罹事得罪"的案子依然还背在身上，一个"罪臣"又怎能养得起洪昇一家？

其实，洪昇决计南归与他北上京师一样，南来北往都茫然，他也确实活到了浑浑噩噩的境地，无论他怎么左冲右突就是拼不出一条出路来。然而潦倒至此，北京实在是待不下去了，在走投无路的绝境之下，归去来兮，几乎是所有失败者下意识的选择。既是决计南返，不知何日再来也。在南返之前，洪昇既满怀失落又强作欢颜向李天馥、王士禛等恩公与师执殷勤道别。李天馥已于当年八月擢内阁学士兼礼部侍郎，这位礼贤下士尤能举荐人才的高官，除了劝导洪昇"何须博世荣，区区为身谋"，对"一身方抱疾，千里复含悲"的洪昇似也爱莫能助。而王士禛虽说在文坛上呼风唤雨，在仕途上却不及步步高升的李天馥，从康熙四年（1665）升任户部郎中到康熙十六年（1677），王士禛十二年原地踏步，未有升迁，不说官况冷落，至少也不甚得意。他虽说在文坛风头甚健，却也难免有不务正业、爱出风头之嫌，而周围又多是非之语。洪昇却不顾冷暖是非，依然频来过访就教。可见，洪昇为了求取功名，虽不乏攀附投机之心，但也绝非势利之徒。师徒俩虽说在论诗上"意见多有不合"，但王士禛对于洪昇这个门徒一直是比较器重的，每言及必曰："洪昇，予门人，以诗有名京师。"他不只是看重洪昇之诗品，更看重洪昇的人品，在洪昇辞行时，作《送洪昉思由大梁之武康》诗送之。这是一首长诗，诗中对洪昇"流遇困穷，备极坎壈"的遭遇充满了悲悯，对人间冷暖和世态炎凉也有深刻揭示，其中也不乏劝他看开之意："三年京国何所见？日中攘攘肩相摩。呫訾嗫咿时所爱，肮脏讵免常人诃。亦知贫贱世看丑，耻以劲柏随蓬科。"而他对洪昇一如既往频来过访也心存感念："我衰于世百无用，僦屋深闭如廛螺。苍苔被阶寒雀啄，汝何爱此频来过。"诗的最后，既有对洪昇文才的嘉许，更有对洪昇的勉励："名高身隐恐难得，丈夫三十非蹉跎。朝廷正须雅颂手，待汝清庙赓猗那。"

王士禛的勉励与黄机的勉励高度一致，他寄望洪昇能成为一个朝廷正需要也必须有的"雅颂手"。对于洪昇，其实又何须如此勉励，自入国子监后，他对做一个"朝廷正须"从来没有犹疑不决，不是他不想成为"朝廷正须"，而是他"正须朝廷"，可他写了那么多颂圣诗和歌咏功德之作，包括《回龙记》传奇，可他怎么也成不了"朝廷正须"，这个朝廷根本就不需要他。洪昇的命运，其实也是文人士子的共同的命运，这不是他们情愿不情愿的问题，关键在于，文人永远也掌握不了自身的命运，文人的命运永远掌握在权势者手里。譬如清廷，譬如康熙帝，一方面"特以牢笼人才"，欲将"天下英雄入我彀中者也"，一方面又设置了重重门槛，让洪昇等一心想要成为"朝廷正须"的文人怎么也迈不过那一道道门槛。此时，还要说洪昇对入仕清朝有什么抵触情绪，或有什么遗民情怀，那是开历史玩笑，也是对洪昇太不了解，洪昇此时唯一的抵触情绪，以及他所有的哀怨，就是无论他怎么左冲右突，也跨不进成为"朝廷正须"的这道门槛。他梦寐以求有人能把自己推进这道门槛，而李天馥、王士禛等在政坛文坛皆有影响的人物，仅仅只是对他的诗"大赞赏之"或"嗟赏之"，然而对洪昇强烈渴望的"拜郎"，却从未见他们举荐过。

又从王士禛诗看，洪昇此行原拟取道大梁，他在钱塘结交的友人方象瑛此时已在京师，还给时任开封祥符县令毛际可专门写了引荐诗，毛际可避难钱塘时，也与洪昇游处过，有了交谊了。但洪昇上路后却改变了初衷，并未走大梁那条路，仍沿三年前进京的老路南返。他这一路上的盘缠估计也是友人资助。洪昇于初冬时出京，在途经伴城遇到了正运送军火南下的清兵，知军情火急，又不知有多少无辜苍生毁于战火烽烟之中，因作《伴城书所见》：

> 暮行伴城路，日落尘蒙蒙。
> 忽逢羽林军，人马多骁雄。
> 腰间插羽箭，臂上悬雕弓。
> 铁衣带残雪，朱旗翻朔风。
> 借问往何方，送炮至闽中。
> 回忆闽中地，三年剧兵戎。
> 笳鼓沸海水，烽燧明鲛宫。
> 钓台堆白骨，剑津流血红。
> 荆棘万家长，鸡犬千村空。
> 昨岁竖降旗，仙霞路才通。
> 渐闻甲兵休，中泽归哀鸿。
> 胡为复蠢动，输此充火攻？
> 哀哉濒海民，丧乱安所穷！

这是洪昇书写"三藩之乱"最直接、最触目的一首诗，它也进一步验证了洪昇对清廷平叛是真心拥护的，"铁衣带残雪，朱旗翻朔风"，洪昇过伴城时已是数九寒天了，而此诗中的钓台乃指福建闽侯之钓台山。

"昨岁竖降旗，仙霞路才通"，所指康熙十五年（1676）八月，清军进取攻破仙霞关，耿精忠竖起了降旗。洪昇对闽中战情如此了然，也足以表明他绝非"两耳不闻窗外事"的书生，而是家事国事事事关心。但他不知道清军为何又向福建运送大批弹药，以为耿精忠蠢蠢欲动，又再次反水，因而产生了"胡为复蠢动，输此充火攻"的疑问与追问。其实这批运往福建的军火很可能是用来对付郑经的。这首诗最难能可贵的是浓烈地表现出了一个布衣寒士忧国忧民的情怀。从本质意义看，这也是洪昇骨子里的情怀。

若洪昇此次南返途中没有辗转延宕，他抵达钱塘时当在寒冬腊月了。尽管洪昇一直竭尽孝道，父子关系已有所缓解，但父亲还是没有彻底原谅他，他心中忐忑，依然是有家难归。这是洪昇人生中的一个模糊地带，无论在《洪昇年谱》中，还是在洪昇的诗作以及别的文献中，对洪昇回到钱塘后的这段经历都难觅记载，也不知他和家小在何处度过了丁巳除夕。不过，在这个寒冬，对于他有一个好消息，他的好友郑在宜在武康渐渐站稳了脚跟，邀请他赴武康一聚。这对洪昇是求之不得，他想的还不是与故人一聚，而是"拟卜筑武康"，准备在武康结庐长住了。

接下来的一段岁月又变得清晰了，康熙十七年（1678）春天，洪昇拖家带口迁居武康，随迁的还有洪昌夫妇。对此，乾隆《武康县志》有载："洪昇……初居省城，以为尘俗，乃与其弟殷仲来武，筑室于儒学之南。一时名士，诗文唱和。考其生平，不轩冕而自荣，超然于世俗外矣。"洪昇这次举家卜筑武康，也可谓是"流寓武康"。武康距钱塘百余里，地处长江三角洲杭嘉湖平原西部，一九五八年，武康县并入德清县，为湖州市所辖，以武康镇为县治。历史上的武康，西为逶迤起伏、绿荫似海的天目山余脉，而余脉中最有名的一座山便是被誉为"江南第一山"的莫干山，中部为丘陵，东部为环太湖的平广泽。由于武康处于南京与杭州两大古都之间，此地也曾有过六朝繁华旖旎的景象。然而洪昇流寓此地时，武康历经陵谷之变，繁华不再，民生凋敝，一座孤零零的县城只有缘溪三里散落的百来户人家，说是县城却如村寨，每天中午才有集市交易，而在人迹罕至的峻岭密林中，听说还有猛虎横行，可见武康在当时已是典型的穷乡僻壤。洪昇在《武康有感》中对此有过真实的描写，从诗中可以看出康熙年间的另一种真相：

> 停午方为市，孤城只似村。
> 缘溪三里远，附郭百家存。
> 地僻风犹俭，山稠日不暄。
> 还闻多猛虎，官道月黄昏。

武康邑治有前溪，环带五十里，而前溪亦为武康别称，因邑治有前溪。洪昇作有《前溪》一诗，描写了这六代繁华之地的凋敝景象，一个流落于此的布衣寒士，满腹才情，身无分文，实在连村巫渔父也不如，他这日子还真不知道怎么过。而他也只能徒然追忆昔日的繁华景象，悲叹自身的命运了。

> 六代繁华地，凋残近若何？
> 村巫纷屡舞，渔父自成歌。
> 花落红漂水，莎长绿映波。
> 当年风月夜，丝竹画楼多。

洪昇还有不少描述武康荒凉闭塞的诗，如《游乌回山寺》诗云："岭雪阴犹织，松云昼不开。"又如《雪望》："寒色孤村暮，悲风四野闻。溪深难受雪，山冻不流云。"这些都是洪昇诗篇中的佳作，若以纯粹的审美眼光看，他所描写的也皆是世间难得的佳境。然而，洪昇不是为风景而来，而是为谋生而来，对于生存而言，这样的环境就只能用恶劣来形容了。他又将如何度日呢？从他"筑室于儒学之南"可知，他是想依傍郑兰谷讨生活。儒学即县学，而教谕公所一般就设在县学里。郑兰谷，字在宜，杭州府临安县拔贡。拔贡是由地方贡入国子监的生员之一种，比一般诸生、贡生略胜一筹，清制初定六年一次，优选者以小京官用，次选以教谕用。这已是入仕的最低门槛了。若洪昇能入选拔贡，哪怕作为次选，也能混个教谕，每年可以拿到岁俸三十一两银子，勉强也可养家糊口了。然而，他穷其一生的功名止于"国子监肄业"。又试想，郑在宜这样一个未入流的教谕，其实还算不上官而是吏，这微薄的岁俸连养家糊口都勉为其难，他就是再热心肠，对接济洪昇一家人也无能为力。除了偶有诗酒宴集，也就是给洪昇送几筐自家种的蔬菜，洪昇还专门写过一首《郑广文惠菜》：

> 广文官舍侧，小圃最清幽。
> 种得嘉蔬熟，盈筐屡见投。
> 露深青叶嫩，沙暖碧芽抽。
> 从此加餐饭，吟诗解百忧。

此诗所述都是真实的，唯有"吟诗解百忧"是洪昇的自我安慰，蔬菜再好也不能当饭吃，而诗歌又怎能填饱辘辘饥肠？由于洪昇一家寓居在武康县学附近，有人猜测，洪昇或在郑在宜主管的县学里教书，但这也纯粹只是猜测而已，连洪昇自己的诗文里也没有只言片语记载。后来，那已是十四年后的康熙三十一年（1692），郑兰谷在卑微仕途上辗转多年后，终于擢升凤县县令，洪昇作《送郑在宜令凤县》四首，追忆了他这一段流寓武康的生活，如其二：

> 忆昔前溪上，携家偶卜居。
> 羹稀分苜蓿，地隙乞林疏。
> 儿女时更抱，溪山日共渔。
> 别来松际月，清夜复何如。

这首诗透露了他当时的诸多生活信息。从"羹稀分苜蓿"看，一家人以稀饭拌野菜果腹，从"儿女时更抱"看，他应该儿女成双了。洪昇有多少子女，难究其详，但至少有两女两子，长女夭亡，次女之则，而就在他流寓武康这年，他的儿子之震降生了，之震为其长子。三十四岁得子，在那个时代为时已晚，洪昇虽说享受着"儿女时更抱"的天伦之乐，眼看这家里又多了一张吃饭的嘴，却也难免喜中有忧。而洪昇四十八岁时，其次子之益才出生。这是后话，暂且不表。这里，又从"地隙乞林箊""溪山日共渔"看，他似乎过着山民与渔夫的生活。林箊，又作林于，箊，竹也。洪昇很可能是靠山吃山，挖竹笋为食。至于钓鱼，那原本就是隐逸生活的常态，他与郑兰谷时常一起出去钓鱼，这就不用说了。又有人推测，洪昇在武康过着田庄生活。对此我有点怀疑，他在武康身无寸土，若以躬耕垄亩为生，那田地也只能是租借。书生大多爱田园，但他们只擅长于笔耕，而哪怕租借几亩田地，对于洪昇也没有什么实际意义，他从小就过着公子少爷的生活，四体不勤，五谷不分，又怎能靠躬耕养活自己和家小。而在那段兵荒马乱的岁月，清廷如催命一般地催科，别说洪昇这样一介书生，就是世代稼穑的农夫在田地上也难以养活自己。不过，即便他没有过着田庄生活，他也走得离田园更近了，这让他更切身地体验到了田家耕种之苦，后来，他在《长生殿》中写下了这样一段唱词（《十棒鼓·进果》）："田家耕种多辛苦，愁旱又愁雨。一年靠这几茎苗，收来半要偿官赋。可怜能得几粒到肚！"

从洪昇在武康留下的诗文看，很多都是描述他与武康各界名流的交游，于中可见，他在武康还是过着依人寄食的日子，只不过更多是游食或乞食。而交往最密切的又是"前溪三子"韦人凤、唐靖和陈之群。而这三子，并非他们慕洪昇之名而主动与洪昇订交，皆是洪昇慕名而去拜访他们。

韦人凤，字六象，与兄弟人龙、人驹并有才名，皆能诗善文，世称"三韦"，而人凤尤著，为康熙十三年（1674）岁贡生。王晫在《今世说》中对他的形象刻画得既入骨又传神："六象神朗貌癯，布衣不肉食。长夜拥絮被危坐，读书至旦。高简淡泊，仿佛如枯岩禅客。与人言肺腑尽倾。不事表暴。尘俗人望之，颓然自远。"洪昇既与王晫有交谊，自是久闻六象之名，他迁居前溪不久，便来拜访六象先生。那时候交通不便，隐居之地又多偏僻，十几里路往往也要转弯抹角走上大半天。洪昇乘兴而来，却见柴门紧闭，不知主人何所去而去。而他知道自己何所来而来，结果是饿着肚子一直等到日落西山，他空腹而返，唯有满腹惆怅。为此，他写了一首《访韦六象先生不值》：

> 夫子儒中侠，义风横九秋。
> 一身无处所，千里欲相投。
> 曳杖竟何适，停帆空自愁。
> 柴门松下闭，落日动溪流。

此诗从称道韦人凤的儒侠义风入笔，直说了自己"一身无处所，千里欲相投"，却不知六象曳着拐杖到何处去了，他只能看着那松下紧闭的柴门和落日余晖流淌的溪流长久地发愁。尽管他第一次未能见到这位六象先生，但还有第二次、第三次。洪昇后来常与六象先生游处，而一个柴门隐士，虽说"布衣不肉食"，倒也不为温饱而发愁，洪昇也时常来打打秋风。这种乞食或游食的生活，贯穿了他与"前溪三子"的交游。

又看洪昇与唐靖的交往。据《武康县志·文苑》载："唐靖，字闻宣。少推凤慧，年十三岁即列诸生，名著三吴。性狷介，厉志食贫。平生不泛交一人，惟骆芳流、徐野君数人相酬答。"此公居住在下渚湖畔，洪昇多次游览下渚湖，尝作《下渚湖》一诗："地裂防风国，天开下渚湖。三山浮水树，百港划菰芦。埏埴居人业，渔樵隐士图。烟波迷处所，一棹月明孤。"而他每来下渚湖，恰与醉翁之意相反，不在乎山水之间，而在于酒，越是沦落潦倒，越是需要烈酒来麻醉自己，营造出某种幻觉。他与那个"性狷介""不泛交"的隐士还真是酒逢知己、趣味相投，如其《过唐闻宣渚湖草堂》诗云：

> 遥指草玄亭，斜阳半在垧。
> 菱荷兼渚绿，松竹助山青。
> 河上真同调，江边讵独醒。
> 相逢歌复醉，谁复问苍冥。

据刘辉笺校，此诗作于康熙十七年（1678），从诗中描绘渚湖景色看，时令正当夏日，满目皆是清绿的菱荷、湖畔的青山，还有让青山绿得更加葱茏的松竹。在这山水之间，两个性情狷介的寒士与狂士，一边畅饮一边唱和，一半醉意一半清醒，而他们的唱和又是那样地同调，如谢灵运诗云"谁谓古今殊，异世可同调"，又如陈志岁《结交辞》"人生交契求同调"，这两人连醒都不愿意一个人独自醒来，而是在诗酒中一次又一次地沉醉，还有谁问什么苍天大地啊，喝到尽兴处，物我皆忘，诗酒就是他们的整个世界。是的，我已不止一次说过，这其实也是洪昇最憧憬、最沉醉的生活方式，然而，一个"厉志食贫"的隐士又有多少酒可以供他纵情豪饮？他的家小又靠谁来养活？

洪昇与陈之群的交游也是洪昇找上门的。陈之群，字兴公，生于明崇祯十年（1637），年长洪昇八岁，康熙二十七年（1688），五十二岁而逝。据《武康县志·文苑》等载：兴公"少颖异，读书数行俱下，博闻强记，偶经批阅，终生不忘。尤工诗赋，年十四，为诸生。康熙戊午以麟经（即儒家六经之一《春秋》）举于乡"。那么，在"前溪三子"中，兴公乃是唯一的举人，而前两位中秀才后就在科举之路上止步了。陈之群中举就在洪昇流寓武康的当年。陈家居于武康三桥（今武康镇三桥村），洪昇一路打听问询，才于荒草萋萋中找到一条通往陈家的门径，而当时还是冰雪刚刚融化的早春，松鼠跳窜，竹鸡啼叫，烟岚弥漫，可见兴公隐世之深，如其《访陈兴公题赠》之一所述：

> 欲问三桥路，前溪接皁溪。
> 近山松鼠窜，当午竹鸡啼。
> 冰雪春沙净，烟岚野市迷。
> 主人长卧病，门径草萋萋。

当时陈之群正卧病在床，但一听有文友来寒舍造访，又听说是洪昇，即披衣而起，欣喜若狂，赶紧吩咐妻子生火做饭，而饭是菰米饭。

如今菰米已是稀罕之物，而在当时则称之为野米，乃是穷人充饥果腹之物。兴公又捧出家中自酿的春醪，与洪昇把酒畅谈，直到秉烛终夕。洪昇竟然不走了，在三桥一住十天，终日与兴公饮酒唱和，沉醉壶觞，此间乐，不思蜀，哪管他妻子儿女。如《访陈兴公题赠》之二所述：

> 伏枕闻吾到，披衣喜欲狂。
> 积年心已豁，终夕话偏长。
> 唤妇炊菰米，留宾借草堂。
> 春醪知不惜，十日醉壶觞。

而每当洪昇猛地清醒过来，他又开始自我反思，为生计而发愁了，这种"偷生频寄食"的日子毕竟不是长久之计，而他反思的结果是"迂拙难谐俗，蹉跎悔著书"，而何处才是出路呢？哪怕像春秋时代的长沮一样"耦而耕"也好啊。长沮其实不是普通农夫，而是隐士，但他们是有田可耕、自食其力的隐士，人哪，其实就这么简单，只要能自食其力，还管他什么子路问津，连孔夫子也可不屑一顾。洪昇的这种心态，与其说是清醒，不如说是一种貌似清醒的更深的幻觉。如《访陈兴公题赠》之三所述：

> 迂拙难谐俗，蹉跎悔著书。
> 偷生频寄食，避地且谋居。
> 秋渚经霜钓，春田趁雨锄。
> 一枝倘安稳，吾愿耦长沮。

洪昇与陈之群交谊甚深，兴许还有一个原因。据徐禄宜《孝廉陈兴公先生传》云："……诗文外，尤好留心词曲。于宫商律吕、声情体制间，无不研究精微。每遇梨园佳子弟，辄为奖励不置。其有音律未调者，亦与之反复审辨，令其欣然领会而后已。"如此看来，洪昇与陈之群不仅是诗酒之交，更是曲中知音。而今世有人以洪昇"蹉跎悔著书"

而加以猜测，洪昇流寓武康时还在著书，其所著之书很可能就是在修改的《沉香亭》剧本。而武康也是戏曲之乡，洪昇甚至很有可能利用自己擅写戏文的长处，与在武康结交的友人们一起组织戏班子演出。而在清道光年间所修的《武康县志》里，居然还有如是记载："洪昉思寓居前溪，尝大会宾客，演所撰《长生殿》传奇，极一时琴酒之盛。今则红豆飘零，风流阒寂。"这纯粹就是杜撰了。从洪昇流寓武康到《长生殿》写成搬演，至少还有十年，而以洪昇此时四处乞食、游食的潦倒之境，又怎么能"大会宾客"？可见，方志中多有浮夸不实之言，包括对"前溪三子"的记载也难免有夸饰之语，不可不信，也不可全信。

洪昇除了与"前溪三子"交友密切，还结交了武康县令韩逢庥。

韩逢庥，字樾依，号四勿，生于顺治十二年（1655），比洪昇小十岁。其父韩庭芑曾官天津海防道、山东按察司副使。韩逢庥约于康熙十二年（1673）按捐纳之例为贡监生，康熙十六年（1677）知武康。这位二十三岁的年轻县令，虽说"生而偶傥"，但在当时还是一位白面书生，又非科举正途出身，在初来乍到时并不为邑人看好。不过，他很快就令人刮目相看了。当时"三藩之乱"兵戈未息，武康虽未直接卷入战火，但在剧烈的社会动荡中也是灾难深重，水旱频繁。清廷举国之力一心平叛，哪有心事兴修水利，以致连年荒岁。而清廷不管老百姓的死活，催科更甚于猛虎盗贼，县中官吏又贪赃枉法，巧取豪夺，往往又格外加征。为逃荒避税，四乡百姓纷纷沦为流民，哪怕最安分守己的贫苦百姓，在被逼到绝境后往往也会铤而走险，流民一变而为"流寇"，一时间"盗贼"蜂起、"流寇"四窜。韩逢庥这位年轻县令一到任就采取了"剔蠹除奸"的霹雳手段，他一边肃贪反腐，整顿吏治，一边亲率兵马剿贼灭寇，"尽杀乃返"。所谓"沉疴猛药，乱世重典"，还真是效果昭然，"境内肃然"。而韩逢庥不只有霹雳手段，他还有仁慈爱民之举。救荒如救焚，他带头捐资数千金，替老百姓缴税，又千方百计赈济饥贫，许多抛荒的流民又纷纷还乡复耕，几被灾荒吞没的武康终于又渐露生机。韩逢庥知武康凡六载，其继任者华文薰也是一位廉明清正、政绩斐然的县令。武康百姓对这两位县令充满了感恩，邑中流传一首民谣：

"海内吏治谁最良，独有前后两武康。"这也验证了王充《论衡》中的那句箴言"知屋漏者在宇下，知政失者在草野"。

洪昇其实也是草野之民，而韩逢庥又爱与布衣寒士结交，他与洪昇和蒲松龄这两位布衣寒士都有深交。洪昇在与韩逢庥几度交往后，作了一首《赠武康令》：

> 前溪出深谷，委曲贯山城。
> 一派涵空碧，千秋见底清。
> 漾云寒有色，流月静无声。
> 为政心如此，游鱼也不惊。

这首诗堪称是清流礼赞，今世有人认为"这也是洪昇性格中表现出的卑微以至于委琐的一面，一个穷途之人，也只有降低自己的精神境界来媚俗了"，笔者对此不敢苟同。从韩逢庥的生平事迹看，我更相信洪昇对其清正廉洁是发自肺腑的赞许，他以"一派涵空碧，千秋见底清"的前溪来赞美他，而韩逢庥也以"饮前溪一杯水"自矢，即以清廉自矢也。说来，还有一段趣话，他父亲韩庭芑对他入仕后还有些不放心，特来武康微服私访，"公入其疆，舣舟村坞，屏去驺从，遇父老妇稚，访令治行"，当他访察到儿子颇有政绩且清明廉政后，"既得实，乃大喜，抵县署，谓曰：吾诚不意孺子为吏能至于是"！这不是稗志野史，而出自王士稹为韩庭芑撰写的墓志铭《中奉大夫，整饬天津海防道，山东按察司副使韩公墓志铭》。韩逢庥在武康为官一任，造福一方，流芳百世，载入了《武康县志》卷五《名宦》传，邑中名士纪其美为《题武康韩侯德政录》："海岱芳声旧不群，石渠兰省播清芬。风高台阁传家学，花满山城待使君。飞盖三秋车带雨，襄帷万井稼同云。故园咫尺棠阴下，愿效吹豳一献芹。"康熙二十三年（1684），韩逢庥以"一邑大治，计典卓异"迁升广西新宁州知州，其后又历知滦州、定州，直到康熙四十三年（1704）致仕，一生清廉而颇有政声，被老百姓称为"白面包公"。然而从其仕途看，辗转多州，止于知府，清廷对他从未重用。究其原因，一则是他不是科举正途出身，而按捐纳之例成为贡监生入仕为官，能够做到五品知府已是很难得的了；二是其"性孤介，又素不藉权要显贵以相引重"，也就是不攀附权要显贵。尽管仕途至此，但他问心无愧，得享八十六岁高寿。

洪昇康熙十六年（1677）底流寓武康，康熙十七年（1678）夏秋之际告别武康再赴京师，《洪昇年谱》所载为初夏，章培恒先生据其《寄徐时望》诗云"还思分手处，村落正蚕眠"，推测其赴燕当在蚕眠之季，但这个时间也不好说，蚕经四眠后蜕皮即上簇结茧，春蚕在四月，夏蚕在七月，秋蚕在十月。洪昇自武康赴京前夕，念念不忘师恩，还特意给王士禛寄赠了湖州茶、笋，王士禛对此特别珍重，还特作《洪昉思送湖州茶笋二绝句》：

> 爱道前溪似若耶，行縢归去便移家。
> 匆匆未讯溪山好，第一先分顾渚茶。
>
> 周妻何肉断根尘，玉版聊堪结净因。
> 赢得武康斑竹笋，从今休笑庾郎贫。

其一以纪洪昇所赠顾渚茶，王士禛接到茶叶时还不知道洪昇即将再次赴京，他在诗中埋怨自己太匆忙，还没有来得及过问弟子在溪山之间是否安好，先就得到了洪昇寄来的好茶，而顾渚茶出自湖州长兴顾渚山，山中"多产茶茗，以充岁贡"。其二以纪洪昇所赠斑竹笋。"周妻何肉"是一个成语典故，周，指南齐的周颙；何，指梁代的何胤，这二人学佛修行，但各有俗世之累，周颙有妻子，何胤则吃肉，既然尘缘未了，那又何苦要修行呢？而玉版则是竹笋的别名，"玉版聊堪结净因"的意思是，那就以吃竹笋来了却尘缘吧。他又把洪昇比作南齐庾杲之，杲之家清贫，食唯有韭菹、瀹韭、生韭杂菜，所谓"三韭"。时人以其谐音"三九二十七"戏之曰："谁谓庾郎贫，食鲑常有二十七种。"这首诗，王士禛既有自我打趣的意味，也是打趣洪昇。这也算是一段师生交谊的趣话吧。

洪昇在武康大约只待了半年或大半年时间。对于他，这决非如今有人猜想的一段难得的"清闲而自在的乡村生活"，而是他在"国殇与家难"中的一段短暂而又不可忽视的人生插曲。当洪昇重返京师之际，"三藩之乱"依然猖獗。吴三桂起事后自称周王、总统天下水陆大元帅、兴明讨虏大将军，至康熙十七年（1678）三月初一，他就不再打"兴明讨虏"这一旗号了，索性弃明自立，在衡州（今湖南衡阳）登基为皇帝，国号大周，建都衡阳，建元昭武。《洪昇年谱》则云"吴三桂以八月称帝，都衡州"，经笔者查证其他史载，当以前者为准。说来，吴三桂这国号太没有想象力了，但他在军事上还真是极具杀伤力。六月初，吴三桂在衡州钦点麾下大将马宝，率五万大军南下，在上接衡州、下通广东的兵家必争之地永兴（今郴州市永兴县）接连打了两个大胜仗，将清军从湘南又撵进了岭南，朝野为之震撼。然而这也是他最后的大捷，这位"开天达道"的大周皇帝，实在是有违天命，又或是天命难违，当将士凯旋而归时，他突然得了"中风噎嗝"之症，随后又添了"下痢"病症，结果是仅仅做了五个多月的大周皇帝，便于当年十月呜呼哀哉，时年六十七岁。而吴三桂谋叛之前，其嫡长子吴应熊以额驸的身份留居京师，实为朝廷人质，当吴三桂起兵反清的消息传至北京，明珠建议将吴应熊及其子吴世琳处以绞刑，这样一来，就只能让"皇太孙"吴世璠继位。吴世璠当时还是一个十来岁的孩子，但他却没有清朝幼主登极的好运了，他的宿命只能是如康熙帝所谓"延残喘以拒命"，最终以十六岁的生命为一个短命的王朝献祭。不过，吴三桂一直都是"三藩"中势力最大的，也是清军的主要对手，由于他遽尔而亡，让形势陡变，叛军一时群龙无首，而清军趁机发起猛烈攻势，这是"三藩之乱"的一个历史转折点，叛军从此一蹶不振，但清军又一直难以轻取，叛军余势至少还将延续三年之久。

尽管"国殇"依然令人堪忧，但洪昇的友人更担心的还是洪昇的"家难"。尤其是武康的友人们，他们与洪昇相处了半年，深知洪昇的穷窘，他几乎无日不在为养家糊口而犯愁。而洪昇这次又是携家带口赴京，这让友人们不禁为他捏了一把汗，他在武康这么个小地方尚且养活不了家小，而在那个"长安米贵，居大不易"皇皇帝都，又怎能养活一家大小？当初他从京师流寓武康，就是为了生计，难道他还没有吃尽苦头吗？不过，这次洪昇不说是踌躇满志，但还真有几分自信，而自信来自一个足以让他咸鱼翻身的机遇，这个机遇也是他再次奔赴京师的一个异常清晰的目标。

三

康熙十七年（1678）正月，皇恩浩荡，清廷首次诏试博学鸿儒科，征举天下名士。选拔博学鸿儒，乃承唐宋旧制，于正常科举考试之外，增设制科取士。博学鸿儒，又称博学鸿词，亦简作词科或鸿博。"鸿"始为宏，后因避清高宗弘历名讳，改为"鸿"。康熙此举，意在加强对汉族士林的统治，招揽那些当初不愿出仕清初的遗民，也是给那些有真才实学又不愿参加科举应试的文人士子一条出路。其实在康熙九年（1670），康熙就曾诏谕天下，征召隐居不仕的鸿儒为朝廷效力，而这次特设"博学鸿儒科"，更有"天下英雄入我彀中"之意。

无论对于洪昇，还是那些不愿意按部就班走科举之路的博学鸿儒，这无疑是一次改变命运的绝好机会。清廷规定，与试者，不论已仕未仕，皆由在京三品以上官员，在外总督、巡抚等大吏先行荐举，然后会集京城，统一进行殿廷之试。清廷在发出诏告后，用了一年多时间来精心准备这次特殊的"国考"。当时的博学鸿儒，大多是明遗民，很多遗民依然坚贞不屈，宁死不愿出仕清朝。

这里以明末清初"三大儒"王夫之、黄宗羲、顾炎武为例。

王夫之根本不可能得到征召，其时吴三桂称帝衡州，王夫之已是大周皇帝吴三桂的臣民。吴三桂命王夫之为其称帝上劝进表，王夫之随即遁入深山作《祓禊赋》以明志。此公只认明朝，别的什么王朝他都是至死不认的。

黄宗羲得到了礼部侍郎兼翰林院掌院学士叶方蔼的举荐,他都懒得亲自回应,其时,陈锡瑕已出仕清朝,在京师任职,他便由陈锡瑕代为力辞。而叶方蔼特别希望有黄宗羲这样的大儒出山,仍在康熙帝前鼎力相荐。陈锡瑕对叶方蔼说,如果让他"待诏金马",无异于"断送老头皮也"。叶方蔼愕然,赶紧以黄宗羲已经年老多病上奏,康熙帝才没有追究。时至康熙十九年(1680),徐元文〔顺治十六年(1659)状元,后官至文华殿大学士兼翰林院掌院学士〕为《明史》总裁官,又举荐黄宗羲参与修史,康熙帝下旨浙江督抚"以礼敦请",黄宗羲当时已年逾古稀,再三托病力辞,也可能是真的病了,让其子黄百家及弟子万斯同参与修史。万斯同入京后,也执意"以布衣参史局,不署衔、不受俸"。其实,黄宗羲对清廷纂修《明史》是认同的,他于康熙二十六年(1687)致函刑部尚书徐乾学(徐元文之兄,尝任《明史》总裁官):"今圣主特召,入参密勿,古今儒者遭遇之隆,盖未有两。五百年名世,于今见之……"可见,他对清廷或康熙帝越来越有好感了。

又看顾炎武,他也是叶方蔼举荐的,为此他三度致书叶方蔼,表示"耿耿此心,终始不变",甚至以死坚拒荐举。其后,清初理学名臣、武英殿大学士兼刑部尚书熊赐履又举荐顾炎武参修《明史》,顾炎武又以"愿以一死谢公,最下则逃之世外"而回拒,从此绝迹不往京师。其遗民立场之坚决,更甚于黄宗羲。除这三大儒之外,还有一位与黄宗羲、孙奇逢并称为海内三大鸿儒的李颙,字中孚,号二曲,又号土室病夫,被推举后"以疾固辞,不许,直至拔刀自刺乃免"。另有吕留良等名士皆拒不接受荐举。当然,一时间响应征召的博学鸿儒也有很多,纷纷应举赴都。这中间既有洪昇的师执,如施闰章等,还有很多与洪昇相游处的故人,如朱彝尊、陈维崧、汪琬、毛奇龄、毛际可、尤侗、彭孙遹、王嗣槐、高士奇、陆次云等。对于应召入都的博学鸿儒,康熙帝钦命户部每月发放太仓大米,先把这些人才供养起来,待到翌年三月初一,春暖花开之际,清代第一次博学鸿儒科考试隆重举行。

这次博学鸿儒试,不考四书五经八股,只考诗赋。这正是洪昇最拿手的,试题只有两道:一道是赋——《璇玑玉衡赋》;一道是诗——《省耕诗》，五言二十韵。与试者凡一百四十三人，康熙帝在太和殿及殿前庭院东侧的体仁阁亲自主持考试、披览试卷。叶方蔼为钦命阅卷的四位学者之一。他本人也是一位名副其实的博学鸿儒，康熙十七年（1678）任《皇舆表》编纂总裁官，兼做经筵讲官，入值南书房。这次考试，清廷考虑特别周到，为了消除考生的紧张情绪，还特意撤去监场护军，使其"吟咏自适"。答完者即可出场，答卷慢的还发给蜡烛，可以延至夜里交卷。为了不让考生饿着肚子答卷，康熙又破格赐宴。据尤侗所记："太和殿御试，赐饭体仁阁下。"施闰章则回忆，时至中午，顷听宣示："馆选廷试，例不给馔。嘉尔等学行名儒，优以旷典。"毛奇龄记载得更加详细，皇帝赐宴体仁阁，考生四人一桌，凡五十桌，均赐座位。由光禄寺备馔，先上两道茶和四道时鲜果品，再上十二道菜，俱以精致的大碗盛放。主食四种：馒首、卷子、红绫饼、粉汤（面条），皆为面食。皇帝虑及南方考生居多，又上"白米饭各一大盂"。这让那些原本对清廷最有抵触情绪的南方考生尤其受用，施闰章还特地写道："治南馔，张椅坐，盖前所未有也！"据说这餐御赐宴会，价值四百两银子。透过这些历史细节，可想而知，这些皓首穷经的陋室寒儒，承蒙天子特召，品味珍馐御宴，皆是如何感恩戴德，尤其是像尤侗这样六入考场、皆榜上无名的"真才子"和"老名士"，更是感激涕零，在考试完毕又欣然命笔，作颂圣诗：

圣主垂衣雅好文，征书早染御炉熏。
九天龙凤飞千尺，万国鹓鸾集几群，
彩笔拟从前席献，铏羹先向大庖分。
自怜风雨蓬茅下，白首重瞻五色云。

此诗从康熙帝诏征天下博学鸿儒入笔，到如何考试如何赐宴，备极周详。万国鹓鸾，指朝臣。铏羹，是古祭祀时盛在铏器中的调以五味的羹。而诗的最后一句，乃是对清廷和圣上表忠心，他可怜自己蜗居在风雨飘摇的茅棚里，而这次博学鸿儒科，让他这个皓首穷经的老儒生，终于得以瞻仰紫禁城上的五色祥云。这又岂止是尤侗一人的心态，康熙帝此举，无论是让"天下英雄入我彀中"，还是笼络士心以求天下归心之目的，基本上达到了。诚然，还不能说是圆满达到了，如王夫之、顾炎武、黄宗羲、李颙、吕留良等海内一流大儒，依然坚守气节，难以牢笼，这既是《明史》的遗憾，更是清朝的遗憾。这次考试共取五十人，这个录取比例超过了与试者的三分之一，其中一等二十人，考取一等第一名为彭孙遹，为此次博学鸿儒科状元。还有二等三十人。五十人皆授翰林，入翰林院纂修《明史》。由于这些鸿儒大多上了年岁，他们已没有太多的上升空间，即便升迁，也多为翰林院侍读、侍讲一类，掌典领奏章，勘对公文。若能达到这样的人生境界，对于洪昇已是梦寐以求了。

那么洪昇的结果如何呢？他竟然"未膺荐举"，连考试资格也没有。这让后世既匪夷所思又再三猜度。洪昇从武康奔赴京师，确实得到了武康当地官吏的推荐，武康令韩逢庥亦或有荐举之功。然而，这只是最基层的荐举，还必须有在京三品以上官员以及总督、巡抚等大吏荐举。从洪昇当时的人际关系看，其外公黄机已于康熙十八年（1679）特召还朝，以吏部尚书衔管刑部事，如此高官，自可举荐，如果说黄机或有"内举避亲"之顾忌，或是还朝时已来不及举荐，但李天馥应该没什么顾忌。他已于康熙十四年（1675）擢升内阁学士，为从二品，并担任经筵讲官，为皇帝讲解经传史鉴，史称他敢于将自己的见解直言不讳地向皇帝讲述，很受康熙帝的器重。而他载入史册的一大功德就是选贤举能，笔者在前文援引了沈德潜《清诗别裁集》所载，"容斋以荐贤为己事，己未召试鸿博，所荐者为李太史天生、秦太史对岩"。李天生为广东揭西县大溪镇人，据《揭阳县志·人物志》载："公创有千顷之田，财有万箱之多，子有三十六之众，寿有八十八之多"，以富甲榕江、乐善好施而名扬潮汕。秦对岩，即秦松龄，字留仙，号对岩。史载其"幼有异禀，五岁塾师授中庸，辄闭目沉思。师以凤慧称之。十八举于乡，公车载籍自随，在途暗诵，日以寸计。登进士，选读中秘书，学益奋。夜寝必四鼓，辨色遽兴，志在通典，故明义理，上以备顾问，下以资经济，非止猎浮华工辞章而已"。这两人都中博学鸿儒科，入翰林院纂修《明史》，故称太史，而秦对岩此前已中进士，入仕为官。另外，李天馥还与内阁学士项景襄共同举荐了应捣谦。应捣谦（1615—1683），字嗣寅，号潜斋，仁和人。明诸生。此公年长洪昇三十岁，被举荐时已六十三岁，他称病谢绝了举荐，也可能是真的有病。而李天馥举荐三人，却未举荐他"大赞赏之"的洪昇，岂不怪哉。

再看王士禛，他于康熙十七年（1678）"赋诗称旨，改翰林院侍讲，迁侍读，入值南书房"，成了天子身边的红人，也是洪昇心中的贵人。就算其官尚未及三品，他也完全可以转托三品以上朝臣举荐洪昇，那不过是顺水人情、一句话的事情。但他也没有举荐或拜托人举荐自己这位及门弟子。

又据《洪昇年谱》载，洪昇从武康抵京后"与梁清标订交"。梁清标（1620—1691），字玉立，一字苍岩，号棠村，一号蕉林。直隶真定（今河北省正定县）人，明崇祯十六年（1643）进士，明清易代之际，清顺治元年（1644）"投诚"，补翰林院庶吉士，授编修，历任宏文院编修、国史院侍讲学、詹事府詹事、礼部左侍郎、吏部右侍郎、吏部左侍郎，康熙十三年迁兵部尚书，后又迁礼部尚书、刑部尚书、户部尚书，康熙二十七年（1688）拜保和殿大学士。洪昇与梁清标于康熙十七年（1678）订交，两人一直保持亦师亦友的情谊。后来，洪昇在《〈长生殿〉例言》中亦将梁清标引为知音："棠村梁清标相国尝称予是剧乃一部闹热《牡丹亭》，世以为知言。"梁清标不仅官运亨通，也是明末清初著名藏书家、文学家，著有《蕉林诗集》《棠村词》等，但无论政声文名如何显赫，最终难逃名列"贰臣传"之身后名。按说，梁清标居庙堂之高，能与洪昇这个布衣寒士订交，对洪昇应该是很看重的，然而，也未见他荐举洪昇。

如此说来，还真是怪了，洪昇与那些达官贵人的交游唱和几乎白瞎了，竟然没有一个人荐举他。若说他还不够博学鸿儒的资格吧，但他的好友吴雯、陆次云等均获得了荐举，他们年岁与他相仿，诗赋成就也不见得比他大。这两人均未中选。诚然，洪昇如膺荐举也未必就能中选，连众望所归的"浙中三毛，文中三豪"之一毛际可也"报罢"了，吴雯、陆次云等也纷纷落选。这其中，还不乏进士及第者也在博学鸿儒试中落选的，如江苏武进人陈玉璂，号椒峰，康熙六年（1667）中进士，后授中书舍人。据《清史列传》载，其少有大志，凡天文、地志、兵刑、礼乐、河渠、赋役等等，皆研究明悉。但这样一个博学鸿儒，居然也落选了。说来也不奇怪，据王晫《今世说》："玉璂每读书至夜分，两眸欲合如线，辄用艾灼臂，久之成痂。盖亦苦学之士。又称其所为诗文，旬日之间，动至盈尺，见者逊其俊才。则贪多务博可知，宜其集不一本也。"后来，陈玉璂杜撰古书、伪造古文等劣行被揭露出来，《四库全书总目提要》也指责他"则贪多务博可知"。如此看来，博学鸿儒试还是很公正的，康熙帝甚至颇有先见之明。

不过，这些"报罢"者总比洪昇幸运，洪昇愣是连尝试一下的机会也没有，也难怪陆次云为洪昇错失良机而深惜之。

陆次云，生卒不详，字云士，号北墅，钱塘监生，早年在钱塘便与洪昇交游甚密。在入仕之前他也有如洪昇一样"作客依人"的经历，在其《澄江集》中有《放鲤》一诗："赤尾金鳞耀日光，纵君归去下沧浪。再逢芳饵休相近，莫认渔人作孟尝。"此诗是他抒写自伤不遇之作，对于苦寻孟尝君而不遇的洪昇则更有切肤之痛，他为此诗点评道："作客依人者，慎之，慎之！"有史载称次云"高才绩学，然不得志于有司"，而陆次云虽说不得志，但其仕途命运比洪昇好多了，他虽说未中博士鸿儒科，但在此前已考授州判，先后任河南郏县知县、江苏江阴知县。江阴别称澄江，陆次云因以命名《澄江集》。陆次云举博学鸿儒入京待试之际，干了一件大事，编辑《皇清诗选》，得洪昇等"诸君之力"相助，其卷五选入洪昇的《黄大司农御前作字歌》，陆次云对这首"朝廷正须"之诗特别赞赏，评曰："此真清庙明堂之作也！有才如此，良足黼黻盛世，而当右文之际，未膺荐举，可胜沧海遗珠之叹。"

对于洪昇"未膺荐举"，后世也有一些疑团。如乾隆年间所修的《武康县志》在收录洪昇的多首诗作时，均署名"国朝荐举洪昇昉思"，这很有可能是指洪昇获得武康县荐举，有夸大之嫌。洪昇获荐举的另一证据是，李孚青在康熙二十七年（1688）所作《对雨怀昉思》，其中有"金马门前奉朝请，慈仁寺外望归云"，金马门为汉代宫门名，乃是学士待诏之处，慈仁寺则是地处宣南的一个文人聚集之地。洪昇在获得武康县荐举后，到此待诏或与友人聚集，这是无疑的，但这并不能证明洪昇获得了高层次的正式荐举，孚青为天馥之子，自然心知肚明，他只是以此书写洪昇渴望获得举荐的渴望，而清廷诏征天下鸿儒，即所谓"朝请"，所有应召而来者，均是"奉朝请"而来，是故，不能把"奉朝请"直接等同于洪昇获得了正式的举荐和考试资格，洪昇"未膺荐举"当是事实。

那么，洪昇又为何"未膺荐举"呢？与其怨天尤人，还不如从自身找原因，这与他的性格有关，性格即命运，而性格也决定了他真正的人际关系。洪昇优游于达官贵人交游圈，游娱唱和，诗文往来，但在这表面荣光之下，其实更多的是满腹辛酸、满腔牢骚。他早就对自己的好友汪鹤孙嗟叹自己"依人偏傲骨，入世遂多愆"，这也是他对自己的冷峻审视。而吴雯作为与他同病相怜的患难之交，对洪昇也有入骨入髓的了解或理解，如其《怀昉思》诗云：

> 洪子谋生拙，移家古蓟州。
> 身支西阁夜，心隐北堂忧。
> 卑己延三益，狂言骂五侯。
> 林风怜道韫，安稳事黔娄。

一句"卑己延三益，狂言骂五侯"，把洪昇的人格分裂和狂狷之态刻画得入木三分。吴雯在《怀昉思》的最后，其实是对洪昇的规劝，"林风怜道韫"用谢道韫之典故。谢道韫以"咏絮之才"而成为中国古代才女的代表，关于她的事迹，后被洪昇写入了杂剧《四婵娟》中，容后再叙。透过洪昇在其诗文中的自况，还有同代人的描述，大致可以勾勒出洪昇的形象。"安稳事黔娄"，则是用战国时齐稷下先生黔娄之典。黔娄，号黔娄子，为战国七雄之一齐国的著名隐士和道家，他隐居于济之南山（今济南千佛山），凿石为洞，终年不下，诏征不出，以安贫乐道、洁身一世的端正品行而为世人称颂。吴雯用以规劝洪昇，倒不是让洪昇去做一个"凿石为洞"的隐者，只是劝他清贫自守，既不要低三下四地去乞求权贵，更不要动不动就"狂言骂五侯"。

这个道理洪昇又岂能不懂。然而，他寄人篱下又不甘居人下，自从加入宣南士游后，他在圈子里转了很多年，无论是大圈子还是小圈子，他从来都是一个可有可无的边缘人物。在大清帝国的那个"最好的时代"，他梦寐以求能有一展身手的机会，然而，他无从扮演一个体制内的角色，哪怕是一个最小的角色，他只能充当一个看客，就看人家怎样表演了。他打心眼里看不起那些权贵，又不能不依附权贵，为了攀高结贵，他也难免会有奴颜，但他却没有婢骨，他的骨子里有一股硬气，这让他把自己活成了一个矛盾体，出现了严重的人格分裂。在屡屡的失意和无尽的屈辱中，他总是将长时间的隐忍，化作猝然间的爆发，连他自己也猝不及防，那狂狷之态就出现了。他也只能以狂狷之态来维护他卑微而可怜的尊严。他最典型的形象，就是徐麟后来在《〈长生殿〉序》中的那段描述："稗畦洪先生以诗鸣长安，交游宴集，每白眼踞坐，指古摘今。无不心折。"寥寥数语，洪昇为人之倨傲、狂狷之性情便呼之欲出，这一形象被后世不断重复，几乎成了他的经典形象。

狂狷之态，或狂奴故态，是历代文人士子想要从那有形或无形的桎梏中解脱或突围的方式，更是不满现实、发泄内心不平的一种表现形式，然而，这不过是一种徒劳的、无奈的、消极的反抗，在统治者看来，这根本不是什么清高孤傲，而是一种让人觉得可怜、可笑的狂奴故态。洪昇生活落拓不羁，动辄讥呵权贵，他的傲气、狂狷、偏激、大话与直言，这种与李白相似的性格，正是他渴望进入仕途的最大障碍。而洪昇一旦冷静下来，对自身的命运遭际便有了理性的审视，在其诗文中也时常流露出愧悔的心情。然而这种骨子里的秉性又是最难改的，愈是失意，愈是狂傲，也愈是难为世俗所接受，只有最理解他的人、最宽容他的人，才能忍受他，接济他，继续和他保持交往。如此看来，李天馥、王士禛等身居政坛文坛之高位，如此礼贤下士，对洪昇的狂傲还能如此大度宽容，实在是难能可贵了。他们之所以未举荐他，或许是为朝廷择士所虑，甚至是为洪昇的命运着想，以洪昇这样的性情，实在不是什么"朝廷正须"，入仕之后说不好还会殃及性命。窃以为，这很有可能就是最逼近真相的解释。

洪昇除了狂狷之态，还时发惊人之语，如他"尤服膺汪楫诗，推为天下第一"。汪楫（1626—1699），字次舟（一作舟次），号悔斋，安徽休宁人，寄籍江苏江都。岁贡生，在此次博学鸿儒科试列一等，授翰林院检讨，纂修《明史》。能曲，作有《补天石》传奇、《曲录》等。洪昇与他相交，或是曲中知音，或是打心眼里"尤服膺汪楫诗"，但他将汪楫诗推为天下第一，那还真是犯了大忌，且不说文无第一，诗无第一，你洪昇既得李天馥垂顾，又入渔洋之门，又尝问诗法于施闰章，你把一个当时在文坛江湖上还没有太高地位的汪次舟推为天下第一，那又将置这些政坛文坛大佬于何地？哪怕洪昇说的是实在话，这也是实在不该犯的低级错误。而洪昇又岂止只是犯了一次这样的错误，他穷其一生都在犯错，却又从不汲取教训。

对于洪昇的人生悲剧，有人说他悲惨的命运是时代的悲剧，我却觉得这更多是性格的悲剧。所谓时代，中国历代王朝对文人士子的态度大同小异，如出一辙，若用历史事实说话，康熙一朝对文人士子还真是无微不至地关怀，除了以科举取士，他还以特殊方式招揽特殊人才。对于文人士子，那确实已是"最好的时代"。若洪昇能脱胎换骨，兴许还有下一次机会，然而像博学鸿儒科这样的机会，对于洪昇那是绝对没有了。清代诏试博学鸿儒科，除康熙首次诏试，在乾隆元年（1736）曾两度举行。光绪三十四年（1908）虽有重开之议，旋因光绪帝暴崩、慈禧太后病逝，遂告终止。文人士子能赶上一回还真是三生有幸，但与洪昇亦师亦友的朱彝尊，自己考上了康熙朝的博学鸿儒科，他的孙子朱稻孙又考上了乾隆朝的博学鸿儒科，祖孙相继入选两次博学鸿儒科，世所仅见，有清只此一例，传为文坛佳话。

洪昇虽与博学鸿儒科擦肩而过，但与这些编撰《明史》的博学鸿儒们往来唱和都有交游，其中很多原本就是他的旧相识。在这段时间，他帮好友陆次云辑成了《皇清诗选》，又结识了与王士禛并称为"南朱北王"

的朱彝尊。

朱彝尊（1629—1709），字锡鬯，号竹垞，又号醧舫，晚号小长芦钓鱼师，又号金风亭长。浙江秀水（今嘉兴）人。他博通经史，诗词双工，诗与王士禛称南北两大宗（"南朱北王"），作词风格清丽，为"浙西词派"创始人，与陈维崧并称"朱陈"，其所辑成的《词综》是中国词学方面的重要选本。朱彝尊活得像一个传奇，他早年自称遗民，对清朝入主中原有着与生俱来的抵触情绪，在青壮年时期与顾炎武、祁氏兄弟、魏耕、屈大均等反清复明志士、文人明里暗里交往，一度因他人事发受牵连避走他乡多年，但最终却有惊无险。说到朱彝尊与王士禛的交情，由来已久，康熙三年（1664）六月，时年三十六岁的朱彝尊漂泊扬州，投诗王士禛。王士禛时任扬州推官，"昼了公事，夜接词人"，不过朱彝尊的运气不好，时王士禛去金陵，未及相见，否则必有一次以诗会友的宴游。不过，王士禛很快对他的投诗有了回复，两人由此结缘，成为互为引重、诗文酬酢的好友。在举博学鸿儒科之前，朱彝尊与洪昇一样，一直处于游幕四方、寄人篱下的生活状态。由于两人都在王士禛的圈子里，自然在此相遇，又由于同病相怜、惺惺相惜，两人也就有了抱团取暖的忘年交，有人说他们是心心相印的朋友，但我觉得，洪昇对朱彝尊的交谊应该是亦师亦友。所谓词曲，其实难分难解，元明以后创作戏曲因用词严格，也叫填词，朱彝尊为词坛领袖，对洪昇的词曲创作尤其是《长生殿》传奇，不可能没有影响，其影响甚至不可小觑。当康熙首开博学鸿儒科，此时的朱彝尊哀自身之多艰，一经举荐，旋即自江宁应召入都，终以五十一岁的高龄应试入选，由于朱彝尊、严绳孙、潘耒、李因笃等四人以布衣入选，时称"四大布衣"，四人均授翰林院检讨，入史馆纂修《明史》。

在这次入选的博学鸿儒中，还有一位与洪昇父子素有交谊的明末诸生王嗣槐，这也是在此前提及的。由于王嗣槐年岁太大了，康熙又破例"以老不与试，授内阁中书"，干脆让他免考而直接授官了。说来，王嗣槐还攀附上了一个大贵人，在举博学鸿儒之前，王嗣槐已被文华殿大学士冯溥"延致邸第"，为冯府幕客或门客。冯溥（1609—1691），字孔博，号易斋，益都（今属山东青州）人，冯裕六世孙。他于明清易代之际顺应时势，入仕清廷，顺治三年（1646）中进士，初授编修，后擢吏部侍郎。康熙年间为刑部尚书，拜文华殿大学士，加太子太傅。其堂号曰佳山堂，所著《佳山堂集》，有王士禛、陈维崧、方象瑛等十几人为之作序，赞扬其"承累家学，继文敏公之后，涵蓄演迤为巨儒"。王嗣槐与吴农祥、吴任臣、毛奇龄、陈维崧、徐林鸿等并称为"佳山堂六子"。时人对冯溥荐拔人才颇多赞誉，王嗣槐入选博学鸿儒当为他所举荐。洪昇从武康回京的当年十二月，恰逢冯溥七十大寿，洪昇赋诗贺寿，以"层霄瞻捧日，万国颂为霖"而竭尽恭维，后署"奉呈益都老师相并求教正。钱塘晚学洪昇拜草"。洪昇诚也有得到冯太傅荐举之意，但他兴许还难入太傅法眼。而生姜还是老的辣，王嗣槐虽说"以老不与试"，但在荣膺荐举之后，随即便撰有赓盛诗一百韵，又作长白、瀛台二赋，文词瑰丽，更切中康熙帝下怀。长白山天池为清朝龙兴之源，而瀛台则是位于中南海南海中的仙岛皇宫。王嗣槐这赓盛之诗赋比洪昇此前的颂圣诗高明多了，也难怪康熙帝特别恩赐他"以老不与试"。

透过朱彝尊、王嗣槐命运的演变，也可以看出清初遗民或逸民与清廷之间怎样由抵触、疏离而逐渐走向亲近。他们最终能够咸鱼翻身、步入仕途，无疑也是洪昇所渴望的一条出路。当然，洪昇不想挨到年过半百才有出头之日，唯愿这一天能早日到来。

当然，这里还得说说洪昇那位钱塘乡党高士奇的命运。康熙十一年（1672），洪昇遭"天伦之变"后跌入了人生的低谷，而高士奇正随驾康熙帝东巡。短短几年，两人的地位已有霄壤之别了。在洪昇最倒霉的几年来，高士奇步步高升。康熙十四年（1675），高士奇被授为詹事府录事，翌年又被授为中书舍人，入值内廷，康熙帝赐御书"忠孝"。又据《清史稿》载："康熙十七年，圣祖降敕，以士奇书写密谕及纂辑讲章、诗文，供奉有年，特赐表里十四、银五百。十九年，复谕吏部优叙，授为额外翰林院侍讲。寻补侍读，充日讲起居注官，迁右庶子。累擢詹事府少詹事。"未久，高士奇奉旨入值南书房，康熙帝亲赐"忠孝之家"印玺一方，并赐居大内"苑西"。

关于南书房，这是一个在清史中高频率出现的名字，有必要交代一下。说来，清廷设立南书房，似乎就是康熙帝不经意的一句话。康熙十六年（1677），康熙帝对大学士明珠等人说（大意）："朕随时读书写字，身边却没有博学善书之人，有疑问无法讨论，可在翰林院中选择一二个学问好的人，常侍左右，考究文义。"在明珠看来，此乃小事一桩，随后便在大内乾清宫西南角特辟一处房舍，作为皇帝文学侍从的值班之所，因坐南朝北，名南书房，又称南斋。又在翰林院"拣择词臣才品兼优者充之"，称"南书房行走"，最早入值者为侍讲学士张英、内阁学士衔高士奇，随时应召侍读、侍讲，常侍皇帝左右，备顾问、论经史、谈诗文。皇帝每外出巡幸亦随扈。皇帝即兴作诗、写字作画、发表议论等皆随时记注。其后渐渐演变，入值者还秉承皇帝的意旨起草诏令，撰述谕旨，又加之此为天子读书之处，"非崇班贵檩、上所亲信者不得入"，这让南书房逐渐演变为一个完全是由皇帝严密控制的核心机要机构，随时承旨出诏行令，参预机务，那些文学侍从也成为了天子的心腹之臣，待遇非常优渥，以至"权势日崇"。这使得很多汉族士大夫相继进入最高权力的核心，如后来的王士禛、徐乾学、王鸿绪、陈廷敬、李光地、张廷玉、朱彝尊、胡渭、熊赐履、方苞、查慎行等先后入值南书房。南书房的设立，一方面笼络了汉族知识分子，一方面使康熙受到更多汉文化的熏陶。这还只是从表面上看，而从更深远的意义上看，不管康熙帝一开始有意无意，这一机构实际上是康熙帝实施高度集权的一个重要步骤。康熙帝亲政时还是一个少年天子，凡国家大事须经议政王大臣会议，而这些满洲王公贵族权势显赫，有时与皇帝意见发生矛盾，甚至逼迫皇帝收回成命。内阁在名义上仍是国家最高政务机构，控制着外朝的权力，事实上也削弱了皇权。而在南书房设立之后，有利于康熙帝将朝政大权严密地控制在自己手中，逐渐削弱了满洲议政王大臣会议以及外朝内阁的权力。此外，康熙朝尚未设立军机处，南书房侍读、侍讲皆属于天子近臣，参与机务。如此一来，一个皇帝文学侍从的值班之所，竟逐步演变成了帝国最高权力的核心机关。而康熙帝的极高明之处，是一开始便以读书写字为名。谁都把这一机构当作一个可有可无的清闲机构，如果明珠等王公大臣一开始就能窥视到康熙帝的心机，估计不会轻易答应，至少会有所防范。而那些入值南书房的文臣，其后又多得以擢拔重用，官居侍郎、尚书等显要位置，拜为大学士者也不乏其人，这对满族贵族官僚集团的权力起到了强有力的掣肘作用。不过，这也为南北党争埋下了隐患，其后，以大学士明珠为首的满族贵族官僚集团和以刑部尚书徐乾学为首的南方汉族士大夫之间，结党倾轧，互相报复，愈演愈烈。

高士奇曾先后两次进入南书房工作，一是康熙十六年（1677）到二十七年（1688），二是康熙三十三年（1694）到三十六年（1697）。这时期，康熙外巡时，也总要把高士奇带在身边，他与高士奇似乎须臾不可或离。由此可以看出，他们两人的关系，是多么特殊和亲密无间；在外人眼里，高士奇是何等风光，也就不言自明了。其实，高士奇中博学鸿儒科，这对于早已入仕的他，只是锦上添花而已，而此时正苦苦挣扎的洪昇，还不知何时才有人雪中送炭。高士奇为何如此幸运，洪昇又为何如此倒霉，不排除机缘、运气等因素，但更多还是取决于他们在人生两极的两种活法。康熙帝尝谓："得士奇，始知学问门径。初见士奇得古人诗文，一览即知其时代，心以为异，未几，朕亦能之。士奇无战阵功，而朕待之厚，以其裨朕学问者大也。"高士奇博学多才是史家公认的，但原因恐不仅此，所谓功夫在诗外，据说他最擅长的就是察言观色和四处逢迎，为此而煞费苦心，而洪昇却是"白眼踞坐，指古摘今"，无论遭逢哪个朝代，他们的活法都决定了他们必将处于人生的两极。

当洪昇艰辛惨淡地挣扎度日时，只能眼睁睁地看着他的这些旧交新识或已咸鱼翻身，或正飞黄腾达。反差愈大，洪昇的人格分裂愈烈。在他的诗中，有时对功名不屑一顾，如《晓起看山作》："如何市朝子，扰扰争利名。"又如《为毛侯会明府题戴笠持竿图》："人生行乐无百岁，区区禄利何为乎。游宦略成须止足，故乡归隐携妻孥。"毛侯会，即毛际可，在举博学鸿儒科不第后，回任原职，不久又以事罢官，返里读书著述。毛侯会在仕途上很不走运，但比洪昇幸运多了，既中进士，又干过两任县令，他罢官归里，至少不会为衣食犯愁。洪昇在诗中看透了人生，"人生行乐五百岁"，然而，若要"故乡归隐携妻孥"，那也是要有资本的，而他成家数年还不能立业，既不能养家糊口，连自己也养不活，还得为衣食而到处奔波，那"区区禄利何为乎"，说穿了不就是为了过日子吗？而现实就是这样矛盾，若为了"区区禄利"，就不能按自己的本性，活得像一个人，若没有"区区禄利"，连自己也养不活，那就活得更不像一个人。这其实就是洪昇的矛盾与心结，也可以说，所有的综合症结都在这里。这是一个死疙瘩，洪昇一直到死也没有解开。

既然解不开一个死疙瘩，洪昇对"拜郎"又愈是渴望。拜郎，拜郎，洪昇何日才能拜郎啊？对于文人士子，若"拜郎"不成，那就只能如洪昇这样游走求食、依人而居。还有一条生路，则是"以卖文为活"，这也是一个体制外的文人赖以自食其力的方式。而无论哪条路，对于他都是生存维艰。我在前文已追溯了洪昇依人寄食的岁月，康熙十七年（1678）夏秋洪昇举家迁徙京师，携家带口借宣南胡同一隅栖身。此前他只身一人在京尚且难以度日，而现在他还要养活一家人，其穷愁之境已达于极点。洪昇的好友吴雯自己也穷愁潦倒，还感叹洪昇"长安薪米等珠桂，有时烟火寒朝昏"，这种时常断炊的日子已是洪家的生活常态。

洪昇除了依人寄食，当时唯一的收入来源便是"以卖文为活"。在那个时代，诗文一钱不值，所谓卖文，主要是撰写墓志铭、神道碑或祭祀用的诔文，洪昇既然做不了"朝廷正须"，也就只能做些哄鬼的文章。这简直是历史的恶劣玩笑，为了活着，他必须给死人写文章，而这弥漫着死亡气息的文字，却是他的养命之源，一家人的生命救赎。一般而言，后辈出于对逝者尊重，历朝历代请人代作诔墓文的润笔都较为丰厚，但那要看是谁来写，这又取决于其政治地位或文坛地位，如唐人韩愈曾靠写作诔墓文"送穷"，他二十四岁登进士第，累官至吏部侍郎，仅次于尚书（后追赠礼部尚书），这个政治地位洪昇望尘莫及，而韩愈又是"文起八代之衰"的文坛领袖、一代宗师，这文坛地位对于洪昇也只能是高山仰止。洪昇虽已"诗鸣长安"，但对一个布衣寒士那也是徒有虚名，既无体制内的政治地位亦无文坛江湖地位，他"以卖文为活"，只能换几个养家糊口的柴米油盐钱而已，而为了多挣几个钱，他只要有活就揽，夜以继日奋笔疾书，这是他一家人唯一的活路啊。

李孚青在《招洪稗村》诗中说他"游时信带轰碑命，贫日常挥诔墓文"，这说明他在游历或交游中，还时常招揽这活路。而李孚青在《楼居怀昉思》诗中又说："读书徒尔夸充栋，依然不可救饥冻。"然而世间少有李孚青，多的却是洪昉思。有几人能像李孚青这样既生于高官显宦之家，又少年及第、入仕为官，天底下大多是洪昇这样的布衣寒士，一辈子难有出头之日。而洪昇这样笔不停挥，还常常有人赖账，这事被胡会恩记录在案。胡会恩（？—1715），字孟纶，号苔山，康熙十五年（1676）进士，后官至刑部尚书。著有《清芬堂存稿》八卷。胡会恩为德清人，德清时为武康邻县。两人未知何时订交，我在前文已经述及，胡会恩对洪昇的五言诗特别推崇，在《清芬堂存稿》卷一《赠洪昉思》盛赞他"五字清真谁敌手"，其实他还有更悲凉的一句"朱门难索作碑钱"。

洪昇"以卖文为活，而傲岸如故"，实在是本性难驯。如冯廷櫆于康熙二十五年（1686）《赠洪昉思》所云："不学巢由车下拜，应知本性素难驯。"冯廷櫆，字大木，德州人，康熙二十一年（1682）进士，授中书。幼有奇童之目，读书一览辄记，"平生深契者惟执信，其诗孤峭亦相类"，他对洪昇的看法，比赵执信更能看到骨子里。既是骨子里的秉性，一辈子也改不了，他的命运遭际也就实在难有改观，一家人只能在忍饥挨饿中苦苦度日。这年除夕，一家人虽说在京师得以团聚，但洪昇忧心如焚，面对灯下的儿女，思念远在钱塘的父母兄弟，作《戊午除夕》：

> 牢落仍如故，年华忽又新。
> 一家歧路哭，六载异乡人。
> 腊尽难留夜，星移转入春。
> 灯前对儿女，脉脉转思亲。

从此诗看，很明显，洪昇对举家迁入京师已经后悔不已，他以"歧路"称之，他也确实是误入歧途。若在武康，再苦再穷，也没有帝都这样逼人伤骨的严寒，多少还有竹笋、苜蓿、菜蔬、菰米可以填饱饥肠，他还可以凭一根钓竿近钓前溪、远钓太湖，虽说食无肉，但鱼还是有的吃的。这个除夕夜，洪昇不知是怎么挨过来的，转眼已是康熙十八年（1679）大年初一，他已经跨入了三十五岁的门槛，按男虚女实的民俗传统，这也是他人生的第三个本命年（三十六岁）。值此除旧迎新之际，洪昇却没有丝毫新禧之情，依然沉沦于无尽的悲凉之中，又作了一首愈加绝望的《己未元日》：

> 大地春回日，羁人泪尽时。
> 七年身泛梗，八口命如丝。
> 览镜知颜改，闻钟觉岁移。
> 空怀拊髀恨，终愧弱男儿。

　　一家到了"八口命如丝"的地步，还有什么比这更绝望？关于洪家到底有多少人，还真是一个疑问。我在前文就已提出这一疑问，洪昇遭"天伦之变"后流寓大梁，就在《大梁客夜寄舍弟殷仲》一诗中说过"吾今八口欲何依"，而洪昇这个"八口之家"一直未改，无论是《己未元日》的"八口命如丝"，还是后来在《省觐南归留简长安故人》诗中哀叹"八口总为衣食累，半生空溷利名场"，他一直都说是八口之家，他的亲戚友人也说他是八口之家，全然没有人口变化的因素，这也让我进一步认为，他这"八口之家"确非实指，而是泛指家中人口之多。确切地说，此时洪昇在京师的这个家，当是四口之家，洪昇夫妇，还有女儿之则和儿子之震，之则此时已六岁，之震约一岁，还是个嗷嗷待哺的婴儿。面对妻儿，洪昇连连拍着自己的大腿骨，他只恨自己太无能了。这个在骨子里心高气傲的男人，无奈地哀叹自己"终愧弱男儿"，一个人沦落到这般没出息的境地，他也确实愧为一个男子汉大丈夫了。

　　洪昇在《赠徐灵昭》诗中也表达了自己移家京师的失策与后悔：

移家失策寓长安，若问生涯尔便难。

永日断烟妻待米，深冬无褐子号寒。

雪侵东郭先生履，风透南阳子夏冠。

还有歌声出金石，侯门长铗不曾弹。

徐灵昭，即徐麟，字灵昭，苏州人，身世不详。精于音律。他是洪昇最重要的曲中知音之一，后来为《长生殿》传奇"审音协律，守法甚严"。这是后话，留待后叙。洪昇在此诗中进一步验证了他"永日断烟妻待米，深冬无褐子号寒"的穷窘，他还用"雪侵东郭履""风透子夏冠"的典故来倾诉自己雪上加霜的悲惨穷途，这已不是悲惨，只能用绝境、绝望来形容。

当洪昇陷入有生以来的人生最低谷时，如前文所述，他约于康熙十八年（1679）改《沉香亭》为《舞霓裳》，这是他创作《长生殿》传奇的第二稿或第二阶段。《舞霓裳》剧本亦已散失，对此，笔者再复述一下洪昇在《长生殿》例言中的追叙："寻客燕台，亡友毛玉斯谓排场近熟，因去李白，入李泌辅肃宗中兴，更名《舞霓裳》，优伶皆久习之。"这次大修改，毛玉斯起到了关键作用。相比于《沉香亭》传奇，《舞霓裳》差不多是重新创作的另一部剧本，主角换了，男主角从风流才子李白换成了风流天子唐明皇，女主角还是杨贵妃，但戏份大大加重了，尤为重要的是，《舞霓裳》的主题也换了，在演绎帝妃情爱时，为了强化国家命运这一主题，洪昇还特意加入了李泌辅肃宗中兴的情节。这对于洪昇本人也是一次超越，从个人命运上升至国家命运。看得出，洪昇为此而煞费苦心，既希望演绎帝妃情爱能叫座，又指望加入国家命运这一主题能叫好。《舞霓裳》搬演后，尽管"优伶皆久习之"，然无论朝野似乎都未能产生太大的关注和影响，至少没有达到洪昇的期望值，洪昇本人对《舞霓裳》也觉得不满意，又陷入了漫长而痛苦的思索中。

当新的一年来临，洪昇的命运非但没有任何转机，反而在这年冬天被推向了更加绝望的深渊。四年前洪昇之父"罹事得罪"一案，经洪昇多方奔走，原以为化险为夷了，结果却如一个伏笔埋了思念，在康熙十八年（1679）冬天又出现了颠覆性的戏剧变化，洪起鲛又"以事被诬遣戍"，母亲也被责令同行。只是这个母亲不知是洪昇生母黄氏，还是洪起鲛的"元配钱夫人"。这是洪家的第二次"家难"，对洪昇、洪家则是比"天伦之变"更致命的打击。遣戍是清朝当时惯用的刑罚手段，被遣戍的家庭往往会被抄家，最终落得妻离子散、家破人亡的下场。洪昇孩提时就眼睁睁地看见过江南乡试案发后的表丈钱开宗一家被抄家，表姑顾玉蕊、表弟钱肇修以及钱家上下随同家产一起"籍没入官"，被枷锁押解进京的情景，这孩提时的记忆成了他一生的噩梦，令他一直心有余悸。如今，这命运又轮到自己家了，洪昇只能使出浑身解数多方奔走，向京中交识的高官显宦苦苦哀求，据朱溶《〈稗畦集〉序》云，洪昇"徒跣号泣，白于王公大人"，而从洪昇多年来结识的达官贵人看，李天馥、王士禛、高士奇、梁清标皆是天子身边的红人，他外公黄机就更不用说了。黄机于康熙十八年特召还朝，以吏部尚书衔管刑部事，对洪起鲛如何处置乃在他的掌握之中，至少也可以过问吧。而洪起鲛乃是他的亲女婿，黄氏乃是他的亲女儿，若女婿真是"以事被诬遣戍"，黄机难道会袖手旁观吗？再退一步说，就算他为官特别谨慎，只要洪起鲛能把事情真相说清楚，而康熙帝又是一个明君，若有冤情是可以平反昭雪的。尽管洪父所犯何事不可考，一直以来都是"不白之冤"，然而连以吏部尚书衔管刑部事的黄机"亦无法周遮回护"，很可能就是朝廷钦犯了，甚至有可能在耿精忠谋叛后出任"伪职"。总之是，无论洪昇如何"徒跣号泣"，洪起鲛这不白之冤还是难以解脱，只能接受遭遣戍的命运，其遣戍地为宁古塔。

清朝有两大流放地，一是位于今辽宁开原县东四十里的尚阳堡（亦作上阳堡），情节较轻的流犯多遣戍于此，犹有屋宇可居，离关内也不算太远。还有一个则是令人为之骇然的宁古塔，远在今黑龙江宁安县境内，只有犯谋逆大罪的人犯才被遣戍至此。在当时，这里还是天遥地远的极北苦寒之地，又加之清朝入关后，对其龙兴之地实施长达二百多年的"封禁"，严禁关内人进入关外，原在关外的大部分丁壮人口亦已追随清军入关，让原本人烟稀少的东北大地更加荒凉，越过辽东之后，便

是迢迢无尽的漠北大荒，几如无人区。荒芜流放路，又哪能看见一条
路。凡遭遣戍宁古塔者，一般于三月出发，穿行于荒草丛林之中，哪怕
一路顺利也得三四个月的行程，约于七月中旬才能抵达宁古塔。据说，
此地即为金国囚禁宋徽宗、宋钦宗父子的五国城。但在清初，此地既无
城池，连茅棚草庐也少见，流犯至此，只能掘地而居，也就是所谓的地
窖子。凡流犯最终能抵达宁古塔者，也算是命大了，据相关文献资料所
载，很多犯人流放在半途上就已死于非命，或被虎狼吞噬，或被"野人"
所食，得生者甚少。即便侥幸得生者，也等于判了无期徒刑，穷其一生
苦役，而后葬身荒野。

　　洪昇念及父母，皆是年过天命、走向花甲的老人，这在当年已是步
步成灰的年岁，又如何经得起这般行役和苦役，只恨自己无能，难救父
母于水火，他唯一能做的，就是"侍亲北行"，沿途照顾父母，让二老
在遣戍途中少遭点罪。他在十多天内昼夜兼行，奔回钱塘。这在当时，
是令人难以置信的惊人速度，据朱溶在《〈稗畦集〉序》中记述："钱塘
去京师三千余里，间以泰岱江河，旬日余即抵家侍其亲北。会逢恩赦
免。昉思驰走焦苦，面目黧黑，骨柴嗌嗄，党亲见者，皆哀叹泣下。"

　　在洪昇的《南归》诗中，则更悲怆地描述了他奔赴钱塘的情形：

> 昔悔离亲出，今缘赴难归。
> 七年悲屺岵，万死负庭闱。
> 祸大疑天远，恩深觉命微。
> 长途四千里，一步一沾衣。

　　这首诗抒发了洪昇遭"天伦之变"七年以来对父母日思夜念，既未
能竭尽孝道，又无法为父母解困救厄，他以"万死负庭闱"而表达了自
己深深的自责和悔恨。这年除夕，洪昇与父母就是在遣戍父亲的官船上
过的。洪昇自遭"天伦之变"后，几乎没有过过一个好年，而在《除夕
泊舟北郭》一诗中，更能看出他的心情已绝望至极：

漫道从亲乐，承颜泪暗流。

明灯双白发，寒雨一孤舟。

故国仍羁客，新年入旧愁。

鸡鸣催解缆，从此别杭州。

末后一句"从此别杭州"，便是他的父母泣别杭州的绝望书写，此去，对于洪昇的父母，恐怕还真是有去无回了。洪昇原本打算侍奉父母一路到遣戍之地，从未曾想过还有什么天降喜讯，然而还真是喜从天降了，当年十二月，太和殿（俗称金銮殿）遭受火灾，康熙帝颁诏天下，施行大赦，洪父"逢恩赦免"。

说来那个太和殿也是多灾多难，历经数劫。明永乐十四年（1416），明成祖朱棣（永乐帝）迁都北京，仿南京明皇宫营建北京宫殿，命主殿为奉天殿，即后来的太和殿。历时四年，大功告成。永乐十九年（1421）正月初一，永乐帝在奉天殿主持了盛大朝会，庆祝北京皇宫正式启用。谁知在当年四月初八午时，奉天殿顷遭雷击起火，由于宫殿皆为木结构，一旦着火便迅疾延烧，前三殿（奉天殿、华盖殿、谨身殿）皆毁于火劫。要说，这场火劫也有人预料到了，就在正月初一的朝会上，钦天监胡奫受命占卜后，跪禀永乐帝，预言当年四月初八午时将有火劫。永乐帝一听勃然大怒，以惑乱人心之罪将胡奫下狱。而当胡奫在狱中闻知宫殿起火时，随即在狱中服毒自杀了。他早已作好了自杀的准备，仿佛只等着自己的预言以烈火的方式验证。他兴许也预知到了自己的命运，越是自己的预言被应证，永乐帝越是要唯他是问。此说虽说有宿命论的色彩，往深里想，却也意味深长，多少帝国王朝的毁灭，皆因那个主宰天下的最高统治者听不进盛世危言，无视有先见之明者发出的危机预警。一个王朝的危机，往往在数百年前就埋下了隐患。永乐三殿被焚后，又得以重建和扩建，至明嘉靖三十六年（1557）四月十三日，又因惊雷引火，三殿尽焚，更殃及奉天门、文武楼、午门，皆毁于一旦。复又重建。万历二十五年（1597），紫禁城三大殿又因雷击起火，延烧阁廊多处。这三大殿为何频频遭受雷火呢？其实用现代科学的方式来解释又很简单，由于三大殿皆为高大的木结构建筑，加之北京夏秋季节多雷暴，而古人又不懂避雷针的科学知识，从而造成了一次次火劫。万历皇帝敬畏天谴，下诏罪己，与民更始。而在又一次重建后，时至明崇祯十七年（1644），李自成攻陷北京，坐上了金銮殿的那把龙椅，谁知屁股还没坐热，清兵便已席卷关内，李自成见自己坐不了金銮殿，也不想便宜了别人，干脆一把火点燃了紫禁城。人祸往往更甚于天灾，一座金碧辉煌的紫禁城，遭受前所未有之大劫，除武英殿、建极殿、英华殿、南薰殿、四周角楼和皇极门未焚，太和殿以及其余建筑皆玉石俱焚。道家谓天地一成一毁为一劫，经八十小劫为一大劫，而《云笈七笺》云："天地改易，谓之大劫。"一座紫禁城和一座太和殿的命运，如同一个王朝的命运，就是在这一成一毁中轮回与延续，直至"天地改易"，一个王朝在大劫中灭亡，又进入了下一个王朝的轮回。

清朝定鼎北京后，又开始重修紫禁城，历时十四年，才将中路建筑包括太和殿基本修复。康熙十八年（1679）十二月己卯，太和殿又遭火灾。除了火灾，这一年还发生了让"千古一帝"康熙倍感震撼的一场大劫，当年七月二十八日庚申巳时，北京发生大地震，据后来用科学方式查证，震中位于今平谷与三河交界处，震级为八级，震中烈度为十一级，据释大汕《离六堂集》记载："……己未七月二十八日，塞北天摇地震从来无。据闻燕客说，眼见井泉枯，平空崩倒玉瑱朱璧之银安殿，几处倾翻琉璃玚璪之金浮图。才说通州忽然陷，又说漏干九曲运粮河。起止不定水与陆，经过何处不啼哭！最是宛平县惨伤，皇天后土竟翻覆。一响摧塌五城门，城中裂碎万间屋。前街后巷断炊烟，帝子官民露地宿。露地宿，不足齿。万七千人屋下死，骨肉泥糊知是谁？收葬不尽暴无已。亲不顾，友不留，晨夕啾啾冤鬼愁……"又据顾景星《白茅堂集》记载："七月二十八日庚申时加辛巳，京师地大震，声从西北来，内外城官宦军民死不计其数，大臣重伤。通州三河尤甚，总河王光裕压死。是日黄沙冲空，德胜门内涌黄流，天坛旁裂出黑水，古北口山裂，大震之后，昼夜长动，先是正月至三月京师数黄雾雨土，夏各省告旱，上下诏罪己令，内外大臣各疏自陈……"从上述描述看，康熙十八年（1679）乃是灾难深重的一年，在地震爆发前已发生了惨重的水旱灾害，而一场大地震把清朝入关以来的灾难推到了极端，仅京城就倒塌房屋一万多间，紫禁城中的养心殿、永寿宫、乾清宫、慈宁宫、武英殿、保和殿等宫殿俱被震裂，还有众多的城楼、寺院、庙宇、会馆等均遭到不同程度的破坏。而遍布市井街坊的坯房，则倒塌一万八千多间，京师内外，死伤无计，死难者中还有很多清廷大臣，如内阁学士王敷政、大学士勒得宏、掌春坊右庶子翰林侍读庄炯生、原任总理河道工部尚书王光裕等。幸运的是，木结构的宫殿虽说难以抵御烈火，但在地震中还不至于顷刻间就会屋倒墙塌，这让很多人逃过一劫。这次大地震，也可谓是大自然的"天地改易"，康熙帝为此颁发"罪己诏"："朕御极以来，孜孜以求，期于上合天心，下安黎庶……地忽大震，皆因朕功不德，政治未协，大小臣工弗能恪共职业，以致阴阳不和，灾异示儆。"而地震之后太和殿又遭火灾，这让康熙帝在执政上愈加谨慎。如今学者以康熙迷信天命而论之，我倒觉得，如其说康熙是迷信，不如说他是对天命或天地的一种敬畏之心，一个御极执政者若心存敬畏之心，其实是绝对必要的，毕竟他还能以对天地的敬畏之心来约束自己已不为人间所约束的权力，对自己为政的成败得失有所检点和反思，否则，一个具有至高无上绝对权力者，那还真是无法无天没有任何约束了。

又据《清圣祖实录》卷八十七，康熙以太和殿灾、颁诏天下。诏曰："朕躬膺天眷，统御寰区，夙夜祗承，罔敢怠忽。期于阴阳顺序、中外乂宁、共享升平之化。乃于康熙十八年十二月初三日太和殿灾，朕心惶惧，莫究所由。因朕不德之所致欤？抑用人失当而致然欤？兹乃力图修省，挽回天意。爰稽典制，特布诏条，消咎征于已往，迓福祉于将来……于戏、朝乾夕惕、答上天仁爱之心，锡极绥猷，慰下土瞻依之望。布告天下、咸使闻知。"

康熙在颁诏之后即大赦天下，这对于洪昇一家真是皇恩浩荡、喜从天降。洪昇与父母自是悲喜交加。康熙十九年（1680）春，约二三月间，洪昇又陪侍父母经泰山南归杭州，而后又赶回北京。一场大祸终于得以解脱，但那个"风雨忽飘摇，旧巢已半圮"的洪家，如同又经历了一场地震，从此一败涂地。洪昇后来虽说以一曲《长生殿》而名满天下，但终其一生也只是一个布衣寒士，不可能让那个"三洪学士之世胄"的钱塘望族得以复兴，而其子孙后代亦为功名仕途之坎坷不振者，这也是所谓宿命吧。

这一年正值洪昇三十六岁的本命年，有一个在当时看来微不足道却对洪昇创作《长生殿》影响深远的细节。是年秋，吴仪一自奉天来京，假寓洪昇处。其时，奉天府丞姜希辙很看重吴仪一的才华，将他延入幕中，而他自奉天来京，自然要与洪昇一叙离阔，两人在陋室中相谈甚欢，吴仪一干脆就住在洪昇这儿了。他俩原本是曲中知音，凡洪昇创作剧目，如《闹高堂》《孝节坊》等均经吴仪一评点。而两人一旦聚首便纵谈戏曲。对于戏剧创作中的情感发展和表现，他们已达到心心相印、灵犀相通的境界。说来，自汤显祖在明万历年间创作《牡丹亭还魂记》（后简称《牡丹亭》）以来，虽说涌现出了袁于令、李渔、尤侗等戏曲名家，也出现了一些颇有影响的作品，但尚无足以与《牡丹亭》媲美的大作出现。孔尚任的《桃花扇》则作于康熙三十九年（1700），那已是洪昇晚年的事了。洪昇与吴仪一对《牡丹亭》皆情有独钟，笔者在前文提及，洪昇女儿之则后来尝为《吴吴山三妇合评〈牡丹亭〉杂记》作跋，"吴吴山三妇"指吴仪一的前后三任妻子陈同、谈则和钱宜，三妇事迹，吴仪一《三妇评本〈牡丹亭〉序》有述，陈同乃是吴仪一早夭的未婚妻，谈则为吴仪一元配，钱宜则是续弦。三个女子，彼此从未谋面，但她们在豆蔻、碧玉、桃李之年华，皆如痴如醉地倾情于《牡丹亭》，而该书则是她们三人对《牡丹亭》的评点，具有较高的文献史料价值。而后世大多认为此书实为吴仪一假三妇之名代作，实为他自己对《牡丹亭》的评价。该书于康熙三十三年（1694）编成，洪之则为之跋，之则时年二十二岁，正值碧玉桃李之年。付梓前夕，吴仪一的第三位妻子钱宜虔诚地"至净几于庭，装递一册供之上方，设杜小姐位，折红梅一枝贮胆瓶中，燃灯，陈酒果为奠"。入夜，杜丽娘还真是在她梦中还魂了，栩栩如生。她在梦中惊醒后，为之描像一幅，并吟诗曰："从今解识春风面，肠断罗浮晓梦边。"

这次，洪昇与吴仪一纵谈《牡丹亭》，两人越谈越兴奋，每到此时，洪昇便灵感乍现，他认为《牡丹亭》之关键是在生死之际，"其中搜抉灵根，掀翻情窟，能使赫蹄为大块，逾糜为造化，不律为真宰，撰精魂而通变之……"语未毕，吴仪一大叫叹绝。洪昇还真是抓到了《牡丹亭》的精魂所在，这也是戏曲创作乃至一切文学艺术创作的"精魂"之所在，那就是一个"情"字。汤显祖若在九泉之下有知，一定会因有洪昇、吴仪一这样的隔世知音而欣慰。他在《牡丹亭》中就宣扬了情可以生、可以死的"至情"观念，正是这"至情"对洪昇接下来创作《长生殿》产生了至关重要的影响，他终于抓住了戏曲之精魂所在。从此，洪昇一直琢磨着一个"情"字，在这个琢磨的过程中，李隆基和杨贵妃之"至情"渐渐成为了他注目的中心。

第七章

多少尘劳事

一

康熙二十年（1681），洪昇受王泽弘之邀，护送仁孝皇后和孝昭皇后的灵柩前往京城东面的昌瑞山陵下葬。仁孝皇后即孝诚仁皇后（1654—1674），与康熙帝同龄，为康熙帝原配妻子，两人于康熙四年（1665）九月大婚，时年十二岁。仁孝皇后康熙十三年（1674）五月初三因难产崩逝，年仅二十一岁。孝昭皇后即孝昭仁皇后（1653—1678），比康熙大一岁，为康熙帝第二任皇后，康熙十六年（1677）八月立为皇后，不过半年，便于翌年二月崩于坤宁宫，年仅二十六岁。这两位皇后年纪轻轻便芳仪永谢，一直停灵至康熙二十年（1681）三月才入土为安，两位皇后梓宫一起葬入景陵地宫主陵，康熙帝遣皇太子胤礽率诸臣往祭，十九日正式启行，三月初七日到达景陵。

王泽弘时任翰林院侍读，为往祭诸臣之一。此时正值阳春三月，莺飞草长，王泽弘邀布衣洪昇一起护送灵柩，或是念及一介寒儒蛰居陋室，必是郁闷之至，因而借此带洪昇一起出来郊游散心。景陵为康熙帝陵寝，位于直隶遵化州（今河北省遵化市）西北七十里昌瑞山孝东陵之东稍南二里许，于康熙十五年（1676）二月破土动工，历时整整五载，于二十年（1681）二月竣工。不过此时，康熙帝尚年轻，而两位皇后先要入土为安，如此，景陵首创了先葬皇后，而地宫门不关闭，以待皇帝奉安的先例。去景陵，途经明陵，此时离明朝覆没已近四十年，天寿山麓的明十三陵只见野草疯长，杂树横生。洪昇触景生情，满目生悲，又加之入仕无望，前程渺茫，其郁积于胸中的悲凉之情一发不可收拾，一气抒写了《京东杂感》十首。在洪昇诗中，《京东杂感》堪称其巅峰之作，历来皆认为这是他最富有遗民情怀、寄寓兴亡之感最浓郁之作，几乎每一首皆为绝唱。他和杜甫一样，特别善于抓住细节来表现民生疾苦，如其一：

> 昨岁京东郡，灾伤剧可嗟。
>
> 草枯连赤地，城坏折黄沙。
>
> 巢燕全无树，流民只数家。
>
> 十年生聚后，可得盛桑麻？

　　一开篇便是一望伤目的灾伤，枯草，赤地，流民，连年的灾祸致使百姓流离失所，连燕子也找不到一棵完整的树来筑巢，而那些流民又该在何处安身？诗人哀苍生、忧黎元的情怀，较之以往愈加深沉痛切，这是对生灵涂炭的悲悯，更是对江山易代后淆乱乾坤的指斥。

　　又如其三：

> 雾隐前山烧，林开小市灯。
>
> 软沙平受月，春水细流水。
>
> 远望穷高下，孤怀感废兴。
>
> 白头遗老在，指点十三陵。

　　洪昇由"远望"切入"孤怀"，从荒烟蔓草到与岁月纠缠不清的雾，让他"满含故国黍离之思"，他蛰伏于内心深处的遗民情怀一旦被这悲凉的情景触发，顷刻间如冷却的火山熔岩一样又被激活，那兴亡之感又喷薄而出，哪怕隔着数百年，我也能感受到那凝固的空气中突然爆发的悲愤之声。

距十三陵不远便是八达岭长城，始筑于明朝弘治十八年（1505），素有"玉关天堑"之称，为居庸关的重要前哨，人道是"居庸之险不在关，而在八达岭"。为了加强对边关的镇守，北御鞑虏，明穆宗于隆庆二年（1568）将抗倭名将戚继光调来，先任神机营副将，后为总兵，镇守蓟州、永平、山海等地，又进封为右都督。戚继光镇守的蓟门固若金汤，北蛮数度进攻均被击退，于是北蛮转而进犯辽东，戚继光又率兵增援，协助辽东守将李成梁将其击退。戚继光不仅是一位战功赫赫的军事家，也是一位杰出的兵器专家和军事工程家，他改造、发明了各种火攻武器，还富有创造性地在长城上修建空心敌台，进可攻退可守，是极具特色的军事工程。而随着清朝入关，关内关外皆为大清帝国的版图，这一明朝的边塞重镇对于大清帝国已毫无战略意义，明朝的长城上已疯长着清朝的荒草，如明皇陵一样已是一片荒芜狼藉，那被风沙埋葬了大半截身子的长城，犹自奋力拔起的墙垛与烽火台，苔藓填满了墙壁的缝隙，那残壁颤巍巍地高悬着，随时都会塌下来。谁也不能挽留时光，这座边关如今看上去是多么虚幻，然而，当年那些为国戍边的将士，那些血肉之躯是真实地存在过的，哪怕时隔多年，你依然也能感受到他们的热血沸腾、壮怀激烈，这热情又终将以文字的力量爆发出来。如其五：

> 故国开藩镇，防边节制雄。
> 鹰扬屯蓟北，虎视扼辽东。
> 角静孤城月，旗翻大树风。
> 至今论将略，尚想戚元戎。

不能不说，与洪昇这样的人交游是非常危险的，他这诗中的每一句都非常危险，如"虎视扼辽东"，你这不是直接对着清朝而来的吗？

尤其是对民族英雄戚继光的慷慨悲歌，更是触犯了清廷的大忌，戚继光抵御的鞑奴是谁，被他屡屡击败的北蛮是谁？你这不是指着和尚骂秃子吗？而洪昇一旦悲情与诗兴大发，便再也控制不了自己，既不管自己还是一个国子监监生，也不顾及朋友的安危，在那个动辄大兴文字狱的时代，他这还真是不要命了。想那王泽弘若读到此诗，一定惊出一身冷汗。为此，王泽弘作为洪昇的长辈，也曾多次开导他，规劝他，如其《鹤岭山人诗集》戊午《赠洪昉思》：

> 守拙人不厌，周旋事每疏。
> 自得安命理，心志日以舒。
> 君才自绝俗，须用惊凡愚？
> 早岁多蹭蹬，逆境圣所居。
> 学道自信久，此身等太虚。
> 非独物我忘，亦且视听除。
> 万境虽屡迁，吾道终自如。

说来，王泽弘虽说举业顺遂，但官运不畅，他从顺治十二年（1655）登进士榜、授翰林院侍读后，直至康熙三十一年（1692）拜礼部左侍郎，在长达三十七年间几乎未见升迁，他这个官该做得多么有耐心。而他的心得就是"守拙人不厌，周旋事每疏"，他从不周旋于达官贵人之间，虽说没有人荐举提拔他，但凡事也没有什么疏忽，他这种"守拙"，既是安分守己，也是清贫自守，乃非一般的修为所能达到的境界，也可知他已达到佛道的境界，如此才能"自得安命理，心志日以舒"，如此日复一日地持守。他认为洪昇才华绝俗，何须与凡夫俗子一般见识，又何必像凡夫俗子一样追逐名利，无论你经历了多少蹭蹬蹉跎，这些逆境都是古今圣贤必然要经历的。他又自述自己"学道自信久，此身等太虚"，道如老子《道德经》所谓"道大而虚静"，"太虚"就是指老庄之道也。他以此开导洪昇，倒不一定要达到物我皆忘之境界，但至少可以做到眼不见为净，将"万境屡迁"沧桑变化看透，而吾道则可始终自如。透过这首诗，可见王泽弘入道之深，已入佳境，然而他至少官居六品，虽不显达，但衣食无忧。可怜洪昇，即便自己能饿着肚子修道，也可以做到眼不见为净，然而他又怎能眼睁睁地看着一家老小啼饥号寒？

当两位皇后的灵柩奉安之后，王泽弘又携洪昇往游盘山。"蓟北多山，山之胜，盘为最。"盘山位于今天津蓟州城区西北，古称盘龙山，因其盘薄蜿蜒，形无定向势如龙，故名。为了追踪洪昇的履迹，我也曾往游盘山，出蓟州城，远远就能看见那逶迤起伏的山影，如腾龙驾雾，盘亘于京东津北之间。又恰似渔洋诗之神韵，缥缈俱在天际。其实世间风景从来不是单纯的自然风景，诗文既得江山之助，而江山也须文人捧。凡天下名山，既要有人文地位，更要有政治地位。如号称"天下第一山"的泰山，自秦始皇开始一直到清代，历代帝王亲登泰山封禅或祭祀，素有"泰山安，四海皆安"之说，被古人视为"直通帝座"的天堂，它的存在，已远远超过了自然风景的意义，凸显了其"天下第一"的政治地位。盘山则被誉为"京东第一山"，作为风景名胜的盘山"始于汉，兴于唐，极盛于清"，这也是必然的，由于盘山离京师近在咫尺，既得地利，又得天地造化，也有极高的政治地位。据《盘山志》载，从魏武帝曹操登临盘山开始，唐太宗、辽太宗、辽圣宗、金世宗以及清代的康熙、乾隆等，历代帝王驾幸盘山，又有文武百官，文人墨客，善男信女，或入山览胜，或参禅礼佛，纷至沓来，络绎不绝。而对盘山的最高礼赞多出自天子之口，如唐太宗李世民东征凯旋途中驾幸盘山，就脱口而出："兹焉可游赏，何必襄城外。"

康熙帝一生曾九次临幸盘山，更凸显了盘山当时在天下名山中的特殊地位。如王士禛所云："海内言名山者，五岳之外，……自唐文皇驻跸兹山，辽金诸帝苾止不一。迫于本朝，翠华临幸再至……诸名岳莫敢望焉。"其所云"翠华临幸再至"，当指康熙帝巡幸盘山。而康熙帝之孙乾隆帝更是独钟盘山，一生巡幸盘山三十二次，还发出了"早知有盘山，何必下江南"之惊叹。入山之后，山中皆是乾隆帝御书之石刻石碑，在盘山保存完好、清晰可辨的两百多处各类石刻碑铭中，乾隆帝的墨迹就占了一多半，想来这位"揆文奋武，于斯为盛"的盛世天子，还真是精力充沛，难怪他能成为中国最长寿的皇帝，没有"之一"。不过他的一幅御书还真是把盘山写绝了："连太行，拱神京，放碣石，距沧溟，走蓟野，枕长城，盖蓟州之天作，俯临众壑，如众星拱北而莫敢与争者也。"

洪昇此行，作《奉陪王昊庐先生游盘山八首》，其一书写他们"问讯盘山路，乘春并马来"，其后则抒写他们渐入佳境。盘山以"三盘之胜"而取胜。盘山之上盘以松胜。洪昇在其二中惊呼"横枝迸石松，峰危敧紫盖"，又在其三中惊叹"当门一峰秀，绕磴五松寒"。这是惊险而又逼真的描述。盘山松多生长于岩石缝隙之中，凭雄伟险峻之山势，巍巍然而蟠曲翳天，那些独钟盘山者，甚至认为盘山松甲于黄山松，如晚清张之洞幕僚许同莘《盘山游记》云："黄山松著名天下，然唯生于悬崖绝壁者乃极神奇变化之能，不若盘山之松。"

盘山之中盘以石胜。盘山多巨石，又怪异神奇，相传为盘古在混沌中开天辟地时大荒之地，又有女娲庙证明是其"炼五色石补天"处。所谓"五峰八石"之八石，乃指悬空石、摇动石、晾甲石、将军石、夹木石、天井石、蛤蟆石、蟒石等八大怪石，海内称奇。共工怒触不周山，女娲炼石补苍天，这些巨石、怪石、顽石据说是女娲的补天石。《红楼梦》第一回就开门见山追溯石头之本源，原来娲皇氏炼石补天之时，于大荒山无稽崖炼成高经十二丈，方经二十四丈顽石三万六千五百零一块，娲皇氏只用了三万六千五百块，只单单剩了一块未用，便弃在此山青埂峰下。谁知此石自经煅炼之后，灵性已通，因见众石俱得补天，独自己无材不堪入选，遂自怨自叹，日夜悲号惭愧。这石头便是《红楼梦》的主人公贾宝玉了。而洪昇又何尝不是这样一块"自怨自叹，日夜悲号惭愧"的石头，也难怪蒙古族学者土默热认定他就是《红楼梦》的作者，洪昇的性情与命运与贾宝玉何其相似乃尔！

盘山之下盘则以水胜，水是最引人入胜的。洪昇从其二"微闻钟杳杳，渐近水淙淙"，深入云水之际，但见山中百泉奔涌，喷珠溅玉，水汽萦绕，烟岚迷蒙，置身于此山中，"似晴非晴，不雨是雨"，而"三盘暮雨"为津门十景之一。

盘山又以"五峰八石"而称绝，除了前文所述之八石，还有五峰攒秀。其主峰挂月峰，一闻其名就可想见其高耸之姿，其海拔八百六十米，这在濒海之地已是罕见的高峰了。围绕一座主峰，前拥紫盖峰，后依自来峰，东连九华峰，西傍舞剑峰，五峰攒簇，如众星捧月，亦如洪昇其五诗云："五峰争捧日，八石各生云。"

王泽弘携洪昇往游盘山，不只是为了遥望云海松涛，近观水石清奇，他还大有深意。中国古典士人大多集儒释道于一身，禅与道其实并非泾渭分明，如禅之定净与道之安静可谓异曲同工。释家佛，因为中国的道而生出了空灵的禅意或禅境。唐代时期兴佛教，盘山与山西五台山东西相呼，盘山以"东五台山"著称佛界。其最早的一座寺庙，为法兴寺，地处盘山东南麓中盘的开阔山坡上，始建于魏晋，据《蓟县志》载为当地最早的佛教寺院，也是天津最早的寺院。由于元朝崇尚道教，这座佛寺又辟为栖云观。直到元朝第四位皇帝元仁宗登极后，又降旨将栖云观恢复为僧院，更名北少林禅寺。仁宗尝谓："明心见性，佛教为深；修身治国，儒道为切。"这是一位通透明智的皇帝。明清两代，这里陆续建起云罩寺、万松寺、天香寺、天成寺、上方寺等七十二座寺庙，还建有定光佛舍利塔、古佛舍利塔、多宝佛塔等一百多座宝塔。"盘山佛刹如棋布"，成为香火鼎盛的佛家圣地。

这次，王泽弘带洪昇拜访了盘古寺的智朴和尚。"盘古寺"匾额为康熙帝御笔亲题。由于此寺建在盘山青杨峪，又名青沟寺或青沟禅院。智朴为盘古寺住持，号拙庵，集僧道于一身，世称拙道人，洪昇后来在诗中称他为"拙庵大师"或"拙公"。智朴不仅在佛道上造诣高深，亦有精深的文学艺术修养，工诗文，善绘画，多才多艺，著述颇多，且与康熙帝诗交甚深，更与当时的达官名士多有交谊。他后来撰有《盘山志》，录入了大量与诸友在盘山酬唱赠答之诗篇。王泽弘、洪昇与智朴于松荫之下布席而坐，谈禅论道，如沐春风，而洪昇与智朴还颇为投机。智朴又吩咐僧人在菜园子里随意采来新鲜得还带着雨露的蔬菜，留客用斋。又恰逢雨后初霁，山净林幽，一枝一叶皆洗净尘埃，清新绝俗，松鼠在密林中四处奔走跳跃，如此境界，令人不知不觉就淡忘了世俗中的一切，达到甘于淡泊、与世无争的忘机之境。这让洪昇的逸民情结又开始泛起荡漾，他对这种深山幽林中的佛道生活还真有几分羡慕，但他又有几分冷静的清醒，看这冰清玉洁的泉池，冷冽得连鱼儿也不生长啊。如《奉陪王昊庐先生游盘山八首》其四所述：

> 老僧解留客，随意供园蔬。
> 布席怜松荫，看山爱雨余。
> 林幽频窜鼠，池冷不生鱼。
> 同是忘机者，探幽纵所如。

洪昇虽以一句"同是忘机者，探幽纵所如"收尾，其实他依然难得达到"纵所如"的境界。王泽弘也同样达不到，他们只能带着满腹惆怅"驱马忽言归"，从俗世中来，回俗世中去，如他在其八最后写道："出山云远送，留客鸟迟飞。多少尘劳事，谁能便息机。"息机，出自《楞严经》，然而谁能息灭机心啊，放不下的终归是放不下啊，哪怕明知是一个生命难以承受之重的包袱，还是放不下。

我来盘山寻觅洪昇的踪迹时，"五峰八石"依旧在，然而那些佛寺古刹和皇帝的行宫早已荡然无存，日寇侵华时，曾将盘山划作"无人区"，盘山众多的佛寺和人文景观或毁于战火，或毁于日军的"三光"政策。一座盘古寺，在荒芜中尚能依稀寻觅到三百多年前的古遗址，而那几位曾经在此布席而坐、谈禅论道的人物，只能是想象中的存在了。

然而对于洪昇，谈禅论道又有何用，若要"忘机"，先要忘饥。洪昇绝非一个超尘出俗者，他这辈子活得很世俗，无论如何他也不能抛下一家老小而入山逃禅，这样的世俗其实是超然于逃禅之上的人间大爱。流寓京师的洪昇原本就为养家糊口而心力交瘁，自父亲遭"罹事得罪"之难后，他又承担起赡养父母的重任，在往后多年内他在京杭之间疲于奔命，遥负薪米。在洪昇自己的诗篇里，更是屡屡发出北往南归的悲叹，如《感怀》："妻子长安亲旧国，年年北往复南征。"又如《扬州客舍夜雨》："北往南归两行泪，谁能分寄大江流。"这悲苦的命运也让亲友们皆嗟叹不已，如洪昇的连襟陈讦尝作《寄洪昉思都门四首》，这当是洪昇穷窘艰辛之生活写照：

> 我忆长安客，飘零寄此身。
>
> 卖文供赁酒，旅食转依人。
>
> 八口家仍累，双亲老更贫。
>
> 多年遥负米，辛苦踏京尘。

陈讦（1650—1722），字言扬，号宋斋，海宁岁贡生，与洪昇、戴普成同为黄机孙婿，曾任淳安县教谕、温州训导。此人亦工诗文，著有《时用集》，其诗并传略入《国朝杭郡诗辑》卷五。但他更了不起的成就是精于算经，著有《勾股述》二卷、《勾股引蒙》五卷，主论四则运算，开平方，开立方，尤精于勾股算术与平面三角法。黄宗羲为之作序，并在序中大加赞扬。他在自序中云："读荆川《勾股论》，几不可以句，伏而思之……忽若有悟，因……述为勾股书。"陈讦以清初数学家而载入史册，其子孙皆精于算经，乃是清代一个特别难得的数学世家。

就在洪昇问道于盘山的当年十月中旬，清军猛攻吴三桂之孙吴世璠最后的盘踞地昆明，吴世璠凭借五华山天险与清军展开血肉互搏，最终弹尽粮绝，吴世璠拔剑自刎，妻子郭皇后投缳自尽，残部全部投降。至此，长达八年的"三藩之乱"终告平定，大清王朝至此才坐稳了江山。康熙二十二年（1683），南明永历三十七年，十二月，郑克塽降清，清廷收复台湾，一个在大陆和台湾用了三十七年的年号，随之进入历史。从此江山一统，奠定了清朝从稳定到兴盛的根基。直至第一次鸦片战争和太平天国运动爆发，在近两百年间，清廷再也没有遭遇足以撼动其社稷的内乱与外患。而康熙、乾隆二帝就执掌国柄一百二十余年，开创和打造出了康乾盛世，如《清史稿》所谓"励精图治，开疆拓宇，四征不庭，揆文奋武，于斯为盛"。

大清国运日益昌盛，而洪昇的命运却依然如其本性一样难以改变。

康熙二十一年（1682），洪昌夫妇双双客死他乡，洪昌卒时年仅三十五岁。至此，洪昇已经历三次丧亲的大痛，一次是舅父兼岳丈黄彦博病逝，一次是长女夭亡，还有这一次洪昌之死。洪昇对洪昌的感情之深，在其诗篇中屡有体现。关于洪昌的生平事迹，难以细究，他少时与洪昇一起读书，但无任何科举功名，从洪昇诗中看，他曾在京师滞留经年，亦有可能入读国子监，这只是猜测而已。而他与洪昇还真是难兄难弟，终其一生也是一介布衣寒儒。自洪昇从武康赴京后，未知洪昌夫妇是否继续留在武康，只知夫妇俩客死何乡，死时未有子女，且穷苦之极。而以洪昇自身的困境，还有家中父母的困境，均无力将洪昌夫妇俩的遗骸归榇钱塘，只能由当地的佛寺来收殓了。直到康熙三十八年（1699），在洪昌夫妇客死他乡十七年后，洪昇才将"暴骨在他乡"的弟弟和弟媳的遗骸迁回钱塘安葬。这又是后话了。

洪昇在丧弟的悲痛中挨过了一年，终于时来运转了。

二

康熙二十二年（1683）早春二月，洪昇往游苏州，拜谒了江宁巡抚余国柱。

余国柱（1625—1698），字两石，今湖北大冶人，幼有神童之名，顺治八年（1651）以甲科魁首举于乡，轰动湖广，顺治九年（1652）又登壬辰科一甲进士榜，入翰林院，后参与编修了《大清会典》《大清一统志》。余氏在朝为官三十六年，前三十年乃为清流，却难有升迁，后因迎合武英殿大学士、太子太傅纳兰明珠，时来运转，官运亨通，他于康熙二十年（1681）迁左副都御史，未久出任江宁巡抚。在其后数年里，他历任左都御史、户部尚书、吏部尚书，并于康熙二十六年（1687）二月拜武英殿大学士，至此已与明珠并为大清相国了。作为一位来自南方的汉族官僚，余国柱原本应该归入所谓"南党"，但他既得明珠之擢拔，又与明珠联手擅权，结为朋党，成为明珠一党（北党）的核心人物，人称"余秦桧"。关于南北党争，还有下文，这里只说洪昇此番拜谒余国柱，他应该不是贸然而来。一个巡抚大人不是谁想拜访就能拜访的，何况洪昇这样一个布衣寒士。余国柱能够接见洪昇，或是有朋友引荐，或是此前洪昇与余国柱已有交往。但他与余国柱到底是怎么结识的，又是何时结识的，也是一个历史之谜。亦有一说，洪昇尝为余国柱诗集作序。余国柱善诗，而洪昇早已"诗鸣长安"，这也是巡抚与布衣之间的一条纽带吧。余国柱不仅盛情款待了洪昇，而且出手大方，慷慨赠与洪昇白银千两。当时，官至正一品、从一品，岁支俸银一百八十两，一个教谕的岁俸不过三十一两银子，一个国子监监生每年才有八两例银，想想此时"穷斯滥矣"的洪昇，这一下子发了多大的横财？

洪昇喜出望外，心花怒放，当即便在苏州买了一个小戏子，一说是买了一个金陵小歌女，无论是苏州小戏子还是金陵小歌女，总之是洪昇在年届不惑时终于得享齐人之福，齐人有一妻一妾，洪昇终于也有了。《洪昇年谱》特载一笔：洪昇"谒江苏巡抚余国柱，以所获馈赠，娶妾邓氏。旋即北行"。

洪昇所纳之妾，为邓氏雪儿，时人称之为吴姬。又有一说，洪昇与梨园票友赵容升曾招来吴中名伶朱素月首徒邓小月，一同搬演《舞霓裳》一折《春睡》，洪昇在京再遇纳兰性德父子，但明珠却因为戏中一句话似有影射他和大学士索额图之间的明争暗斗而大怒。及后，洪昇与赵容升均认为《舞霓裳》并不是一曲成功之作，决定易稿创作《长生殿》传奇。这又是传奇中的传奇了。关于朱素月，曾随袁于令游西湖，洪昇十七岁时对他一见倾心，还给她写过隐含挑逗意味的情诗，如今朱素月已是徐娘半老，那么她这个首徒邓小月，是不是邓氏雪儿呢？这又只能存疑了。

洪昇初纳吴姬，一如当年新婚燕尔，贺者纷纭，连天子身边的红人高士奇也在诗中祝福洪昇。高士奇中博学鸿儒科后，没有像其他的博学鸿儒一样入翰林院编修《明史》，康熙帝特授高士奇为额外翰林院侍讲，旋又转侍读，充日讲起居注官，迁为右庶子、詹事府少詹事，康熙二十二年（1683）又被授为执事日讲官起居注。凡皇帝御门听政、朝会宴享、大祭祀、大典礼、每年勾决重囚及常朝，皆以日讲起居注官侍班。凡皇帝谒陵、校猎、巡狩皆随侍扈从，并按年编次起居注，送内阁庋藏。高士奇在追随康熙帝的鞍前马后时，仍不忘洪昇这个贫寒之交，每当洪昇出京游历或南归省亲，只要得闲，他也会把酒饯行。尽管两人过从不算密切，高士奇身居高位，在洪昇危难之际也从未施以援手，但他对洪昇落拓京师的命运亦颇了然。在《送洪昉思省亲》一诗中，他既道出了洪昇"谋妇曾无经岁粟，娱亲只有满筒诗"的穷窘，又祝福洪昇"杏花春雨江南路，好谱新声寄雪儿"，虽说不无朋友间的打趣，但还是挺真诚的。

> 陌上东风媚景迟，送君更醉酒盈卮。
> 侵襟野草催行色，聒耳山禽怨别离。
> 谋妇曾无经岁粟，娱亲只有满筒诗。
> 杏花春雨江南路，好谱新声寄雪儿。

在诸多恭贺洪昇纳妾的诗篇中，方象瑛更是妙笔生花，特作《洪昉思纳姬四首》。方象瑛在诗中还特意加注："姬吴人，善歌。"这个吴姬还真是天生一副好歌喉，且看其诗中绘声绘色的描述：

> 燕市行歌又几年，诗成惆怅落花天。
> 春来别有销魂处，不遣愁心入管弦。
>
> 寒士如何致异人，旅窗相对正芳春。
> 明珠百琲真豪甚，再莫人前道客贫。
>
> 吴娃生小学新声，玉笛银筝百啭莺。
> 莫笑钱塘狂措大，浅斟低唱不胜情。
>
> 才子风流倚画屏，一时名部擅旗亭。
> 从今度曲应无误，象管鸾笙细细听。

　　洪昇的另一位好友蒋景祁填词《拂霓裳·洪昉思初纳吴姬》以贺，他描绘了邓氏雪儿如仙似柳的容颜与风姿："姿神称婉娈，依约遇神仙，薄寒天，恰吴宫新柳未成烟。"又将笔触一转，提及黄蕙对这位小妾的态度："颇闻大妇，便瞥见，也生怜。"他似觉填词还未能尽兴，又作《洪布衣昉思》，这是一首五言古体长诗，叙述洪昇由纨绮子弟而沦落贫寒忧患之经历，其后又将笔触一转，描写洪昇纳妾后的幸福生活：

> 复求茂陵女，为之佐鬚巾。
> 丈夫工顾曲，《霓裳》按图新。
> 大妇调冰弦，小妇啭朱唇。
> 不道曲更苦，斯乐诚天真。

　　此诗还有不同版本，但大同小异，于中可见，洪昇的家境此时确有好转，只有不为衣食发愁了，一家人才有这样的闲情逸致，而洪昇与一妻一妾琴瑟和鸣，营造了一个殊为难得的艺术之家。而能歌善舞的雪儿，自然也会激发洪昇的才情与灵感，一如越剧《洪昇》剧情：雪儿款款吟唱，在洪昇蒙眬的醉眼中，恍若贵妃再生。这虽是戏剧情节，但蒋景祁却在此诗中透露了一个重要细节，据"《霓裳》按图新"推测，洪昇很可能正在修改《舞霓裳》剧本，并且有了新的构思计划，尽管此时离《长生殿》问世还有数年，但他正在向一部伟大的作品靠近，越来越近。又尽管蒋景祁在其词其诗中对洪昇颇有羡妒之意，还少有人像他这样在诗词中直呼洪昇为"洪布衣昉思"，但他也是洪昇难得的词中知音。

　　据《江苏诗征》所附传略，并参考其他文献，蒋景祁（1646—1695），字京少，一作荆少，宜兴人，一说为武进人，以岁贡生至府同知，举博学鸿儒科落选。蒋景祁与洪昇一样长年游食，一生落魄。他"笃学嗜书，不屑为章句之业，尤肆心风雅，于《花间》《草堂》盖兼综而务贯之"，很受王士禛赏识。洪昇既工诗，也善词，其词立意高妙，往往能从细腻处着笔，写出豪放壮阔、悲凉郁勃的篇章。

对于洪昇纳妾，在那个时代是很正常的，不纳妾反而是不正常的。洪昇之所以一直没有纳妾，只因他一直处于不正常的生活状态。若他没有迭遭"国殇与家难"，或能入仕走上一个士人该走的正途，他早就像他父亲一样纳妾了，他父亲也不会说半个不字。但此事也让后世对他的人品颇有微词。想想他妻子黄蕙，跟着他受了多少苦啊，如今忽然有了几个钱，他便急不可耐地纳妾，这让黄蕙情何以堪？不能不说，洪昇也有人性的弱点或局限。

走笔至此，又得说到洪昇在接下来的几年里创作的传奇《织锦记》（又名《回文锦》）和杂剧《天涯泪》，据章培恒先生推考，两剧皆作成于康熙二十四年（1685），均已失传。其杂剧《天涯泪》则"寓其思亲之旨"，据说是特意为思念其生母黄氏而作，但难究详情。关于《织锦记》在诸匡鼎辑《今文短篇》中收有洪昇的《织锦记自序》，于此可以猜测其剧情大概。这是东晋十六国时代的一个故事，洪昇在自序中开门见山交代了这是一曲因妒生祸的悲剧："尝读武氏《织锦回文记》，叙窦滔夫妇事。阳台之迁，因于若兰之妒。而连波之相弃，因于迁，亦因于妒。推原其端，岂非苏氏之首祸与？"这是一曲因妒生祸的悲剧，也是一曲乱世悲歌。男主人公窦滔，字连波，为东晋豪族世家子弟。而《织锦回文记》据说为武则天所作，记曰：窦滔"风神秀伟，熟通经史，允文允武，时论高之，符坚委以心膂之任，备历显职，皆有政闻，迁秦州刺史。以忤旨，谪戍敦煌。会坚克晋襄阳，虑有危逼，藉滔才略，乃拜安南将军，留镇襄阳"。又一说，窦滔原为东晋秦州刺史，当前秦符坚攻占秦州后，闻知窦滔深为百姓拥戴，为安抚民心，便让窦滔保留原职，却担心窦滔身在曹营心在汉，几个曾被窦滔申斥过的下属便趁机谗构窦滔密谋造反，符坚原本就有疑心，随即便下令将窦滔抄没家产，发配沙州（今敦煌）服苦役。过了七八年，窦滔依然杳无音信，窦滔之妻苏蕙便将对丈夫的思念写成一首回文诗，用五彩丝线绣在锦帕之上，这就是流传千古的《璇玑图》。

但据《织锦回文记》，却是另有隐情："苏氏，陈留令武功苏道质第三女也。名蕙，字若兰。识知精明，仪容秀丽，谦默自守，不求显扬。

行年十六归于窦氏，滔甚敬之，然苏氏性近于急，颇伤嫉妒。……初，滔有宠姬赵阳台，歌舞之妙，无出其右，滔置之别所。苏氏知之，求而获焉，苦加捶辱，滔深以为憾。阳台又专伺苏氏之短，谗毁交至，滔益忿苏氏焉。苏氏时年二十一，及滔将镇襄阳，邀苏氏同往，苏氏忿之，不与偕行。滔遂携阳台之任，绝苏氏音问。苏氏悔恨自伤。因织锦为回文，五彩相宣，莹心耀目，纵横八寸，题诗二百余首，计八百余言，纵横反复，皆成章句。其文点画无缺，才情之妙，超古迈今，名曰《璇玑图》。"这才是洪昇采纳的故事，并以此编织剧情。由于苏蕙对窦滔之妾阳台充满妒恨，"苦加捶辱"，窦滔已经很遗憾了，又加之阳台谗毁交至，窦滔就更恼火了。但窦滔还很顾大体，他赴襄阳镇守时恳切邀苏蕙同往，而"苏氏忿之，不与偕行"，窦滔无奈之下，也就只好抛下正妻偕妾侍阳台而往了。苏蕙追悔莫及，才别出心裁作《璇玑图》，而窦滔"省览锦云，感其妙绝"，一边劝告阳台不要再抱怨妻子，一边"邀迎苏氏，归于汉南，恩好愈重"，终归于大团圆的结局。

此剧作于洪昇纳妾之后，难免让人猜测洪昇或是深有感触而发，莫非这苏蕙之妒就是黄蕙之妒？阳台之馋便是雪儿之谗？而洪昇后来在《长生殿》中，对杨贵妃之妒也是曲尽其妙，刻画得特别传神。对《织锦记》一剧，还有很多诠释空间，如章培恒先生在《洪昇年谱·前言》中指出，洪昇自小受封建理学的熏陶，有着强烈的忠、孝、节、义观念，"在这些观念支配下，洪昇还存在着严重的夫权思想"，"洪昇认为女子只是男子的附属品。他的《织锦记自序》，对窦滔娶妾而遣弃妻子苏若兰的行为，完全归罪于若兰：'及连波将镇襄阳，邀其同往，而若兰忿忿不肯偕行，倡随之意何居？则连波未尝不笃结发，而若兰可谓大乖妇道矣……夫妒而得弃，道之正也。'又说：'嗟乎，古今女子有才如若兰者乎？于其妒也，君子无怨词。怨不敢怒，悔深次骨，而后曰可原之矣。则惑于阃教有小补与？'这就是说，女子必须遵守'妇道'，成为男子的驯服奴隶，连要求丈夫对自己有专一的感情，不满丈夫娶妾，都是不容许的。无论女子怎样有才能，只要在这方面稍有违反，就是不可宽恕的，因此而被遗弃，则是天经地义的事。他所维护的'阃教'，正是残酷地迫害妇女的封建道德"。

　　章培恒先生指出了洪昇的时代局限性，由于《洪昇年谱》是章培恒先生在"文革"前作成，又于一九七九年首次出版，其间经历了一个特殊的时代，也难免带有时代的局限性。不过，对章先生的观点我是基本认同的，在洪昇看来女子连嫉妒的权利也没有，声言"妒而得弃，道之正也"，这对女子既不公平也很残忍。而黄蕙作为他的妻子，对他纳妾难免会有天性中的妒意，但也只能服从他的"夫权思想"，甘愿作为他的附属品了。而那个邓氏雪儿，无论洪昇对她如何娇宠，也只不过是洪昇的附属品而已。

三

　　在《长生殿》诞生之前的数年里，洪昇一边创作诗词戏曲，一边与京师文学圈和江南文学圈交游唱和。从康熙二十五年（1686）至康熙二十六年（1687），洪昇在回杭省亲的往返途中，遍访故人，结交新友，这是一次长达两年之久的文学交游。不过，在他出发之前，甚至更早之前，他已经为自己接下来的灾难埋下了隐患。

　　据《洪昇年谱》，康熙二十五年正月，洪昇"与钱钰同观灯。时将回杭省亲，兼以作别"。那么，这个钱钰又是何许人也？据《清史列传》，钱钰（亦作钱珏），字霖玉，号朗亭，浙江湖州长兴人，康熙十六年（1677）由举人授陕西泾阳令，在任期间，疏浚郑国渠，溉田万顷，擢为广西道监察御史。监察御史在行使职责时是可以超越地域的，只要发现案情随时随地均可上本劾奏。康熙二十四年（1685），钱钰弹劾山西巡抚穆尔赛，九卿议处时考察他功高位重而下不了手，康熙帝严厉地斥责说："穆尔赛身为大吏，贪酷已极，秽迹显著，非用重典，何以示惩？……治天下以惩贪奖廉为要，贪婪者惩一以儆百。"遂依据法律严惩了穆尔赛。钱钰扳倒了一个巡抚，一时间名声大噪，也为康熙帝所器重，特擢左佥都御史。从历史事实看，穆尔赛犯贪酷罪乃是铁证如山，这是清廷在反腐肃贪中打掉的一个大老虎。然而，这样看未免又过于简单，而政治远比人们想的要诡谲而复杂。若从南北党争看，很明显，穆尔赛为北党，钱钰为南党，至少在北党看来，这是南党对北党的公然发难。

洪昇乃是远在江湖的一介布衣，手无寸权，做梦也没有想到会蹚进这一潭浑水。而南北党争迷障重重，百端交构，他又怎能知道其间的山高水深？但他在旅食生涯中又难免搅和在南北两党之间，他既与北党人物有往来，如前文所述，他曾受北党核心人物余国柱慷慨赠与的白银千两，对余氏打心眼里感恩戴德。而他既为南人，对所谓南党自然有一种天性的亲近，亦以文相亲。当然，他对清廷反腐肃贪也是竭诚拥护的，对敢于弹劾贪官、扳倒穆尔赛这个大老虎的钱钰钦佩有加。未知洪昇何时与钱钰结交，但从两人相偕元宵观灯可知，乃是素交。此时钱钰已授山东巡抚，即将赴任，这次观灯，也是"兼以作别"。不过，两人很快又在济南见面了。洪昇于二月初回杭省亲，途经济南，顺道拜访了钱钰，并作《赠朗亭侍御》二首，其二有"正忆春灯燕市别，濯缨湖上又逢君"之语。诗中除了叙及两人的交游，更多是对钱钰的礼赞："梧垣柏府漫婆娑，仗马寒蝉奈若何？天上凤凰鸣晓日，泽中鸿雁浴清波。"他对钱钰如此赞许，虽说不乏私谊的因素，但应该说无关南北党争，而是从自己的爱憎或正义感出发。而其二还有"一岁三迁出抚军""政在弦歌客自闻"等语，说的是钱钰一年之内从御史特擢左佥都御史，又被任命为山东巡抚，这在仕途上也是一个非凡的奇迹了，一个八品监察御史，在一年之内竟然超升为封疆大吏，洪昇虽是一介不问政事的布衣，对钱钰的政声也是"政在弦歌客自闻"。

特别值得一提的是，洪昇在离京返杭之前，还作了《长安》一诗："棋局长安事，傍观迥不迷。党人投远戍，故相换新颜。"这又表明，他对于南北党争虽说是雾里看花，但凭直感，他对统治集团内部的勾心斗角、相互倾轧与朝政翻覆是很反感的，甚至还有相当清醒的政治头脑，他已经洞察了，在最高统治者的棋盘上，无论南党北党，其实都是进行权力博弈又乐此不疲的棋子。这也被钱钰的命运验证了。康熙三十年（1691），钱钰又遭"北党"弹劾，也因徇私而遭罢黜。这是后话，但无论是钱钰还是洪昇，皆已提前埋下了后患。

洪昇辞京南还时，还有诗歌寄季弟中令。自遭"天伦之变"后，洪昇和仲弟洪昌便与父母别居，家中只留下季弟中令和两个妹妹。说到洪昇那两个庶出的妹妹，都十分聪明美丽，能诗善词。洪昇从小经常和她们在自家的花园中玩耍，兄妹感情笃深。洪昇在诗中赞美她们"霜管花生艳，云笺玉不如"。在洪昇被逐出家庭后，两个妹妹相继出嫁，或因所托非偶，又双双沦入红颜薄命的遭遇，早早便悲惨地死去了。对两个妹妹生前惨遭折磨的痛苦生活，洪昇早已知晓但爱莫能助，他在诗中曾述说自己"自闻《吟柳絮》，畏作大雷书"的无可奈何心情。"大雷书"是用李白之典，意思是写给妹妹的书信。意思是，他读了妹妹的《吟柳絮》词后，由于内心沉痛，又无法安慰，更无力帮助，所以害怕再给妹妹写信，其内心之苦痛简直无以言表。他也因此而终生痛心疾首，直到晚年，还悲吟"哭弟悲无已，重经两妹亡"的诗句。

从洪昇《寄中令弟》诗中看，中令当时也不在钱塘家中，而在北方谋生，那么家中就只有几个老人了。尽管洪昇的生存境况已有所好转，但念及客死他乡的仲弟洪昌夫妇，撒手人寰已历五载，如今两口薄棺还寄放在远离故乡的僧庵里，又悲从心来，哀生涯之艰苦，叹世路之险巇，依然备感前程之黯淡。

　　尔谋室家仍依北，吾省延阄独向南。
　　艰苦生涯曾遍历，险巇世路定多谙。
　　关山相望双游子，风雪恒饥二小男。
　　痛汝仲兄漂泊死，二棺五载寄僧庵。

洪昇在南归途中经过扬州，其挚友汪鹤孙（汪雯远）也在扬州。汪鹤孙于康熙十二年（1673）中进士、选庶吉士后，未知其仕途如何，据《洪昇集》刘辉笺校：其"少无宦情。虽早入词馆，旋请假南旋。曾两次迎康熙南游浙江。年臻七十，殁于江都。归葬西湖鸡笼山。著有《延芬堂集》，今存"。据此推测，汪鹤孙很可能在"请假南旋"后就再也没有出仕，因而"少无宦情"。而江都，即今扬州市江都区，项羽当年欲在广陵临江建都，始称江都。汪鹤孙可能归隐于此。洪昇"往访汪鹤孙，并示以所制新乐府。鹤孙有《洪昉思见访淮扬，出所制新乐府见示》，诗云：

> 暂驻行骖把酒卮，探囊披锦读新词。
> 应嫌梦得才情少，但解灯前唱《竹枝》。
> 对酒当歌意自真，比来狂态更无伦。
> 平生何事称同调，本色文章澹荡人。
> 朱邸论交竟若何，闭门还听雪儿歌。
> 自翻新调教摹写，俗本偏嫌衬贴多。
> 夙夕穷研在词赋，壮心徒耗苦难成。
> 直拟低头拜东野，岂论年长合称兄。

这是一首不可忽视的诗，这与诗歌艺术无关，只因其中透露了一个不可忽视的细节，那就是拿给汪鹤孙看的新制乐府。乐府是一种带有音乐性的诗体名称，如两汉乐府诗，到后来，文人将凡套用歌词体式之不入乐的诗、词、曲亦皆名之为乐府。而汉唐乐府即开始采用梨园戏的台步身段，运用南音唱腔，已近乎于戏曲。至于明清，歌曲、散曲、戏曲皆称乐府，乐府已成为一个混用或泛用的名词。那么，洪昇所示之新制乐府，很可能就是他正在修改的《舞霓裳》，或其中的词曲。另外，汪鹤孙还在"岂论年长合称兄"一句中加注："余长昉思二岁"，这也是笔者确定汪鹤孙生年的一个确凿证据。

洪昇于三月抵杭，"常下榻于友婿戴普成家，相与论诗"。友婿，即连襟，洪昇与戴普成皆为黄机孙婿。戴普成，字天如，仁和人，生平未详。据其《〈稗畦集〉序》云："洪昇昉思，与余同为黄文僖公孙婿友也，以齿与材实先后进也。洪君长余十五岁，工为诗辞，声闻满天下。余从事举子业，拘拘然不能自出。"其时，戴普成方与洪景融、朱溶和朱沛霖兄弟等共辑《感应篇》《经史考》，洪景融，字润孙，为洪昇堂叔或族叔，自然早已相识。而洪昇与朱溶还是初次结识，但两人并未一见如故，每相见也是"一揖而已"。当时朱溶正埋首经史，无心于诗，洪昇则与戴普成、陈讦等三连襟共泛西湖，入夏后又赴嘉兴会友，并于秋后往游衢州，直至冬日回杭，因而与朱溶在初识后的大半年时间里一直未有深交。

洪昇往游衢州，往返历时数月，其所作《衢州杂感十首》《江行杂诗四首》等，皆为其重要诗篇。衢州地处钱塘江上游，南接福建南平，西连江西上饶，素称浙西重镇，"东南有事，此其必争之地"，史上有"守两浙而不守衢州，是以浙与敌也；争两浙而不争衢州，是以命与敌也"。自春秋战国以降，衢州曾发生过数以百计的战争。康熙十三年（1674），耿精忠兵分两路进攻衢州，李之芳以兵部侍郎总督浙江军务，率清军同耿精忠叛军混战三年，经大小数十战，衢州始终未被攻陷，一座柯城如铁打的江山。柯城乃是衢州的中心城区。当时衢州搬演了一出传奇《铁柯城》，就是李之芳指挥衢州保卫战的"英雄赞歌"。然而一将功成万骨枯，衢州百姓为此付出了惨重的代价，而双方死于战乱的官兵更是积骨盈山。洪昇往游衢州时，犹见乱后荒垒，白骨森森。洪昇对于清廷剿平"三藩之乱"一直是竭诚拥戴的，这是因其看到了战争的残酷，如《衢州杂感》其五：

> 巉岏岭势矗仙霞，阻遏妖氛建虎牙。
> 障日丛篁劣容骑，连云列戟不通鸦。
> 居人乱后惟荒垒，巢燕归来止数家。
> 一片夕阳横白骨，江枫红作战场花。

洪昇每兴天下之悲，必会黯然自伤。随着天下平定，此时洪昇的生活境况确已有所好转，但他毕竟还是一介布衣，其"拜郎"之念依然没有破灭，却也越来越渺茫，他依然在进取与放弃之间摇摆不定，这在他的诗中多有反映，又如《衢州杂感》其九：

城荒孤树立云根，水退清溪露石痕。

鼓角秋风寒似塞，牛羊落日废如村。

漂零自分儒生贱，干谒方知长吏尊。

那得为农成独往，瓦盆盛酒对儿孙。

直至冬天，洪昇才从衢州返归钱塘，适逢黄机病逝。黄机自顺治四年（1647）中进士，屡官至光禄大夫、文华殿大学士兼吏部尚书，直到康熙二十二年（1683）辞官归乡。其生前位极人臣，死后哀荣隆重，去世后，又赠太傅、太师，谥文僖，赐祭葬于灵鹫山金墩武林白乐桥之南。黄机亦工诗文，著有《泡露堂诗文集》，但影响不大。而黄机身居高位，无论在洪昇贫至断炊之际，还是洪父遭遇危难之时，均未见其眷顾垂爱，更未见其假以援手，这让洪昇难免心寒。洪昇诗中颇多怨言，虽不一定是针对黄机而发，从黄机去世时他没有以诗兴悲，也可窥见他的心态。

洪昇这次回到钱塘后，朱溶已将《感应篇》《经史考》两书编成，有了余暇，洪昇乃以近作示朱溶，而朱溶一下就被其诗给镇住了，"溶大惊服"，直呼相识恨晚。洪昇又"乞溶删定其诗。又以诗赠朱溶，于其气节颂美甚至"，两人遂成莫逆之交。据朱溶在《〈稗畦集〉序》云："余雅闻昉思名，然方事探纂，未尝与昉思论诗，昉思亦未尝以问予。每相见，一揖而已，睆睆然不相知也。余辑是书讫，昉思返自衢，偶出近作，余大惊曰：子之诗乃至是，何相识之晚耶！昉思因倾箧相视，余诵之三四，不自知首之俯于地也。"

朱溶，字若始，号邃庐，华亭诸生。华亭为松江的古称，今上海松江区。据《松江府志》《江苏诗征》等载，其家族于"三吴颇著"，世称朱、张、顾、陆。其父朱士鲲，明末以明经谒选，知武宣县。明经乃是在科举正途之外选举官员的特科，被推举者须明习经学，故以"明经"为名。武宣县，今为广西来宾市属县，当时还是"南荒僻远"之地，在清朝入关后的数年里，仍为南明所掌控。朱士鲲忠于所事，兢兢业业，又迁南明史科给事中。其子朱涴则任北流知县。顺治九年（1652），清军攻入广西，朱士鲲、朱涴父子并阖家上下三十余口"俱殉节于北流之黎村"。朱溶"徒步七千里"搜寻父兄及家人之遗骨，"卒不得，遂恸哭归"。朱溶因而发愤著《忠义录》，今存。朱溶为此而呕心沥血三十年，将明末殉难死国的忠烈——搜寻记录在案，可谓是一本历史的血水账。在书成之后他还颇有遗憾，据朱溶《忠义录·凡例》云："……然足迹不能周遍，其间多所疏略。要之，当一日未死，一日求问。"其志皎然，此遗民之志，远胜于洪昇的遗民情怀。当时名士争工诗词，史才绝少，而朱溶则潜心史籍，编撰《忠义录》，还有《表忠录》《隐逸录》等，填补了历史的诸多空白，连奉命纂修《明史》者，也不能不"采择"朱溶所撰之史籍。毛奇龄为《忠义录》作序，称其"间尝厕史馆，编纂前代史文"，"北南丧乱，有相继死其事者，每忆而书之，久之成帙，曰《忠义录》"，并指出《忠义录》为清修《明史》所"采择"。

朱溶不仅是一个钩沉稽古、发微抉隐的史家，对诗论亦有发微之功、阐释之妙。朱溶《〈稗畦集〉序》中对洪诗的解读与评价，笔者在《诗鸣长安》一章中已有援引，乃是超乎其他人的独到领悟，他也堪称是洪昇真正的知音。洪昇得朱溶、戴普成之助，着手编订其第二部诗集。自《啸月楼集》问世后，已历十余年，这十余年正是洪昇诗歌创作的井喷时期，日积月累已超过千余首，而这些诗稿大多被洪昇装入箧中，随身携带，若不结集付梓，若遇不测，极易散佚。这部诗集最终由朱溶、戴普成为之编定，名之《稗畦集》。未知洪昇何时自号稗畦，所谓稗畦，乃是稗田，稗子乃是混生于稻子间的一种形似稻禾的杂草，古人所谓的"败家子"，据说就是从稗子而来。此物与稻子争水争肥，却是百无一用，而百无一用是书生，正是洪昇这种不务正业的书生。洪昇以稗子自谓，倒也恰如其分。

岁月辗转，又是一年，《稗畦集》编成时已是康熙二十六年（1687）。是年二月，余国柱拜武英殿大学士，而清廷臣僚营私结党之风甚炽，督抚无不与部院堂官营求结纳，部院堂官又各援引亲戚，结为朋党。但洪昇对余国柱的慷慨相助充满了感恩，兴许也有心攀附这位大清相国而圆

其"拜郎"之梦,于是赋诗一首,《寄大冶余相公》:

> 前春定省出长安,八口羁栖屡授餐。
>
> 才拙敢言知己少,身微真愧报恩难。
>
> 争传晏子彰君赐,谬荷姬公待士宽。
>
> 总将孝思能锡类,庭闱聊尽彩衣欢。

从诗中可以看出,余国柱对洪昇的资助并非一次性的,其入京为官后,对洪昇一家还多有资助。洪昇不仅将余国柱引为知己,对其慷慨相助感恩戴德,更把余国柱比之为齐相晏子和周公姬旦,赞之如此已无与伦比。这首诗也收入了《稗畦集》中,可见,无论是洪昇,还是朱溶、戴普成,在当时都还难辨世事。说来,还有两个耐人寻味的细节:一则是,此次结集,洪昇未将其《京东杂感》十首编入,这当是洪昇基于现实的审慎;二则是,在编选《稗畦集》时,选录了不少洪昇青少年时代的诗作,有的原已编入《啸月楼集》,但在这次结集时,洪昇遵从朱溶的意见,将那些"歌咏功德"的颂圣之作,包括那首被陆次云赞为"有才如此,良足黼黻盛世"的《黄大司农御前作字歌》,"悉皆删去",一首也没有编入。如朱溶《〈稗畦集〉序》所云:"顾以为欲传世行远,宁严毋宽,宁少毋多,乃痛删削。茫昧如余,亦时时与商榷。凡千余篇,仅存如干首。"此事虽说是朱溶操刀,但还须经洪昇首肯。这也可以看出,洪昇还是在取舍上很清醒的,他也顾及身后之名。不过,当白纸黑字一旦付梓,就再也难以抹杀了,而洪昇那些肉麻的阿谀之作,迄今也是洪昇无法"悉皆删去"的耻辱。

这年夏天,洪昇往游江阴。其时,陆次云知江阴,洪昇寓居陆次云处。此前,洪昇也曾客游江阴,此次江阴之游,故友新朋相聚甚欢,洪昇与当地文士盛树廉、朱廷铉、陶孚尹、徐希陶、孙雪亭等诗酒宴游,参与五峰文酒之会,并时常登临君山,俯瞰长江。君山乃是江阴城北郊的一座锦屏似的小山,原名瞰江山,长江下游从其北麓流过。相传战国末年,楚相黄歇为楚国权臣李园所杀之后,葬于此山西麓。黄歇号称春申君，与魏国信陵君魏无忌、赵国平原君赵胜、齐国孟尝君田文并称为"战国四公子"或四君子，吴地百姓为纪念春申君，将此山改名为君山。洪昇凭吊遗迹，悲慨身世，作有《与盛靖侯、朱近庵登君山》一诗，这不是一般的纪游之作，乃是洪昇诗作中的名篇：

> 君山北峙长江尾，滚滚寒潮日夜来。
> 青霭销时郊树出，白云断处海天开。
> 登临有伴扪萝葛，凭吊无端哭草莱。
> 莫问侯门珠履事，残杯冷炙是怜才。

盛靖侯，即盛树廉，字靖侯，博学能文。康熙十一年（1672）举人，曾任滁州、扬州学博。清沿唐制，府郡置经学博士各一人，即学博，掌以五经教授学生。盛靖侯既"勤勤于课士"，又"性耽山水，客至辄载酒出游"。

朱廷铉，字玉汝，号近庵，康熙八年（1669）举人，二十一年（1682）进士，官至大理寺少卿。在其《赠洪昉思》诗中，对洪昇诗颇为推崇，笔者已在《诗鸣长安》一章中述及。

洪昇此次客游江阴，既与邑中名士情趣相投，又加之"次云甚优礼之"，他还真是乐不思蜀了，一直逗留了半年之久，眼看年关将至，他就留在江阴过年了。除日，陆次云生怕冷落了这位好友，与洪昇同登江阴君山。但洪昇返回客舍后，在除夕守岁之时，眼看别人阖家团聚，而自己却客居他乡，既没有在钱塘陪侍父母，又把家小撇在京师，他又兀自伤感落泪了，因作《丁卯除日客舍作》：

> 江城腊雪换春风，旅鬓偏惊岁又终。
> 涕泪两行孤烛暗，梦魂三处一宵通。
> 白头堂上思游子，黄口天涯忆病翁。
> 底事飘零久离别，每当除夕恨无穷。

康熙二十七年（1688）正月，四十四岁的洪昇顶着一头苍苍白发开始北征，沿途他又拜访了多位文朋诗友，抵京时已是四月。此次长达两年的文学交游也告一段落。这次文学交游，洪昇不知不觉扮演了一个沟通京师和江南南北两地文学圈的"文学大使"，而在江山一统后，大清帝国正日渐走向兴盛，由此促成文学乃至文化也日渐走向繁荣。如今有学者认为，洪昇这两年多的交游进一步拓展了他的视野和心胸，但从接下来的事实看，此言又是想当然的臆想了，洪昇依然是一心想要"拜郎"，此念较之以往甚至更加迫切和直露。是年二月，李天馥由礼部侍郎擢升工部尚书。入京前，洪昇便以诗寄李天馥，即《上合肥李尚书》：

> 卿贰优游已十春，一朝曳履上星辰。
>
> 帝言李峤真才子，世信温公是正人。
>
> 三惑已祛无俗累，四知常凛忘官贫。
>
> 退朝还有承颜乐，昼锦堂中白发亲。

此诗一开篇便是祝贺李天馥升官，所谓"卿贰"，乃是次于卿相的朝中大官，即二品、三品的京官，因特成一个阶级，称为"卿贰"。而李天馥自康熙十六年（1677）八月擢内阁学士兼礼部侍郎，在这个位置上已十余年，如今终于官拜尚书。所谓"曳履"，典出《汉书》，汉哀帝时，郑崇为尚书仆射，以公正刚直闻名。郑崇曳革履上朝，汉哀帝一听到脚步声就知道是郑崇来了。上笑曰："我识郑尚书履声。"后以"尚书履"代指尚书的官职。而李天馥不只是官拜尚书，亦如郑崇一样以公正刚直闻名，洪昇也祝愿他继续高升，像唐中宗朝三次拜相的李峤一样。李峤少有才名，十五岁精通《五经》，二十岁中进士，以文辞著称，乃是武则天和唐中宗时期的文坛领袖，及后，唐玄宗尝谓："李峤真才子也！"洪昇又将李天馥比之司马温公（司马光）那样的正人君子。又言李天馥"三惑已祛"，佛家天台宗尝谓一心三惑，三惑又云三障，台宗将烦恼分为见思惑、尘沙惑、无明惑等三种，故必须修三观才能断三惑，而李天馥"三惑已祛"，三观已修，乃是再也不为世俗所累之高人也。诗中又称其"四知常凛忘官贫",所谓"四知",即东汉贤臣杨震所谓的天知、神知、我知、你知。据《后汉书·杨震传》载,杨震直到五十岁时才迁为荆州刺史、东莱太守。他在荆州刺史任上,曾荐举州中茂才(秀才)王密任昌邑县长。及后,当他前往郡里路过昌邑时,王密在夜里给他送来了十斤黄金。杨震说:"故人知君,君不知故人,何也?"意思是,作为老朋友,我了解你,你为什么不了解我呢?王密说:"暮夜无知者。"杨震说:"天知,神知,我知,子知。何谓无知!"一句千古警策,于此脱口而出。后世皆借此典,形容居官而心存敬畏,廉洁自持,不受贿赂。洪昇以此赞誉李天馥,李天馥也确实当之无愧,就在他刚升户部左侍郎时,有人向他行贿,天馥斥之曰:"吾一日在部,汝曹无望兹事之行也!"他的刚正威严,令人为之变色,皆缩手相戒。而他一生为官杜绝苞苴,严峻一无所私,铨政称平,可谓典范。此诗末后,则是对李天馥恪尽孝道的礼赞。李天馥乃是一个至孝感天大孝子,对母亲瞿氏非常孝顺,一直奉侍于北京府邸,退朝之后则在母亲膝下承欢。

笔者之所以对此诗详以解读,只因章培恒先生认为此诗"有乞求援手之意",这还真是难以看出,洪昇从头到尾都是对李天馥的礼赞和祝福,并无乞求援手之意。不过,洪昇还作有一首《奉寄少宰李公》,所谓少宰,宋徽宗政和年间曾改尚书左仆射为太宰,右仆射为少宰。而明清常用作吏部侍郎的别称。这就意味着,洪昇作此诗时,李天馥还在吏部侍郎的任上。此诗不只有乞求援手之意,几乎是在苦苦哀求李天馥:

> 忆到龙门十四年,二毛依旧一青毡。
> 鲤庭又见栽桃李,马帐虚陪听管弦。
> 卧雪荒凉羁北地,望云辛苦向南天。
> 平生自负羞低首,独冀山公万一怜。

这里不妨以大白话的方式来直抒洪昇之胸臆:恩公啊,我追随您已经十四年了,如今头发白了一半,还是一介青毡布衣,眼看您又在鲤庭栽培桃李了，而我犹在马帐虚陪末座，只能听着别人弹奏管弦。这么多年来我也像卧雪的袁安一样啊，仰慕您如仰望白云。我平生自负，从来羞于低头求人，唯独想要得到您的垂怜啊！——这首诗无一句没有出典，二毛，头发斑白，黑白参差，常用以指老年人。《左传·僖公二十二年》有"君子不重伤，不禽二毛"；鲤庭，典出孔鲤"趋而过庭"，孔子教训他要学诗、学礼；马帐，据《后汉书·马融传》云："融才高博洽，为世通儒，教养诸生，常有千数……常坐高堂，施绛纱帐，前授生徒，后列女乐，弟子以次相传，鲜有入其室者。"后因以"马帐"指通儒的书斋或儒者传业授徒之所；卧雪，据唐李贤注引《汝南先贤传》："时大雪积地丈余，洛阳令自出案行，见人家皆除雪出，有乞食者至袁安门，无有行路。谓安已死，令人除雪入户，见安僵卧。问何以不出。安曰：'大雪人皆饿，不宜干人。'令以为贤，举为孝廉。"后因以"卧雪"为安贫清高的典实；山公，即山涛，西晋建立后，升任大鸿胪，历任侍中、吏部尚书、太子少傅、左仆射等职，以选贤任能而著称。洪昇既自比清高的袁安，又将李天馥比之山涛，其意昭然，他几乎是在苦苦哀求李天馥：恩公啊，看在我追随您十四年的情分上，别把我冷落一旁而弃之不用啊！

洪昇不只是向李天馥乞求援手，他还想攀上一棵更大的树。抵京后，他又以诗《上真定梁相公》：

> 微才那解学干时，空向长安寄一枝。
> 声誉每教流俗忌，疏狂窃喜正人知。
> 六卿半历清标者，三事初登沛泽垂。
> 此日扫门多远客，自怜十载漫追随。

梁清标于本年拜保和殿大学士，此诗当作于梁清标拜相之初。这首诗虽说不像《奉寄少宰李公》那样苦苦哀求，多少还保存了一点文人的自尊和矜持，却也是乞求梁清标看在他追随十年的情分上，对他施以援手，而洪昇对仕途的渴求一直抱有某种不乏天真的投机心理，总以为，他结交的这些贵人只须举手之劳，就可以改变他的命运。这自始至终都是他的奢望而已。洪昇除了一个"国子监肄业"的身份，连个诸生功名也没有，若要"拜郎"，唯有得到天子特擢（破格任用）。这也是那些举业难遂者特别渴望的"不拘一格降人才"，而康熙帝偏偏又是个特别讲规矩的皇帝，即便诏征博学鸿儒科也是因循唐宋之制，而他终其一生，除了对孔尚任等圣人后裔予以特擢之外，在取士上绝少打破常规，无论科举有多少弊端，对于天下士子毕竟是最公平的制度。而就在洪昇向李天馥、梁清标乞求援手时，他的表弟翁嵩年、友人陆寅皆登戊辰科进士榜，洪昇作有《陆冠周北闱中式赋寄》："束发操觚入士林，陆生才气冠当今。半生惨淡千秋叶，四海交游一片心。"他除了赞叹"陆生才气冠当今"，也就只能哀叹"半生惨淡千秋叶"了。

其实，洪昇不必这样哀叹，他的才气声名才是真正地"冠当今"，远远超过了翁嵩年、陆寅等新科进士。怪只怪，他的眼光还是过于逼仄了，也过于现实了，想逃而又逃不脱的还是"多少尘劳事"。仕途这条路，他注定是走不通的，然而在仕途之外还有一个大境界，如果他不再"望云辛苦向南天"，还真是"白云断处海天开"，他将以另一种方式抵达此生的巅峰。这已不是假设，他已经积聚了身上所有的力量，只等着一次倾情的释放。就在这一年，一部伟大的作品《长生殿》传奇，终于大功告成了。

第八章 《长生殿》

一

对于《长生殿》的诞生，绝不能用横空出世来形容，在某种意义上说，洪昇一出世就开始创作这部作品，他的家世与身世，他所遭逢的国运、家运与命运，还有一个小人物在历史夹缝中的生命体验，以及他此前创作的大量诗词戏曲，无不为这部伟大作品的诞生提前作了大量的铺垫，这一切，其实都是一部伟大戏曲的创作过程。若抽离了这些内容，仅仅以狭隘的眼光来审视一部孤立的《长生殿》，洪昇即便是一个天才，也不可能创作出这样一部伟大的戏曲。

对这部作品的创作过程，洪昇在《长生殿例言》中已交代得十分清楚："盖经十余年，三易稿而始成，予可谓乐此不疲矣。"这是一个长达十四年的创作过程，而"三易稿"还只是大概言说，每一稿又不知修改了多少遍，这个不断修改的过程，从创作意向、人物角色到剧情发展，其实也是洪昇在人生中和艺术创作上所经历的一次又一次的自我辨认，从自身的命运遭际、历史与现实的演变到人生哲理认识，皆伴随着他创作和修改的过程不断推进。对这一过程，笔者在追溯洪昇的人生与命运时已有所交代，这里有必要对其创作始末重新进行一番梳理。

康熙十二年（1673），洪昇游芜湖、大梁归来后，因偶感于李白的身世，遂以李白在沉香亭作《清平调》为题材，作《沉香亭》传奇，这是洪昇创作《长生殿》传奇的第一稿或第一阶段，其初衷乃是借李白之满腹才情和遭受贬责的遭遇来抒发自伤不遇的悲愤。由于该剧原稿已失传，对剧情只能大致猜测，其主角为李白，而唐明皇、杨贵妃、高力士等皆为配角，其中或兼有李杨情缘的描写，但肯定不是主要情节，否则就偏离主题了。

洪昇写出《沉香亭》初稿后不久，便再次赴京，在"诗鸣长安"后，洪昇一直以诗歌创作为主，又加之遭逢国殇与家难，生活穷蹙不堪，以致《沉香亭》一直搁置，也可能一直在琢磨和修改中。其实，洪昇的戏曲创作也并非一个人的孤独创作，时与契友相切磋，而寓京期间，洪昇与毛玉斯、吴仪一、沈遹声三人既是钱塘时的同窗契友，也是国子监或师事王士禛的同学，更是曲中知己。在洪昇的存世诗歌中，写给这三人的诗歌就有二十余首，可见其交往之密切，这些诗篇也是洪昇友情诗篇中情感最真挚的部分，他们也是洪昇最铁的哥们儿。而三人中，洪昇又与毛玉斯关系最铁。对毛玉斯的生平，笔者已在前文有所交代，他是洪昇一生最真挚的朋友，由于两人的情感甚笃，以至今世有人臆测，两人的"关系就很暧昧，超出朋友的感情，似乎也是一个同性恋者"。说者为了论证此事，还举旁证："又如大诗人陈其年，终生爱着一个龙阳公"。对此笔者未敢妄加猜测，亦不敢苟同，但既有此一说，不妨摘录于此以供读者参考。笔者认为，洪毛之交如洪昇诗云，乃"文章欣赏夜忘疲"之知音，更是直言不讳的诤友。后毛玉斯英年早逝，洪昇悲痛无比。而毛玉斯一生最大的贡献，就是把一部伟大的戏曲又往前推了一步，据《长生殿例言》云："亡友毛玉斯谓排场近熟，因去李白，入李泌辅肃宗中兴，更名《舞霓裳》，优伶皆久习之。"毛玉斯直言不讳地批评其"排场近熟"，没有超越同一题材的其他作品。洪昇虽说是一个心高气傲的狂士，但对朋友的诤言还是虚心接受的。于此可见，由《沉香亭》到《舞霓裳》，毛玉斯起了推波助澜的作用。

另有这样一说，康熙以太学生疏于实学，责备参与唱曲的太学生，洪昇因撰有《沉香亭》而被天子诘问，幸得大学士明珠之子纳兰性德居中缓颊，两人遂成为好友。时值"三藩之乱"，纳兰以《沉香亭》为千古文人鸣屈，不涉于忠君治世，勉励洪昇"当以治世为务，以符圣君之志"。

洪昇约于康熙十八年（1679）改《沉香亭》为《舞霓裳》，这是他创作《长生殿》传奇的第二稿或第二阶段，而《舞霓裳》差不多是重新创作的另一部剧本，但还是不尽如人意。翌年秋，洪昇与吴仪一纵谈《牡丹亭》，洪昇灵感乍现，他认为《牡丹亭》之关键是在生死之际，"其中搜抉灵根，掀翻情窟，能使赫蹄为大块，逾糜为造化，不律为真宰，撰精魂而通变之……"他抓到了《牡丹亭》的精魂所在，这也是戏曲创作乃至一切文学艺术创作的"精魂"之所在，那就是一个"情"字。不过，洪昇虽说已经觉悟戏曲创作乃至一切文学艺术创作的精魂就是一个"情"字，但他要真正推出自己的精魂之作，至少还有八年岁月。在这七八年里，洪昇当然不止创作一个剧本，其实，在诗歌创作的同时，他也一直在进行戏曲创作，如此前提及的《回龙记》，又如之后的传奇《织锦记》（《回文锦》）和杂剧《天涯泪》，此外还有不知作于何时的《闹高唐》《锦绣图》《长虹桥》《节孝坊》等，其中大多以弘扬忠孝节义为主旋律，也不乏趋时应景之作。这些作品亦有可能在当时曾被搬上舞台，但没有什么影响，如今皆已失传，对其创作与搬演情况皆难以考证。而失传之作，往往也是没有什么影响的作品，既少有人扮演，也少有人刻印，因而难以传世。谁都想留下一部传世之作，然而天下能有几部哉，大多是冒个泡儿便消失了，甚至连个泡儿也没有。然而对于一个伟大的戏曲家，这些作品其实都是在为一部伟大的作品作积累或铺垫。

为《长生殿》作铺垫的还有先辈的作品。对于李杨帝妃之恋这一题材，且不说正史野史所载之多，民间更是广为演义。若从这一题材的代表作而言，从白居易的《长恨歌》、陈鸿的《长恨歌传》、白朴的《梧桐雨》到洪昇的《长生殿》，历经一千多年，这么多作品无论体裁或时代都有所不同，但其间有内在的承转关系。

白居易的长篇叙事诗《长恨歌》为史上第一部以李杨之恋为题材的文学作品，也是洪昇创作《长生殿》的重要参照系。唐宪宗元和元年（806），白居易（772—846）任盩厔（今西安市周至县）县尉。当年十月，他偕友人王质夫、陈鸿游览马嵬驿附近的仙游寺，三人触景生情，从杨贵妃魂断马嵬坡的悲剧谈及天宝年间那帝妃之恋的故事，心有戚戚焉。王质夫是白居易的布衣挚友，据陈鸿《长恨歌传》中述"鸿与琅琊王质夫"之语，可知其为山东琅琊人氏，其时他就寓居仙游寺旁边的蔷薇涧里。在马嵬坡往复凭吊之后，他觉得像这样一个引发陵谷之变的历史事件，一直以来只有很隐晦的、为尊者讳的历史记载和民间传说，却没有大手笔加工润色，终将随着时间的推移而湮没，而白居易就是这样的大手笔，他恳切地对白居易说："夫希代之事，非遇出世之才润色之，则与时消没，不闻于世。乐天深于诗，多于情者也。试为歌之，如何？"这几乎是激将法了。陈鸿则认为若要创作这样一部作品，"不但感其事，亦欲惩尤物，窒乱阶，垂于将来也"。这也是他作传奇小说《长恨歌传》的创作意图。无论是王质夫那恳切的激将法，还是陈鸿提出的主旨，都让白居易陷入了冷静的思索。据载，白居易三十六岁作《长恨歌》，当为虚岁，而《长恨歌》就作于元和元年岁末。这首长诗仿佛一气呵成，荡气回肠，却又有着严谨而清晰的结构，根据内容时序可将全篇分为三部分。

第一部分从开篇至"惊破霓裳羽衣曲"，主要描写李杨帝妃之恋、唐玄宗荒政乱国、杨贵妃独得专宠、杨氏一门的飞黄腾达，直至安史之乱爆发。

> 汉皇重色思倾国，御宇多年求不得。
> 杨家有女初长成，养在深闺人未识。
> 天生丽质难自弃，一朝选在君王侧。
> 回眸一笑百媚生，六宫粉黛无颜色。
> 春寒赐浴华清池，温泉水滑洗凝脂。

侍儿扶起娇无力，始是新承恩泽时。

云鬓花颜金步摇，芙蓉帐暖度春宵。

春宵苦短日高起，从此君王不早朝。

承欢侍宴无闲暇，春从春游夜专夜。

后宫佳丽三千人，三千宠爱在一身。

金屋妆成娇侍夜，玉楼宴罢醉和春。

姊妹弟兄皆列土，可怜光彩生门户。

遂令天下父母心，不重生男重生女。

骊宫高处入青云，仙乐风飘处处闻。

缓歌慢舞凝丝竹，尽日君王看不足。

渔阳鼙鼓动地来，惊破霓《裳羽衣曲》。

此诗一开篇，突起一笔，"汉皇重色思倾国"，汉皇原指汉武帝刘彻，而唐人或是为了避嫌，在文学创作常以汉称唐，此处借指唐玄宗李隆基。李隆基（685—762）是唐朝在位最久的皇帝，庙号玄宗，又因其谥号为"至道大圣大明孝皇帝"，后世多称其为唐明皇。史称其性英明果断，多才多艺，知晓音律，擅长书法，仪表雄伟俊丽。他开创的开元盛世是唐朝的极盛之世，而其统治后期因专宠杨贵妃而怠慢朝政，宠信李林甫、杨国忠等奸佞，又加之政策失误和重用安禄山、史思明等节度使，从而导致了长达八年的安史之乱，由于安史之乱爆发于唐玄宗天宝年间，也称天宝之乱。叛军一度攻占唐都长安，席卷中原，几乎将大唐帝国推翻，其后经郭子仪等大将平定，但这一场祸乱也成为唐朝由盛转衰的转折点，战争给大唐宫室和社会带来了空前的浩劫，"宫室焚烧，十不存一，百曹荒废，曾无尺椽"。战后又形成了变本加厉的藩镇割据，唐政府和各藩镇的横征暴敛，又激起了此起彼伏的农民起义。而从白居易创作《长恨歌》的更具体的时代背景看，此时距安史之乱爆发和马嵬坡兵变已历五十年，继唐玄宗之后又历经肃宗、德宗、代宗、顺宗和宪宗五朝。唐宪宗李纯（778—820）为唐朝第十一位皇帝，这是一位励精图治、改革弊政、力图中兴的皇帝，史载其"读列圣实录，见贞观、开元故事，竦慕不能释卷"，他把"太宗之创业""玄宗之致理"都当作效法的榜样。他提高宰相的权威，平定藩镇的叛乱，致使"中外咸理，纪律再张"，开创了"元和中兴"的局面。白居易深知，此时若要追溯天宝年间的那段历史，那就必须给当下留下殷鉴。从白居易的人生观看，他信奉"达则兼济天下，穷则独善其身"的儒家人生模式。从他的文学观看，他作为新乐府运动倡导者，继承了汉乐府"缘事而发"的现实主义精神，又从中唐的社会现实出发，在《与元九书》中明确提出了他的文学观："自登朝来，年齿渐长，阅事渐多，每与人言，多询时务，每读书史，多求理道，始知文章合为时而著，歌诗合为事而作。"李杨帝妃之恋，一方面是一个经民间传播演绎的宫廷情爱传奇，一方面又是一个重大的历史题材和政治题材。白居易创作《长恨歌》，表面上是一个人（王质夫）促成的，实际上是多种因素促成的。

若论及《长恨歌》的主题，从中唐开始，为历代争论的焦点。笔者认为其第一主题为政治主题说，那突起一笔看似突兀其实必然，接下来的国家变乱与人物的悲剧性命运，一切都是因"汉皇重色思倾国"而起，而殷鉴不远，白居易也很明显地采纳了陈鸿"不但感其事，亦欲惩尤物，窒乱阶，垂于将来也"的建议，谴责唐玄宗荒淫误国而导致国家变乱以垂诫后世君主。

对于杨玉环，诗人没有那么直接地指责，但透过对她姿色和风情的描述，实际上也把她当作了一个导致玄宗荒淫误国的"尤物"。杨玉环（719—756）比唐玄宗小三十四岁，其父为蜀州司户杨玄琰，玉环十岁时杨玄琰逝世，由其三叔杨玄珪抚养。她姿质丰艳，善歌舞，通音律，为唐代宫廷音乐家、舞蹈家。据说其音乐才华在历代后妃中鲜见，而其姿色又被后世誉为中国古代四大美女之一。她十七岁被册封为玄宗之子寿王李瑁之妃，后被公爹唐玄宗觊觎。开元二十八年（740）十月，玄宗以为母亲窦太后祈福的名义，敕书杨氏出家为女道士，道号太真。天宝四载（745），唐玄宗遂册立杨玉环为贵妃，而玄宗自废掉王皇后就再未立后，因此杨贵妃就相当于皇后。玄宗还亲谱《霓裳羽衣曲》，召见杨贵妃时，令乐工奏此新乐，赐杨氏以金钗钿盒，并亲自插在杨氏鬓发上。玄宗对后宫人曰："朕得杨贵妃，如得至宝也。"对这一段不光彩的宫闱秘史，白居易的描写充满了智慧，既是妙笔也是曲笔："杨家有女初长成，养在深闺人未识。天生丽质难自弃，一朝选在君王侧。"

华清池是唐玄宗和杨贵妃奢靡生活的象征，也是帝妃之恋的舞台。这是今西安市临潼区骊山脚下的一口温泉池，唐玄宗天宝六载（747）扩建后改名华清宫，又称骊宫。唐玄宗每年冬春都到此居住。长生殿也在骊山华清宫内，也有人说，所谓长生殿者，亦非华清宫之长生殿，而是长安皇宫寝殿之习称。诗中描写了贵妃出浴、玉露承欢的万种风情："春寒赐浴华清池，温泉水滑洗凝脂。侍儿扶起娇无力，始是新承恩泽时。云鬓花颜金步摇，芙蓉帐暖度春宵。"而诗人对杨贵妃的天生丽质和极尽妖媚的姿色更是妙笔生花："回眸一笑百媚生，六宫粉黛无颜色。春寒赐浴华清池，温泉水滑洗凝脂。"如此佳人，实为尤物，唐明皇为之而神魂颠倒，"春宵苦短日高起，从此君王不早朝。承欢侍宴无闲暇，春从春游夜专夜"。杨贵妃也因此而集"三千宠爱在一身"，而"一人得道，鸡犬升天"，她的"姊妹弟兄皆列土"，列土即分封土地。据《旧唐书·后妃传》等史载，杨贵妃有姊三人，"玄宗并封国夫人之号。长曰大姨，封韩国夫人；三姨封虢国夫人；八姨封秦国夫人"，又封"妃父玄琰，累赠太尉、齐国公；母封凉国夫人；叔玄珪，为光禄卿；再从兄铦，为鸿胪卿；锜，为侍御史；尚武惠妃女太华公主"，而杨贵妃"从祖兄国忠，为右丞相"，执掌国柄。当杨氏一门走向鼎盛之际，大唐王朝正由盛转衰，唐玄宗终日沉迷于歌舞酒色之中，心里头哪还有江山社稷。在诗人的反复渲染之下，历史被推向了一个转折点，"渔阳鼙鼓动地来，惊破霓裳羽衣曲"，天宝十五载（756），安史之乱爆发了。

第二部分从"九重城阙烟尘生"至"魂魄不曾来入梦"，主要描写了唐玄宗偕杨贵妃从长安逃奔西蜀、马嵬坡兵变、杨贵妃在兵变中被杀、唐玄宗对杨贵妃绵绵不绝的思念。

九重城阙烟尘生，千乘万骑西南行。

翠华摇摇行复止，西出都门百余里。

六军不发无奈何，宛转蛾眉马前死。

花钿委地无人收，翠翘金雀玉搔头。

君王掩面救不得，回看血泪相和流。

黄埃散漫风萧索，云栈萦纡登剑阁。

峨嵋山下少人行，旌旗无光日色薄。

蜀江水碧蜀山青，圣主朝朝暮暮情。

行宫见月伤心色，夜雨闻铃肠断声。

天旋地转回龙驭，到此踌躇不能去。

马嵬坡下泥土中，不见玉颜空死处。

君臣相顾尽沾衣，东望都门信马归。

归来池苑皆依旧，太液芙蓉未央柳。

芙蓉如面柳如眉，对此如何不泪垂？

春风桃李花开日，秋雨梧桐叶落时。

西宫南内多秋草，落叶满阶红不扫。

梨园弟子白发新，椒房阿监青娥老。

夕殿萤飞思悄然，孤灯挑尽未成眠。

迟迟钟鼓初长夜，耿耿星河欲曙天。

鸳鸯瓦冷霜华重，翡翠衾寒谁与共？

悠悠生死别经年，魂魄不曾来入梦。

诗人首先描述唐玄宗仓皇奔蜀："九重城阙烟尘生，千乘万骑西南行。翠华摇摇行复止，西出都门百余里。"据史载，天宝十五载（756）六月，安禄山破潼关，兵临长安，京师大骇，唐玄宗偕杨贵妃等出延秋门向西南方向逃走。当时随行护卫并不多，"千乘万骑"是夸张的笔法。翠华是用翠鸟羽毛装饰的旗帜，指代皇帝仪仗队。百余里，指距长安一百多里的马嵬坡。马嵬坡兵变是唐玄宗帝王生涯的一个转折点，他作为一个大权独揽的帝王，其权力开始受到严峻的挑战，事实上这也是他大权旁落的开始。这挑战只因唐玄宗宠爱杨贵妃、宠信杨国忠而起，

"六军不发无奈何，宛转蛾眉马前死"，前一句是因，表明唐玄宗对杨氏兄妹的宠幸已引起公愤，连皇家扈从禁卫军都开始发难，请诛杨国忠、杨玉环兄妹以平民怨；后一句是果，杨贵妃之死是这帝妃之恋的一个最关键的情节，在现实世界里，他们的爱情至此已经毁灭。而《长恨歌》主题至此也发生了变化，这是因为诗人对帝妃之恋的态度也发生了变化，他没有再用谴责的语气来描写帝妃之恋，而是对二人的生离死别进行了深情而摄人心魄的描写："花钿委地无人收，翠翘金雀玉搔头。君王掩面救不得，回看血泪相和流。"诗人把一个帝王那种不忍割爱的内心挣扎却又欲救不能的痛苦心情刻画得痛彻肺腑，也让读者对杨贵妃之死寄寓了深深的同情，甚至觉得她是无辜而就死的。

　　一篇原本带有政治和历史反思意义的叙事诗，也可以说是史诗，由此转变为一曲抒写帝妃之恋的爱情悲歌，这也是后世对《长恨歌》主题的第二种观点——爱情主题，这一主题从杨贵妃之死一直贯穿到了诗篇最后。应该说，这个转折很关键，否则就会落入红颜祸国的老套路。在第一部分，由于诗人一直对李杨之恋充满了谴责和讽喻，其实并未描写帝妃之恋的真爱，更多是描述"承恩泽""度春宵"一类的性爱，而在杨贵妃死后，这帝妃之恋反而以另一种方式延续，透过玄宗对贵妃缠绵悱恻的思念，反而把这帝妃之恋推向了爱情的更高境界，写出了一种纯粹的、与"承恩泽""度春宵"全然无关的真爱，若用今天的话语表达，这就是形而上的爱情。失去了贵妃的玄宗在奔蜀之路上，但见"黄埃散漫风萧索，云栈萦纡登剑阁。峨嵋山下少人行，旌旗无光日色薄。蜀江水碧蜀山青，圣主朝朝暮暮情。行宫见月伤心色，夜雨闻铃肠断声"，这一路凄凉肃杀的风景渲染着也衬托着一个断肠人对心上人的悲思。此时的唐玄宗已不是一个帝王，而是一个充满深情和挚爱的男人。唐肃宗至德二年（757），郭子仪军收复长安，已为太上皇的唐玄宗自蜀还都，"天旋地转回龙驭，到此踌躇不能去。马嵬坡下泥土中，不见玉颜空死处"。所谓"天旋地转"，指时局好转，但他依然悲悲戚戚，在途经马嵬坡时，他想到那香消玉殒的贵妃，反复踌躇而不忍离去。回到京师，风景依旧，物是人非，他回来了，他最爱的人却已永远离开了这里，"归来池苑皆依旧，太液芙蓉未央柳。芙蓉如面柳如眉，对此如何不泪垂"。诗人采用各种视角来抒写他的悲切与相思，而人死不能复生，最终他只能把这在现实中已绝望的爱寄望于虚幻的梦境，一心想在梦中与贵妃重续鸳梦，然而连做梦也是绝望的，"悠悠生死别经年，魂魄不曾来入梦"。

第三部分从"临邛道士鸿都客"至结尾，诗人采取浪漫主义手法和超现实的方式，描述方士帮唐玄宗到仙界去寻找杨贵妃，从而把这生离死别的帝妃之恋推向了更高的境界。

> 临邛道士鸿都客，能以精诚致魂魄。
> 为感君王辗转思，遂教方士殷勤觅。
> 排空驭气奔如电，升天入地求之遍。
> 上穷碧落下黄泉，两处茫茫皆不见。
> 忽闻海上有仙山，山在虚无缥缈间。
> 楼阁玲珑五云起，其中绰约多仙子。
> 中有一人字太真，雪肤花貌参差是。
> 金阙西厢叩玉扃，转教小玉报双成。
> 闻道汉家天子使，九华帐里梦魂惊。
> 揽衣推枕起徘徊，珠箔银屏迤逦开。
> 云鬓半偏新睡觉，花冠不整下堂来。
> 风吹仙袂飘飘举，犹似《霓裳羽衣舞》。
> 玉容寂寞泪阑干，梨花一枝春带雨。
> 含情凝睇谢君王，一别音容两渺茫。
> 昭阳殿里恩爱绝，蓬莱宫中日月长。
> 回头下望人寰处，不见长安见尘雾。
> 惟将旧物表深情，钿合金钗寄将去。
> 钗留一股合一扇，钗擘黄金合分钿。
> 但教心似金钿坚，天上人间会相见。
> 临别殷勤重寄词，词中有誓两心知。

七月七日长生殿，夜半无人私语时。

在天愿作比翼鸟，在地愿为连理枝。

天长地久有时尽，此恨绵绵无绝期。

所谓仙界，原本是虚无缥缈的，"上穷碧落下黄泉，两处茫茫皆不见"自在情理之中。当方士终于在海上仙山找到了杨贵妃踪影，诗人却没有采用虚无缥缈的笔法，而是以真切如同写生的笔法，让杨贵妃的形象在仙境再现："揽衣推枕起徘徊，珠箔银屏迤逦开。云鬓半偏新睡觉，花冠不整下堂来。风吹仙袂飘飖举，犹似《霓裳羽衣舞》。玉容寂寞泪阑干，梨花一枝春带雨。含情凝睇谢君王，一别音容两渺茫。"在现实世界里，她和玄宗的恩爱已绝，但在仙界的蓬莱宫里还有漫长的岁月。在与汉家天子的使者——方士临别之际，她托物寄词，重申七夕之盟："七月七日长生殿，夜半无人私语时。在天愿作比翼鸟，在地愿为连理枝。"最后以"天长地久有时尽，此恨绵绵无绝期"结笔，从"汉皇重色思倾国"到"此恨绵绵无绝期"，一个"恨"字贯穿始终，首尾呼应，既揭示了"恨"之因，又交代了"恨"之果，而爱与恨始终处于一种未完成的状态，哪怕过了一千年，读来仍觉得余味无穷，怅恨不已。如果说洪昇抓到了《牡丹亭》的精魂所在，那就是一个"情"字，那么白居易也抓到了《长恨歌》的精魂所在，那就是一个"恨"字。这首长诗围绕一个"恨"字展开，直至最后两句"天长地久有时尽，此恨绵绵无绝期"，恨犹未消，因而题为《长恨歌》。所谓恨，其实是一种未完成的爱。而这恨，其实也是更深邃、更复杂的一种悲情。

这首尾呼应的两句诗，其实就是《长恨歌》的双重主题，第一部分是揭露、谴责与讽喻，写着写着就变成了对帝妃之恋的悲歌。在文学艺术创作中，往往有鬼使神差般的神来之笔，连作者也无法掌控，这其实也是潜在的艺术规律和创造的秘密。但只要细心琢磨，又是情之所至、理之必然，一切皆在情理之中。从"汉皇重色思倾国"自然而然会引出唐玄宗荒淫误国的政治悲剧，因为他不只是一个性情之人，他还是一个统御江山社稷的帝王，而在个人性情与江山社稷之间是极容易发生人格分裂的，一旦陷入"不爱江山爱美人"的历史圈套，势必致使国家变乱，反过来又必将导致这帝妃之恋的爱情悲剧。如文学史家所谓：悲剧的制造者最后成为悲剧的主人公，这是故事的独特处，也是复杂和曲折处，更是诗中男女主人公"此恨绵绵无绝期"的原因。

《长恨歌》被文学史家公认是白居易最杰出的作品之一，作为诗歌，在同类题材中，这是一个迄今无人超越的巅峰。这是一首抒情成分很浓的叙事诗，也是中国古典诗歌中抒情诗与叙事诗密切结合的典范之一。从其叙事看，它已具备了小说和戏曲所有的一波三折的故事情节，在一波三折中又不断将爱与恨推向更高的精神境界；从结构看，它有着精巧而独特的艺术构思，甚至可以看作一部诗剧。清代诗人、学者赵翼在《瓯北诗话》中论白居易和《长恨歌》："古来诗人，及身得名，未有如是之速且广者。盖其得名，在《长恨歌》一篇。其事本易传，以易传之事，为绝妙之词，有声有情，可歌可泣，文人学士既叹为不可及，妇人女子亦喜闻而乐诵之。是以不胫而走，传遍天下。又有《琵琶行》一首助之。此即无全集，而二诗已自不朽，况又有三千八百四十首之工且多哉！"

唐代不只是诗歌的鼎盛时代，也是传奇小说兴起的一个高峰，据载，"宪宗元和元年，盩厔县尉白居易为歌以言其事。并前秀才陈鸿作传，冠于歌之前，自为《长恨歌传》。另有记载：白居易遂作《长恨歌》，写成后让陈鸿作《长恨歌传》，共传于世。陈鸿，字大亮，生卒年未详。唐贞元二十一年（805）进士，登太常第，曾任太常博士、虞部员外郎，累官至尚书主客郎中。他一生最重大的贡献是以七年之力撰编年史《大统记》三十卷，可惜今已不存。《全唐文》存其文三篇，其中之一便是传奇小说《长恨歌传》。陈鸿作《长恨歌》的主题就是"惩尤物，窒乱阶，垂于将来也"，此传与白居易《长恨歌》的谋篇布局和内容如出一辙，"先述开元时杨妃入宫、迄天宝末缢死于马嵬坡的始末；后写玄宗自蜀还京，思念不已，方士为之求索贵妃魂魄，见之于海上仙山，贵妃乃为言天宝十载七夕与玄宗盟誓之事"。而据文学史家考证，他后一段叙述为前此唐人诗文中所未见，描写也相当细致。由于《长恨歌》与《长恨歌传》几乎是同时创作的，这最具原创性的后一段内容，不知是白居易的原创还是陈鸿的原创，亦或取材于未见诸文字的民间传说。《长恨歌传》对玄宗晚年的纵情声色、政治腐败有比《长恨歌》更直接的揭露，如杨贵妃是玄宗从其子寿王府邸娶来一节在当时还是为尊者讳的唐宫秘史，他亦直书不讳的。好在大唐还真是雍容大度，对他没有追究，此文也没有影响其日后的科举仕途。在《丽情集》本《长恨歌传》中有一段话：叔向母曰："甚美必甚恶。"李延年歌曰："倾国复倾城。"今世有学者认为，"这段话大概可以代表中唐士人对这一问题的最后思考。白居易写作《长恨歌》时遵循的一条基本原则是：不因为'甚恶'而抹煞'甚美'，尽管其主题最后似偏离了对'甚恶'的谴责，但'甚恶'内容本身依然没有被抹煞，反过来又丰富了'甚美'的涵义。这也表明，他最终服从了民间爱情故事所表达的人类的向美本能和情感欲望，甚至可以说，审美超越了对历史和政治的反思"。而陈鸿作《长恨歌传》，虽对"甚恶"揭露得更直接，但对"甚美"的涵义却没有充分展示，在艺术审美上至少远远不如《长恨歌》。但由于《长恨歌传》一直与《长恨歌》相辅而行，而且位居歌前，一直广为流传，而作为传奇小说，则更重故事情节和细节等小说笔法，较之于诗歌则更能深入市井街坊，在民间进一步演绎。这一唐传奇后来也成为传奇小说、戏曲传奇及元代"说话"等取材的原本，洪昇的《长生殿》传奇大抵也取材于《长恨歌传》。

此后历代，这一题材又被后世以各种方式反复演绎，涌现出了众多的文艺作品，如晚唐李德裕的《明皇十七事》、郑处诲的《明皇杂录》、五代时王仁裕的《开元天宝遗事》、宋金时乐史的笔记小说《杨太真外传》、皇都风月主人编的《绿窗新话·杨贵妃私安禄山》《明皇爱花奴羯鼓》《杨贵妃舞霓裳曲》、戏文《马践杨妃》、金院本《洗儿会》《击梧桐》等，这些在白朴创作《梧桐雨》之前的作品，从诗词、野史、笔记、传奇小说到戏曲传奇，无不脱胎于《长恨歌》和《长恨歌传》，这一题材几乎写滥了，再也难以翻出新意了，大多都是重复强调了"尤物惑人""红颜祸国"之类的主题，却又承认"人非木石皆有情"。而在众多的同类题材中，直到元代白朴的《梧桐雨》一剧问世，才让人眼睛为之一亮。

白朴（1226—1306），字太素，号兰谷，原名恒，字仁甫，祖籍陕州（今山西河曲一带），生于汴梁（今河南开封），其时属金国。追溯白朴的身世，又与洪昇几乎如出一辙。白朴出身于官僚士大夫世家，一出生就决定了他的人生走向——读圣贤之书以博取功名、步入仕途。然而他幼年时如洪昇一样遭逢陵谷之变，金天兴元年（1232），蒙古铁骑围攻汴梁，其父白华随金哀宗出奔。一说"城破，母死于难"，又一说白朴与其姊在战乱中与母亲失散。总之，年幼的白朴姊弟在一夜之间沦为战争孤儿，被其通家之好、有"北方文雄"之称的元好问携之归真定（今河北正定），并受其教养。中统二年（1261），大元帝国已坐稳了江山，元世祖忽必烈"命各路宣抚使举文学才识可以从考者，以听擢用"。这年白朴已三十六岁，由河南宣抚使而入主中书的右丞相史天泽荐举应试。此公是忽必烈推行汉法的主要大臣之一，也是元朝汉族显贵的代表人物之一，这个靠山实在太大，白朴若有洪昇那样渴望仕途之心，不愁没有飞黄腾达之日。但白朴不是洪昇，这也是两人最大的区别，他谢绝了史天泽的举荐，又唯恐遭到元朝廷追究，便于这年弃家南游，以示其遁迹世外、永绝仕宦之途的决心。然而这世间又哪有什么他遁迹的世外，白朴时时处处都要面对江山易代后的现实，从沃野千里的中原到繁华旖旎的江南，在蒙古铁骑的践踏之下皆沦为荒野赤地，这让一个前朝的世家子弟对蒙元帝国统治者充满了怨恨，更对前朝充满了缅怀和反思。他漂泊南北，晚居金陵，一生放浪形骸，寄情于词曲。其词集《天籁集》"词语遒严，情寄高远"，但多颓唐凄楚之调。为稻粱谋，他又以杂剧著称，悲喜剧皆擅长，所作凡十六种，今存《梧桐雨》和《墙头马上》。

《梧桐雨》全称《唐明皇秋夜梧桐雨》，亦简称《秋夜梧桐雨》或《秋雨梧桐》，面对李杨帝妃之恋这个已反复演绎的老题材，如何才能翻出新意，对于白朴也是一种考验。该剧亦取材于唐人陈鸿《长恨歌传》，但在艺术上深受《长恨歌》的影响，其曲名借用《长恨歌》中的一句"秋雨梧桐叶落时"。如果说《长恨歌》是以诗为剧，那么《梧桐雨》则是以剧为诗，对该剧可以从头至尾作出诗意的解读，曲中充满了诗歌的意境与况味。

全剧四折加一个楔子，而楔子既有史实也有虚构：幽州节度使张守珪命裨将安禄山征讨契丹，安禄山丧失战机，一败涂地，论罪当斩，但张守珪爱惜他是一员骁勇战将，不忍或不敢擅自将其处斩，便送他入京请唐明皇决断。丞相张九龄看出安禄山生有反骨，劝明皇赶紧对安禄山依律处斩，但安禄山外表憨厚却十分奸猾，还特别有巧言媚上的招术，又能以胡旋舞为帝妃取乐，结果是，唐明皇非但不斩安禄山，反而让杨贵妃收安禄山为义子。在明皇和贵妃的双重宠幸之下，安禄山因祸得福，加官晋爵，以至于让他一身兼任平卢、范阳、河东三镇节度使，只要进朝奏请，几乎是有求必应。安禄山一边向明皇表达其"耿耿忠心"，一边趁机积蓄力量，野心勃勃，伺机作乱，这为接下来的安史之乱埋下了伏笔。

第一折围绕明皇贵妃的七夕密誓展开，其艺术的巧妙之处在于，本折几乎没有戏剧冲突，却充满了浓郁的抒情色彩。一开场，便借贵妃之口交代自己的身世以及被册封为贵妃之后"宠幸殊甚"，哥哥杨国忠加为丞相，姊妹三人封作夫人，一门荣显极矣。而她却因思念安禄山而烦恼："近日，边庭送一蕃将来，名安禄山。此人猾黠，能奉承人意，又能胡旋舞，圣人赐与妾为义子，出入宫掖。不期我哥哥杨国忠看出破绽，奏准天子，封他为渔阳节度使，送上边庭。妾心怀想，不能再见，好是烦恼人也。"而唐明皇一心只想着贵妃："寡人自从得了杨妃，真所谓朝朝寒食，夜夜元宵也。"他已令在长生殿设宴，庆赏七夕。【仙吕】【八声甘州】朝纲倦整，寡人待痛饮昭阳，烂醉华清。却是吾当有幸，一个太真妃倾国倾城。珊瑚枕上两意足，翡翠帘前百媚生。夜同寝，昼同行，恰似鸾凤和鸣。"这一白一唱，活脱脱就是"汉皇重色思倾国"的心态和和骄奢淫逸、荒政误国的表现。杨贵妃既忧"妾身得侍陛下，宠幸极矣，但恐容貌日衰，不得似织女长久也"，又念"牛郎织女，年年相见，天长地久，只是如此，世人怎得似他情长也"，此时此刻，"【醉中天】正是金阙西厢叩玉扃，悄悄回廊静。靠着这招彩凤、舞青鸾、金井梧桐树影，虽无人窃听，也索悄声儿海誓山盟"。于是，明皇对天盟誓："朕与卿尽今生偕老，百年以后，世世永为夫妇。神明鉴护者！"贵妃问：谁是盟证？明皇赐贵妃以金钗钿盒为信物，又指天发誓——牛郎织女为他们的七夕盟誓作证，"【赚煞尾】长如一双钿盒盛，休似两股金钗另，愿世世姻缘注定。在天呵做鸳鸯比并，在地呵做连理枝生"。这唱词，显然是对《长恨歌》"七月七日长生殿，夜半无人私语时。在天愿作比翼鸟，在地愿为连理枝"的化用。

第二折剧情大体是据《长恨歌》"渔阳鼙鼓动地来，惊破《霓裳羽衣曲》"之意而作，这句诗实际上为接下来的戏剧冲突预设了两条线索，剧情围绕着复线结构推波助澜：一边是安禄山举兵反叛，"自到渔阳，操练蕃汉人马，精兵见有四十万，战将千员。如今明皇年已昏眊，杨国忠、李林甫播弄朝政。我今只以讨贼为名，起兵到长安，抢了贵妃，夺了唐朝天下，才是我平生愿足"。一边是唐明皇无所事事，在沉香亭下排宴，"今日新秋天气，寡人朝回无事，妃子学得《霓裳羽衣舞》，同往御园中沉香下，闲耍一番。早来到也。你看这秋来风物，好是动人也呵"！一边是四川道专使进贡给贵妃的荔枝正好送到，诗云："长安回望绣成堆，山顶千门次第开。一骑红尘妃子笑，无人知是荔枝来。"一边是安禄山叛军攻陷潼关，剑指长安。而更妙的是，在这危机关头，作者深得《长恨歌》之真传，把审美从"甚恶"推向了"甚美"之境界，剧中连用【快活三】【鲍老儿】【古鲍老】【红芍药】四支曲子来写杨贵妃乘酒兴在翠盘上演《霓裳羽衣舞》的情景。从乐舞前的准备到弹奏《霓裳羽衣曲》，直至【红芍药】一曲描写杨贵妃美若天仙的舞姿："腰鼓声干，罗袜弓弯，玉佩丁东响珊珊，即渐里舞皴云鬟。施呈你蜂腰细，燕体翻，作两袖香风拂散。"在这一张一弛的剧情和对比强烈的反衬之下，逐渐把剧情推向本折的高潮，也把一个王朝推向了危机关头。就在唐明皇醉生梦死之际，左丞相李林甫慌作一团赶来禀报："安禄山造反，大势军马杀将来了。陛下，承平日久，人不知兵，怎生是好？"唐明皇竟脱口问他："你慌做甚么！"他还呵斥这危急万分的禀报扫了他的好兴致，"【剔银灯】止不过奏说边庭上造反，也合看空便，觑迟疾紧慢。等不的俺筵上笙歌散，可不气丕丕冒突天颜！那些个齐管仲郑子产，敢待做假忠孝龙逢比干"？至此，作者已把唐明皇"沉湎酒色，而卒致丧败"推向了极端。

第三折的剧情围绕马嵬坡兵变展开，这也是全剧戏剧冲突最激烈的一折。这歧路之苦让唐玄宗恨愁交加，"【普天乐】恨无穷，愁无限。争奈仓卒之际，避不得蓦岭登山。銮驾迁，成都盼。更那堪泸水西飞雁，一声声送上雕鞍。伤心故园，西风渭水，落日长安"。王国维对此曲格外称道："'西风吹渭水，落叶满长安'，美成以之入词，白仁甫以之入曲，此借古人之境界为我之境界者也。"而在唐明皇奔蜀的背后，还有多少黎民苍生因战乱突起而颠沛流离、死于非命。行至马嵬坡，禁军将领陈玄礼发起兵谏："国有奸邪，以致乘舆播迁；君侧之祸不除，不能敛戢众志。"禁军先杀了专权误国的杨国忠，唐明皇还以为一场兵变就此了结，谁知众兵还要唐明皇"割恩正法"，请诛杨贵妃。对这最关键的一幕，《梧桐雨》作为戏曲比作为诗歌的《长恨歌》处理得更为复杂也更多周折，而复杂的是人性，是人心，剧情围绕着唐明皇、杨贵妃以及其他人等的内心世界演绎，其人物心理刻画之细腻感人，被公认是《梧桐雨》的一个显著特点。曾几何时，一个统御天下的帝王，在绝对权力下为所欲为，先是赦免安禄山酿成后患，又与杨贵妃纵情声色而置社稷黎民不顾，然而一旦遇到兵变，他的权力遭受了严峻的挑战，他那海誓山盟的爱情更遭受了挑战。唐明皇先是为贵妃作无辜的辩解："他（她）又无罪过，颇贤达。须不似周褒姒举火取笑，纣妲己敲胫觑人。早间把他个哥哥坏了，总便有万千不是，看寡人也合饶过他。"而杨贵妃也在婉转哀求："妾死不足惜，但主上之恩，不曾报得，数年恩爱，教妾怎生割舍？"面对步步紧逼的禁军，唐明皇心如刀割又无法施救，这是与政治和权力捆绑在一起的："【落梅风】眼儿前不甫能栽起合欢树，恨不得手掌里奇擎着解语花，尽今生翠鸾同跨。怎生般爱他看待他，怎下的教横拖在马嵬坡下！"陈玄礼云："禄山反逆，皆因杨氏兄妹，若不正法，以谢天下，祸变何时得消？望陛下乞与杨氏，使六军马踏其尸，方得凭信。"在禁军的威逼之下，明皇不忍贵妃惨死于马蹄践踏之下，命高力士"引妃子去佛堂中，令其自尽，然后教军士验看"。他救不了杨贵妃的性命，也就只能退而求其次，以保全贵妃的遗体，让她死得稍有尊严。其山盟海誓，真乃帝王家所罕有。然而兵变一至，生死关口，七夕密誓立即烟消云散，杨贵妃首先为这一爱情付出了惨痛的代价。即便是苟且保全了性命的唐明皇同样也要为此付出代价，那便是平叛后失去了帝位的他，不得不独自品尝咀嚼难以忍耐的孤寂与悔恨。从某种程度上说，这是更大的代价，因为它无法逃避。无可解脱而又无时无处不在。这种对心灵的折磨其实已不仅限于对爱妃之死的追悔，往昔的爱情只不过是他过去美好的帝王生活的一部分，作为一种象征，杨贵妃与他的地位、权力、尊严等密切相关。因此，对杨贵妃的追悼同时也就意味着对已逝去的那曾属于自己的一切的怀恋，爱情与政治便这样拴到了一块。

唐明皇陷入了绵绵不绝的痛苦与思念，还有《长恨歌》中那种难消之"恨"："【太清歌】恨无情卷地狂风刮，可怎生偏吹落我御苑名花！想他魂断天涯，作几缕儿彩霞。天那！一个汉明妃远把单于嫁，止不过泣西风泪湿胡笳。几曾见六军厮践踏，将一个尸首卧黄沙？"

第四折也没有戏剧冲突，却堪称是全剧营造意境最为成功的一折，也是全剧最精彩的一折，其艺术描写，更是令人叹为观止的一折。此折先透过高力士之口，写"主上还国，太子做了皇帝。主上养老，退居西宫，昼夜只是想贵妃娘娘。今日教某挂起真容，朝夕哭奠"。此时的唐明皇，在失去了爱情后又失去了权力，无论是人生命运还是心情皆已跌入谷底，剩下的只有孤寂和悲思。"【倘秀才】妃子呵，常记得千秋节华清宫宴乐，七夕会长生殿乞巧。誓愿学连理枝比翼鸟，谁想你乘彩凤返丹霄，命夭！"《长恨歌》中是"悠悠生死别经年，魂魄不曾来入梦"，而《梧桐树》中，唐明皇在昏灯长夜、秋虫唧啾的悲凉、郁闷和肃杀气氛中，忽然梦见贵妃入来请他到长生殿赴宴，而一场梧桐夜雨却惊散了他的美梦，"分明梦见妃子，却又不见了"。白朴没有沿袭《长恨歌》去仙界寻找杨贵妃的情节，而是将梧桐作为全剧的核心意象，这原本就是一个含有伤悼、悲凉、孤寂、凄清冷落意蕴的象征，在第四折也得以凸显。唐明皇对着梧桐追忆："当初妃子舞翠盘时，在此树下；寡人与妃子盟誓时，亦对此树；今日梦境相寻，又被它惊觉了。"这点明了梧桐在整个剧本艺术构思中的作用。"【双鸳鸯】斜軃翠鸾翘，浑一似出浴的旧风标，映着云屏一半儿娇。好梦将成还惊觉，半襟情湿鲛绡。"第四折后半部八支曲子，皆由梧桐夜雨惊散明皇美梦生发开去，这一幕还对《长恨歌》中"秋雨梧桐叶落时"一句有更悲凉的化用和渲染。"【滚绣球】长生殿那一宵，转回廊祝誓约。不合对梧桐斜靠，尽言词絮絮叨叨。沉香亭那一朝，按《霓裳》舞《六幺》，红牙箸击成腔调，乱宫商闹闹吵吵。是兀那当时欢会栽排下，今日凄凉厮辏着，暗地量度。"这梧桐是当年明皇与贵妃"并肩斜靠"之处，曾经是这帝妃之恋的见证，"常记得碧梧桐阴下立，红牙箸手中敲"，而今却是世事沧桑、人生变幻的见证，"空对井梧阴，不见倾城貌"。而全剧以一曲【黄钟煞】结尾："顺西风低把纱窗哨，送寒气频将绣户敲。莫不是天故将人愁闷搅？前度铃声响栈道。似花奴羯鼓调，如伯牙《水仙操》，洗黄花润篱落，渍苍苔倒墙角。渲湖山漱石窍，浸枯荷溢池沼，沾残蝶粉渐消，洒流萤焰不着。绿窗前促织叫，声相近雁影高。催邻砧处处捣，助新凉分外早。斟量来这一宵，雨和人紧厮熬。伴铜壶点点敲，雨更多泪不少。雨湿寒梢，泪染龙袍。不肯相饶，共隔着一树梧桐直滴到晓。"这一曲悲歌如泣如诉，又俱在情景交融中生发，其情也，乃是说不尽又无从倾诉的伤逝、悲思、愧悔、孤寂、惆怅、郁闷；其景也，乃是说不尽又难以名状的意境，西风，秋雨，黄花，苍苔，"共隔着一树梧桐直滴到晓"，相比于"此恨绵绵无绝期"，这正是"此悲绵绵无绝期"。如果说《长恨歌》突出的是一个"恨"字，那么《梧桐雨》则突出一个"悲"字，作者几乎倾尽了一切艺术手法，营造出了悲怆得无以复加的悲剧氛围，也把唐明皇这个悲剧人物的形象刻画到了极致。

白朴与关汉卿、郑光祖、马致远并称为"元曲四大家"，《梧桐雨》既是白朴的代表作，也堪称元杂剧的经典之作，被著名戏曲史论家、文学史家王季思教授列为"中国十大古典悲剧"之一。对《梧桐雨》的主题，历来也有争议，而白朴的创作意图与白居易基本一致。对唐明皇这个历史人物，作者没有回避其纵情声色、荒政误国的历史事实，却没有把他写成一个昏君，更没有把《梧桐雨》写成一部不爱江山爱美人的艳剧，而是深入人性的幽微之处，揭示了唐玄宗在做皇帝和做人之间、在江山社稷与爱情之间难以依违的悲剧。而事实上，这一曲帝妃之恋生离死别的爱情悲歌，在客观上也揭示出唐王朝盛极而衰的惨痛教训。尤其令人称叹的是，白朴不愧为"元曲四大家"之一，他不只是把一个老故事置于唐天宝年间的政治历史背景之下展开，又紧扣着自己所处的时代背景，更重于表现在陵谷之变中人生变幻的命运，其中也渗透了白朴在陵谷之变中经历的家破人亡之悲和山川满目之恨，如有文学史家指出："其创作的着眼点是要向经历过沧桑巨变的观众，宣示更深刻更沉痛的人生变幻的题旨。"

从艺术成就上看，徐麟在《〈长生殿〉序》中对《梧桐雨》推崇至极，认为该剧在当时同类题材的剧作中高居榜首："元人多咏马嵬事，自丹丘先生《开元遗事》外，其余编入院本者，毋虑十数家，而白仁甫《梧桐雨》剧最著。"王国维称"白仁甫《秋夜梧桐雨》剧，沈雄悲壮，为元曲冠冕"。王季思则将白朴作为文采派的代表。郑振铎在《中国文学史》称："在许多的元曲中，《梧桐雨》确是一本很完美的悲剧。像这样纯粹的悲剧，元剧中是绝少见的，连《窦娥冤》与《汉宫秋》那样天生的悲剧，却也勉强地以团圆结束，更不必说别的了。"但该剧也有一个败笔，如写杨贵妃私通安禄山，这显然是受《绿窗新话·杨贵妃私安禄山》的影响，第一折一出场，杨贵妃就表白自己对安禄山的思念，但转眼间又向唐明皇邀宠，她和明皇的七夕密誓，也让人觉得缺乏真意。这不但降低了杨贵妃的品格，也降低了《梧桐雨》的格调。尽管作者后来费了大量笔墨来表达对杨贵妃的同情，由于一开始就有了这一败笔，即便能赢得观众的同情也难免大打折扣。诚然，《梧桐雨》虽有败笔也瑕不掩瑜。

自《梧桐雨》之后，李杨帝妃之恋一直是元明清戏曲和小说传奇的热门题材，元代有关汉卿的杂剧《唐明皇哭香囊》、庾天锡的杂剧《杨太真霓裳怨》、王伯成的诸宫调《天宝遗事诸宫调》等，明代有吴世美的杂剧《惊鸿记》，屠隆的杂剧《彩毫记》，王湘、徐复祚、无名氏的同名杂剧《梧桐雨》，汪道昆的杂剧《唐明皇七夕长生殿》，叶宪祖的杂剧《鸳鸯寺冥勘陈玄礼》，吾邱瑞、单本的同名传奇《合钗记》，戴应鳌的传奇《钿合记》，吴世美的传奇《惊鸿记》，戴子晋的传奇《青莲记》等，清代杂剧传奇则有钮格的《磨尘鉴》、孙郁的《天宝曲史》、洪昇的《长生殿》、唐英的《长生殿补》、许逸的《蓬壶院》等。这些作品从不同的体裁、角度和意向对同一题材进行了反复演绎，其中《彩毫记》与《青莲记》以李白为主角，但也绕不开李杨情缘故事，其基本构思和洪昇的《沉香亭》差不多。纵观上述作品，其中不乏大手笔乃至神来之笔，但作为诗歌的《长恨歌》，在同类题材中迄今无人超越，作为传奇小说的《长恨歌传》，亦鲜有后世超越，作为戏曲的《梧桐雨》，在《长生殿》问世之前也是一部难以超越的巅峰之作。

看一部作品的艺术价值，尤其是在文学史上的贡献，第一就要看其超越性和独特性。这也是洪昇选择这一题材首先就要面对的一个极大的挑战，"前人之述备矣"，那是绕都绕不过去的。洪昇经数年深思熟虑，从而作出了理性的选择，一方面汲取前辈这些丰厚而驳杂的历史文化积淀，一方面推陈出新，超越同类项，创作一部既有超越性又有独特性的作品。他在《长生殿自序》中坦言："余览白乐天《长恨歌》及元人《秋雨梧桐》剧，辄作数日恶。"鲁迅先生在《中国小说史略》中指出："杨妃故事，唐人本所乐道，然鲜有条贯秩然如此传者，又得白居易作歌，故特世间所知。洪昇撰《长生殿》传奇，即本此传及歌意也。"

那么，《长生殿》又如何能超越前人而成为"千百年来曲中巨擘"呢?

二

从剧情构制上看，《长生殿》继承了前人的作品，尤其是对《长恨歌》和《梧桐雨》有一种直接的继承关系，如其作为全剧骨架的《密誓》《惊变》《埋玉》《雨梦》等，就是以《梧桐雨》剧情为底子的，这其实也是必然的，唐明皇与杨贵妃的那段情缘也好孽缘也罢，翻来覆去就是那么一个众所周知的故事，一旦涉猎这一题材，那个基本套路是谁也跳不过去的。但洪昇结合自身所处的时代背景，对原有题材和前人作品作出了创造性的发挥和新的拓展。这是一部集大成之作，堪称典型的宏大叙事，全剧分上下二卷，各二十五出，其内容和规模均大大超越了前代。一部鸿篇巨制，如何谋篇布局，关键在于结构。《长生殿》从大处落墨，排场开阔，在广阔的社会、政治背景中来演绎李隆基和杨玉环的爱情悲剧，采用家国同构的模式和复线结构，一条线索描述一波三折的帝妃之恋，一条线索展现江山社稷的命运起伏。这两条线索既平行推进又错综相连、相互穿插。全剧围绕着这两条主线，采用全方位、多维度的视角，从正面、侧面、反面进行演绎，将帝妃之恋的悲欢离合置于天、地、人、时交织的立体系统，从而使"宫廷内外、朝野上下、天上人间交相辉映，一齐展现在观众和读者的眼前"。

对于《长生殿》的主题，一直以来颇有争议，这其实是对《长恨歌》和《梧桐雨》主题之争的延续，说来又不外乎三种观点：一种认为这是一部描述李杨情缘的爱情戏，一种认为这是一部抒写国家兴亡的政治讽刺戏，还有人认为这是一部叙写"安史之乱"的历史剧。我觉得，一部如此恢宏而厚重的剧作，又是一个思想很复杂的戏曲家创作的一部思想很复杂的作品，不可能只有一个单纯的主题。《长生殿》自始至终以李杨情缘发展为主线推进剧情，这也是《长生殿》的第一主题。唐玄宗作为一国之君，为追求一己之爱而置江山社稷于不顾，洪昇在歌颂李杨之爱的同时，也自然而然地延伸出了另一主题，如《长生殿自序》所云："然而乐极哀来，垂戒来世，意即寓焉。且古今来逞侈心而穷人欲，祸败随之，未有不悔者也。"同时又把这条爱情主线置于"安史之乱"这个特定大背景下，历史的真实也是如此，这种家国同构的模式，使得作品具有了"国殇与家难"的双重意味，也可谓是双重主题。洪昇以诗歌的方式对"国殇与家难"进行了大量抒写，除了对统治者的揭露与抨击，他长久地郁积在心中的块垒，在《长生殿》中也得以倾吐和释放，如"安史之乱"，难免让人想到"三藩之乱"，又譬如安禄山，他直捣长安虽非外族入侵，却也是胡人反叛，而安禄山身上流着突厥人的血液，又建立了燕政权，尽管这都是无法回避、难以篡改的历史事实，却也难免令人产生联想和猜测，洪昇或是别有用心。其实，洪昇对此也特别审慎，如《陷关》一出，他将安禄山攻陷潼关、踏破山河的刀光剑影匆匆掠过，然而，为了让观众看得明白，他又不能不在唱词中有所交代："跃马挥戈，精兵百万多。靴尖略动，踏破山与河。"即便洪昇刻意回避这一充满兴亡之感的主题，但如其《京东杂感》一样，他对生灵涂炭的悲悯，对淆乱乾坤的指斥，还有他那"满含故国黍离之思"的遗民情怀，还是在剧中频频迸发。《长生殿》之所以能在观众中产生强烈的反响与共鸣，也确实正中时人之下怀，此时清朝入关已四十余年，但很多经历了陵谷之变的过来人，尤其是对现实不满者，包括洪昇本人，依然还在缅怀前朝。如果说《长生殿》以其主题深刻而超越了前人，就在于斯矣。这也可谓是其第二主题。

此外，洪昇还围绕着李杨情缘、"安史之乱"这两条主线向多维延展，如有学者以历史与人生哲学主题对《长生殿》进行解读："对于洪昇来说，《长生殿》剧作中'占了情场'与'驰了朝纲'的矛盾，只是他探索人生哲理的一个外显层次。他的内在追求是从这一对表面的矛盾中去挖掘内在的哲理蕴含，那就是忘我的爱情与社会角色的矛盾是永远难以克服和弥合的。在承认李杨爱情与国家政治之间的矛盾问题上，《长生殿》与作者参照的《长恨歌》《梧桐雨》并没有什么区别。不同的是，《长恨歌》和《梧桐雨》将二者的矛盾视为人类永远无法摆脱的矛盾，因而是人类永恒的遗憾。它只有遗憾，没有解决的办法。而《长生殿》在此基础上却主张对这个永恒的遗憾用佛家出世的思想进行顿悟和超越。因而，《长生殿》的主题思想包括互相联系的两个方面，一个是通过李、杨二人乐极生悲的故事，总结福祸相倚的人生哲理以垂戒来世；二是让李杨在历经劫难、遍尝悲欢离合的人生况味后大彻大悟，达到其人生'情缘总归虚幻'的认识的哲理高度，以此来使世人'清夜闻钟'，让他们'蘧然梦觉'，后者是对前者的补充和深化。这种题旨在最末《重圆》一出中得到淋漓尽致的渲染和强调。当饱尝人间悲欢离合的酸甜苦辣后，来到月宫的杨玉环看破红尘。当月主娘娘宣布他们'本系元始孔升真人、蓬莱仙子，偶因小谪，暂住人间。今谪期已满……命居利仞天宫，永为夫妇'后，一切生死悲欢，善恶是非，不过是过眼烟云。爱情和政治的矛盾对立在转瞬即逝的梦中变为虚幻，那便无所谓永恒的遗憾了。"

《长恨歌》突出的是一个"恨"字，《梧桐雨》突出的是一个"悲"字，《长生殿》突出的是一个"情"字，而恨也好，悲也罢，皆在情中。这里首先还得从一个"情"字说起。历代帝王皆妃嫔成群，鲜有用情专一者，如李杨之生死绝恋几乎绝无仅有。如洪昇《长生殿例言》所云："念情之所钟，在帝王家罕有，马嵬之变，已违凤誓，而唐人有玉妃归蓬莱仙院、明皇游月宫之说，因合用之，专写钗合情缘，以《长生殿》题名，诸同人颇赏之。"在《长生殿传概》中，洪昇对一个"情"字又作了如是阐释："今古情场，问谁个真心到底？但果有精诚不散，终成连理。万里何愁南共北，两心那论生和死。笑人间儿女怅缘铿，无情耳。感金石，回天地。昭白日，垂青史。看臣忠子孝，总由情至。先圣不曾删《郑》《卫》，吾侪取义翻宫徵。借《太真外传》谱新词，情而已。"

《长生殿》上卷以现实主义手法为主。洪昇在诗歌创作上"沉郁顿挫，逼真少陵"，既有扎实的写实功底，又有"上悯国难，下痛民瘼"的现实情怀，这为他创作《长生殿》传奇打下了厚实的基础。仅从上卷而言，几可称为一部历史剧，无论情节还是细节，一切真实得如同真正的历史。

随着李、杨两位主角登场，作者在推动故事情节的同时，在刻画两位主要人物的形象上频频使出了超越前辈的笔法。先看唐明皇，他在登场第一支曲子就表白："端冕中天，垂衣南面，山河一统皇唐。层霄雨露回春，深宫草木齐芳。升平早奏，韶华好，行乐何妨。愿此生终老温柔，白云不羡仙乡。"一个追求享乐的风流天子形象呼之欲出。唐玄宗一开始对玉环也并非情有独钟，在《幸恩》《献发》《复召》《夜怨》《絮阁》等出戏里，均描写了他风流成性，用情不专。而随着剧情的逐渐推进，玉环之"情真"渐渐俘获了他的真心，他这才对玉环情有独钟，集万千宠爱于玉环一身。洪昇对这一角色的刻画堪称是"文不按古，匠心独妙"，唐明皇从追求享乐到追求真爱，从多情到专情、痴情的过程，被洪昇因势利导，这是洪昇的极高明之处，他凭借对人物性格的刻画、人物性情之变化来推动剧情循序渐进、一波三折、跌宕起伏地发展，以至高潮迭起。在月下定情之夕，李隆基赐杨玉环以金钗钿盒，以表达他对玉环的特别宠爱。当剧情被推至第二十二出《密誓》，帝妃长生殿中七夕密誓，唐明皇已从一个风流天子的形象演绎到了真情天子的形象，堪称为千古情圣。

又看女主角杨玉环。洪昇打破了红颜祸水、女色亡国的传统观念，对杨玉环的艺术形象进行了净化处理，抛弃了以前文艺作品中她和安禄山的暧昧关系，还有加于她身上的污事秽语，进而歌颂李杨生死不渝的爱情。如其《长生殿例言》所谓："史载杨妃多秽乱事。予撰此剧，止按白居易《长恨歌》、陈鸿《长恨歌传》为之。"他作出的第一个取舍，就是摒弃了以前小说戏曲中的媚俗现象，"而中间点染处，多采《天宝遗事》《杨妃全传》。若一涉秽迹，恐妨风教，绝不阑入"，"凡史家秽语，概削不书"。洪昇对李杨情缘和人物形象的净化，其实也是对戏曲创作的进一步纯化，是洪昇和《长生殿》在中国戏曲史上的一个突出贡献，他扬弃了前人戏曲中以媚俗哗众为目的的肉欲之情，从而使在市井勾栏中搬演的戏曲登上艺术的大雅之堂，又能达到雅俗共赏的效果，这也是对前人的一大超越。于此可见，这部作品的主题，或第一主题，就是"义取崇雅，情在写真"，抒写乃至歌咏李、杨的真情至爱、生死绝恋。

在唐玄宗的第一印象里，玉环德行温和，风姿秀丽，"端的绝世无双"，又"天生百样玲珑"，能歌善舞，精通音律，其音乐才华在历代后妃中鲜见，又加之风情万种，"回眸一笑百媚生"，如此尤物，"一人独占三千宠"。杨玉环除了美丽与才情，也有骄纵、悍妒的一面，这双重的性情也造就了她的典型性格。在洪昇的笔下，这是一个美妙到了极致却仍不完美的女性。譬如洪昇描绘玉环之妒，他明写玉环之妒，暗写玉环之痛。若以现代方式来解读，他甚至是从一种心理分析的视角，借助一些微妙的、下意识的细节或情节，来表达玉环内心深处那种难以言说的痛楚。此前，洪昇在《织锦记》专写"若兰之妒"，又据说洪昇纳妾后黄蕙亦为此而嫉妒伤心，这让洪昇对女性之妒意还真是有深切的体验。这里边有几个典型例子。一是唐玄宗与杨玉环游幸曲江，秦、虢、韩三国夫人随驾，唐玄宗因爱虢国夫人不施铅华的淡雅之美，瞒着玉环，特命她到望春宫陪宴并留宿。杨贵妃知悉后，醋性大发，而虢国夫人乃是玉环的三姐，哪怕是亲生姊妹，在争宠夺爱上她也绝不容忍，为了爱情，她宁可抛却亲情。唐玄宗一怒之下，将她逐出宫门。玉环饱受相思之苦，剪青丝，表衷肠。而同样饱受相思之苦的李隆基一见青丝，便忙不迭地后悔认错："这原是寡人不是。"这一剧情，与《织锦记》中的苏若兰别出心裁作《璇玑图》如出一辙，《织锦记》实在没有白写。两剧还有相似之处，玉环为了赢得唐明皇的专宠与真爱，还精心制成了《霓裳羽衣曲》，亦如若兰作《璇玑图》也。玉环以剪青丝、表衷肠而与唐明皇重续前缘，恩好愈重。又如《夜怨》一出，当她探听到唐明皇与梅妃夜宿于翠华西阁的消息时，夜不能寐，"两情难割，不由寸心如剪"。翌日清晨，她直闯翠华西阁，见到了梅妃留下的翠钿与凤舄（仙女或后妃的花鞋）。她不顾天子体面，对唐明皇这种偷偷摸摸行为连讥带讽："只怕悄东君偷泄小梅梢，单只待望着梅来把渴消。"她这种强烈的妒恨，直如她在《夜怨》一出中所说："江采苹，江采苹！非是我容你不得，只怕我容了你，你就容不得我也！"最终，她以《霓裳羽衣曲》压倒梅妃的《惊鸿曲》，终于获得了唐明皇的"专宠"，而玄宗也终于悟出了玉环"媚处娇何限，情深妒亦真"的心理。

自"钗盒定情"后，这帝妃之恋历经磨炼，情感日笃，一日不见，如隔三秋，直至第二十二出《密誓》，终将这一波三折的帝妃之恋推向了极致。这也是全剧的一个关键节点。此前，由于明皇私召梅妃，引起玉环的妒怨，两人虽说已然和解，但玉环还是充满了隐忧。七夕，正是《长恨歌》中所抒写的"七月七日长生殿，夜半无人私语时"，玉环于长生殿内乞巧："愿钗盒情缘长久订，莫使做秋风扇冷。"明皇闻之，悄然而至，看见玉环伤心流泪，惊问："呀，妃子为何掉下泪来？"玉环含泪说："妾想牛郎织女，虽则一年一见，却是地久天长。只恐陛下与妾的恩情，不能够似他长远。"但明皇觉得自己与玉环能朝夕相处，这缘分和福分远胜于牛郎织女，"问双星，朝朝暮暮，争似我和卿"！但玉环还是忧心忡忡："提起便心疼，念寒微侍掖庭，更衣傍辇多荣幸。瞬息间，怕花老春无剩，宠难凭。论恩情，若得一个久长时，死也应；若得一个到头时，死也瞑。抵多少平阳歌舞，恩移爱更；长门孤寂，魂销泪零，断肠枉泣红颜命！"玉环只怕日久恩疏，年老色衰，不免白头之叹，一心想"趁此双星之下，乞赐盟约，以坚终始"。明皇为爱妃的挚爱而深深触动，于是携玉环之手，在双星之下焚香密誓："双星在上，我李隆基与杨玉环情重恩深，愿世世生生，共为夫妇，永不相离。有渝此盟，双星鉴之。在天愿为比翼鸟，在地愿为连理枝。天长地久有时尽，此誓绵绵无绝期。"这誓词正是《长恨歌》的结尾，洪昇只改了一个字，把"恨"改为了"誓"，而那绵绵无绝期之恨，又何尝不是缘起于这绵绵无绝期之誓？如此生死绝恋，已超越了帝妃的身份，乃是世间对爱情的忠贞不渝的追求，至此，李杨情缘已达顶峰，三千宠爱，集于杨贵妃一身。对明皇和贵妃的七夕密誓，织女和牛郎在银汉桥边听得真真切切，他们被明皇玉环至诚之恋的密誓而深深打动，而作为天神，他们已经提前看到了这帝妃之恋终将沦为生离死别的悲剧，两人虽说是难逃此劫，但双星也在天发誓，若这帝妃将来不背七夕之约的密誓，他们将助其再续情缘。

洪昇一边推动帝妃之恋的剧情发展，一边揭露唐明皇"弛了朝纲，占了情场"。他没有将那些沉重而尖锐的社会现实推到幕后，为了凸显"逞侈心而穷人欲"的宫廷生活，还特意将第十五出《进果》安排在《偷曲》和《舞盘》之间，以宫廷的穷奢极欲与底层人民的生存镜像形成对比。《进果》讲述了一个家喻户晓的故事，唐玄宗为了博得杨贵妃的欢心，命臣下从万里迢迢的岭南进贡新鲜荔枝。为了以最快的速度将荔枝进呈宫内，贡使日夜驱马奔驰，哪怕沿途毁坏了庄稼、伤害了人命也毫不在乎，而农夫疾呼："田家耕种多辛苦，愁旱又愁雨。一年靠这几茎苗，收来半要偿官赋。可怜能得几粒到肚！"当杨贵妃品尝着鲜美的荔枝时，又怎能预料，她终将自食苦果。穷奢极欲之下，必然会导致政治黑暗。杨贵妃一人得宠，荣耀及于一门，兄弟姊妹俱得封赏，其族兄杨国忠早年潦倒落魄，在杨贵妃得宠后平步青云，拜为右相，封卫国公，宠冠诸臣，而一朝得势便挟百官于朝廷，专权误国，败坏纲纪，贪得无厌。安禄山原为边将，因"失机"而依律当斩，却因贿赂杨国忠，不但免于一死，反而得以超升。安禄山既得杨国忠之助，在得势之后又与杨国忠勾心斗角，相互倾轧。而唐玄宗沉湎于酒色，屡屡失策，竟将安禄山调任范阳节度使。范阳，今北京，乃是战略地位至关重要的北国重镇，安禄山在范阳郡城北边筑起了雄武城，表面上看来是防御侵略，实际上是储藏兵器、粮食，妄图进兵中原，夺取天下。当帝妃之恋与朝政国事这两条线索遽然交织在一起，笔锋突转，一曲爱情悲歌和社稷悲歌顷刻间同时爆发了。

第二十四出《惊变》是全剧的高潮，也是一个关键转折点。这一出戏又可分为两个段落，前为"小宴"，后为"惊变"。在"小宴"一段中，"玉楼天半起笙歌，风送宫嫔笑语和。月殿影开闻夜漏，水晶帘卷近秋河"。高力士奉万岁爷之命，在御花园中安排小宴，唐明皇与贵妃娘娘"携手向花间，暂把幽怀同散。凉生亭下，风荷映水翩翩。爱桐阴静悄，碧沉沉并绕回廊看。恋香巢秋燕依人，睡银塘鸳鸯蘸眼"，这静好岁月、优美的风景和安逸的心情，与接下来的一场"惊变"形成了鲜明的反差，洪昇也特别善用这种反衬的手法。又看那帝妃的情调，"【北石榴花】不劳你玉纤纤高捧礼仪烦，子待借小饮对眉山。俺与你浅斟低唱互更番，三杯两盏，遣兴消闲"，明皇吹笛，玉环清唱，琴瑟和谐，鸾凤和鸣。"【南泣颜回·换头】花繁，秾艳想容颜。云想衣裳光璨。新妆谁似，可怜飞燕娇懒。名花国色，笑微微常得君王看。向春风解释春愁，沉香亭同倚栏干。"唐明皇喝得兴起，赞叹："妙哉，李白锦心，妃子绣口，真双绝矣。宫娥，取巨觥来，与妃子对饮。""【北斗鹌鹑】畅好是喜孜孜驻拍停歌，喜孜孜驻拍停歌，笑吟吟传杯送盏。妃子干一杯，不须他絮烦烦射覆藏钩，闹纷纷弹丝弄板。妃子，再干一杯！"直演至贵妃醉酒，"【南扑灯蛾】态恹恹轻云软四肢，影蒙蒙空花乱双眼，娇怯怯柳腰扶难起，困沉沉强抬娇腕，软设设金莲倒褪，乱松松香肩软云鬟，美甘甘思寻凤枕，步迟迟倩宫娥搀入绣帏间"。那陶醉于醇酒妇人的唐明皇恍若醉生梦死一般，忽闻鼓声骤发，他发出一声喝问："何处鼓声骤发？"这一问，真是"渔阳鼙鼓动地来，惊破《霓裳羽衣曲》"，从帝妃纵情于酒色的一幕突然转向"惊变"，气氛亦由纵情声色的欢乐突转为紧张与惊慌。由于军情紧急，杨国忠"不免径入"，他向皇帝近侍高力士急问："万岁爷在那里？"一见明皇他赶紧告急："陛下，不好了。安禄山起兵造反，杀过潼关，不日就到长安了。"而唐明皇又是一声惊问："守关将士何在？"这接连三问，凸显了惊变之"惊"，也揭露了唐明皇早已把江山社稷忘到了九霄云外，事到临头，才如此惊魂。杨国忠禀报："哥舒翰兵败，已降贼了。"【北上小楼】呀，你道失机的哥舒翰，称兵的安禄山，赤紧的离了渔阳，陷了东京，破了潼关。唬得人胆战心摇，肠慌腹热，魂飞魄散，早惊破月明粲。"唐明皇急问："卿有何策，可退贼兵？"杨国忠说："当日臣曾再三启奏，禄山必反，陛下不听，今日果应臣言。事起仓卒，怎生抵敌？不若权时幸蜀，以待天下勤王。"唐明皇说："依卿所奏，快传旨，诸王百官，即时随驾幸蜀便了。高力士，快些整备军马。传旨令右龙武将军陈元礼，统领羽林军士三千，扈驾前行。"【南扑灯蛾】稳稳的宫庭宴安，扰扰的边廷造反。咚咚的鼙鼓喧，腾腾的烽火颭。的溜扑碌臣民儿逃散，黑漫漫乾坤覆翻，碜磕磕社稷摧残，碜磕磕社稷摧残。当不得萧萧飒飒西风送晚，黯黯的一轮落日冷长。"但唐明皇此刻最痛心的还不是国家变乱，而是醉酒酣眠的杨贵妃："宫娥每，杨娘娘可曾安寝？"当他听说贵妃已睡熟了，又叮嘱"不要惊他，且待明早五鼓同行"。想到明天一大早就要奔蜀，他禁不住为贵妃而哀泣："天那，寡人不幸，遭此播迁，累他玉貌花容，驱驰道路。好不痛心也！"这些细节，既写出了唐明皇对杨贵妃的真情，更写出了这一场危机背后的原因，而两者之间互为因果。

　　第二十五出《埋玉》将帝妃之恋从至情至爱推向了至悲。唐明皇偕杨贵妃播迁西蜀，右龙武将军陈元礼统领禁军扈驾。这一员武将率先登场，先声夺人。"【金钱花】拥旄仗钺前驱，前驱，羽林拥卫銮舆，銮舆。匆匆避贼就征途。人跋涉，路崎岖。知何日，到成都。"行至马嵬驿，禁军哗变。陈元礼喝问："众军为何呐喊？"众军高呼："禄山造反，圣驾播迁，都是杨国忠弄权，激成变乱。若不斩此贼臣，我等死不扈驾。"而此时，唐明皇奔波在赴蜀的路途上，风尘仆仆更兼疲惫焦苦，京华渐行渐远，眼前那满目江山已是剩水残山，禁不住悲戚落泪。"【中吕过曲·粉孩儿】匆匆的弃宫闱珠泪洒，叹清清冷冷半张銮驾，望成都直在天一涯。渐行来渐远京华，五六搭剩水残山，两三间空舍崩瓦。"不过，他最关心的还是杨贵妃："寡人不道，误宠逆臣，致此播迁，悔之无及。妃子，只是累你劳顿，如之奈何！"杨贵妃则毫无怨言，深明大义："臣妾自应随驾，焉敢辞劳。只愿早早破贼，大驾还都便好。"而众军的呼声此起彼伏："杨国忠专权误国，今又交通吐蕃，我等誓不与此贼俱生。要杀杨国忠的，快随我等前去。"陈元礼奉命见驾，"臣启陛下：杨国忠专权召乱，又与吐蕃私通。激怒六军，竟将国忠杀死了"。国忠被杀，令唐明皇大惊失色，也让杨贵妃悲戚掩泪。而明皇深知众怒难犯，传旨"赦汝等擅杀之罪"，然而众军还不干休，又在呐喊："国忠虽诛，贵妃尚在。不杀贵妃，誓不扈驾。"唐明皇为杨贵妃辩解，"【红芍药】国忠纵有罪当加，现如今已被劫杀。妃子在深宫自随驾，有何干六军疑讶。"他命陈元礼前去弹压，陈元礼说："陛下呵，听军中恁地喧哗，教微臣怎生弹压！"

白朴在处理马嵬坡兵变一折时，杨贵妃充满了求生之念，而在洪昇的笔下，杨贵妃则更多是替皇帝着想："【耍孩儿】事出非常堪惊诧。已痛兄遭戮，奈臣妾又受波查。是前生事已定，薄命应折罚。望吾皇急切抛奴罢，只一句伤心话……"唐明皇正在安慰杨贵妃，众军呼声又起，陈元礼再次劝说皇帝忍痛割恩："贵妃虽则无罪，国忠实其亲兄，今在陛下左右，军心不安。若军心安，则陛下安矣。愿乞三思。"在众军的逼迫之下，帝妃哭作一团，一个是"无语沉吟，意如乱麻"，一个是"痛生生怎地舍官家"！可怜一对鸳鸯，风吹浪打，直恁的遭强霸！唐明皇痛呼："贵妃，好教我难禁架！"此时，外厢军士已把驿亭围了。若再迟延，恐有他变，怎么办？唐明皇命陈元礼快去安抚三军，又与杨贵妃哭成一团。"【缕缕金】魂飞颤，泪交加。堂堂天了贵，不及莫愁家。难道把恩和义，霎时抛下！"杨贵妃见情势危急，为保全李唐社稷和心上人的生命，再三恳请皇帝赐死："臣妾受皇上深恩，杀身难报。今事势危急，望赐自尽，以定军心。陛下得安稳至蜀，妾虽死犹生也。算将来无计解军哗，残生愿甘罢，残生愿甘罢！"玉环越是请求赐死，明皇越是痛彻心扉："妃子说那里话！你若捐生，朕虽有九重之尊，四海之富，要他则甚！宁可国破家亡，决不肯抛舍你也！"此乃明皇的悲极之言，既语出惊人，却又在情理之中，为了爱情，他不仅要豁出国家，甚至情愿豁出自己的性命，代替杨玉环去死："拼代你陨黄沙。"洪昇这样描写一个帝王，为了爱情可以豁出一切，还真是前所未有的首创。"【摊破地锦花】任欢哗，我一谜妆聋哑，总是朕差。现放着一朵娇花，怎忍见风雨摧残，断送天涯。若是再禁加，拼代你陨黄沙。"而杨贵妃在生死攸关之际愈加突显其非凡的美德，一心以保宗社为重，"陛下虽则恩深，但事已至此，无路求生。若再留恋，倘玉石俱焚，益增妾罪。望陛下舍妾之身，以保宗社"。高力士也在一旁苦劝皇帝忍痛割爱："娘娘既慷慨捐生，望万岁爷以社稷为重，勉强割恩罢。"事已至此，玉环只有死路一条了，"【哭相思】百年离别在须臾，一代红颜为君尽"！

杨贵妃临死之前先拜佛堂："佛爷，佛爷！念杨玉环啊"，"【越恁好】罪孽深重，罪孽深重，望我佛度脱咱"。但她最放不下的还是明皇，叮嘱高力士："圣上春秋已高，我死之后，只有你是旧人，能体圣意，须索小心奉侍。再为我转奏圣上，今后休要念我了。"又摘下明皇赐她的定情之物金钗钿盒，再次叮嘱："高力士，我还有一言。这金钗一对，钿盒一枚，是圣上定情所赐。你可将来与我殉葬，万万不可遗忘。"交代完毕，她又开始悲泣："断肠痛杀，说不尽恨如麻。"直到挂上白练，她还在对心上人倾诉衷肠："我那圣上啊，我一命儿便死在黄泉下，一灵儿只傍着黄旗下。"当杨贵妃被埋葬时（埋玉），唐明皇哭得肝肠寸断，"【红绣鞋】当年貌比桃花，桃花"。高力士也陪着悲哭："今朝命绝梨花，梨花。"他拿出娘娘吩咐殉葬的金钗、钿盒，明皇又看着钗盒痛哭："这钗和盒，是祸根芽。长生殿，恁欢洽；马嵬驿，恁收煞！"仓猝之间，没有整备棺椁，唐明皇又叮嘱："权将锦褥包裹。须要埋好记明，以待日后改葬。这钗盒就系娘娘衣上罢。""【尾声】温香艳玉须臾化，今世今生怎见他！"

《埋玉》一出，李杨之爱也被推到了生死绝恋的极致状态。无论是白居易的《长恨歌》，还是白朴的《梧桐雨》，都没有描绘出如此坚贞、至死不渝的爱情，更没有刻画出一个如此完美的贵妃形象。白居易借历史人物的原型和民间传说，演义出一曲回旋宛转、乐极生悲的长恨悲歌，但在叙事上采用了极简的方式，即便对马嵬事变这一关键情节也仅以寥寥数笔带过，而将主要笔墨倾注于艺术形象的刻画和人物的心理描写上。为了突出悲情效应，《长恨歌》还特意加强了对环境气氛的渲染。这些艺术特色皆被洪昇在《长生殿》中吸收并发挥。从《长生殿》中唐明皇这一艺术形象看，从其纵情声色、荒政误国之可恨，到国家变乱、仓皇出逃之可痛，从其七夕密誓之可爱，到马嵬兵变之可怜，这交织在一起的复杂感受，只因洪昇刻画出了一个多维立体的帝王形象，这样一个非常之人被刻画得非常成功，尤其在这生死关头愈加生动而深切感人，如此真情至爱，也产生了强烈感人的戏剧效果。又看杨贵妃，在《梧桐雨》中的杨贵妃，直到生死关头也没有上升到一心以保宗社为重的境界，更多的是求生的本能哀求，而洪昇笔下的杨玉环，既是美与爱的化身，又是爱与受难的天使，更有颠覆其原来形象的高贵人格境界。试问这世间，还有什么比这更撼人心魄的生死绝恋？诚然，洪昇对杨贵妃也有所批判，但更多的是深深的同情，尽管她在马嵬坡下以自尽的方式承担了一切既往的罪过，但洪昇并未把祸乱国家的罪责归咎于她，在三十八出《弹词》中，洪昇还借铁笛李謩之口说出了他替杨贵妃的辩解："休只埋怨贵妃娘娘，当日只为误任边将，委政权奸，以致庙谟颠倒，四海动摇……"

三

随着杨贵妃殒命马嵬驿，一场生死绝恋在现实世界已经终结，但杨贵妃命已断，魂未绝，《长生殿》传奇随之转入下卷二十五出。下卷亦采用家国同构的复线结构，一条线索是唐玄宗和杨贵妃在生离死别后一往情深而又悲伤绝望的思念，而在两人生离死别后，这条线实际上又一分为二，一条围绕唐明皇的追忆与悲思展开，一条围绕杨贵妃之魂演绎。洪昇一方面学习了《长恨歌》的精魂，采取浪漫主义手法和超现实的方式，一边写唐明皇对杨贵妃的追忆和悲思，一边写化作一缕芳魂、飘入蓬莱仙山的杨贵妃对唐明皇难以割舍的眷恋，在灵与肉之间把这生离死别的帝妃之恋升华到了灵魂之爱的境界。另一方面，洪昇也吸收了《梧桐雨》的手法，化用了秋雨梧桐惊梦那一幕。还有一条线索，继续沿着"安史之乱"延伸，如《骂贼》《剿寇》《刺逆》《收京》《弹词》等，以此展现江山社稷和国殇之命运。

第二十七出《冥追》是灵魂之恋的开始，杨贵妃化作一缕断魂后，依然对爱情至死不渝、死亦不渝地追求，"荡悠悠一缕断魂，痛察察一条白练香喉锁。风光尽，信誓捐，形骸浣。只有痴情一点、一点无摧挫。拼向黄泉，牢牢担荷"。她的灵魂也在悲泣："唉，不知圣驾此时到那里了！我一灵渺渺，飞出驿中，不免望着尘头，追随前去。""【北双调新水令】望銮舆才离了马嵬坡，咫尺间不能飞过。俺悄魂轻似叶，他征骑疾如梭。刚打个磨陀，翠旗尖又早被树烟锁。"而此时，唐明皇在遭受兵变、痛失爱妃后满腔悲恨，老泪纵横，"没揣倾城遭凶祸，去住浑无那。行行唤奈何，马上回头，两泪交堕"。这生死相隔的情侣，在现实中已无法交集，却通过唐明皇的悲思、杨贵妃的冥追而互相穿插，"【北折桂令】一停停古道逶迤，俺只索虚趁云行，弱倩风驮。"杨贵妃终于看见了唐明皇的大驾："呀，好了。望见大驾，就在前面了也。这不是羽盖飘扬，鸾旌荡漾，翠辇嵯峨！不免疾忙赶上者。"她的灵魂也想依偎在唐明皇身边，"愿一灵早依御座，便牢牵衮袖黄罗"。然而，她在现实中痛失的爱情，也无法以冥追的方式完成，她正要下地追赶，"忽然黑风过处，遮断去路，影都不见了。好苦呵，暗蒙蒙烟障林阿，杳沉沉雾塞山河，闪摇摇不住徘徊，悄冥冥怎样腾挪"？

第三十二出《哭像》是一出撕心裂肺的哭戏。此时，唐明皇避难成都，"传位太子，改称上皇。喜的郭子仪兵威大震，指日荡平。只念妃子为国捐躯，无可表白，特敕成都府建庙一座。又选高手匠人，将旃檀香雕成妃子生像。命高力士迎进宫来，待寡人亲自送入庙中供养"。这一出又可分为两部分，先是迎像，后为哭像。

前部分为唐明皇倾诉自己的悔恨。他悔恨自己辜负了与爱妃的七夕盟誓："【正宫端正好】是寡人昧了他誓盟深，负了他恩情广，生拆开比翼鸾凰。说甚么生生世世无抛漾，早不道半路里遭魔障。"他痛恨安禄山这叛贼毁掉了他的一切，最终却又把这恨转嫁到了右龙武将军陈元礼身上："【滚绣球】恨寇逼的慌，促驾起的忙。点三千羽林兵将，出延秋，便沸沸扬扬。甫伤心第一程，到马嵬驿舍傍。猛地里爆雷般齐呐起一声的喊响，早子见铁桶似密围住四下里刀枪。恶嗷嗷单施逞着他领军元帅威能大，眼睁睁只逼拶的俺失势官家气不长，落可便手脚慌张。恨只恨陈元礼呵！""【叨叨令】不催他车儿马儿，一谜家延延挨挨的望；硬执着言儿语儿，一会里喧喧腾腾的谤；更排些戈儿戟儿，一哄中重重叠叠的上；生逼个身儿命儿，一霎时惊惊惶惶的丧。〔哭科〕兀的不痛杀人也么哥，兀的不痛杀人也么哥！闪的我形儿影儿，这一个孤孤凄凄的样。寡人如今好不悔恨也！"他真是悔恨啊，却又追悔莫及、无法补偿："【脱布衫】羞杀咱掩面悲伤，救不得月貌花庞。是寡人全无主张，不合呵将他轻放。""【小梁州】我当时若肯将身去抵搪，未必他直犯君王；纵然犯了又何妨，泉台上，倒博得永成双。""【幺篇】如今独自虽无恙，问余生有甚风光！只落得泪万行，愁千状！〔哭科〕我那妃子呵，人间天上，此恨怎能偿！"

后半部分，唐明皇一见雕像，如逢爱妃重生。他对着爱妃之像，要与心上人"叙我冤情，说我惊魂，话我愁肠"，可是上前呼唤了半天，

"怎不见你回笑庞，答应响"，待"移身前傍"，蓦地发现这只不过是香檀木做成的雕像，只能长歌以当哭，上演了一出肝肠寸断的《哭像》。在焚香祭奠时，他抚今追昔，肝肠寸断："【朝天子】蓺腾腾宝香，映荧荧烛光，猛逗着往事来心上。记当日长生殿里御炉傍，对牛女把深盟讲。又谁知信誓荒唐，存殁参商！空忆前盟不暂忘。今日呵，我在这厢，你在那厢，把着这断头香在手添凄怆。"

在祭奠过程中，还有很多令人叫绝的曲子，皆是催人泪下之绝唱：

【五煞】碧盈盈酒再陈，黑漫漫恨未央，天昏地暗人痴望。今朝庙宇留西蜀，何日山陵改北邙！寡人呵，与你同穴葬，做一株冢边连理，化一对墓顶鸳鸯。

【四煞】奠录筵礼已终，诉衷情话正长。你娇波不动，可见我愁模样？只为我金钗钿盒情辜负，致使你白练黄泉恨渺茫，向此际捶胸想，好一似刀裁了肺腑，火烙了肝肠。

【三煞】只见他垂垂的湿满颐，汪汪的含在眶。纷纷的点滴神台上。分明是牵衣请死愁容貌，回顾吞声惨面庞，这伤心真无两，休说是泥人堕泪，便教那铁汉也肠荒！

【二煞】只见老常侍双膝跪，旧宫娥伏地伤。叫不出娘娘千岁，一个个含悲向。〔哭科〕妃子呵，只为你当日在昭阳殿里施恩遍，今日个锦水祠中遗爱长。悲风荡，肠断杀数声杜宇，半壁斜阳。

【一煞】叠金银山百座，化幽冥帛万张。纸铜钱怎买得天仙降？空着我衣沾残泪，鹃留怨。不能勾魂逐飞灰蝶化双，蓦地里增悲怆。甚时见鸾骖碧汉，鹤返辽阳。

【煞尾】出新祠泪未收，转行宫痛怎忘？对残霞落日空凝望！寡人今夜呵，把哭不尽的衷情，和你梦儿里再细讲。

唐明皇哭的不只是痛失的爱妃和爱情，或许还有他失去的权力和此前养尊处优的一切，而一个春秋已高又被架空的太上皇，他感觉生命的意义已经结束了，活着就是为了追忆，也可以说他一直活在从前的岁月中。当他自蜀回京，途经爱妃殒命的马嵬坡，又发出了痛彻肺腑的号呼："叫声声魂在无？歇歇，哭哀哀泪渐枯"，与其这般痛不欲生地活着，还不如"速离尘埃，早赴泉台，和伊地中将连理栽"。

演至第四十五出《雨梦》，这一折可以说是脱胎于《梧桐雨》，但也充满了艺术想象力的发挥，比《梧桐雨》的情节写得更复杂，而且多了戏剧冲突。唐明皇"自幸蜀还京，退居南内，每日只是思想妃子，前在马嵬改葬，指望一睹遗容，不想变为空穴，只剩香囊一个。不知果然尸解，还是玉化香消？徒然展转寻思，怎得见他一面？今夜对着这一庭苦雨、半壁愁灯，好不凄凉人也"！在这夜雨梧桐之夜，他"不堪闲夜雨声频，一念重泉一怆神。挑尽灯花眠不得，凄凉南内更何人"，"【越调过曲·小桃红】冷风掠雨战长宵，听点点都向那梧桐哨也。萧萧飒飒，一齐暗把乱愁敲，才住了又还飘。那堪是凤帏空，串烟销，人独坐，厮凑着孤灯照也，恨同听没个娇娆。〔泪介〕猛想着旧欢娱，止不住泪痕交"。"【五韵美】听淋铃，伤怀抱。凄凉万种新旧绕，把愁人禁虐得十分恼。天荒地老，这种恨谁人知道。你听窗外雨声越发大了。疏还密，低复高，才合眼，又几阵窗前把人梦搅。"他想梦见贵妃，却一如白居易的《长恨歌》，"悠悠生死别经年，魂魄不曾来入梦"。但洪昇没有到此为止，他化用了《梧桐雨》的情节，杨贵妃"幽情消未得，入梦感君王"。

接下来虽是梦境，却如同写实。先是两个奴婢（小生、副净）奉杨娘娘之命，来请万岁爷。他们还告诉唐明皇：杨娘娘"只为当日个乱军中祸殃惨遭，悄地向人丛里换妆隐逃，因此上流落久蓬飘"。这让唐明皇喜出望外："呀，原来杨娘娘不曾死，如今却在那里？"（小生、副净）说：娘娘"为陛下朝想暮想，恨萦愁绕，因此把驿庭静扫，望銮舆幸早。说要把牛女会深盟，和君王续未了"。当唐明皇前去与杨贵妃幽会时，却又被陈元礼拦住了："陛下久已安居南内，因何深夜微行，到那里去？"唐明皇先是一惊，继而怒喝："咄，陈元礼，你当日在马嵬驿中，暗激军士逼死贵妃，罪不容诛。今日又待来犯驾么？"陈元礼威胁他："陛下若不回宫，只怕六军又将生变。"唐明皇更加怒不可遏："咄，陈元礼，你欺朕无权柄，闲居退朝。只逞你有威风，卒悍兵骄。法难恕，罪怎饶。叫内侍，快把这乱臣贼子首级悬枭。"（小生、副净）领旨，杀掉了陈元礼，请万岁爷进去。唐明皇走进长生殿，"只见没多半空寮、废寮，冷清清临着这荒郊、远郊"，这荒芜凄凉的景象虽是梦中所见，又何尝不是战乱带来的。唐明皇在空荡荡的荒野上急呼："内侍，娘娘在那里？怎一个也不见了。单则听飒剌剌风摇、树摇，啾唧唧四壁寒蛩絮，一片愁苗、怨苗。"他哭喊："哎哟，我那妃子啊，叫不出花娇、月娇，料多应形消、影消。呀，好奇怪，一霎时连驿亭也都不见，倒来到曲江池上了。好一片大水也。不堤防断砌、颓垣，翻做了惊涛、沸涛。"

这一幕将一场梧桐秋雨演绎为一场惊涛骇浪的洪水，堪称是神来之笔。唐明皇惊悸地看着那洪水，又发现了什么："你看大水中间，又涌出一个怪物。猪首龙身，舞爪张牙，奔突而来。好怕人也！"这么个怪物是从洪水中冒出的一条猪龙，项戴铁索、跳上来直扑唐明皇，唐明皇惊恐逃奔，幸得有二金甲神执锤上，一边击打猪龙一边呵斥："咄，孽畜，好无礼！怎又逃出，到此惊犯圣驾，还不快去。"而唐明皇在梦中连连惊叫时，高力士扶住他："万岁爷，为何梦中大叫？"唐明皇从梦中惊醒："高力士，外边什么响？"高力士回禀："是梧桐上的雨声。"唐明皇这才清醒了。"【江神子】〔别体〕我只道谁惊残梦飘，原来是乱雨萧萧，恨杀他枕边不肯相饶，声声点点到寒梢，只待把泼梧桐锯倒。"他又吩咐高力士："朕方才梦见两个内侍，说杨娘娘在马嵬驿中来请朕去。多应芳魂未散。朕想昔时汉武帝思念李夫人，有李少君为之召魂相见，今日岂无其人！你待天明，可即传旨，遍觅方士来与杨娘娘召魂。""【尾声】纷纷泪点如珠掉，梧桐上雨声厮闹。只隔着一个窗儿直滴到晓。"这显然是对《梧桐雨》的沿袭。

从第四十六出《觅魂》开始，洪昇从《长恨歌》中受到启示，也受《牡丹亭》中杜丽娘还魂的启示，同时还吸收了一些民间传说，以浪漫主义手法拓展了一条生离死别之后的帝妃终于得以团圆的线索。在第四十七出《补恨》无疑是对"此恨绵绵无绝期"的一种弥补，也只有在超现实的天界才能完成。那个早已埋下的伏笔终于出现了，当初帝妃七夕密誓时，牛女既是见证人，也是他们悲剧命运的预见者。此时，织女上场了，这也是来兑现自己的诺言，以助其再续情缘。"【正宫引子·燕归梁】怜取君王情意切，魂遍觅，费周折。好和蓬岛那人说，邀云佩，赴星阙。"而杨贵妃提起伤心事更悲切，"【正宫过曲·普天乐】叹生前，冤和业。〔悲介〕才提起，声先咽。单则为一点情根，种出那欢苗爱叶。他怜我慕，两下无分别。誓世世生生休抛撇，不提防惨凄凄月坠花折，悄冥冥云收雨歇，恨茫茫只落得死断生绝"。织女问她："听说，旧情那些。似荷丝劈开未绝，生前死后无休歇。万重深，万重结。你共他两边既恁疼热，况盟言曾共设。怎生他陡地心如铁，马嵬坡便忍将伊负也？"杨贵妃拿出钗盒给织女看："这金钗、钿盒，就是君王定情日所赐。妾被难之时，带在身边。携入蓬莱，朝夕佩玩，思量再续前缘。只不知可能够也？"尽管她落得如此非命，却对唐明皇毫无怨言："伤嗟，岂是他顿薄劣！想那日遭磨劫，兵刃纵横，社稷阽危，蒙难君王怎护臣妾？妾甘就死，死而无怨，与君何涉！怎忘得定情钗盒那根节。"而今她"位纵在神仙列，梦不离唐宫阙。千回万转情难灭"。最终，在第五十出《重圆》中，这生离死别又生死不离的帝妃，终于在"碧澄澄云开远天，光皎皎月明瑶殿"中共登仙境，重续鸳梦，成为永不分离的神仙眷侣，这也是苦果之后的正果。正如《长恨歌》所谓"但教心似金钿坚，天上人间会相见"，"昭阳殿里恩爱绝，蓬莱宫中日月长"，从此，"桂花中一对神仙，占风流千秋万年"。这虽说是大团圆的结局，却也不落俗套，洪昇又以一曲【黄钟过曲·永团圆】让境界为之一变："神仙本是多情种，蓬山远，有情通。情根历劫无生死，看到底终相共。尘缘倥偬，忉利有天情更永。不比凡间梦，悲欢和哄，恩与爱总成空。跳出痴迷洞，割断相思鞚；金枷脱，玉锁松。笑骑双飞凤，潇洒到天宫。"这是历尽沧桑浩劫与生离死别而达到的一种人生况味，一种既属于生命也属于灵魂的大觉悟，大境界。

《长生殿》不仅在剧情构制和主题思想上超越了前人，从艺术形象的塑造与刻画看，洪昇也颇具超越性，他几乎把自己在诗赋词曲音律方面的浑身解数都使出来了，又无一不在《长生殿》中得以淋漓尽致地发挥，这让他可以运用性格化的语言，如对白、唱词等，又能捕捉人物微妙的心理活动。李渔尝谓："欲代此一人立言，先宜代此一人立心。"对于人物的心理刻画乃是戏曲的一大难点。中国传统戏曲，多从更具直观性的外形、外在性格对人物加以刻画，而洪昇在心理刻画上既特别传神，又让人心领神会，尤其是在描写男女爱情生活中的那种心理活动时，洪昇更是细致入微，曲尽其妙，惟妙惟肖，几乎是贴着人物的心灵在写。无论是主角李隆基、杨玉环，还是配角郭子仪、雷海青、李龟年等，还有反面角色安禄山、杨国忠、高力士等，都不是脸谱化的戏剧人物，一个个都形神兼备，个性鲜明，而其个性不只是外在表现，更是从内心里焕发出来的。这也是《长生殿》在艺术形象塑造和刻画方面的一个突出特色。唯其如此，洪昇才能将这些"熟悉的陌生人"都塑造为"独特的这一个"，直到如今，这一系列人物依然是中国戏曲历史画廊上的经典人物形象。

对于男女主角的艺术形象，这里不再赘述，洪昇对其他人物的刻画也下足了功夫，使其一个个性格鲜明，神情毕现，超越了戏曲人物的脸谱化形象。如《长生殿》的第一配角郭子仪，全剧共有四出以他为主角。郭子仪在第十出《疑谶》登场："壮怀磊落有谁知，一剑防身且自随。整顿乾坤济时了，那回方表是男儿。自家姓郭名子仪，本贯华州郑县人氏。学成韬略，腹满经纶。要思量做一个顶天立地的男儿，干一桩定国安邦的事业。今以武举出身，到京谒选。正值杨国忠窃弄威权，安禄山滥膺宠眷。把一个朝纲，看看弄得不成模样了。似俺郭子仪，未得一官半职，不知何时，才得替朝廷出力也呵！"这是他的开场白，也是他到京师后的遭遇，他满腔热血化作一腔悲愤，且到长安市上，买醉一回。这让我联想到洪昇自身的命运，他也像郭子仪这样有心报国而怀才不遇，也时常借酒消愁。显然，他也是借郭子仪这一角色，来诉说自己沦落不遇的悲愤。

这一顿酒，基本上是郭子仪的独角戏，却也喝得特别有戏剧性。

酒保端上酒来，郭子仪忽"听街市恁喧呼"，问酒保这楼前那些官员，是往何处去来？酒保告诉他，只为国舅杨丞相，并韩国、虢国、秦国三位夫人，万岁爷各赐造新第。在这宣阳里中，四家府门相连，俱照大内一般造法。这一家造来，要胜似那一家的；那一家造来，又要赛过这一家的。若见那家造得华丽，这家便拆毁了，重新再造。定要与那家一样，方才住手。一座厅堂，足费上千万贯钱钞。今日完工，因此合朝大小官员，都备了羊酒礼物，前往各家称贺。打从这里过去。郭子仪惊叹："哦，有这等事！……呀，外戚宠盛，到这个地位，如何是了也！""【醋葫芦】怪私家恁僭窃，竞豪奢，夸土木。一班儿公卿甘作折腰趋，争向权门如市附。再没有一个人呵，把舆情向九重分诉。可知他朱甍碧瓦，总是血膏涂！"这杨氏四府都是民脂民膏啊！

郭子仪心中一时愤懑，不觉酒涌上来，且向四壁闲看一回，只见这壁厢细字数行："燕市人皆去，函关马不归。若逢山下鬼，环上系罗衣。"这是一首谶诗，乃是马嵬兵变的预言。山下鬼，正是一个"嵬"字，环上系罗衣，乃指玉环必将缢死的宿命。

正当此时，楼下又是一阵喧闹，原来是安禄山封东平郡王，赐归东华门外新第，正打从这里经过。郭子仪闻言惊怒："呀，这、这就是安禄山么？有何功劳？遽封王爵？唉，我看这厮面有反相，乱天下者，必此人也！""【金菊香】见了这野心杂种牧羊的奴，料蜂目豺声定是狡徒。怎把个野狼引来屋里居？怕不将题壁诗符？更和那私门贵戚，一例逞妖狐。"

这一出戏的绝妙之处不在酒，而是一扇窗口，透过窗口，唐明皇专宠杨贵妃而导致外戚宠盛、重用安禄山等边将而养虎为患的内忧外患已暴露无遗，而那谶言和预言，后来皆果然成谶。"【柳叶儿】哎，不由人冷飕飕冲冠发竖，热烘烘气夯胸脯，咭当当把腰间宝剑频频觑。"这一顿酒，他再也喝不下去了，"呀，便教俺倾千盏，饮尽了百壶，怎把这重沉沉一个愁担儿消除"！

回到寓所，朝报到来，奉圣旨，郭子仪授为天德军使。这是一个卑微的官职，但他不嫌官小："俺郭子仪虽则官卑职小，便可从此报效朝廷也呵！""【高过随调煞】赤紧似尺水中展鬣鳞，枳棘中拂毛羽。且喜奋云霄有分上天衢。直待的把乾坤重整顿，将百千秋第一等勋业图。纵有妖氛孽蛊，少不得肩担日月，手把大唐扶。"而郭子仪也在扫平"安史之乱"中实现了他"扫清群寇，收复两京，再造唐家社稷，重睹汉官威仪"的壮志。对于这样一个"只手重扶唐社稷，一肩独荷李乾坤"的英雄人物，洪昇在刻画时充满了虔诚的敬意，看得出，在刻画英雄形象的过程中，他心中也充满了"扶社稷，荷乾坤"的正能量。

　　洪昇既写了郭子仪这样的大英雄，也塑造和刻画了一系列小人物的形象。如雷海青，原本是一个真实的历史人物，为唐玄宗时的宫廷乐师，善弹琵琶。作为《长生殿》中的一个艺术形象，他仅仅出现在第二十八出《骂贼》中。这一出对于洪昇所处的时代，是非常敏感的，雷海青一登场就他痛斥那班降臣："武将文官总旧僚，恨他反面事新朝。纲常留在梨园内，那惜伶工命一条。"他还真是不要命了，难道洪昇也不要命了，不知道这在明清易代的敏感时期有多危险？但无论多危险，雷海青这位小人物却有一身血性和忠肝义胆。"【仙吕·村里迓鼓】虽则俺乐工卑滥，硁硁愚暗，也不曾读书献策，登科及第，向鹓班高站。只这血性中，胸脯内，倒有些忠肝义胆。今日个睹了丧亡，遭了危难，值了变惨，不由人痛切齿，声吞恨衔。"他痛骂叛贼："【元和令】恨仔恨泼腥膻莽将龙座淹，癞虾蟆妄想天鹅啖，生克擦直逼的个官家下殿走天南。你道恁胡行堪不堪？纵将他寝皮食肉也恨难剿。谁想那一班儿没掂三，歹心肠，贼狗男。"他痛骂那些朝秦暮楚、摇尾乞怜的降臣："【上马娇】平日价张着口将忠孝谈，到临危翻着脸把富贵贪。早一齐儿摇尾受新衔，把一个君亲仇敌当作恩人感。咱，只问你蒙面可羞惭？"这让人一下就联想到那些叛明降清的贰臣。他哀叹天下没有敢于担当的忠臣，而他一个乐工，在国族危难之际也义不容辞："【胜葫芦】眼见的去做忠臣没个敢。雷海青啊，若不把一肩担，可不枉了戴发含牙人是俺。但得纲常无缺，须眉无愧，便九死也心甘。"这样一个"卑滥"乐工，与那些身份"高贵"的贰臣和满口忠义却毫无担当的文官武将形成了强烈的对比。

　　雷海清对"逆胡"安禄山骂得更是痛快淋漓："唉，安禄山，你本是失机边将，罪应斩首。幸蒙圣恩不死，拜将封王。你不思报效朝廷，反敢称兵作乱，秽污神京，逼迁圣驾。这罪恶贯盈，指日天兵到来诛戮，还说什么太平筵宴！"安禄山大怒："孤家入登大位，臣下无不顺从。量你这一个乐工，怎敢如此无礼！军士，看刀伺候。"雷海青骂得愈加痛快："【扑灯蛾】怪伊忒负恩，兽心假人面，怒发上冲冠。我虽是伶工微贱也，不似他朝臣腼腆。安禄山，你窃神器，上逆皇天，少不得顷刻间尸横血溅。"他猛地将琵琶掷向安禄山："我掷琵琶，将贼臣碎首报开元。"这才是《骂贼》一出的高潮，当雷海清出其不意将怀中的琵琶狠狠掷向安禄山时，安禄山这个反面角色一瞬间惊呆了，可想而知，当观众看到这里，也举座皆惊，随之又为这个壮烈殉国的小人物而震惊。一个小人物，就以这样壮烈的方式殉国了。而"逆胡"所指，谁心里都明白。当我看到此处，禁不住下意识地猜测，当洪昇写到此处，他兴许已愤激得无所顾忌了。

李龟年也是唐玄宗时的一位乐师，其艺术形象出现在第三十八出《弹词》里，"一从鼙鼓起渔阳，宫禁俄看蔓草荒。留得白头遗老在，谱将残恨说兴亡"。当长安沦陷，他不肯在"逆胡"的统治下苟活，从他安身立命的京师逃离出来，怀抱一只旧琵琶，流落江南，以弹琵琶卖唱糊口。他的命运，其实就是乱世中黎民苍生的缩影，一切都是那样猝不及防，没想到自己晚年竟然落得如此悲惨的命运。"【南吕·一枝花】不提防余年值乱离，逼拶得歧路遭穷败。受奔波风尘颜面黑，叹衰残霜雪鬓须白。今日个流落天涯，只留得琵琶在。揣羞脸上长街，又过短街。那里是高渐离击筑悲歌？倒做了伍子胥吹箫也那乞丐！"然而，哪怕沦落如此，他依然满怀兴亡之恨。"【转调·货郎儿】唱不尽兴亡梦幻，弹不尽悲伤感叹。大古里凄凉满眼对江山，我只待拨繁弦，传幽怨，翻别调，写愁烦，慢慢的把天宝当年遗事弹。"他所弹又岂止是天宝遗事，李龟年直接扮演了洪昇的代言人，弹出了洪昇在内心里蛰伏得最深的心声，从而让经历了明清易代的那一代人产生了深深的共鸣。对于《弹词》一出，无论当世还是后世都给予了极高的评价。《弹词》不仅曲词奇美，而且近似全剧的一篇总结。在清初北京城里流传着一句话："家家收拾起，户户不提防。"前一句指李玉《千钟禄·惨睹》中的第一句唱词"收拾起大地山河一担装"，后一句则指《长生殿·弹词》中的第一句唱词"不提防余年值乱离"。叶堂在《纳书楹曲谱》中赞曰："此剧（指《弹词》）在《长生殿》中为极佳之曲。"

在一部巨幅大戏中，像雷海青、李龟年这样的小人物还有不少，如"扶风野老"郭从谨、年轻艺人铁笛李暮等，他们皆是操小道末技的艺人，但一个个铁骨铮铮，位卑未敢忘忧国，他们卑贱的身份与高贵的人格形成了鲜明的反差。反观之，那些贪官污吏和投降附逆的贰臣，一个个冠冕堂皇，他们高贵的身份既与其卑劣的灵魂形成了强烈的反差，更与下层人民的崇高品质形成强烈的对照。此外，对杨国忠、安禄山、高力士等反面人物形象，洪昇也能抓住其外貌、个性和心理特征，无不刻画得入木三分。这里就不一一分析了。

《长生殿》还以"辞采华美，声律谨严"而为人津津乐道，"爱文者喜其词，知音者赏其律"。刘大杰先生在《中国文学发展史》论述，作为戏曲艺术来说，除思想内容和语言技巧外，其韵调、组织、排场等等，也是很重要的。《长生殿》在这方面也表现出作者的艺术匠心。洪昇根据不同的角色和场景量身制作、精心打造其唱白，如《定情》中杨玉环唱白之柔媚、《献发》之多情、《埋玉》之哀惋凄楚，又如《剿寇》《收京》中郭子仪唱白之气势浑厚、《骂贼》中雷海青之慷慨激昂、《弹词》中李龟年之激越苍凉，把人物特性和精神状态，乃至于各个细节和情感、情绪，皆能声情并茂、出神入化地表现出来。《长生殿》韵调之严，守法之细，亦为前人今世赞不绝口。洪昇的师执陆繁弨、毛先舒等在音韵、音律上造诣精深，这为洪昇在青少年时代就打下了基本功，其后洪昇"尤工院本"，广交梨园曲友，于曲律日益精进。在《长生殿》进入最后修改阶段时，洪昇又与好友、戏曲音乐家徐麟（徐灵昭）审音协律，字斟句酌，使得该剧字句妥帖，文词优美，曲律谐畅，几乎做到了无一字不稳妥，无一曲不协律。除了徐麟的贡献，这一杰作还汲取了洪昇那些曲中知音的集体智慧。洪昇在《长生殿例言》中，对于助其撰成《长生殿》的友人，如严曾檠（字定隅）、毛玉斯、吴仪一等，皆

——列名述之。他们都为这部作品倾注了大量心血。由于《长生殿》是一部五十出的大戏，自从行世以后，伶人苦于繁长难演，在民间演出时，艺人们往往随意删节改动。吴仪一便"效《墨憨十四种》"，将《长生殿》压缩改订为二十八出，"分两日唱演殊快"，而且把有关梅妃和虢国夫人的情节另作"饶戏"两剧，并对其逐页评点，洪昇在《长生殿例言》中称赞他"发予意所涵蕴者实多"。

诚然，任何艺术都是遗憾的艺术，《长生殿》也并非十全十美，全剧五十出戏，有些地方显得重复，如《仙忆》《见月》和《驿备》等出戏，甚至有明显地拼凑的痕迹。但毕竟瑕不掩瑜。如焦循在《剧说》卷四中指出："洪昇撰《长生殿》杂剧，荟萃唐人诸说部中事，及李、杜、元、温、李数家词句，又刺取古今剧部中繁丽色段以润色之，遂为近代曲家第一。"《长生殿》在中国戏曲史上占有重要地位，它与其后孔尚任创作的另一部历史剧《桃花扇》堪称双璧，洪昇也与孔尚任并称为"南洪北孔"。后世学者论述洪昇对中国文学的最大贡献在于曲，《长生殿》代表着昆曲艺术的最高峰，更胜于《桃花扇》，洪昇在戏曲史上的地位亦胜于孔尚任，如被誉为"近代著、度、演、藏各色俱全之曲学大师"吴梅先生论曰："南洪北孔，名震一时。而律以词范，则稗畦能集大成，非东塘（孔尚任号）所及也。"

总之，《长生殿》几乎调动了一切可以运用的手法，在继承前人的基础上具有多方面的超越性、独特性和复杂性，把一个前人反复演绎的题材推到了一个迄今难以超越的巅峰，洪昇在中国文学史和戏曲史上的历史地位因《长生殿》而得以确立，他的名字将与《长生殿》一起永载中华民族的精神谱系之中，成为一个民族不朽的艺术精魂。徐材在《天籁集跋》中说他"自谓一生精力在《长生殿》"，哪怕用一生的时间来完成这样一部作品，也值啊！

第九章

国恤张乐

一

康熙二十八年（1689），四十五岁的洪昇依然"穷愁无计"，这就有些奇怪了，一部《长生殿》纵使无法改变他的命运，至少也可以让他的生活境况有所改观吧。

据王东溆《柳南随笔》等清人笔记载，"康熙卯丁、戊辰［即康熙二十六（1687）、二十七年（1688）］间，京城梨园弟子以内聚班为第一。时钱塘洪太学昉思昇著《长生殿》传奇初成，授内聚班演之。大内览之称善，赏诸优人白金二十两，且向诸王称之。于是诸亲王及内阁大臣凡有宴会，必演此剧，而缠头之赏，其数悉如御赐，先后所获殆不赀"。这里记载得明明白白，就连康熙也亲自观演《长生殿》，并钦赐了白银二十两，这也成了当时搬演《长生殿》的公认的赏格。这赏格虽说是戏班的收入，但剧作家是可以按比例分享利润的。尽管古代没有明确的知识产权或著作权立法，但绝非没有著作权、版权保护意识，未经原创者授权也是不能擅用的，若有侵权亦可诉诸有司维权，如李渔发现自己的著作在苏州遭到盗版，他亲往苏州暗访，在获得证据后诉之于苏松道台，官府随即查封了全部盗版书，并颁发禁止翻刻李渔作品的公告。无论著作家还是剧作家，为著书立说而穷年矻矻，呕心沥血，谁都希望"庶绝翻版之患"。洪昇将《长生殿》"授内聚班演之"，实际上也是对其著作权使用的授权，其间应有分享利润的契约。又据徐麟《〈长生殿〉序》："一时朱门绮席，酒社歌楼，非此曲不奏。缠头为之增价。"吴仪一的《〈长生殿〉序》则交代得更清楚："爱文者喜其词，知音者赏其律。以是传闻益远，畜家乐者攒笔竟写，转相教习。优伶能是，升价什佰。"

《长生殿》之所以这么火，我觉得除了自身因素，一是与"大内览之称善"有莫大的关系，一部文艺作品若能得到最高统治者嘉许，必然会行情暴涨，不说财源滚滚而来，至少也获利不菲；二是《长生殿》雅俗共赏，既为文人雅士所欣赏，更有官僚富商趋之若鹜观演，也深受旗亭壁间的老百姓喜欢。这部大戏最大的影响就是深入民间，广为流传，"旗亭壁间，时闻双鬟讴诵之，以故儿童、妇女莫不知有洪先生者"。这样一部"缠头为之增价"乃至"升价什佰"的戏曲，洪昇理所当然从中分享了不菲的利润，那么，洪昇又怎么会"穷愁无计"呢？这又只能从洪昇当年的诗篇中去探询了。

翻检《洪昇年谱》，洪昇有两首特别值得关注的诗，他"以诗简高士奇，欲士奇为决去留。又以诗上徐乾学，颂美甚至，其倾向'南党'愈益明显"。先看其《简高澹人少詹》：

> 簪笔朝朝侍凤楼，一时异数有谁俦？
> 出山宰相陶弘景，经世神仙李邺侯。
> 盛代好文贫未遇，良朋念故礼偏优。
> 青阳白发愁无计，欲向王维定去留。

当洪昇穷愁无计时，高士奇正春风得意，他于康熙二十五年（1686）被授为统制总裁、纂修政治典训副总裁，又于康熙二十六年（1687）始任詹事府少詹事。在洪昇创作《长生殿》的数年里，高士奇也是废寝忘食，每夜劳作到二三更。为了给皇帝或皇子进讲《周易》，他在日理万机后深夜回家，还要精心备课，方敢入寝。洪昇的妻子黄蕙是贫贱相守，而高士奇的夫人则是富贵相陪，无论寒暑，只要高士奇尚未就寝，她总是陪伴在身边。说来，贫贱相守自是苦不堪言，而富贵相陪也有另一番苦衷。一个少詹事，官居四品，却是天子心腹，随时要听命于天子召唤。康熙二十三年（1684），高士奇随驾南巡。康熙二十八年（1689）正月，康熙帝第二次南巡，高士奇再次随驾，于三月返京。一个朝臣若能陪侍于君侧、随驾于马后，那是无比的恩荣，却也有与家人聚少离多的苦衷，还有伴君如伴虎的风险。洪昇只知其恩荣与风光，却未必知道其苦衷和风险。

洪昇《简高澹人少詹》这首诗，仔细看，还真是有些难以理喻。所谓凤楼，乃是青楼的雅称，难道他是自比"簪笔朝朝侍凤楼"的柳三变？"一时异数有谁俦"倒是不难理解，他命乖时蹇，坎坷多难，穷愁无计，有几人能与他为伍啊？"出山宰相陶弘景"，乃是南朝茅山道士的一代宗师，自号隐居先生或华阳隐居，此公佛道兼修，既通炼丹之术，又熟谙本草，人称"山中宰相"。洪昇此意明显，他也想效陶弘景以归隐。"经世神仙李邺侯"，这是洪昇诗中的常用之典，李邺侯即李泌，深得唐玄宗赏识，后遭宰相杨国忠忌恨，只得归隐名山。"安史之乱"时，唐肃宗即位灵武，召李泌参谋军事，但他又被权宦李辅国等诬陷，再次隐居衡岳。唐代宗即位后，召为翰林学士，又屡遭宰相元载、常衮排斥，出外任职。直到唐德宗时他入朝拜相，官至中书侍郎、同平章事，封邺县侯，世称李邺侯。笔者在前文提及，洪昇在《舞霓裳》中特意加入了李泌辅肃宗中兴的情节，其实李泌高居宰辅时已是唐德宗朝。那么，洪昇此诗何意？难道他是以李泌坎坷多难的命运自比？这个他又怎么能比，李泌虽说命运坎坷，却是历经玄、肃、代、德的四朝元老。不过，李泌也有归隐之念，而且还特别执着，他一生崇尚出世无为的老庄之道，视功名富贵如敝屣，最终远离朝堂，长年隐居于衡山。洪昇或是以此典强调自己的隐逸之念，但如此用典又确实不太合适。接下来的几句就比较容易理解了，"盛代好文贫未遇，良朋念故礼偏优"，此意乃是说他躬逢一个崇文盛世，而他却一直郁郁不得志，以至于辗转穷途，因此，他特别感激有高士奇这样不弃贫寒、不忘故旧的好朋友，对自己体贴优待。而今他连头发都熬白了，依然穷愁无计，又把高士奇比喻为摩诘居士王维，恳求他为自己是去是留拿个主意。至于他的真意，一看就明白，他压根就不是要高士奇"为决去留"，而是提醒高士奇不忘故旧，荐举自己，其目的还是想通过"拜郎"来改变自己的命运。

又看洪昇的《上徐健庵先生》，此诗还真是对徐乾学"颂美甚至"：

> 二十余年朝宁上，九州谁不仰龙门？
> 三千宾客皆推食，八百孤寒尽感恩。
> 落落松筠霜后劲，阴阴桃李雨中繁。
> 不才悔未依元礼，尘土青衫浥泪痕。

徐乾学（1631—1694），字原一、幼慧，号健庵、玉峰先生，江苏昆山人，与其弟元文、秉义合称"昆山三徐"。徐元文于顺治十六年（1659）中状元，官至文华殿大学士兼翰林院掌院学士；徐乾学于康熙九年（1670）中进士一甲第三名（探花），官至刑部尚书；徐秉义于康熙十二年（1673）癸丑科中一甲三名进士，授编修，后官至吏部侍郎、内阁学士。这三兄弟还真是一个个非凡了得，一状元，二探花，一个大学士，一个刑部尚书，一个内阁学士。说来，他们还是明末清初大儒顾炎武的外甥。顾炎武乃是明遗民的代表性人物，终生不与清政权合作，亦不与清朝的名公巨卿交往。不过，他对外甥入仕清朝并不干预，三兄弟出仕之前都曾得到他的资助。三兄弟中，徐元文功名最高，人品口碑尚好，顾炎武曾勖勉元文："有体国经野之心，而后可以登山临水；有济世安民之略，而后可以考古论今。"这其实也是顾炎武的一生抱负，只因陵谷之变而难以实现，于是寄望自己的外甥。徐秉义亦为时赞许"文行兼优"，唯独徐乾学人品欠佳，官越当越大，口碑却越来越差。不过，这是后来的事情，在他担任刑部尚书之前，他广揽后学，颇得士心，这也是他被康熙帝看重的原因之一。徐乾学对顾炎武也很敬重，有一次恳请舅舅到家中一聚，盛情款待，顾炎武竟以不食清禄为名而婉拒了他的盛宴。这并非顾炎武迂腐，实际上也是表达他对这位大外甥的疏远，甚或是鄙弃。不过，徐乾学入仕之后一直颇受清廷器重，历任日讲起居注官、《明史》总裁官、侍讲学士、内阁学士，曾主持编修《明史》《大清一统志》等国家典籍史志。康熙二十四年（1685）"召试翰詹，乾学得首列，入直南书房"，翌年徐乾学由内阁学士擢升礼部侍郎，又迁左都御史，力倡风闻言事。据称，这是因为康熙帝深知徐乾学"颇得士心"，以重用乾学作为打击大学士明珠等权臣之用，也就是利用他来作为一颗制衡明珠一党的重要棋子。康熙二十七年（1688），徐乾学为会试主考官，晋升刑部尚书，抵达了他一生仕途的最高峰。当然，此时他并不知道自己的仕途将就此止步，一个人臣走到了这一步，谁都希望更上一层楼，那就是官拜大学士，你说他踌躇满志也好，野心勃勃也罢，这个念头是难以按捺的。

又看洪昇此时的心态，他已抵达了自己一生艺术的最高峰，至此他其实完成了自己，但他自己不知道，而对于这样一个自幼接受正统的儒家教育的士人，骨子里依然把戏曲传奇视为旁门左道，为了步入仕途，他还在继续穷折腾。他的《长生殿》"大内览之称善"，这表明康熙欣赏他啊，这又燃起了他的"拜郎"之念。于是乎，他接连给高士奇、徐乾学这些达官贵人上书（诗），渴望能得到他们的荐举。徐乾学亦善诗文，著有《憺园文集》三十六卷，他还是一位藏书家，家有藏书楼七楹，名曰"传是楼"，收藏了不少珍本秘笈，时有"传是楼藏书名甲天下"之称。而洪昇早已诗鸣长安，又酷爱读书，这当是他敬仰徐乾学并与之亲近的原因之一。而更重要的原因是，徐乾学还以奖掖读书人、发现人才而受人称誉，洪昇这个人才自然也想得到他的奖掖发现。他《上徐健庵先生》中对徐乾学广掖后学极尽赞颂，既把徐乾学比作孟尝君，又把徐乾学比作王元礼。王筠，字元礼，一字德柔，祖籍琅琊临沂（今山东临沂）人，曾任南朝梁代昭明太子萧统的属官，后历任临海太守、秘书监、太府卿、度支尚书、太子詹事。他既是昭明集团的重要成员，又是南朝占有重要文学史地位的文学家，官贵文名。洪昇在此诗最后以"不才悔未依元礼"来表达自已未能及早追随徐乾学的悔恨，又以"尘土青衫浥泪痕"含泪诉说自己怀才不遇，直到如今还是一个布衣，那意思还用说吗，就是想得到健庵先生提携啊！

通过对这两首诗的探寻，窃以为，洪昇此时"穷愁无计"只是他渴望引荐的托词而已，他只有把自己往悲惨的境地整，才能得到两位贵人的同情、怜悯，然后施以援手。还别说，据《洪昇年谱》载，大约就在他给高士奇、徐乾学上书（诗）后未久，"有以昉思荐于康熙帝者，不果用"。又有一说，洪昇已名列候选县丞。这虽说是一个比芝麻官还小的县令佐官，但若能补上实缺，对于四十五岁的洪昇而言，终归也算是步入仕途了。未知到底是谁荐举洪昇，但以章培恒先生治学之严谨，我相信此言非虚，只是结果很悲哀，康熙帝认为洪昇不可用，这就意味着洪昇渴望的仕途已是绝途，而他这样巴结高士奇和徐乾学，如章培恒先生所说，"其倾向'南党'愈益明显"，这为他提前埋下了更让他绝望的隐患。这个隐患并未蛰伏多久，在当年八月间就爆发了。

二

说来康熙帝还真是命带克伤，他才三十五岁，却已死了三位皇后。他的第三任皇后孝懿仁皇后佟佳氏，是他的嫡亲表姐妹，于康熙二十八年（1689）七月初九立为皇后，佟佳氏在册封为皇后的第二天遽尔崩逝，入葬景陵，又与景陵中的另两位皇后泉下为伴了。皇后崩逝，是为国恤，俗称国丧，按清制，举国上下须哀悼百日（一说为二十七天）。国恤期间，朝野上下必须停止戏曲歌舞等一切娱乐活动。这个规矩洪昇和他的朋友们不可能不懂。然而，接下来的一切已经注定，洪昇和他的朋友们还真是犯了一个最不该犯的低级错误，他们竟然于国丧日在"生公园"聚演《长生殿》，因而招来了一场"国恤张乐"的大祸。

人生如戏，而"国恤张乐"乃是洪昇一生最具悲剧性的一出。这是清代词场一大公案，对个中原因，历来又有多种说法，有的很简单，有的很复杂。最简单的说法，基本上是就事论事。当时《长生殿》传唱甚盛，让优人对洪昇充满感激，"内聚班优人因告于洪曰：'赖君新制，吾辈获赏赐多矣。请开筵为君寿，而即演是剧以侑觞，凡君所交游，当延之俱来'"。这就是说，当时因演出《长生殿》而大获其利的京师内聚班，为了答谢洪昇，想以为洪昇祝寿的名义，举行一次答谢演出。而洪昇的生日为七月初一，早过了一个多月了。不过，他还是特别高兴，并请赵执信出面，邀请了五十多位在京的官员与名流，聚演于"生公园"。这赵执信邀请了这么多人，却偏偏遗漏了一个，没有邀请御史黄六鸿，或是有意或是无意吧。说来这还真是一件小得不能再小的事儿，不就是来看一场戏嘛，请谁不请谁也没有什么大不了的，但这事儿一下就被黄六鸿给闹大了。

黄六鸿，字思湖，江西新昌人（自称宜丰人），举人，历任山东郯城县令、河北东光县令，后入朝为谏官，未久便致仕。其生卒不详，但从其入朝为谏官后"寻致仕"看，当时他已到了告老还乡的年岁，如果他抱着无所谓的态度，洪昇等人也许能躲过一劫。然而，他还真没把这当小事，而是当成一桩非同小可的大事、大案，旋即便以国恤张乐为"大不敬之罪名"上本劾奏，这也是一个御史在行使自己的正常使命与职责，对此实在无可厚非。若他知情而不奏，反而不正常，清廷知道后也会追究他的失职乃至渎职之罪。后世多认为黄六鸿挟私怨而上本劾奏，如戴璐《藤阴杂记》所载，黄六鸿当初任知县时，附庸风雅，曾将"诗稿土宜同致于赵执信"，赵执信竟以"土宜拜登，大稿璧谢"而复，意思是：对您寄来的土特产我笑纳了，而您的诗稿还是完璧归赵吧。黄六鸿原本想要得到赵执信对自己诗作的揄扬，没想到赵执信这样对待他，这不是小瞧他的诗稿，而是侮辱他的人格，从此便怀恨在心，一直伺机报复。对清人笔记，我一向抱着不可不信、不可全信的态度，黄六鸿挟私怨而报复亦有可能，但对历史事实的认定绝对不能偏颇，一句话，黄六鸿上本劾奏真的没错。

诚然，事情也许没有这么简单，章培恒先生《演〈长生殿〉之祸考》曾详考之，要之有二：一是以明珠为首的北党借此事打击以徐乾学为首的南党；二是《长生殿》一剧写兴亡之恨触犯清廷忌讳。如此，通过国恤张乐一幕，也可看出康熙年间的政治生态。

关于南北党争，笔者在前文已有所述及，清朝入关后使用大量明末遗臣，因而清初顺康年间延续了"明末党争"的阴影，仍是"南北各亲其亲，各友其友"，只是这个南北，实际上已演绎为满汉官僚之争。所谓北党，以武英殿大学士、太子太傅纳兰明珠为首，多为满族官僚，还有一些依附明珠的汉族官员，如洪昇结交的余国柱亦为北党的核心人物；所谓南党，则以刑部尚书徐乾学为首，多为汉族官僚，且多南方人士。仅从官位看，南党明显弱于北党，如徐乾学这样一个南党的"统帅"，不说与权大势重的明珠无法抗衡，即便与北党的二号人物余国柱也不在一个重量级。然而，奇怪的是，南党居然能频频得手，扳倒了北党的一个个大佬，一度稳居上峰。这难免令人猜度，南党似乎还有更大的后台，这个后台又是谁呢？说来还真是神秘莫测，后来，有人渐渐揭开了更深的内幕，这个后台竟是康熙帝，他利用南北党争，既可以制衡诸大臣的权力，又可以剪除尾大不掉的权臣，如明珠等。这既是历代最高统治者惯用的伎俩，更是千古一帝康熙导演的一出大戏，他既是幕后的总策划，又是总导演。

除了此前述及的钱钰，御史郭琇在南北党争中扮演了一个更重要的角色。郭琇（1638—1715），字瑞甫，号华野，山东即墨人，以三次弹劾而名动天下，号称"铁面御史"，又被群僚颂为"骨鲠之臣"。康熙二十七年（1688）正月，郭琇向清廷上《参河臣疏》，陈述河道总督靳辅在户部尚书佛伦支持下治河失策，致使江南水患频发，百姓怨声载道。结果是，靳辅被罢官，佛伦被降职，这两人都是所谓北党人物，靳辅为辽阳人，隶汉军镶黄旗，佛伦，舒穆禄氏，满洲正白旗人。郭琇因弹劾有功，擢升金都御史。若从狭隘的南北党争看，这无疑又是南党对北党的狠狠一击。若从历史而论，靳辅遭罢，则是外行干预内行、政治凌驾于科学之上的一大恶例，靳辅是康熙时的治河名臣，他继承明朝潘季驯方法，对黄河水患进行了全面勘察，采用标本兼治，终使堤坝坚固，漕运无阻。但大功未成，由于郭琇弹劾靳辅治河九年无功，被免职。康熙后来对罢免靳辅也很后悔，但悔之晚矣。

随着穆尔赛、佛伦、靳辅等所谓北党人物相继落马，徐乾学、高士奇、王鸿绪三位南党的核心人物又"奉密谕合谋"，瞄准了北党的两个大老虎。对于徐、高二人，笔者已多有交代，那么这个王鸿绪又是何许人也？王鸿绪（1645—1723），初名度心，中进士后改名鸿绪。字季友，号俨斋，别号横云山人，华亭人。他生于官宦之家，康熙十二年（1673）中进士一甲第二名（榜眼），康熙二十六年（1687）擢左都御史。据邓之诚《清诗纪事初编》载："鸿绪于徐乾学为门生，于高士奇为姻戚，三人奉密谕合谋以逐余国柱、明珠。复自立党相角，遂至俱败。后俱再起，徐已先殁，高亦不寿，唯鸿绪兄弟保持富贵，终康熙之世。世或以其专任史局之著《明史稿》之故，而不知实充耳目侦伺之役。今故宫尚存所缮密奏，故李光地《榕村语录续录》以奸猾钻刺目之，真小人之尤也。"

李光地官至文渊阁大学士，他既斥责王鸿绪"真小人之尤也"，又说徐乾学"谲诡奸诈"。这样的小人和奸诈之徒往往又最容易被最高统治者利用，他们与高士奇"三人奉密谕合谋以逐余国柱、明珠"，又为康熙帝"充耳目侦伺之役"。如果不是这样，我猜高士奇断不敢也没有理由去招惹明珠这个大老虎，这实在有悖情理。于情，明珠乃是荐举高士奇的第一贵人，如果高士奇当年不得明珠之荐，又怎有今日的飞黄腾达？兴许一如洪昇一样，至今还是一介布衣。于理，他虽说是康熙帝的心腹近侍，但凭他此时的官位根本不可能取明珠而代之，还差得远呢。如此就只有一个可能，他确实是"奉密谕"行事，在权力的天平上，他宁可辜负明珠，绝不可辜负皇帝。其他几位合谋者的心机大抵如此，他们只是历史舞台上的表演者，而所谓"南党"既得康熙帝的幕后主使，方能频频得手，而一方扳倒对方的杀手锏就是指控其贪腐之罪。这是历史事实。

左都御史王鸿绪为徐乾学的门生，金都御史郭琇则为徐乾学的同年（一说为其门生），在弹劾明珠及余国柱时，郭琇又充当了马前卒，于康熙二十七年（1688）上《特纠大臣疏》，弹劾"势焰熏灼，辉赫万里"

的武英殿大学士、太子太傅明珠及余国柱等，揭发他们结党营私、排陷异己、贪污受贿等罪行。这里，我情愿相信郭琇是从正义出发，而明珠也确如其所指斥："对人柔颜甘语，百计款曲，而阴行鸷害，意毒谋险。"然而在正义的背后，历史中还有历史，阴谋中还有阴谋，康熙帝利用了徐乾学等人，而郭琇这个"铁面御史"又被"谲诡奸诈"的徐乾学给利用了。这还真是一环扣一环，一个被康熙帝视为心腹之患的权臣终于被扳倒了。而明珠当时还不只是元辅大臣，还握有兵权，这才是康熙帝必须把他扳倒的原因。而明珠遭罢，康熙帝始得尽揽八旗兵权于皇帝一人之手。在明珠被罢相的同时，余国柱亦被革职，被逐回原籍，终老于家。

明珠一党从"势焰熏灼"而跌入低谷，这出大戏还没有演完，在扳倒明珠和余国柱后，徐乾学又因权势之争与高士奇、王鸿绪交恶。康熙二十八年（1689）九月，郭琇又弹劾高士奇、王鸿绪"表里为奸，植党营私"，但他偏偏放过了徐乾学，这又难免让人猜测，他这次弹劾也是受徐乾学唆使。而对于高士奇，他还真是痛下杀手，不只是想要将高士奇扳倒，而是要将其置之于死地，如他弹劾高士奇欺君灭法，谄附大臣，揽事招权，背公行私，这都触发了天子的大忌，皆足以将高士奇论斩。郭琇抓住这几个要害问题，可谓是蓄谋已久，既打中了高士奇的要害，也摸准了康熙帝的隐秘心理。但康熙帝对这位宠臣还是有点下不了手。就在康熙帝犹疑之际，副都御史许三礼又于十月弹劾徐乾学与高士奇"相为表里，招摇纳贿"。康熙帝随即令高士奇"休致回籍"，这是对高士奇的儆诫，也可能是一种保护，让他先避避风头。而徐乾学一看不对头，唯有明哲保身，"寻上疏乞归"。

想来高士奇也是活该，他被罢官一点也不冤，如陈康祺《郎潜纪闻二笔》所云："文恪（高士奇）以单门白士，徒步游长安街，遭辰遘时，平陟通显，仁皇帝（康熙）数十年之矜全培护，断非他人梦寐所敢几，奈词章而外，他事无闻。其结欢内侍，纳赂疆臣，无非为身家富贵之计，依恃宽大，巧言自文，不以墨败，幸也。视世之五谏（五种进谏方式）从讽，片语回天者，辟（屏除、驱除之意）诸草木，区以别矣。"

又无论他高士奇如何"结欢内侍，纳赂疆臣"，他对康熙帝那是绝对忠诚，唯命是从，尽管他"凭借权势，互结党援，纳贿营私，致屡遭弹劾"，但康熙帝最看重的就是他的忠诚，因而，在"休致回籍"后，他还有卷土重来、继续超升的机会。

徐乾学其实不分什么南党北党，一心为了上位而机关算尽，他原以为扫清晋身的障碍后可以更上层楼，却连遭明珠余党的反扑。在辞官归田后，他也不得安身。在他辞归至死的几年里，徐乾学一家被控不法事多达二十余起。康熙二十九年（1690）六月，江南总督、满洲镶黄旗人傅腊塔奏参大学士徐元文及其兄徐乾学，纵放子弟家人等纳贿害民。徐元文着"休致回籍"，未久，"惊悸呕血而死"，卒年五十八岁。康熙三十三年（1694），康熙帝命徐乾学与王鸿绪、高士奇来京修书。一说徐乾学在此之前已经逝世，一说他接到征召随即"惊悸而死"，卒年六十三岁。他遗疏将自己回南方编纂完成的《大清一统志》进呈康熙帝，康熙帝下诏恢复他生前的官职，但没有谥号。徐乾学著作等身，康熙朝钦定官书，十之八九都是他监修总裁的，所据资料主要取自其藏书甲于康熙一朝的"传是楼"。但后世对其道德文章均颇多非议，如梁启超云："其纯然为学界蟊贼，煽三百年来恶风，而流毒及于今日者，莫如徐乾学、汤斌、李光地、毛奇龄。"

尽管南党人物纷纷落马，但北党的反扑还没有就此罢休，翌年四月，此前遭郭琇弹劾罢职的户部尚书佛伦又疏劾徐乾学、钱钰"徇庇贪吏"，钱钰随后遭罢，其山东巡抚一职为佛伦接任。而郭琇因三次弹劾而为正直朝臣赞不绝口，"直臣之风，震霆一鸣，金壬解体"，时人赠其雅号"郭三本"，后世则称他一生高擎正义之剑，然而"直道难行，不其然哉"，不久，郭琇便遭到明珠余党的诬陷，被罢官回乡了。郭琇因三大疏成名，又因三大疏招祸，余生难以平静，死后也争议不断。

这南北党争的结果，诚如邓之诚《清诗纪事初编》所谓"复自立党相角，遂至俱败"了。而这个两败俱伤的结果，或许正中康熙帝下怀。康熙帝眼见南党北党势如水火，冤冤相报何时了，唯恐有失控的危险，于康熙三十年（1691）十一月谕令，严禁臣僚结党倾轧，报复不已。此后，党争才渐渐平息。康熙帝还真是一位伟大的导演，一道谕令就让南北两党皆偃旗息鼓。至此，有清一代，在满汉官员的配置上基本保持南北平衡，如史家所论，"历史上只有北宋一朝差可比拟"。

尽管南党北党落得了个两败俱伤的下场，但明珠一党远比南党的根基深厚，余党遍布朝野，在康熙谕令禁绝南北党争之前，北党一直伺机对南党进行反攻倒算，而若要彻底扳倒对方，除了指控其贪腐之罪，还有最阴毒的一招，就是对其进行政治清算，但这需要抓住对方的把柄。恰在此时，黄六鸿以国恤张乐为"大不敬之罪名"上本劾奏，有人说黄六鸿乃是受北党幕后指使，但此说没有任何证据。我觉得最大的可能是，黄六鸿的劾奏给朝廷的北党势力提供了一个绝好的机会，他们借此欲兴大狱，而他们要打击的自然不是赵执信、洪昇这样的小鱼小虾，而是以此为导火索，引燃整个南党阵营。于此可见，若从南北党争而言，洪昇与《长生殿》皆为十足的冤大头和牺牲品。

又从《长生殿》一剧写兴亡之恨看，洪昇获罪，却也一点也不冤。如笔者此前对《长生殿》的解读，此剧确实触犯清廷的大忌。根据《大清律》卷三十四明文规定："凡乐人搬演杂剧、戏文，不许妆扮历代帝王后妃及先圣先贤，忠臣烈士神像，违者杖一百，官民之家，容令妆扮者，与同罪。其神仙道扮及义夫节妇、孝子顺孙、劝人为善者，不在禁限。"而《长生殿》原本就是一部演绎帝妃之恋的大戏，在其重头戏中，既有安禄山和番兵入侵这种高度敏感的情节与细节，洪昇又借剧中人雷海青之口痛斥贰臣，怒骂"逆胡"，尤其是《弹词》一出，借李龟年之口"一说鼙鼓起渔阳，宫禁俄看蔓草荒。留得白头遗老在，谱将残恨说兴亡"，这在大兴文字狱的清朝是致命的危险。如此看来，像《长生殿》和《桃花扇》这样的传奇在当时能够行世，本身就是传奇。

三

康熙帝在历代清帝中还算雍容大度的，从接下来的事实看，他对

"国恤张乐"案还真是从轻发落，以示宽柔。对此案的处理结果是，洪昇遭"斥革下狱"，革除国子监监生籍，下刑部狱。还有比较严重的一说，"枷号示众"，这对一个"卖文为活，而傲岸如故"的士人无疑是人格上、心理上的最大摧残。又据董潮《东皋杂钞》载："凡士大夫除名者几五十余人。"其中官职最高者为侍读学士朱典，另有台湾知府翁世庸，而声名最著者则是赵执信，另一位国子监监生查慎行也被革除监生籍。康熙帝除对与会者作了处理外，并未深究《长生殿》剧本的敏感政治问题。有人说康熙帝在处理这件事上的手段比较巧妙，康熙帝心里十分清楚，这是因党争作祟而起，而他就是党争的幕后推手，因而予以从轻发落，故示宽柔。还有人说这与康熙采取怀柔与威吓并存的两手政策有很大关系。或许两者兼而有之吧。设若康熙如顺治处治"庄氏明史案"一样对付《长生殿》，这"大不敬之罪"，势必滥兴大狱，那很可能是康熙时代的最大的一桩文字狱，这个千古一帝的身上也会沾满了血腥。不能不说，康熙帝确实是一位"遇事优容，每以宽大为政"的仁君，唯有仁君，方有仁治也。

诸案犯中，洪昇并非罪魁，却是祸首，一切皆因《长生殿》而起，他也是本案中唯一"斥革下狱"者。而第二号主犯理所当然是"国恤张乐"的召集人赵执信，这位十八岁登进士榜的青年才俊，时任右春坊右赞善兼翰林院检讨，从六品，在二十八岁被劾革职。以他这样的年岁，若是把握得好，可谓前程似锦，却因看了一场戏而被革除功名，从此终生不仕，徜徉林壑之间。当时京都有人对赵执信的才华和遭遇发出了如是感叹："秋谷才华迥绝俦，少年科第尽风流，可怜一曲《长生殿》，断送功名到白头。"同他相比，洪昇这位四十五岁的国子监肄业生，实在没有太多的悲屈和失落感可言。

在赵执信的《饴山诗集》卷十六《怀旧集》中，录有《怀旧诗》十首，其第八首为怀念洪昇而作，在所附洪昇小传中，他对洪昇之诗颇为不屑，那么，他又是如何看待《长生殿》呢？他是这样说的："……久之，（洪昇）以填词显，颇依傍前人，其音律谐适，利于歌喉，最后为《长生殿》传奇，余实助成之。不时唱演，观者如云，而言者独劾余，余至考功，一身任之，褫还田里，坐客皆得免。昉思亦被逐归，前难旋释，反得安便。"于此可见，赵执信对洪昇的词曲亦颇有偏见，一是谓其"多依傍前人"，二是自我标榜："余实助成之。"但洪昇在《长生殿例言》中，对于助其撰成《长生殿》的友人皆一一列名述之，却未提及赵执信，无论以洪昇待人之真诚，还是以赵执信当时的声名地位，如果他真是有助于《长生殿》，洪昇于情于理都是会提及并致谢的。对此，章培恒先生也予以质疑："执信虽有诗名，不闻能制曲，于昉思创作上，未必能有大帮助；其述昉思事又多不仇，'余实助成之'云云，疑亦为自夸之词。"

赵执信又俨然以"国恤张乐"的主角自居，如其所云："而言者独劾余，余至考功，一身任之，褫还田里，坐客皆得免。"这也显然不符事实。此案处治最重的是洪昇，其他观演者也未能得免。不过，赵执信面临不测之罪，不顾个人安危，到考功处声明"赵某当座，他人无与"，这倒也说明他临危不惧，敢于担当，没有把责任一股脑推到别人身上。若他只顾一己之安危，以出卖别人为自己脱罪，洪昇和其他人等难免会遭受更重的惩罚。这个赵执信其实与洪昇一样，也是一个性情很复杂的人，不能单纯地去看哪一面。又尽管他"断送功名到白头"，这对于他也未必是坏事，这样一个少年得志、狂态十足的士人，其实也确实不适合做官。他在为洪昇所作的这首《怀旧诗》中写道："每笑苏子美，终生唯一蹶，永抛梦华尘，长啸沧浪月。"他以北宋词人苏舜钦（字子美）自喻，苏舜钦因支持范仲淹、富弼等新党的庆历新政为旧党所恨，据《宋史·苏舜钦传》载："舜钦娶宰相杜衍女，衍时与范仲淹、富弼在政府，多引用一时闻人，欲更张庶事"，而旧党人物御史中丞王拱辰让其属官劾奏苏舜钦在进奏院祭神时，用卖废纸之钱宴请宾客，于是苏舜钦"坐自盗除名，同时会者皆知名士，因缘得罪，逐出四方者十余人"，而拱辰等方自喜曰："吾一举网尽矣。"此即所谓"恶子美意不在子美"。洪昇与赵执信罹祸，与苏舜钦事何其相似乃尔！从此诗看，赵执信还真是有清醒的政治头脑，在诗中明确地表明了他和洪昇等皆是朋党之争的牺牲品，而从案情的本质看，这也是一个艺术成为政治斗争的牺牲品的经典案例。

在此案中遭受牵累的还有金庸先生的先祖查慎行，赵执信在赠查慎行诗中以"一笑同逃世网中"抒写了自己的洒脱。而查慎行却没有这样洒脱，他比赵执信年长十二岁，此时已年过不惑，却难以割舍对科举功名的追求。说来真有因果相报，其族叔查伊璜（字继佐）乃是庄廷鑨明史案的三首告者之一，庄廷鑨因慕杭州举人查伊璜之名，擅自将其列入《明史》的参订名单，查伊璜得知后吓得心胆俱裂，为求自保，赶忙向学道检举告发。而这次，又轮到查慎行遭受文字狱了。他原名嗣琏，字夏重，此后改名慎行，字悔余，这对他不是改变一个名字，而是要改悔自己的一生，发誓从此要慎行，慎行！在改名换字后，他又将籍贯改为钱塘，终于在康熙四十二年（1703）中进士，当时他已五十四岁了，得特授翰林院编修，入值内廷。由于他一直慎行，慎行，直到晚年致仕，倒也一直平安，致仕后居于初白庵，因而又称查初白。这样一个慎行者，他原本可以安度晚年，谁知到雍正四年（1726），他又因其弟查嗣庭的"讪谤案"，竟以"家长失教"获罪而被逮捕入京，翌年放归，但经此惊吓折腾，回家不到两个月不久便驾鹤西去。

还看洪昇接下来的命运，遭"斥革下狱"，为其一生经历的第三次劫难。洪昇自二十四岁入国子监，一直到四十五岁"斥革下狱"为止，在他南来北往、狼狈凄惶的二十年里，一直怀抱执着的"拜郎"之念，却从未获得过一官半职。其实，他最渴望的仕途在案发前就已被康熙以"不果用"而否决了，但那个国子监监生籍毕竟是他此生唯一的"功名"，怎么说也还是个太学生吧，而连这一点可怜的"功名"至此也被彻底断送了，事实上这也断送了钱塘洪氏家族复兴的唯一一线希望，尽管那只是极其渺茫的希望，但总归比绝望好。

洪昇在刑部狱中关押审讯了半年，又有一说，他还无意中供出了吴仪一与《长生殿》的瓜葛，致使吴仪一遭受流放，这让洪昇背负了"卖友"的骂名。但对此没有确凿的史载佐证，吴仪一也没有追究，因而不能坐实，但也不能证伪。康熙二十九年（1690）正月，李孚青于杭州以诗见招，可见洪昇当时已经出狱。又据说洪昇出狱后，在京中备受白眼揶揄，已经到难以安身的境地，他又何去何从呢？据李孚青《招洪稗村》

诗云："东阁貂蝉谁好客？西湖猿鹤苦思君。莫询白社诸朋旧，已似江流九派分。"很明显，李孚青是招他回杭州，与西湖猿鹤为友，即归隐西湖也。洪昇还真是早有此念，但他知道李孚青也不过是西湖过客，只是一时兴起，以诗见招，因而没有立马启程。何况他客居京师二十余年，一家大小都在这儿，他也不能一走了之。

这年三月，洪昇往游盘山。盘山虽说离京师很近，但洪昇自康熙二十年（1681）与王泽弘游览盘山并与智朴和尚订交后，一晃九年了，这是他第二次游览盘山，说是游览，又不若说他是来盘山盘问上苍，他的命运为何这般多灾多难？一个士人若在人生的迷宫中寻找不到一条出路，也就只能在精神的迷宫里寻求寄托或解脱了。而洪昇盘山逃禅，正处于他人生的又一个转折点上，这也是后世探究洪昇心路历程的一个绕不开的话题。此前，拙庵大师智朴曾给洪昇寄赠黄精，洪昇作诗谢之。在智朴编撰的《盘山志》卷五录有洪昇《谢寄黄精》诗："短发秋来白渐生，虚劳开士寄黄精。草根难与人愁敌，朝见三茎暮五茎。"洪昇在年过不惑后，白发渐生，不过几年，他就自称"青阳白发愁无计"，阳光一照，满头白发。而此时他更是万念俱灰，行前，他作有《将游盘山寄拙庵大师》二首，如其一云："残腊与师期，高山看雪歆。杜鹃花欲尽，真悔入山迟。"他只恨自己没有早日入山逃禅啊。他此行还真是特别急切，旋即启程，骑驴而行，于三月五日抵达盘山脚下，夜宿于一处茅舍中。这与他当年与王泽弘策马而行已大有不同，不过，才到山下，他的心境已豁然开朗，如其《三月五日宿山下茅舍作》所云："骑驴穿柳隄，新雨沙似拭。依微白云中，忽见青山色。入望犹迢遥，倏然豁胸臆。"及入山，睹物思人，他追忆九年前与王泽弘同游盘山的情景，又作《再入盘山，忆与吴庐先生同游，口占寄之》："重寻白云来，独入青山处。青山笑问余，故人在何处？"

一个心里有伤的人，且不说在参禅悟道中可以寻求慰藉，自然山水其实也是最好的疗伤之方。洪昇这一次盘山之游，比上一次游览更加深远，在智朴、德风的陪同下，他几乎游遍了盘山的风景名胜，且行且吟，每一处都留下了诗篇，在他的笔下，盘山无处不是仙境，无处没有禅意，如其《青杨峪》："松石静无人，风来自相触。"又如其《松树峪》："遥听布谷鸣，杏花满村坞。"其《盘泉》一诗则表达了他如同接受了洗礼一般的心境，颇有洗心革面之意："卷衣濯且浴，洗心洞以豁。此水万古清，其根出云末。"当他登上挂月峰，又作《登挂月峰寄朱竹垞检讨》。朱竹垞，即朱彝尊，论年岁他是洪昇的长辈，论交谊，洪昇与他则为"脱略形迹之交"，两人自结交以来一直十分投机。如前文所述，朱彝尊举博学鸿儒后，以布衣身份授翰林院检讨，参与修撰《明史》。此后他充日讲起居注官，江南乡试副考官，又于康熙二十二年（1683）入值南书房，特许紫禁城骑马，赐居禁垣，赐宴乾清宫。那也是朱氏一生最得意的时光，谁知这个书呆子为编辑《瀛洲道古录》，竟然私自抄录地方进贡的书籍，被学士牛钮弹劾而遭贬，官降一级。直到康熙二十九年（1690），才补原官，但此时他已年过花甲，不久便告老还乡。康熙二十七年（1688），朱彝尊遭贬时，洪昇以诗寄慰："京华谪宦比何如，为忆当年直禁庐。湛露诗成曾赐和，凌云台就独教书。朝华世事谁长在？秋叶君恩未尽疏。消渴文园莫惆怅，有人山泽尚樵渔。"洪昇因"国恤张乐"罹祸，朱彝尊特作《酬洪昇》：

> 金台酒坐擘红笺，云散星离又十年。
> 海内诗家洪玉父，禁中乐府柳屯田。
> 梧桐夜雨词凄绝，薏苡明珠谤偶然。
> 白发相逢岂容易，津头且揽下河船。

这绝非一般的应酬之作，乃是朱彝尊的名诗，这诗里蕴含了两层意思，一是他对洪昇诗歌的高度嘉许，而朱彝尊乃是与王士禛并驾齐驱的南北两大诗宗，号称"南朱北王"，他的评价颇具权威性，尤其是"海内诗家洪玉父，禁中乐府柳屯田"句，成为后世评价洪昇诗时必引的精辟之论，也是经典之论；二是对洪昇遭难后的劝慰，一个"谤"字，已足以表明朱彝尊对"国恤张乐"的态度。洪昇对这位忘年交充满了感念，他于挂月峰赋诗寄朱彝尊，既表达自己已然释怀，也让朱彝尊放心。此诗为六言律诗，是根据古代五律、七律诗体发展衍生而来的一种近代新诗体，在洪昇诗中还不多见。诗云：

> 五峰各各竞秀，挂月一峰独尊。
> 仰视浮屠天近，俯窥下界尘翻。
> 蓟辽故国东镇，山海中原北门。
> 恨不携君共眺，临风长啸云根。

洪昇这次寄居于幽谷禅房十来天，所谓禅机，其实不难破解。佛教教义云，"是非以不辩为解脱"，而解脱往往也是看透与宽容，昔日文殊菩萨的化身寒山尝问普贤菩萨化身拾得："世间谤我、欺我、辱我、笑我、轻我、贱我、恶我、骗我，如何处治乎？"拾得脱口而出："只是忍他、让他、由他、避他、耐他、敬他、不要理他，再待几年你且看他。"在这烟碧空蒙、空天倒影间，他在诗中一再表达自己已把一切看开，已然达到了忘机的境界，然而他依然难遣幽怀，回想自己这大半辈子，除了一点小道末技，可谓是一事无成，半生潦倒。于家，于国，他都是一块毫无用处、徒遭厌弃的弃石啊！也罢，也罢，那就不如留在盘山，与这些无处补天的石头为伍吧。他在禅房作有无题诗二首以抒悲愤之情及寻求解脱之意，如其二："苦为尘情累，蹉跎逾半生。譬如蛛作网，吐丝自缠萦。"又云"吾师契真智，心源湛虚明"。吾师，指拙庵大师智朴，他恳求智朴以慈悲为怀，超度自己，并表达了他一心向佛的虔诚："冀垂慈悲念，鉴之归依诚。眼瞙借金鎞，回光豁我盲。"他真是后悔啊，这么多年来为尘世浮华所误，蹉跎大半生，辛苦如蛛织网一般，到头来竟然是作茧自缚。他简直是一个盲人了，唯有智朴这样具有大智慧的、心灵透亮的高僧，才能剔去他眼中的阴翳，让他重见光明。然而，他其实又很彷徨，如其《山中寄朱若始》，他向好友朱溶倾诉衷肠：

> 壮岁飘然辞绂冕，衰年勉尔伤风尘。
> 鹿门居士安禅久，栗里先生乞食贫。

江上雁稀书隔岁，山中花发病经春。

余生惭悔浮华误，近向莲宫叩净因。

他多么想长居莲宫，叩问净因，然而他虽有出家之心，却又难以超尘出俗，他还有很多想要放下又实在放不下的东西，更无法撇下妻儿家小遁入空门。就在他盘腿打坐、忘机绝虑之时，妻子黄蕙托人捎来一纸书信，据说只写了四个字："妻儿待米。"洪昇豁然一下又猛地顿悟了，于国，他虽说百无一用，于家，他却是顶梁之柱，一家大小等米下锅，他还要为远在钱塘的父母亲遥负薪米。结果是，一个逃禅盘山的寒士，"居盘山旬日而归"，在其《留别拙公》诗中他倾诉了自己的苦衷："清泉白石信可恋，妻儿待米难淹留。劳生汨汨终何极，一梦百年如昙刻。明日风尘下界行，回头只见青山色。"洪昇的苦衷乃是一个尘世俗人的苦衷，他从俗世中来，依然只能回到俗世中去。

第十章

最后的演出

一

　　若说俗世，一座皇皇帝都就是最大的俗世。眼下，洪昇的"拜郎"之念已被彻底斩断，又在京师备遭势利之徒的白眼揶揄，京师已是是非之地，王泽弘、李孚青等知己好友都劝他赶紧离京归里，但洪昇却有一个经年未释的顾虑，即"天伦之变"后的家难阴影，若回归钱塘，恐为父母所不容。对于他，这确实是一场漫长的"家难"，此时他父母亲皆已垂垂老矣，洪昇这么多年来又恪尽孝道，就算他真有什么过错亦可将功补过了，他父母亲怎么还不肯原谅他呢？陈访《寄洪昉思都门四首》诗中的"有家归不敢，负罪子如无"，陈访作为洪昇的连襟，对他的家庭情况当是了然的，如此看来洪昇因"家难"未已而不敢还乡，又确乎是实情。又据章培恒先生推考，当时，洪昇的家室也不愿迁回钱塘居住，哪怕离开京师，也要迁往别处居住。总之是，洪昇在京师一再彷徨迁延。

　　就在洪昇彷徨迁延之际，他的两位好友恽格、陆寅相继病逝。他们以不同的方式，终结了自己哀慕劳瘁、呕心沥血的一生。

洪昇与恽格结交二十余年，但两位布衣寒士皆在为自己的穷途生计而奔波，自康熙戊申洪昇入国子监后，两人近二十年缘悭一面，然而他俩还真是有缘，康熙二十七年（1688）正月，洪昇告别江阴北上回京，道经武进，竟与恽格不期而遇，歧路相逢。是年，洪昇已四十四岁，恽格已五十有五，两人皆已白发苍苍，满脸皱褶，一时间竟不敢相认，又觉得是在梦中相逢。如洪昇《逢恽南田感赠》："歧路忽惊逢故友，暂时欢笑复潜然。细看颜面才非梦，各诉遭逢尽可怜。贫病参差成白首，交游强半入黄泉。人生七十由来少，一别谁禁二十年。"这一次邂逅，既给他们带来了惊喜，也带来了说不尽的悲哀与沧桑。两人互诉遭遇，感叹欷歔，泪流不止。说来，洪昇实在有愧于恽格当年"遥知鼓箧初观礼，绵蕞诸生欲拜郎"的一番寄望，到头来还是一介布衣。直到依依不舍地告别时，两人的泪水还挂在眼角。而就此一别，竟成诀别，不过两年，一位故人便已作古。说来，恽格是活生生地把自己给画死了。他极尽孝道，为遂父亲长眠西湖的遗愿，托人在西湖之滨购得两处坟地，因急于筹款，他夜以继日抱病作画，终于一病不起，直到死时手里还紧攥着一辈子也放不下的画笔。这位常州画派的开山祖师，清六家之一，为了父亲和自己的葬身之地，就此终结其坎坷而充满传奇的一生，卒年五十八岁。呜呼！而他一幅画的价格，如今动辄数百万乃至数千万，这其实也是大多数文学艺术家共同的宿命，他们的价值不在当世而在来世。

又看另一位大孝子陆寅，尽管他一心寻父，无意举业，但他参与科考的命运却好得出奇。康熙二十七年，陆寅在寻父中途经燕冀，"遂应京兆试，联捷成进士"，当年洪昇还作有《陆冠周北闱中式赋寄》："束发操觚入士林，陆生才气冠当今。半生惨淡千秋叶，四海交游一片心。"陆寅半生惨淡，苦寻父亲数十载，从未走出一个明遗民的阴影。在登科之后他依然无心于仕途进取，又开始苦寻父亲。有人将陆寅比作朱寿昌，"盖欲效朱寿昌故事寻亲"，朱寿昌乃是北宋大孝子，官至司农少卿、朝议大夫，以"弃官千里寻母之事遍传天下，孝子之名得于遐迩"，乃古代"二十四孝"之一，享年七十。然而陆寅虽有魁星之运，却没有朱寿昌的鸿运和寿命，他苦寻父亲数十载，"终不可得见。哀慕劳瘁，呕血而卒，年四十三"。

洪昇眼看契友故人一个个离他而去，"交游强半入黄泉"，这既让他悲伤不已，也让他深感宿命难逃。这年秋天，他的穷交吴雯寄来长诗《贻洪昉思》，诗中对世态炎凉多有悲愤，又对洪昇多有开导慰藉："车马何曾到幽巷？肮脏亦不登朱门。坐对孺人理典册，题诗羞道哀王孙。长安薪米等珠贵，有时烟火寒朝昏。拔钗沽酒相慰劳，肥羊谁肯遗鸥鹭？呜呼贤豪有困阨，牛衣肿目垂涕痕。吾子摧颓好耐事，慎莫五内波涛翻。屈伸飞伏等闲在，总于吾道无亨屯。前有万年后万古，刹那何用争鸳鲲？"吴雯之清高与孤傲，于此诗中可见一斑，但他比洪昇看得更透彻，他也劝解洪昇"慎莫五内波涛翻"，把一切看开，无论屈伸，无论飞伏，一切皆以等闲视之。而"飞伏"，直接的意思就是指人生地位高低悬殊，一个在天，一个在地。若从易学术语解读，以卦见者为飞，不见者为伏；以飞为未来，伏为既往。飞是显现，伏是隐藏。而"总于吾道无亨屯"，亨屯，即通达与困厄。在无尽岁月中，"前有万年后万古"，人生在世，不过刹那间，无论通达与困厄，何必在乎呢？又去争个什么鸳鸠与鲲鹏啊？此乃用《庄子·逍遥游》鸳鸠笑鹏之典。他把那些见识短浅、追名逐利者比作决起而飞的鸳鸠，也不无自比鲲鹏之意。从这首诗看，吴雯入道既深，却依然难遣怀才不遇的孤愤。

康熙三十年（1691）开春，洪昇终于决计返杭，他将家眷暂留京师，先行离京返杭。这样考虑颇为周全，毕竟，一家大小得有个安身之处，他得先回钱塘"稍事营置"。对此，洪之则在《吴吴山三妇合评〈牡丹亭〉跋》中已有明白交代："今大人归里，将于孤屿（孤山）筑稗畦草堂，以为吟啸之地。"又据《洪昇年谱》，稗畦草堂筑于康熙三十三年（1694），这是章培恒先生依据李孚青当年所作《怀洪昉思》推测出来的，诗中有"夫子竟辞荣，西湖卜筑成"之语。然而，仅凭此诗不足以证明稗畦草堂始筑于康熙三十三年，稗畦草堂或于三十三年筑成，但此前应已"稍事营置"，暂且可以安身，然后再慢慢筑造，日益完善，古人居所，无论庄园或草庐，大多是这样营建的。洪昇"稍事营置"之后，又于当年秋天赴京去接眷属。行前，作有《北发有感》。他这首诗，其实是对自己这么多年来流寓京师的尴尬身份和艰难身世的一次总结：

> 非商非宦两无营，底事飘蓬又北征？
> 妻冻儿饥相促迫，猿惊鹤怨负平生。
> 羞从幕下裾还曳，浪说门前屐倒迎。
> 聚铁六州难铸错，白头终夜哭纵横。

抵京后，洪昇似乎没有丝毫犹豫，旋即携家返杭。洪昇一生有太多的彷徨犹豫，还很少表现出这样的干脆与决绝，兴许是，他怕自己又会突然后悔吧。这一次辞别京师，对于洪昇已是永别。若自入国子监算起，洪昇流寓京师二十余年，虽说是坎坷多难，却也眷恋不舍，毕竟，他一生中最宝贵的年华就是在这里度过的，他难以割舍的也许就是这一段人生。而从这次别京后，直至辞世，在人生的最后十三年间，他足迹再也不出江浙。

洪昇此去，王泽弘以诗赠行，这就是笔者在前文提及的《送洪昉思归武林》，此诗不只是承载了两人结交十六年来的深情厚谊，对后世探究洪昇的性情与命运遭际，乃至时人对他的看法，都是最接近真相的佐证，因而被后世反复援引，衍生出多种版本，这里以《洪昇年谱》所引为准。章培恒先生未注明这是一首还是两首，全诗既首尾连贯，一气呵成，若从内容上看，又明显分为两部分，第一部分从两人长久而深笃的交情切入，但主要是催促洪昇勿要为家室所左右，赶紧回钱塘奉养老人，那语气就像洪昇的父兄一样：

> 结交十六载，情好如一日。
> 欻忽将远归，寸心若有失。
> 兹行为老亲，多难不遑恤。
> 所愿事庭闱，岂暇问家室？
> 赠君唯一言，色养无他术。

> 倪遂膝下欢，终老甘蓬荜。

对"岂暇问家室"之意，章培恒先生认为"词意隐约，似在归武林问题上昉思与其家室尚有矛盾"，以至逡巡难归。所谓"色养无他术"，色养，乃指人子当和颜悦色奉养父母或承欢父母。接下来，王泽弘对洪昇的个性与命运，包括"国恤张乐"罹祸，也坦率地说出了自己的看法。如今洪昇归意已决，而父母也急切地盼着他归来，他自当不避家难，将往昔的追悔与心中的愧疚化作侍亲尽孝的行动。然后便是对洪昇的远行之嘱，对洪昇归后，如何为人处世，如何钻研学问，皆有细致入微的交代：

> 年少耽声华，赋诗忘寝寐。
> 既溯汉魏源，兼晰四唐义。
> 性直与时忤，才高招众忌。
> 何期朋党怒，乃在伶人戏！
> 昔为声名误，今为妻子累。
> 亲老思遄归，家难焉敢避？
> 晚抱知非欢，追悔多内愧。
> 闭户日穷经，先探羲文秘。
> 送君登归舟，未拜先洒泪。
> 相聚难尽欢，后会岂能遂？
> 愿子希古贤，立身庶勿坠。

王泽弘一再勉励洪昇"闭户日穷经，先探羲文秘"，此经乃是《易经》，所谓"羲文"，指伏羲画八卦，文王作卦辞，如《后汉书·班固传下》所云："今论者但知诵虞夏之《书》，咏殷周之《诗》，讲羲文之《易》。"《易经》乃是阐述关于变化之书，洪昇一生迭遭变幻莫测之命运，倒真是应该好好读读。最后，王泽弘表达了"送君登归舟，未拜先洒泪"的殷殷惜别之情，尤其是叮嘱洪昇遭此挫折后，当坎坷不降其志时，切勿一蹶不振，自甘堕落。

王泽弘与洪昇结交的这么多年来，由于王泽弘仕途淤滞，一直难以为洪昇解决实际困难，更遑论改变其命运了。就在洪昇回归钱塘一年后，康熙三十一年（1692），王泽弘超升礼部左侍郎，助修栖霞寺，又于康熙三十八年（1699）迁左都御史，康熙三十九（1700）年拜礼部尚书。一个士人在晚年如此官运亨通，若说有什么经验，那就是等待，以百分之百的耐心等待万分之一的希望，若为钓者，此公乃是神钓。

洪昇辞别京师，自然也会向李天馥此行，李天馥亦以《送洪昉思南还》赠行：

> 未荐深惭蚤见知，汉廷空羡骑郎赀。
> 谁言此辈宜高束，不信斯人独数奇。
> 南国烽烟萱草梦，西陵雨雪竹枝词。
> 逢迎应有游闲遇，忆尔寒江击楫时。

毛奇龄对此诗评曰："知己之言，令人感泣。"李天馥此诗之真意，其实就在开头一句"未荐深惭蚤见知"，他对自己当年未能荐举洪昇应博士鸿儒科深感歉疚，他从一开始就觉得洪昇凭自己的诗就足以流芳千古了："何须博世荣，区区为身谋？"然而，一个没有博取功名或世俗功利的布衣寒士，穷极一生都在为身而谋，不谋又能怎么办，难道要让自己和一家人饿死？当李天馥透过洪昇的命运看到这残酷的现实后，他终于幡然悔悟了。其实他没有必要后悔，设若洪昇真能入选博士鸿儒，那就是另外一个洪昇，另外一番人生命运了，而一个"朝廷正须"，还会去干小道末技吗？又会用一生精力去创作一部《长生殿》传奇吗？在某种意义上说，李天馥功莫大焉，是他的"未荐"，造就了这一个洪昇，这一部《长生殿》。对洪昇返乡归里，李天馥日后的诗中还有一句"狼狈仍走西湖湄"，这是大实话了，也是后话。

洪昇回归钱塘那年四十七岁，正当壮岁。当时，尽管康熙帝对《长生殿》剧本未予深究，但在"国恤张乐"案发后的一段时间里，亦无人擅敢搬演，一时噤若寒蝉。这让洪昇的生活愈加穷困，但他从来不会穷困潦倒，更不会落魄，他的魂还在，一直在。不过，他的魂此时已是隐逸之魂，在他青少年时就已萌生的隐逸情结，如今终于如愿以偿，还是做一个隐士高明啊！他一如梅妻鹤子的孤山隐士林逋一样，放浪于西湖之上，徜徉于风月之中，或纵酒赋诗，或填词作曲。对此，尤侗《〈长生殿〉序》中有这样的描述："洪子既归，放浪西湖之上，吴越好事闻而慕之，重合伶伦，醵钱请观焉，洪子狂态复发，解衣箕踞，纵饮如故。噫嘻！昔康对山罢官沂东，自弹琵琶，令青衣歌小令侑酒。彼曲子相公薄太史不为，况措大前程宁足惜乎。"又如洪昇自己在《烟霞坞》中所吟："风尘游倦客，转觉隐君贤。"这么多年来，一次次失败，一次次反思，也让他经历了一次又一次的自我辨认，在他归隐西湖后，终于吃惊地发现，现在的生活状态，其实就是他最适合的生存状态。

他绝非一个孤独的隐士，既与王嗣槐、吴仪一等钱塘旧交相游处，还有沈用济、沈溯洄、王锡、朱虞夏、毛宗宣、蔡守愚、汪熷、吴作梅、郑江、钱景舒、王起东、吴梅等士子先后来受业，洪昇作填词图授徒。"填词图"是一种词图并茂的艺术形式，通过画面表达出画家或词人对"填词"这一行为的理解。据学者考证，"填词图"在清初出现后就一直受到词人的喜爱，作为一种伴随词体繁荣而产生的文化现象，它与词学发展有着紧密的联系。洪昇的门人大多为钱塘或仁和诸生、监生，皆为杭郡诗坛后起之秀，其诗作生平入选《国朝杭郡诗辑》。其中特别值得一提的是沈用济，一名宏济，字方舟，监生。他是"蕉园五子"柴静仪之子，朱柔则之夫。其父母、妻子和弟弟沈溯洄（多误作伊洄）皆工诗，而沈用济被毛先舒叹为"后生领袖"。洪昇青少年时即与蕉园诗社结缘，与沈用济一家缘分至深。洪昇对王锡也特别看重。王锡，字百朋，仁和诸生，著有《啸竹堂集》，洪昇为之作评，集中多有赠昉思之作。洪昇虽说一生与科举无缘，其门人中则出了一位进士：郑江，字玑尺，号筠谷，康熙五十七年（1718）戊戌科进士，后官翰林院侍读，那时洪昇已作古多年了。而钱景舒则是康熙四十四年（1705）举人，如果洪昇多活一年，就能享受得意门生的"鹿鸣宴"了。

此外，洪昇又结识了一些新交，尤其与金埴游处甚密。洪昇年长金埴十八岁，两人为忘年交。金埴，字苑荪，一字小郏，浙江山阴（今绍兴）人，生于康熙二年（1663），卒于乾隆五年（1740），卒年七十八。其父金煜为顺治十年（1653）进士，曾任山东郯县知县，康熙九年（1670）罢官。金埴随父在山东生活了很长一段时间。金埴为诸生，后屡试不第，以教馆、幕僚为生，精音韵训诂之学，亦工诗。年青时去北京看望父亲，作《燕京五月歌》八首，曾以后生晚辈谒见诗坛领袖王士禛，颇受渔洋赏识，称他为"后进之秀"。洪昇与金埴交游密切，一则以诗结缘，洪昇作为渔洋门人，金埴又得渔洋赏识，说来也是难得的缘分；二则是金埴尤好戏曲，乃是洪昇的曲中知音。而金埴不只是与洪昇交游，他与孔尚任亦有深谊。其所撰笔记《不下带编》七卷、《巾箱说》（一曰《金箱说》）一卷，记载了作者的见闻，包括当时文人士大夫的遗闻佚事、社会习俗、科举考试等，反映出当时社会某些侧面，及作者对某些人和事的看法。同时，还记载了作者与当时文人士大夫的唱和之作。书中谈论《长生殿》《桃花扇》的占了很多篇幅。同时，还记载了作者与他们的唱和之作。在《不下带编》中还有不少篇幅属于诗话性质，评论艺术上的得失，勾稽诗人的立身行世，交代诗的本事等等，为研究清代文学提供了珍贵资料。如洪昇晚年在钱塘的生活掌故，就有不少被他录入笔记。据其笔记，洪昇示以《长生殿》稿本，"与余每醉辄歌之"。

当洪昇"狼狈仍走西湖湄"之际，高士奇业已"休致回籍"，不过，他早已为自己的退路作好了安排，在西溪营造了西溪山庄，俗称高庄或西庄，由高宅、竹窗、捻花书屋、桐荫堂等建筑组成。前文提及，康熙二十八年（1689）早春二月，高士奇"从上南巡"。康熙帝在巡幸西湖与灵隐寺后，还特意骑马巡幸高庄。西溪山庄山环水绕，康熙帝命随从留在桥头，只让高士奇一人陪驾，乘小船至高庄观览，但见风景殊丽，竹林深秀，康熙帝"登楼延赏，临沼清吟"，兴之所至，御笔亲题"竹窗"二字，还乘兴赋诗一首："花源路几重，柴桑皆沃土。烟翠竹窗幽，雪香梅苔古。"康熙帝驾临高庄，乃是清朝最高统治者对一个汉族官员的最高肯定，而高士奇何其聪明，他对高庄的营造既独居匠心，又似乎料事如神，提前预料到康熙帝将来巡幸，一座庄园看上去并不奢华，却又赏心悦目。但他还是没有料到，就在他随驾南巡回京后不久，就遭弹劾而"休致回籍"。

奇怪的是，高士奇"休致回籍"并未住在西溪山庄，也没有回原籍绍兴府余姚县樟树乡高家村，而是常居于平湖北墅。高士奇在杭州西溪、上海崇明等地都有别业，但他对平湖更情有独钟。平湖，今属嘉兴市，高家北墅位于今平湖市当湖镇，北墅"因自然之园圃，不加缔构，堂庑周环，曲房连接。前有修竹古树，后有广池长渠。草堂之侧，牡丹数本，花时最佳"。除了北墅，高士奇还在平湖置有良田千顷。此地离钱塘不算太远，在当时却也不近。康熙三十二年（1693）四月，洪昇访高士奇于当湖，请他为自己所作的"填词图"题诗。洪昇尝请多人为之题诗，可见对此还特别看重，应为其得意之作。

高士奇应洪昇之请，作有《题稗畦填词图》，从韵律看应为二首：

> 旗亭一曲赌新词，赢得名高王涣之。
> 旧事疏狂遭薄谴，又来翻谱写乌丝。
>
> 抛掷微名似羽轻，只将宫徵教双成。
> 他时若许帘前听，为我迟回作慢声。

这首诗虽为应酬或请托之作，却也透出故人的真诚。若从"旗亭"之典看，乃指王之涣、王昌龄、高适等人"旗亭赌酒"，此诗将王之涣误作王涣之。史上有两个王涣之，一为东晋大书法家王羲之第三子，一为北宋元丰年间进士。而高士奇此误，始于明正德年间阳山顾氏文房刻本《集异记》，将唐人王之涣误作王涣之，其他书均作王之涣。高士奇一生博览群书，精于考证，在朝时每日为康熙帝讲书释疑，康熙帝尝云"得士奇，始知学问门径"，然而百密一疏，以致因袭前人之误。不过，他把洪昇比作王之涣，也是对洪昇的高看了，又说洪昇"旧事疏狂遭薄谴"，如今"抛掷微名似羽轻"，这也确是洪昇心态的真实变化。洪昇亦作诗以赠士奇，诗云：

> 匆匆花事都凋谢，重到名园步屦行。
> 芳草白云迷旧迹，绿阴黄鸟变新声。
> 单居义重追摩诘，除服诗哀过子荆。
> 一月柏堂来几度，非关林外寄闲情。

此诗前面四句不难理解，乃是描写春夏之交的景象，而后面则把高士奇比作"单居义重"的王维，王维三十岁丧妻，此后便不再娶妻纳妾，孤居三十一年而卒。高士奇的一生其实也很不幸，少年丧父，中年丧妻，晚年丧子，这人生三大不幸他都遭遇了。在他"休致回籍"不久，夫人就病逝了。高夫人十八岁嫁给穷窘不堪的高士奇，"卅年为妇，罕窥喜愠之容，抑自十八于归，尽属焦劳之日"。无论先贫，还是后贵，夫妻相守，伉俪情深。夫人病逝后，灵柩暂厝柏堂，高士奇一月几度往返柏堂，凭棺恸哭，"黄泉有路何时见，一恸凭棺泪万行"，他在夫人辞世后的数月间便写了一百首缅怀妻子的诗篇，并取《诗经·葛生》"予美亡此，谁与独旦"之意，名之《独旦集》。洪昇诗中"一月柏堂来几度"，所写便是此情此景。

高士奇于康熙三十三年（1694）又获诏征，第二次入值南书房，至康熙三十六年（1697）"以养母乞归，诏允之，特授詹事府詹事。寻擢礼部侍郎，以母老未赴"。其实，高士奇当时的年岁还不到五十，而从五十岁到六十岁正是仕途的黄金时期，在礼部侍郎这个位置上，拜尚书，乃至抵达大学士这样的仕途巅峰，对于他也很有可能。但从妻子病逝后，高士奇还真是把功名看淡了。在他"休致回籍"的五年和此后的六年里，高士奇与洪昇皆如闲云野鹤，但同为隐逸之士，境界也大相径庭，高士奇坐拥数座庄园别业和良田千顷，而洪昇却一贫如洗，栖身于稗畦草堂，这身份与地位的变化，对于高家和洪家是颠覆性的，必然使洪昇在心理上出现巨大落差。

此时的洪家已彻底破败了。在洪昇的诗中几乎没有关于洪园、洪府的直接描述，只有那个如同天堂一般的"虞氏水香居"，这座山水园林在很长一段时间一直作为洪昇青少年时代富贵悠游生活的背景而存在。尽管没有史料可以证明这是洪家的产业，但不管怎样，这也是洪昇当年与黄蕙及诸弟妹们游玩嬉戏的乐园。而这座园林在洪昇流寓京师的岁月里，已经被转卖了三次。当洪昇偕季弟中令一起重过儿时的栖闲地，洪昇看着眼前一座残破不堪的荒园，陡然想起了四十年前的那座乐园，那强烈的反差让他惊心动魄。在《重过虞氏水香居示季弟》二首中，洪昇睹物伤情，抚今追昔：

> 不到栖闲地，惊心四十秋。
> 园经三主易，壁少一诗留。
> 危石仍青障，荒祠改画楼。
> 槎枒两枯树，还映小池幽。

> 少日山亭畔，常时竹马嬉。
> 琴尊携弟妹，几杖奉尊慈。
> 一恸悲黄土，余生感素丝。
> 杖藜惟对汝，步步涕双垂。

洪昇曾在诗中描写和吟咏过的那两株桂树，乃是洪昇与黄蕙爱情的见证，如今已是"槎枒两枯树，还映小池幽"，这是岁月的倒影，又何尝不是人生命运的颠倒？而往日在山亭嬉戏的弟妹，还有悠闲踱步或弹琴饮酒的父母亲，如今多已化为一抔黄土。其时，他的父母和两个妹妹，还有早逝的仲弟洪昌，皆已作古。所谓琴尊，即琴与酒樽，乃是文人雅士悠闲生活的借代。几杖，即坐几和手杖，借指老人，但诗意不能直译，洪昇的父母亲当时还很年轻，还不到三十岁呢，还远远没到拄杖而行的年岁。洪昇于康熙三十五年（1696）作此诗，时年五十二岁，若是身体欠佳，倒是该拄杖了。"杖藜惟对汝，步步涕双垂"，这是他对中令所言：我拄着拐杖看着你，每走一步，涕泪双流。

其实，只要拉开时空的距离，无论昔日的洪园、虞氏水香居，还是西溪高庄，在沧桑岁月中都将化为尘埃。后来，高庄的命运与洪园的命运一样，在数百年岁月沧桑中荡然无存。再后来，到了如今这繁华盛世，高庄和洪园一样又得以重修，据说是按原貌打造，但皆是仿古建筑。而无论对于洪昇还是高士奇，这仿古建筑与他们何干，一切皆是身外之物。

若是撇开了这些身外之物，洪昇其实比高士奇幸福。他四十八岁时又得一子，乃是邓氏雪儿所生，名之益。翌年，即康熙三十二年（1693），长子之震成婚。又过一年，康熙三十三年（1694）早春，洪昇年届天命，之震生子，洪昇添孙，他在《衢州杂感》其九中就想象过自己的晚年的日子，"瓦盆盛酒对儿孙"，这日子虽说清贫，却也让他享受了儿孙绕膝的天伦之乐。之震生子时才十六七岁，这在当时并不奇怪，奇怪的是，洪昇竟作了一首《得庶孙示儿之震》：

> 忽听呱呱泣，今朝喜得孙。
>
> 尔当知父道，吾转忆亲恩。
>
> 门户宁期大，琴书可幸存。
>
> 何年绾双髻，扶醉踏花村。

据《洪昇集》刘辉笺校："（庶孙）即洪鹤书。"其名为洪昇所取，他后来又借用祖父洪昇诗中的"花村"，以自号。洪鹤书后来工诗，载入《国朝杭郡诗辑》卷三，但无科举功名。而这里让笔者感到奇怪的是，以洪之震如此年岁，尚未到"绾双髻"的年岁，难道就娶妾了？否则，洪昇怎么会有"得庶孙"之语呢？唯一的可能就是，洪昇稽古太深，庶孙，其实有两种意思，一为庶出之孙，这是众所周知的。还有一种意思，当嫡子在世时，即便是嫡子之嫡子，祖辈亦可称之为庶孙。从诗中看，洪昇对于之震寄托了重振家族的厚望，而之震也没有辜负他的期望，亦于生子当年入泮。对于之震入泮，还有一段扑朔迷离的插曲。

就在之震成婚的当年，颜光敩奉命典浙江乡试。颜光敩，字学山，山东曲阜人，生卒不详，人称学山先生，颜回之六十七世孙，明末河间知府颜胤绍之孙。在明清易代之际，其子以国势将颓劝他乞休，胤绍怒斥曰："杀身报朝廷，我志也，何辞也！"崇祯十五年（1642）闰十一月清军围河间府，颜胤绍于城陷之前，衣冠北向再拜，举火自焚而死。但这位明朝的殉国忠烈，三个最有出息的孙子皆出仕清朝。颜光敩与其兄颜光猷、颜光敏为同胞三兄弟，"颜氏一母三进士"曾在曲阜传为佳话。其兄颜光敏生于崇祯十三年（1640），据此推测，颜光敩当与洪昇年岁相若。其人生而奇警，身材魁伟，仪表不凡，幼年丧父，随其兄光敏学习经史百家，康熙二十三年（1684）乡试中举。同年冬，康熙帝于初次南巡回銮时，巡幸曲阜，祭祀孔子，对参与祭祀的圣贤之后特别加恩，授颜光敩授知县之职，但他不肯就任，决意走科举正途，于康熙二十七年（1688）登戊辰科进士榜，授翰林院检讨。

康熙三十二年（1693），颜光敩奉命典浙江乡试。抵达杭州后，他特来拜访了洪昇的父亲。之所以说扑朔迷离，怪就怪在这里，他与洪父到底有何交谊？这是一个谜。洪父乃是一个名不见经传的士人，自"罢事得罪"后便穷居钱塘，又因何结识了这山东曲阜的圣贤后裔呢？但此事又确是事实，洪昇还代父亲作诗以赠，即《赠颜学山太史代父作》，其中有"古道复能敦旧好，不遗聋迈问潜夫"之语，据此推测，洪父与颜光敩或其父兄确有故交，又难以深究。

颜光敩是一个廉明正直的官员，"杜绝干请，惟真才拔擢"，据说连柴米油盐等日常所用也不愿给下官带来麻烦，选拔录取者多为博学能文的贫寒士子，既得人心，又极称康熙帝之意，试毕还朝，便得到了康熙的破格提拔，提督浙江学政。清代以翰林院检讨直接擢升学政之职，颜光敩为第一人。提督学政三年一任，颜光敩在任期内如其典浙江乡试一样，谢绝一切宴请拜谒，训诫士子如严师慈父一般，岁科两试，唯才是举，浙江学子们无不额手相庆，即便没有取录者也毫无怨言。然而，成也廉明，败也廉明，由于他绝不顾念人情，引起权贵不满，等到三年任职期满，他即称病离去，翌年卒于家。著有《怀山遗稿》一卷，《学山近稿》一卷。这里还须交代一下，关于颜光敩中进士和提督浙江学政的时间，在我搜寻到的史料中还有不同说法，一说在雍正年间，那就相当晚了，洪昇都已辞世多年了。显然，只能以前一说为准。

走笔至此，就要说到之震入泮了。康熙三十三年（1694），之震应童子试，也就是俗称的秀才考试。在科举时代，哪怕要博得一个秀才功名也绝非易事，要闯过三关：县试、府试和院试。院试合格后方可称秀才，才有进入官学（入泮）和参加乡试（举人考试）的资格，即诸生。而院试即由学政主持。洪昇明知颜光敩"杜绝干请"，在少年时又眼睁睁看见了表丈钱开宗一家在丁酉江南乡试案中所遭受的严惩，但他还是麻着胆子致函颜光敩，乞求他照顾之震。如今，在上海博物馆里仍收藏着一封神秘的信札，写信人和收信人皆不具名，但后世根据笔迹及信中所述的内容，确认为洪昇所作。信中先是对颜光敩典浙江乡试的恭维之语："老先生玉尺清裁，犹悬越峤，诸生弦诵，家奉金科。乃幸上澈彤扉，重襄绛帐，衡文妙选，一岁再膺。九重特达之知，两浙起衰之运，似此遭逢，良为希觏。"据此考证，收信人既是翰林，曾为浙江乡试考官，又在一年内复任浙江学官。所谓"衡文妙选，一岁再膺"，更确定其人为颜光敩无疑。而恭维则是乞于关照，洪昇深知颜光敩清廉严明，实在不该写这封信，"弟仰体清严，分应息心竿牍（书札）"，但这封信他又不能不写，"只因儿辈就试，近造台端。愧无家学之承，敢辱宗工之赏？倘得垂之拂拭，策彼驽骀，则小子有造，皆归陶铸。弟里居拙守，久效澹台。乃以犊爱犹存，遂忘其丑。非敢牵率俗情，冀沾河润已也。统惟慈照，不既虔瞻"。大意是：儿辈之震这次奉赴院试，正好有机会造访您学台大人。惭愧啊，我们家无家学之承，岂敢奢望您这尊官和宗师赏识？倘若能得到您的提拔赏识，一匹劣马得以教化，则是小子的造化，全归功于您的陶冶之功。在下蛰居乡里，安于愚拙，就像相貌丑陋的澹台（孔子门人）一样，非公事不敢见卿大夫。但舐犊之情犹存，因而不顾自丑，冒昧致函。我实在不敢牵率俗情啊，只想求您如河水之滋润，恩泽及人。

此信末后，还特意交代"弟名另单"，可见洪昇用心之良苦，但无论他有多么费尽心机又小心谨慎，这封信一旦传出，无论对于他还是颜光敩，都有致命的危险。从洪昇冒着如此风险请托颜光敩关照，也可以再次验证他为什么那么渴望入仕，在那个时代，这几乎是重振家族的唯一途径。而洪昇在自己入仕的渴望沦为彻底的绝望后，也就只有将自己的未竟的希望寄托在长子之震身上。我暗自猜测，这封信应该是洪昇让之震直接带交颜光敩，而何时才能交给颜光敩，还要相机行事。也不知洪昇有多少千叮咛万嘱咐，又不知这封信最终是否交给了颜光敩。按说，颜光敩即使有心照顾之震，也会将这封信当即销毁，以除后患。然而鬼使神差，这封信不知何故流出，侥幸的是，在当时没有引发祸端，否则洪家又会遭受第四次家难了。此信后被晚清收藏大家庞元济收藏，并辑入《国朝名贤手札》，为后世留下了一份了解洪昇的珍贵史料，这也是我们探悉洪昇心灵史的一份极为珍贵的证据。

从这次考试的结果看，洪昇如愿以偿，"之震旋入泮"。至于这封神秘而又危险的书札是否起了作用，就很难说了。而之震后来在科举上也没有成就，一生止步于诸生（秀才）。又据沈绍姬《寒石诗钞》，其中有《喜洪浡修过存，并读其尊人昉思＜稗畦续集＞有感，赋此以赠》，洪之震，字浡修，过存，即登门拜访。其中有这样两句诗："玉茗主人应有后，《寒光疏草》重南州。"玉茗主人，即汤显祖，其家有玉茗堂，又作有传奇集有《玉茗堂四梦》，即《临川四梦》。而汤显祖的后人很有出息，其子汤大耆、汤开远、汤开先一起加入明末以江南士大夫为核心的政治、文学团体"复社"。尤其是汤开远，既是明末著名诗人和"古文运动"的倡导者，又少有大志，以经世济民自许。崇祯五年（1632），汤开远奉旨任河南府推官，监军剿寇，因其多奇谋，史可法荐其"治行卓异"，晋职为监察副使。明崇祯十三年（1640），朝廷打算提拔他为河南巡抚，但他因积劳成疾，未及就任而卒。百姓念其恩德，纷纷致祭，哭声环震郊野。明崇祯帝诏嘉汤开远为太仆少卿。其所著《寒光堂蔬草》《军中咏马诗》盛传不衰。那么，同为戏曲大家的洪昇，他的后世又如何呢？沈绍姬如是感慨："常慨古今才人名士之后，坎坷不振者比比，若士先生（汤显祖，字若士）有子如此，此余之深有望于浡修也。"洪之震当时约在四十左右，但无论功名还是文名诗名，皆寂寂无名。若不是附于洪昇之后，他恐怕也是一个早已被历史湮没的人物。而那个"三洪学士之世胄"的洪家，一直难以复兴。而以洪昇的寿限，在有生之年他已经看不到子孙后世的境况了，而之震能在弱冠之前入泮，他已经备感欣慰。在他接下来的余生里，或吟诗填词，或交游访友，或含饴弄孙，波澜不兴，自得其乐。

自回归钱塘后，洪昇唯一一次走出江浙，就是康熙三十三年（1694）秋冬间赴合肥拜访李天馥。前一年六月，李天馥生母在京病逝，他护送母亲灵柩乘舟返回故乡。船经巢湖时，正值冬日水涸之际，难以行舟，然而在李天馥行舟时竟出现了神奇的一幕，"及舟至，水骤涌数尺，舟过即落如故"。一个朝廷重臣，还真是有天命照应，亦有"至孝感天"一说。当时，李天馥、李孚青父子皆在合肥家中，故人重逢，自是欢愉。洪昇辞行时，李天馥又作《送洪昉思归里》赠别，诗中除了赞赏洪昇令他叫绝的诗才和不合时宜的性格，还对洪昇的《长生殿》特别赞赏："此子竟作尔馨态，得未曾有开宝遗。立格动辄讲复古，无怪不合今时宜。杜门风雅恣扬挖，昔之市隐非君谁？无端忽思谱艳异，远过百首唐宫词。斯编那可亵里巷？慎毋浪传君传之。揶揄顿遭白眼斥，狼狈仍走西湖湄。"对洪昇此去，李天馥再三挽留，但毕竟终有一别，客走主安。洪昇上路时，李天馥悲戚不已，长久地伫立在路边，目送洪昇远去："居无何忽决计去，荒山行李难为资。跨卫匆匆留不得，目送伫立悲路歧。"

这一别又是永别了。康熙三十四年（1695），李天馥将除服之时，康熙即召之以原官入阁办事。康熙三十八年（1699）十月十五日，李天馥病逝，终年六十五岁，谥"文定"。李天馥乃是明珠罢相后，为康熙帝所倚重的股肱大臣。他拜武英殿大学士时，康熙谕曰："机务重任，必不可用喜事之人。朕观李天馥老成清慎，学行俱佳，朕知其决不生事。"李天馥病逝，康熙帝闻之震悼，谕曰："李天馥简任机务，效力有年，勤慎素著，忽闻溘逝，朕心深为轸恻。"无论康熙帝对他生前的赞誉，还是对他死后的悲赞，都说出了一个人臣堪当大任的主要原因。

就在李天馥辞世的当年，洪昇将七岁的次子之益继嗣于仲弟洪昌名下，于冬日代嗣子之益安葬洪昌夫妇。至此，一双"暴骨在他乡"的苦命夫妻，终于魂兮归来，入土为安。洪昇也终于完成了一个多年未竟的夙愿，因作《己卯冬日代嗣子之益营葬仲弟昌及弟妇孙，事竣述哀四首》：

> 同父三昆弟，伤哉仲已殂。
> 二人留治命，一气续遗孤。
> 妇椟移西郭，夫棺返北都。
> 卅年生死别，重会此山隅。

> 回忆常漂泊，青袍历苦寒。
> 选名寄他籍，录史望微官。
> 先抱妻儿痛，终违菽水欢。
> 而今惟仗汝，泉路问亲安。

> 哭弟悲无已，重经两妹亡。
> 糜躯归烈焰，暴骨在他乡。
> 降罚天昏醉，招魂地渺茫。
> 为兄年老大，稠叠遇悲伤。

> 汝逝十年后，此儿吾始生。
> 不曾承色笑，何幸继宗祊。
> 箕锸荷无力，衰麻啼有声。
> 幽魂如入梦，头角认分明。

这四首诗其实是洪昇对父母、兄弟姊妹和自己这么一大家人的一生命运之总结，也令人感受到洪昇郁积于心中、抒发于诗中、萦绕于字里行间的那种悲切，他的一生，他的一家，如同一曲悲剧，大多是角色正在一个接一个谢幕，其实，洪昇离自己谢幕亦为时不远了。他虽说无法预测自己的大限，但他的身体开始频频向他发出预警。从他五十四岁那年秋天所作的《蟋蟀》一诗看，他已经在为自己的衰老多病而自伤感叹："蟋蟀当秋夜，声声逼户庭。吟风四壁暗，啼雨一灯青。齿发悲空老，家园幸稍宁。卅年孤客耳，半向病中听。"从年届天命到花甲之年，他似乎一直在下意识地把自己的一些夙愿付诸实施，意欲在生前完成。

二

康熙三十四年（1695），洪昇年届天命，他似乎啥都明白了，一介布衣还有什么雄心壮志，他感到自己这大半生是多么虚妄，唯一能留下来的也许就是一部《长生殿》，就在这年，他完成了一个夙愿，将《长生殿》传奇剧本正式付梓。此剧原本就是一部在案头与舞台两擅其美的传奇，而传奇刻本又与舞台搬演相得益彰。付梓之前，时人纷纷为之作序，在毛奇龄的《〈长生殿〉序》中有这样一句话："予敢序哉？虽然，在圣明固宥之矣。"这一句貌似不经意的交代，其实对于《长生殿》的命运特别重要，所谓"圣明固宥之矣"，意思是说圣明的康熙帝已不再追究《长生殿》了，这就意味着《长生殿》可以继续搬演。

说来，《长生殿》的命运还真是一波三折，先是乐极生悲，却又因祸得福，否极泰来。"国恤张乐"事件，对于洪昇无疑是一场劫难，但对于《长生殿》传奇则可谓是因祸得福，无论在社会上，还是文学史上，所有被统治者（尤其是最高统治者）所追究的作品，几乎都会掀起巨大的波澜，成为当世和后世议论的焦点。如梁应来《两般秋雨庵随笔》所云："是狱成，而《长生殿》之曲，流传禁中，布满天下。"洪昇门人吴作梅在《〈长生殿〉跋》中尤如是说："昔陈子昂才名未高，于宜阳里中击碎胡琴，文章遂达官禁。先生诗文妙天下，负才不遇，布衣终老。此剧之作，其亦碎琴之微意欤？世之人争演之，徒以法曲相赏，且将因填词其掩其诗文之名。熟知先生有龃龉于时宜者，姑托此以佯狂玩世，而自悔于玉箫檀板之间耶！"若按此说，所谓"国恤张乐"，原本就出乎洪昇的"碎琴之微意",乃是他自导自演的一出大戏,"托此以佯狂玩世",此举正与陈子昂"于宣阳里击碎胡琴,文章遂达宫禁"相似,目的就是要制造轰动效应,引起最高统治者关注。对此,笔者实在不敢苟同,若果真如此,洪昇那就不是"托此以佯狂玩世",而是拿自己的身家性命开玩笑了,难道他不知道清朝文字狱之厉害?我觉得,"国恤张乐"绝非洪昇刻意制造事端,但也与他的疏狂大意不无关系,他一开始,或许觉得在一个很小的圈子里演演,应该没有多大的事儿,若是没有人检举弹劾,也确实没有多大的事儿。陈玉瑑在《长生殿》题词中,也指出"国恤张乐"之祸与洪昇"疏狂"不无关系,结果是,"君才小露《长生殿》,便尔惊人放逐归"。

在"国恤张乐"罹祸之初,虽说未见清廷明令禁演,但是无人胆敢在风头上搬演。由于没有了演出收入,洪昇的生活状态又一度陷入了穷愁无计的状态。而当康熙帝不再追究此剧,各地才又纷纷搬演,不说京师,只说江南,当时在钱塘、吴山、苏州、松江、江宁(南京)等地到处演唱。但《长生殿》绝不是谁想演就能演的,由于此剧规模宏大,需要投入大量的人力物力,非一般人家可以承受。据王友亮《双佩斋集》载:"康熙中,《长生殿》传奇初出,(亢氏)命家伶演之。一切器用,费镪四十余万两,他举称是。"亢氏是清初淮扬盐商,乃是"国初巨富",据《扬州画舫录》载,亢氏在扬州营造的亢园,被时人呼为"百间房",亢氏之豪富可见一斑。而《长生殿》传奇刻本行世后,一时间洛阳纸贵,许多难以观演《长生殿》者,至少可在案头欣赏《长生殿》传奇刻本了。

当时能搬演《长生殿》者,皆为各地达官贵人,又以邀请洪昇亲临现场观演为荣。此时的洪昇与那个在京师遭受白眼揶揄的洪昇已不可同日而语,走到哪里都能享受到隆重的礼遇。据《钱塘县志》载,洪昇"车辙至止,公卿大人咸虚席以待",而他"顾性落拓,脯修所入,不啻数千金,皆随手散去"。洪昇曾经到了贫至断炊的境地,而一旦有了钱,他也毫不吝啬,那公子少爷的老毛病又下意识地流露出来了,这兴许才是他与生俱来的真性情。

康熙三十六年(1697),江苏巡抚宋荦命人搬演《长生殿》。此公并非附庸风雅之辈，他原本就是一位风雅名士。他比洪昇年长十一岁，他从十三岁便开始学声律，为清代学宋诗派中的重要诗人。他与王士禛是好友，又与王士禛、施闰章等人并称为"康熙年间十大才子"。洪昇作为渔洋门人，当与宋荦久有交游。宋荦为官清廉，康熙帝赞其"清廉为天下巡抚第一"，又为时人称道"惠爱黎元，宏奖髦士。心迹双清，沧浪之水"。不过，他在文艺上舍得投入，这次搬演《长生殿》就是他在文艺上的一功德，"观者如蚁，极一时之盛"。

康熙三十八年（1699），在《长生殿》传奇搬上舞台十年后，清朝又一部伟大的传奇诞生了，孔尚任的《桃花扇》改定并搬演，遂盛行于世。孔尚任作《桃花扇》亦与洪昇作《长生殿》一样，"历十余年三易其稿而成"，这就意味着，孔尚任是在《长生殿》问世之后开始创作《桃花扇》的。《桃花扇》如今已被文学史家定位为"一部伟大的现实主义历史剧"，孔尚任在《〈桃花扇〉凡例》中说："朝政得失，文人聚散，皆确考时地，全无假借。至于儿女钟情，宾客解嘲，虽稍有点染，亦非乌有子虚之比。"其剧作的主题亦如孔尚任所谓："借离合之情，写兴亡之感。"这又与《长生殿》的主题高度一致。从剧情构制看，两剧亦颇为相似，既是复线结构，也是双重主题。《桃花扇》以侯方域与李香君悲欢离合的爱情故事为线索，并把这条主线与国家兴亡的命运结合起来。作者从沉痛的故国哀思出发，展现了明末尤其是南明的时代背景和社会图景，其中穿插了很多真实的历史事件。当明清易代之际，凤阳总督马士英和阮大铖在南京拥立福王为皇帝，当时清兵不过有十多万，而南明当时还拥有大半壁江山和江北四镇兵马，驻防江淮一线。设若南明朝廷励精图治，一致御敌，不是没有如南宋一样依凭江淮天险与金军对峙的实力，但福王不思进取，纵情声色。马士英、阮大铖等操纵朝政，排斥忠良，卖官鬻爵，搜刮钱财，四镇武将拥兵自重，跋扈不驯，为争夺地盘而互打内战。当清军南征江淮，只有史可法率三千残兵坚守扬州，由于孤军无援，史可法在城破后投河殉国。作者既以崇敬与沉痛的心情刻画了史可法这一英雄形象，更塑造了李香君这一对爱情、对国家皆坚贞不屈的女性形象。李香君虽是秦淮歌妓，但深明大义，嫉恶如仇，"碎首淋漓不肯辱于权奸"。当她知道阮大铖送来妆奁时，义正词严地责备趋附阮大铖的侯方域："官人是何说话，阮大铖趋附权奸，廉耻丧尽；妇人女子，无不唾骂，他人攻之，官人救之，官人自处于何等也？官人之意不过因他助俺妆奁，便要徇私废公，那知道这几件钗钏衣裙，原放不到我香君眼里！"剧中的民间老艺人柳敬亭，在明亡后泛舟江湖，宁做归隐之渔翁，也不肯俯首就范做顺民，经常与三五好友在一起痛说故国之衰亡。这些人物的塑造或刻画，亦与《长生殿》中的雷海青、李龟年等艺人形象何其相似。

又看孔尚任生平，他生于顺治五年（1648），比洪昇晚生三年，山东曲阜人，孔子六十四代孙。孔尚任与洪昇一样举业不遂，后靠典卖了家中田地捐纳了一个"例监（国子监监生）"，未能授官。直到康熙二十三年（1684），康熙帝在南巡回銮时巡幸曲阜祭孔，孔尚任作为孔子的直系后裔奉命于御前讲经，被康熙帝破格擢拔为国子监博士。这意外的恩荣令他受宠若惊，发誓要效"犬马图报，期诸没齿"。但由于他入仕原非科举正途，在仕途上一直裹足不前，直到康熙三十四年（1695）秋才升户部主事，又于康熙三十九年（1700）三月迁户部广东司员外郎，从五品，相当于今日中央部委的副司长。这也是他最高的官位。在《桃花扇》盛行于世之际，康熙帝命内侍索剧本观之，随后孔尚任被罢官。康熙帝对《桃花扇》也是采取不予追究的冷处理，只可怜孔尚任"命薄忽遭文字憎，缄口金人受诽谤"。不过，孔尚任生前死后的命运还是要比洪昇强多了，寿命也比洪昇长多了，直到康熙五十七年（1718）才在抑郁之中逝于曲阜，享年七十一。而他的抑郁，乃是因被罢官而不得志于仕途也。若同洪昇相比，他还有什么想不开的呢。如今在孔林东北角还立着一座墓碑，上刻"奉直大夫户部广东清吏司员外郎东塘先生之墓"，立于雍正十三年（1735）。而洪昇之墓早已无处寻觅。这也是一个士大夫和一介布衣的差别吧，想穿了、看开了，其实也无所谓，只可惜，这生逢于同一时代的"南洪北孔"，其身后名紧密相连，在生前竟从未有过交集。

不知洪昇是否观演过《桃花扇》，但至少应该听说过，但在其晚年的诗中未见任何记载和反映。不过，洪昇晚年还在从事戏曲创作，就在他辞世的前一年，康熙四十二年（1703），他撰成杂剧《四婵娟》，这也是他存世的唯一一部杂剧。洪昇一生虽说创作了四十多部传奇和杂剧，但如今仅存一部传奇《长生殿》和一部杂剧《四婵娟》，这部杂剧也就变得特别珍贵。《四婵娟》流传极少，一九五〇年，郑振铎先生将其编印在《古本戏曲丛刊》中。在形式上，《四婵娟》对徐渭的杂剧《四声猿》有直接继承关系。这是一本四折的杂剧，分别讲了四位古典仕女的故事。据施蛰存先生在《〈四婵娟〉注释本序》云：《四婵娟》是洪昉思的一组小品剧作。他摹仿徐文长的《四声猿》以四个杂剧，统率在一个剧目之下，成为一个组剧。它和《西厢五剧》不同，可以说是一种新的戏剧形式。"

第一折《谢道韫》，写谢道韫咏絮擅诗才。这个故事在《世说新语》中早有记载，在《三字经》中亦有"蔡文姬，能辨琴。谢道韫，能咏吟"，而《三字经》作为入蒙必读的教材，让谢道韫的名声妇孺皆知。据载，东晋尚书仆射（宰相）谢安在一个雪花飘舞的日子，临窗赏雪，兴致盎然地和子侄们讨论该用何物比喻飞雪最妙，谢安的侄子谢朗先声夺人："撒盐空中差可拟。"谢安沉吟不语。这时他侄女谢道韫若有所思地开口了："未若柳絮因风起。"谢安连称："妙哉！妙哉！不即不离，若远若近，传神写意，俱在各中。我们俱不用作文了。"洪昇借侍女之口，惟妙惟肖地描述了谢道韫冰肌玉骨的美妙情态："这几点（雪）落来倒像花钿一般。你看，这雪落到别处十分洁白，只飞到小姐面上，却一般般都看不出了。你看，小姐衣上被雪儿飞满，倒像个绣的一般。小姐，我看你立在这里，琼花四绕，分明散花天女一般。"洪昇又通过谢道韫之口，表达自己的情怀："我这里翠袖天寒倚竹边，休也波，逞浪言，说什么散花仙女下瑶天。"一句"翠袖天寒倚竹边"，乃是化用唐人诗句，却活画出了其如芝兰玉树、独立群芳、高洁脱俗的情操。她虽说是一个女子，却自有魏晋名士的风度，更比那些名士多了一派雍容。这一折之妙，不是妙在剧情，而是从谢道韫美貌、才情层层递进，最终凸显了其高洁的心灵或品性。

第二折《卫茂漪》，写卫茂漪簪花传笔阵。卫茂漪（卫夫人）乃是东晋一代书法名家，也是一代书圣王羲之的表姊。今存《笔阵图》，旧题卫夫人撰，但后世对此颇多异议，或疑为王羲之所撰，或疑为六朝人伪托。《笔阵图》列举了执笔之法七种，体格六种，并极论书家三昧，提出"每为一字，各象其形，斯造妙矣，书道毕矣"。洪昇于这一折戏中，以兰亭雅集为背景，王羲之虽是须眉男儿，但为书写《兰亭集序》，求得书法真味，甘拜卫夫人为师，求教于卫夫人的《笔阵图》，最终茅塞顿开，赞赏卫茂漪"独精书法，簪花妙楷，擅绝古今"。而卫夫人纵论书法之气势，之胸襟，更胜男儿王羲之一筹。从头到尾，剧情虽说毫无悬念，但在王羲之求见卫夫人的过程中，一波三折，作者既凭此推动剧情，又于波折中步步引人入胜。

第三折《李易安》，写李易安斗茗话幽情。李清照和赵明诚在世人心目中乃是神仙眷侣，洪昇在这一折戏中，描述李清照与赵明诚畅谈古今姻缘。洪昇借赵明诚之口，把夫妻分成四等：第一等是美满夫妻，第二等是恩爱夫妻，第三等生死夫妻，第四等是离合夫妻，此外还有错配夫妻。如此划分其实颇为笼统，美满夫妻必是恩爱夫妻，恩爱夫妻又不一定美满。而生死夫妻也必然会恩爱相守，也必然会有悲欢离合。赵明诚将他与李清照归入"终生厮守，偕老百年"的恩爱夫妻。那么，洪昇与黄蕙又算是第几等夫妻呢？洪昇追忆自己与黄蕙相濡以沫、聚少离多又艰辛惨淡的一生，而日子稍有好转便出现了娶妾的插曲，想来他的心情一定很复杂，很不是滋味儿。这也许就是他创作杂剧《四婵娟》的原因之一。他与黄蕙可以说是恩爱夫妻，也可谓是离合夫妻，甚至是生死夫妻，但绝非美满夫妻，当然也不是错配夫妻。而他们度过的最幸福的一段时光，乃是在其"坐对孺人理典册"的晚年岁月，这是洪昇对黄蕙一生亏欠的补偿。

第四折《管仲姬》，写管仲姬画竹留清韵。赵孟頫之妻管仲姬，被誉为"元代第一才女"，而夫妇俩皆擅画竹。这一折描述夫妇俩泛舟湖上，于风晴雨露之间画竹，又通过夫妇俩的唱词，表现他们是"诗情画意烟波友"，这其实也是洪昇当时的心态，泛舟于西湖，早已将浮利浮名抛在了脑后。赵孟頫为宋太祖赵匡胤十一世孙，出仕元朝后又受元世祖忽必烈的礼敬，累官翰林学士承旨、荣禄大夫，然而他备感"浮利浮名不自由"，一心想要退隐江湖，享受渔樵的快乐。与其说这是他看透了世态的智慧，不如说这是大多数古典士人最终的追求与归途。也不能说浮利浮名何足道哉，想想洪昇贫至断炊的日子，不就是没有功名利禄吗？诚然，洪昇此时的心态已大不一样了，他的生存境况已大不一样了，如此他才能借题发挥，既描绘了管仲姬这样一个风姿若竹的仕女形象，又以其画竹来表现其卓然之风骨。

《四婵娟》今存钞本，另有吴梅手校本，未知是否为同一钞本。卷首有惠润《四婵娟》题词，即序文。惠润，字沛苍，江阴人，生卒未详。康熙二十七年（1688）进士，授山东费县知县，后擢户部主事，迁刑部郎中。其《四婵娟》题词云："钱塘洪子昉思，示余以《四婵娟》剧，余反复其意而悲之。夫于古今千百婵娟中，独举此四人，岂不以四人之所遇胜千百欤？"确实，洪昇选择这四位典型仕女，一个个都具有"巾帼不让须眉"的才情和品性。今世学者认为洪昇创作《四婵娟》是对"女性品质的现实召唤"，洪昇或许真有这般超前的现代意识。但我还是比较认同章培恒先生的观点，如其在《洪昇年谱·前言》指出："他所作的杂剧《四婵娟》，虽然赞美了历史上的四个才女，但只不过是赞美她们的才华和'韵事'，并不意味着女子应与男子有平等地位。"若同《长生殿》相比，《四婵娟》虽为"写心剧"，但与《长生殿》相比根本不是一个档次，像是出自两个人的手笔。对此，吴梅在《四婵娟》跋中，甚至怀疑此剧为洪昇少作："四种清爽拔俗，当是昉思少作。与《长生殿》北词，若出两手，盖能整齐而不能疏略，去元人尚远也。"只是这个吴梅，究竟是洪昇门人，还是清末民国年间那个被誉为"近代著、度、演、藏各色俱全之曲学大师"吴梅？若是前者，其不为尊者讳而直话直说，则具有严谨的治学精神，难能可贵也。但这个吴梅在《洪昇年谱》中仅见其名，未见其考，有人疑其与洪昇门人吴作梅乃是同一人。而后者，作为民国时代的戏曲理论大师，则更有可能。这里就不深究了。

就在洪昇撰成《四婵娟》的当年腊月，江宁织造、两淮盐政曹寅给他寄来了自己所作的杂剧《太平乐事》。曹寅（1658—1712），字子清，号荔轩，又号楝亭，满洲正白旗内务府包衣，十六岁时入宫为康熙銮仪卫，青年时代的曹寅文武双全、博学多能而又风姿英绝，善骑射，能诗及词曲，深得康熙赏识，后官至通政使司通政使、管理江宁织造、巡视两淮盐漕监察御史。曹寅一生两任织造，四视淮盐，任内连续五次承办康熙南巡接驾大典（四次南京接驾，一次扬州接驾），其实际工作范围远远超过了其职务规定，所受到的信任与器重也超出地方督抚。曹寅喜好文艺，又爱好藏书，他精通诗词、戏曲和书法，他的代表作有《楝亭诗钞》《楝亭词钞》等。曹寅深厚的文化教养和广泛的文化活动，营造了曹家的文化艺术氛围。此时的曹家，呈现出空前的繁荣。

洪昇比曹寅年长十三岁，未知两人于何时结识，不过透过一个细节可以猜测。康熙十七年（1678）清廷诏举博学鸿儒科，曹寅当时二十三岁，在京任銮仪卫治仪正，曾参与考试接待事宜，因而与汪琬、陈维崧、施闰章、尤侗、朱彝尊、毛奇龄、毛际可等博学鸿儒广为结识，并建立了较深的感情和友谊。洪昇虽说"未膺荐举"，但曹寅结识的这些鸿儒也是洪昇的师友，两人不无交结游处的可能。而曹寅任织造之后，又与江南人士的交游更加广泛，洪昇回归钱塘后，声名日振，自然也是一个不会被曹寅忽视的存在。曹寅作有传奇《表忠记》（又名《虎口余生》）、《续琵琶》，还有杂剧《北红拂记》和《太平乐事》等，《太平乐事》署名"柳山居士"，清人姚燮《今乐考证》稿本第二册著录了《太平乐事》总名及《灯赋》等分目九种，现藏杭州图书馆。洪昇或是应曹寅之请，为作序文。而这也为他第二年赴江宁观演《长生殿》埋下了一个致命的伏笔。

当然，洪昇不可能预知自己大限将至，他还颇有一番雄心。就在这年，他为吕熊评《女仙外史》时，欲取书中练霜飞、刘松碧的事迹为作传奇。《女仙外史》一百回，叙明代永乐年间山东蒲台县农民起义领袖唐赛儿事。《明史》有"妖妇唐赛儿反"的记载，而此书则立意做翻案文章，其开篇即陈述题旨说："女仙，唐赛儿也，就是月殿嫦娥降世，当燕王兵下南都之日，赛儿起兵勤王，尊奉建文皇帝位号二十余年。而今叙他的事，有乖于正史，故曰《女仙外史》。"这是一部披着神魔小说外衣的传奇小说，而将历史人物和诸多史实纳于其中，实乃以魔幻写历史，富于传奇色彩，几也可称为"魔幻现实主义"小说，后被清政府列入禁毁之书。若洪昇据此撰成戏曲传奇，估计又是他晚年的一次冒险，然天不假年，无情的岁月很快就将葬送他这部酝酿中的传奇。

对于高士奇，也是天不假年。就在这年正月，康熙帝第四次南巡，高士奇奉召赴淮安接驾，随康熙巡视江南，三月随驾回銮入京，第三次居寓于大内直庐。随后返回平湖北墅，于六月三十日病故。据《洪昇年谱》所载，高士奇与洪昇同年卒，但据《清史稿》所载，高士奇应卒于康熙四十二年（1703），"四十二年，上南巡，士奇迎驾淮安，扈跸至杭州。及回銮，复从至京师，屡入对，赐予优渥。寻遣归，是年卒于家。上深惜之，命加给全葬，授其子庶吉士舆为编修。寻谥文恪"。康熙四十三年（1704）正月，康熙帝谕祭礼部侍郎兼翰林院学士高士奇，遣浙江等处承先布政使加三级郎廷极为代天御祭的钦差。康熙亲制悼词，并御书悼联："勉学承先志，存诚报国思。"赐谥文恪。这就是高士奇最终的命运。

人生如戏，高士奇与洪昇同年生，两人扮演了两个不同的角色。高士奇出身寒微，如左都御史郭琇劾奏曰："士奇出身微贱，其始徒步来京，觅馆为生。皇上因其字学颇工，不拘资格，擢补翰林。令入南书房供奉，不过使之考订文章，原未假之与闻政事。而士奇日思结纳，谄附大臣，揽事招权，以图分肥。内外大小臣工，无不知有士奇者。声名赫奕，乃至如此。是其罪之可诛者一也。"高士奇从一个"徒步来京，觅馆为生"的穷书生，成为显赫一时的权臣和宠臣，生前显赫，死后哀荣备至，乃是载入了《清史列传》的人物，《清史稿》论曰："儒臣直内廷，谓之书房，存未入关前旧名也。上书房授诸皇子读，尊为师傅；南书房以诗文书画供御，地分清切，参与密勿。乾学、士奇先后入直，鸿绪亦以文学进。乃凭藉权势，互结党援，纳贿营私，致屡遭弹劾，圣祖曲予保全。乾学、鸿绪犹得以书局自随，竟编纂之业，士奇亦以恩礼终，不其幸欤！"

同高士奇相比，洪昇从一个"门皆赐第，家有珥貂，三洪学士之世胄，累叶清华"的钱塘望族之子，在国子监淹留二十六年始终未曾谋得一官半职，以至布衣终生。遥想他和高士奇青年时同在国子监求学，最终却在人生的两极中演绎着各自的人生，一个高于云端，一个低于尘埃。

三

康熙四十三年（1704），洪昇已年届花甲，他正在一步一步走向人生的终点。

这年暮春季节，洪昇应江南提督张云翼之邀往游松江。张云翼，字又南，清咸宁（今陕西长安）人，其父张勇为河西四汉将之首，康熙十四年（1675）敕封靖逆侯。张云翼为张勇次子，康熙二十四年（1685）袭封靖逆侯，二十五年（1686）授福建陆路提督，以大理卿驻泉州六载，统属队伍，井井有条。暇则酌酒论文，弈棋赋诗，著有《式古堂集》。洪昇被这位一品提督、靖逆侯爷延为座上宾，就是来看自己创作的一部大戏。而这次演出，张云翼开长筵，盛集宾客，还特选了几十名色艺俱佳的伶人，搬演全本《长生殿》。尽管高朋满座，洪昇依然是"解衣箕踞，纵饮如故"，这狂狷之态终生难改，以前他有求于人，多少还有些拘束自己的性情，如今他一无所求，更没有必要改了。

这次搬演盛况空前，却非绝后，"曹寅闻之，亦迎致昉思于江宁，集南北名流为盛会，独让昉思居上座，以演《长生殿》剧"。又据金埴《巾箱说》载："曹公素有诗才，明声律，乃集江南江北名士为高会，独让昉思居上座，置《长生殿》本于其席，又自置一本于席。每优人演出一折，公与昉思雠对其本，以合节奏。凡三昼夜始阕，两公并极尽其兴赏之豪华，以互相引重，且出上币兼金畀行。长安传为盛事，士林荣之。"

从这些描述可以看出，这三天三夜的大戏，洪昇手头拿着一本剧本，曹寅手中拿着一本剧本，两人对着剧本，以合节奏。无论这次搬演《长生殿》的排场，还是洪昇享有的声誉和尊崇，几乎到了登峰造极的程度。

这里还有一个细节，洪昇赴江宁时还带着行卷，这行卷其实他走到哪儿就会带到哪儿。所谓行卷，原指准备参加科考的士子将自己平时较得意的诗文编辑成卷，投于高官达贵或名人学者，名为请求指正，实在是想得到这些人的嘉许，为自己提高知名度和美誉度，从而赢得更大的中试机会。后来，行卷的定义逐渐扩大，如洪昇的行卷已与举业无关，只求博得认可和赏识。在我搜检到的士人背后，几乎都特别提到某某名士对其诗文或人品的评价。而据土默热猜测，这个行卷就是洪昇创作的《红楼梦》原稿，但据上海古籍影印本《楝亭诗钞》卷四，其中收有曹寅《读洪昉思稗畦行卷感赠一首兼寄赵秋谷赞善》，白纸黑字地写着，洪昇带往江宁的行卷不是什么神秘的手稿，乃是"稗畦行卷"，诗云：

> 惆怅江关白发生，断云零雁各凄清。
> 称心岁月荒唐过，垂老文章恐惧成。
> 礼法谁尝轻阮籍，穷愁天亦厚虞卿。
> 纵横捭阖人间世，只此能消万古情。

从此诗看，曹寅对洪昇的命运遭际、心态变化是相当了解的。人生岁月，谁没有荒唐过，回想洪昇这一生，青少年时代富贵悠游，称心如意，中年时代坎坷多难，穷愁无计，到了晚景，终于名利双收，上苍还是对他特别厚爱的。曹寅还把洪昇比作阮籍，阮籍早年其实也崇尚儒家，志在用世，后来发生魏晋禅代的政治动乱，阮籍由于对现实的失望和深感生命无常，又转到以隐世为旨趣的道家思想轨道上来，以崇尚自然而排斥名教，以愤激与疏狂之态而彰显其不拘礼法、啸傲江湖、纵情独往的姿态。阮籍的思想变化与洪昇的心路历程实乃如出一辙。而身在官场的曹寅，对阮籍、洪昇的这种生活态度还表现出了几分憧憬。但只要一日不丢官，他绝不会步阮籍、洪昇之后尘。又从洪昇的晚年心态看，这迟到的辉煌让他更有了狂狷的本钱，如今哪怕他狂得没有边儿了，在别人看来那也是名士风度和真性情，然而他却依然在反复咀嚼嗟叹自己的人生，作为"三洪学士之世胄"，他原本该像先祖一样建功立业，光宗耀祖，封妻荫子，没想到自己会以这样一种方式走向"辉煌"。盛名之下，他其实心有不甘啊，然而一切已经注定，他的一生只能是这样了，已经看得到头了。

谁又能知道，对于洪昇，这是最辉煌的一次演出，也是最后的演出，他的一生也正在急遽地滑向最后一幕。天下没有不散的筵席，曲终人散，洪昇带着曹寅给他赆行的一大笔酬金，从江宁乘舟返杭。时值小暑和大暑之间，夏汛高涨，太湖波涌，运河迭浪，河面上的阳光明明灿灿，一叶轻舟乘风驭浪而行，眼看就到了江浙两省三府交界之处的乌镇，距钱塘还有一百来里。舟过乌镇苕溪，时近黄昏，恰巧有位叫吴汝范的友人来到河边，一眼看见了船上的昉思先生，这人又特别热情好客，再三挽留昉思先生吃了晚饭再走。关于此人，我遍查诸史方志，他此生唯一的踪影，就是出现在洪昇途经乌镇的那个黄昏，仿佛就是为了来招饮洪昇。既有美酒佳肴招待，又盛情难却，洪昇也就留饮乌镇了，而他是逢酒必饮，饮必尽兴。当他尽醉而归时，夜幕已笼罩了一切。一个醉翁，在黑灯瞎火中晃晃悠悠地走到河埠头，在登舟时又没有轻重，船头一晃，"咕咚"一声掉进了河水里，一代曲中巨擘就这样陨落了，连个泡沫也没有看见。

但在后世看来，洪昇之死亦如李白之死，不该死得这么简单，于是又衍生出了多种说法，或现实，或浪漫。这里援引几种流传至今的说法。一说是洪昇归舟时乃是秉烛而行，也可能是其友人秉烛送行，谁知洪昇登舟时，一阵风突如其来，将烛火吹灭了，洪昇一下跌入水中，又加之正是涨水季节，在夜色漆黑中抢救不及，洪昇也就没救了。其中还有特别感人的一说，据袁枚《随园诗话》卷一："钱塘洪昉思……晚年渡江，老仆堕水，先生醉矣，提灯救之，遂与俱死。"这与酒醉失足而亡是一样的结局，却不是一般的境界，洪昇乃是舍己救人而牺牲，而他抢救的又是一个底层的劳动人民。此说，被郑振铎先生采信。

另外，还有不少浪漫的说法。一说，洪昇的忌日，恰好是杨贵妃的生日，人们传说洪昇是被杨贵妃和唐玄宗招入蓬莱仙境做文学侍从了。金埴挽洪昇诔文所说："陆海潘江，落文星于水府；风魂雪魄，赴曲宴于晶宫。"还有人将洪昇之死比之屈子沉江、太白捉月，如戴熙《吊洪昉思》："名士生多厄，才人死亦奇。烟波空浩渺，魂魄竟何之。太白骑鲸日，三闾作赋时。茫茫天地阔，万古使人悲。"今有人将戴熙误为洪昇友人，其生晚矣，为道光十一年（1831）进士，十二年（1832）翰林，官至兵部侍郎，工诗书，善绘事，为山水画大家。戴熙也是钱塘人，在洪昇与世长辞一百余年后，他的追悼，反而能撇开当时的是非，更能从本质意义上反思洪昇的一生。遥想当年，那个"饥来催出门"的洪昇，从钱塘出发经由芜湖当涂而往游大梁时，曾登临李白醉酒捞月的采石矶，看着一个又一个漩涡席卷而去，他又怎能想到，时隔三十二年后，他竟与李白一样堕水而死，逐浪而归。而越剧《洪昇》则如是演绎，又逢七夕，洪昇老矣，舟中酣醉，似见爱妻黄蕙，深情召唤。洪昇吟哦着"今古情场，问谁个真心到底？"，遂与黄蕙踏歌而去。如此演绎，即便是戏剧也过于离谱，一则洪昇的忌日不在七夕，二则黄蕙当时还健在。

洪昇辞世时，王士禛已年届古稀，但他至少还要活七个年头。这是一个在政坛、文坛都抵达了高峰的成功士人，从仕途看，他屡官至刑部尚书；从文坛看，他是清康熙年间的文坛盟主和一代宗师。洪昇之逝，让他悲伤不已，老泪纵横，如其《挽洪昉思》："送尔前溪去，栖迟岁月多。菟裘终未卜，鱼腹恨如何？采隐怀苕雪，招魂吊汨罗。新词传乐部，犹听雪儿歌。"一句"招魂吊汨罗"，把洪昇也比作屈原了。而他哀思绵绵，后来又有《寄怀西泠三子》："稗畦乐府紫山诗，更有吴山绝妙词，此是西泠三子者，老夫无日不相思。"足见他对洪昇的感情之深契。

洪昇的忌日为六月初一（7月2日），岁在甲申，再过整整一个月，他的生命刚好经历一个轮回。中国旧有花甲流年不利之说，但谁又能料到洪昇竟遭此不测。他这充满了波折的一生，可谓是生于流离，死于漂泊，如郑景会《吊洪昉思》诗云"潦倒名场四十年，归途竟作水中仙"。对一个生命而言，他走得还早了一点，人生的一个新的轮回还未开始，不过，他一生最伟大的作品已经完成，他以一曲《长生殿》而成为钱塘洪氏家族在清代成就最高的一位，也成为了中国戏曲史上的一座高峰。这样一部经世不灭的作品，已足以让他的灵魂得以永生。

二〇一七年十月三十一日第一稿
二〇一八年十二月一日第二稿
二〇一九年八月二日第三稿

附录一

洪昇年表

顺治二年（1645） 一岁

七月初一日辰时，洪昇诞于一费姓农妇家。其时洪父（洪起鲛）携妻黄氏避兵山中，暂居费姓农妇家。

顺治十年（1653） 九岁

幼年常偕弟妹于虞氏水香居嬉戏，又与表妹黄蕙"编荆游憩"。

顺治十一年（1654） 十岁

从陆繁弨受业，直至十三四岁。繁弨之父陆培誓不降清，在杭州自缢殉节，繁弨亦誓不仕清，其志节、学养对洪昇影响至深。

读书甚勤奋，母黄氏抚育周至。

顺治十六年（1659） 十五岁

从毛先舒、朱之京受业，又与师执柴绍炳、徐继恩、张丹、沈谦、张竞光游处。

十五岁鸣笔为诗，约以本年为沈谦妇卒所作《为沈去矜先生悼亡四首》为最早，渐以诗闻名钱塘，"早擅作者之林"。

顺治十八年（1661）　十七岁

袁于令来游湖上，洪昇从之游。后作《遥赠朱素月校书戏简袁令昭先生三首》。

康熙元年（1662）　十八岁

夏，与陆次云泛舟西湖，遇雨，宿于湖心亭。

吴仪一赴北京国子监，洪昇赠以狐裘，作《吴瑮符北征，赋此赠别》。

康熙二年（1663）　十九岁

与汪鹤孙缔交，游处甚洽。

五月，庄廷鑨明史案正式结案，所有被羁押的犯人在杭州虎林军营被集中宣判执行，囚犯集中在弼教坊广场上等候发落，此狱牵连千余人，被诛者共七十余人，洪昇多名亲友被牵连。陆繁弨、陆圻、陆寅于正月被逮，五月获释。

康熙三年（1664）　二十岁

七月初一，与黄蕙成婚。适值二十初度，友人为赋《同生曲》，陆繁弨为之作序。

撰成《诗骚韵注》，毛先舒为之作序，赞其"穷极元古，旁参博稽"。

康熙四年（1665）　二十一岁

舅父并岳父黄彦博卒，作《遥哭黄泰征妇翁七首》。

季弟中令于秋日随父入燕，作《别弟》诗。

康熙五年（1666） 二十二岁

与仲弟洪昌及陆寅寄寓南屏僧舍读书，"日与论文"。

秋，在南屏作《秋日南屏怀王丹麓》套曲，这是洪昇散曲有年代可考之最早者。

康熙六年（1667） 二十三岁

沈遹声往游苏州，洪昇以《满江红》词赠行，沈谦有和韵之作，沈遹声亦有《满江红》词以寄洪昇。

与毛玉斯交游，日趋笃厚。

康熙七年（1668） 二十四岁

初春，由杭州赴北京国子监，沈谦、毛玉斯、张竞光诸人送行。时恽格在杭，亦有诗赠行，并赠以所绘便面。

自镇江北渡，渡淮遇雪。过灵璧、丛台等地皆有诗。

入京后，目睹明王孙沦落落魄，作《夏日偶感》《王孙行》等诗。

康熙八年（1669） 二十五岁

元日，作《拟元日早朝应制》诗。

四月，康熙帝至国子监视学并祭奠孔子，作《恭遇皇上视学，释奠先圣，敬赋四十韵》。翌日，作《太和门早朝四首》及《午门颁御赐恭纪三首》等颂圣诗。

为黄机作《黄大司农御前作字歌》。

寓京师逾年，虽裘马豪雄，而自伤不遇。因于秋季离京南返。归途作有《北归杂感四首》《归舟作》等诗。

康熙九年（1670） 二十六岁

正月，师执柴绍炳卒。二月，师执沈谦卒。

夏，洪昌赴燕，有《忆殷仲弟》诗。

自秋冬至明春，北游天雄及古魏州诸县，凭吊往古遗迹，多兴亡之感而又自伤不遇。作《魏州杂诗八首》等诗。

长女约生于本年，后夭亡，佚名。

康熙十年（1671） 二十七岁

春，自天雄返杭，寻又游严州、越中。

秋，遭"天伦之变"，为父母所不容，离家别居，穷愁无计。此为洪昇遭逢的第一次家难，也是其人生的一个转折点，从此"怫郁坎壈缠其身"。

康熙十一年（1672） 二十八岁

春，与钱肇修等表兄弟同游芜湖、当涂，登采石矶，感怀李白遭遇。

后肇修赴京，洪昇往游大梁（开封）。初入梁，冀有所遇，既而沦落不偶，意绪愈益悲怆。

岁暮，自大梁还，张竞光卒。

至除夕，竟独处一室，孤灯凄寒，作《壬子除夕》。

康熙十二年（1673） 二十九岁

与严十定隅坐皋园，谈及开元、天宝间事，偶感李白之遇，因撰《沉香亭》传奇。此为《长生殿》第一稿，约于本年所作。

自遭"天伦之变"后，与父母别居，贫甚，时至断炊。

夏，以诗寄汪鹤孙，自述坎坷。

时黄机请假迁葬居杭，秋，陪黄机游葛仙祠。

次女之则生。

十一月，平西王吴三桂以"兴明讨虏"为号举兵反清，平南王尚可喜、靖南王耿精忠相继反叛，"三藩之乱"爆发，大清帝国又陷入了长达八年的内乱。

仲冬，家难愈剧，为谋生计，第二次赴燕，途中又作《癸丑除夕》以写悲愁之思。

康熙十三年（1674） 三十岁

早春，抵达京师，"栖遑无依"，以诗卷投国子监司业李天馥，天馥大赞赏之，谓其诗名自足千秋，不须区区博"世俗之荣"。遂安排馆舍，出同车，食同席，谈论诗文，"宵分不辍"。

七月，李天馥宴客，洪昇赋诗，李天馥嗟叹称善。

重九，李天馥招游，洪昇酒酣落帽，浩然长啸，宾客侧目，李天馥对此无所介意。

康熙十四年（1675） 三十一岁

暮春离京返杭，沿途有诗作。

五月，编成第一部诗集《啸月楼集》，黄机为之作序，勉其"自此海宇清宴，歌咏功德，非昉思孰任之"。

秋，自杭赴京。李天馥以其诗寄王士禛，士禛亦嗟赏之。洪昇寻从士禛受业，加入宣南士游，多结交名宦显要。既以诗鸣长安，亦渴望获得荐举，以偿"拜郎"之愿。

秋末，洪父"罹事得罪"，至京辩冤，寓居萧寺。洪昇为父亲脱罪而上下奔走。

除夕，与父亲和仲弟殿仲团聚萧寺，暂忘飘零之苦。

康熙十五年（1676） 三十二岁

秋，经多方周旋，历一年之久，洪父"罹事得罪"暂得以缓解，洪昌侍父南返，洪昇送至河浒，悲不自胜，作《送父》诗六首。

十月，耿精忠以兵败降清，清廷旌表平叛功臣。洪昇因以福建建宁通判何源濬弃家许国抗击耿精忠叛乱的典型事迹，创作《回龙记》传奇。

康熙十六年（1677） 三十三岁

洪昇客居京师，更加困顿。夏，染病在床，避居禅房。时久与黄蕙一北一南，分别日久，仅靠书信联系。于信中得知长女夭亡，作《遥哭亡女四首》，哀伤恸哭，数岁犹悲悼不已。

秋，决计返杭。李天馥、王士禛等赋诗送行。沿途有《伴城书所见》诗，在国殇与家难中，这是洪昇书写"三藩之乱"最直接、最触目的一首诗。

康熙十七年（1678） 三十四岁

春，与其弟昌及妻女寓居武康，于闲中修改《沉香亭》传奇。

长子之震约生于本年，字涤修。

夏秋之际，博学鸿儒科诏征令下，洪昇入仕之念复起，携家至京，竟"未膺荐举"，陆次云深惜之。助陆次云辑《皇清诗选》。

康熙十八年（1679） 三十五岁

元日，作《己未元日》，感伤身世，悲叹遭遇。

自携家寓居京师后，以卖文为活，贫甚，而傲岸如故。

三月，清廷举行博学鸿儒廷试，取一等二十人，二等三十人，五十人皆授翰林，入翰林院纂修《明史》。其中多有洪昇故旧，亦有洪昇后来的新交，洪昇与这些博学鸿儒交游酬唱，颇为相得。

李孚青、赵执信登进士第，两人皆与洪昇交游酬唱。赵执信尝与洪昇相聚于王士禛门下，三人以龙喻诗论诗，乃是清朝诗坛的一段公案。

因毛玉斯认为《沉香亭》"排场近熟"，删去李白，加李泌辅政情节，改名《舞霓裳》，此为《长生殿》第二稿，约于本年脱稿并搬演。其时，《闹高唐》《孝节坊》业已撰成。

冬，洪父"罹事得罪"在搁置四年后又遭追究，遣戍宁古塔，其母连坐。洪昇"徒跣号泣"，求告于朝中显贵，但无人为之解难。遂昼夜兼程赶回杭州，奉侍父母北行。腊月初三，太和殿遭火灾被毁，清廷大赦天下，洪父遇赦得免。

康熙十九年（1680） 三十六岁

元日不久，清廷大赦令至，洪昇侍父母返抵杭州，旋赴京。

秋，吴仪一自奉天来京，假寓洪昇处，二人论《牡丹亭》，洪昇认为《牡丹亭》之关键是在生死之际，"其中搜抉灵根，掀翻情窟，能使赫蹄为大块，逾糜为造化，不律为真宰，撰精魂而通变之……"语未毕，吴仪一大叫叹绝。此乃从《舞霓裳》到《长生殿》的一个关键转折点。

康熙二十年（1681） 三十七岁

二月，应王泽弘之邀，护送仁孝皇后和孝昭皇后的灵柩前往京城东面的昌瑞山陵下葬。道经明陵，明朝的边塞重镇已是荒芜狼藉一片，因入仕无望前途未卜的洪昇一触写就《京东杂感》诗十首，历来被认为是洪昇寄寓兴亡之感最浓郁之作。

中途与王泽弘往游盘山，与盘山寺僧智朴订交。

十月，吴三桂之孙吴世璠自杀，"三藩之乱"历经八年终于平定。

冬，返杭省亲。

康熙二十一年（1682） 三十八岁

春初，往游开封，寻返京。时洪昌夫妇已客死他乡，洪昇悲戚难遣。

康熙二十二年（1683） 三十九岁

二月，往游苏州，谒江苏巡抚余国柱，获赠白银千两。娶妾邓氏，旋即北行。

六月，清水师提督施琅于澎湖海战大破郑军舰队，攻占澎湖，七月，郑克塽降清。清廷收复台湾，自此山河一统，统治日趋巩固。

康熙二十三年（1684） 四十岁

与黄虞稷、周在浚、阎若璩、万言、周篁、吴雯诸友往来唱和，月举一会。

康熙二十四年（1685） 四十一岁

盘山寺僧智朴寄赠黄精，洪昇作诗谢之。

撰成传奇《织锦记》，又作杂剧《天涯泪》，以寓其思亲之旨。

康熙二十五年（1686） 四十二岁

正月，与钱钰同观灯。时将回杭省亲，兼以作别。

二月，离京返杭，行前慨政事之违失，作《长安》诗。经济南，晤钱钰，作《赠朗亭侍御》二首，对钱钰颂美备至。道经扬州，访汪鹤孙，并示以所制新乐府。

三月，抵杭，常下榻于友婿戴普成家，相与论诗。时普成方与洪景融、朱溶等共辑《感应篇》《经史考》，洪昇因与朱溶相识。又尝应戴普成之邀，与友婿陈讦共泛西湖，有诗纪事。

夏，赴嘉兴会晤李良年并为之题写息游草堂。

秋，客游衢州，作有《衢州杂感十首》，旋从衢返，途中作有《江行杂诗四首》《钓台》等诗，皆寓身世之感。

冬，回杭后，以所作诗出示朱溶，溶大惊服。因乞溶删定其诗。又以诗赠朱溶，于其气节颂美至甚。两人遂成莫逆之交。

康熙二十六年（1687） 四十三岁

正月，朱溶、戴普成编定《稗畦集》，将《啸月楼集》中的"颂圣"之作悉皆删去。朱溶《〈稗畦集〉序》云："顾以为欲传世行远，宁严毋宽，宁少毋多，乃痛删削。茫昧如余，亦时时与商榷。凡千余篇，仅存如干首。"

寻赴苏州，晤丘象升，于风雪中同游皋桥，逸兴盎然。

二月，余国柱拜武英殿大学士。清廷臣僚营私结党之风甚炽，督抚无不与部院堂官营求结纳，部院堂官又各援引亲戚，结为朋党。洪昇于上岁离京后，家人留居京师，余国柱时赡济之。有诗《寄大冶余相公》以致谢。

夏，抵江阴，时陆次云知江阴，寓陆次云署，次云甚优礼之，逗留约半年。为陆次云评所作诗及杂剧。

此前洪昇也曾客游江阴，此次到访，新老朋友更觉欢畅，与当地文士朱廷铉、陶孚尹、徐希陶、孙雪亭等诗酒宴游，并参与五峰文酒之会。

除日，与陆次云同登江阴君山。及返客舍，又以诗抒写忆念亲人、自伤飘零之情。

康熙二十七年（1688） 四十四岁

正月，自江阴赴京，朱廷铉以诗赠别，并为之饯行。过武进，与孙凤仪、吴阐思共游宴。逢恽格，互诉遭遇，百感交集，作诗以赠。至江宁，寓居王泽弘园，时泽弘已赴京师。

二月，经扬州，会友人倪匡世编纂《诗最》，洪昇为之审定一卷，又为徐旭旦校订《灵秋会》剧。濒行，作诗留寄汪楫。

至京已是四月，此次江南文学交游历时二年有余。

入京前，尝以诗寄李天馥，及抵京，又以诗上梁清标，皆有乞求援手之意。

表弟翁嵩年、友人陆寅登戊辰科进士榜，先后南还，以诗赠行。

改《舞霓裳》为《长生殿》，既出，传唱甚盛。

康熙二十八年（1689） 四十五岁

春，与王泽弘游张氏园。以诗简高士奇，欲士奇为决去留。又以诗上徐乾学，于颂美中寓请托之意。

八月间，因"国恤张乐"遭"斥革下狱"。

九月，御史郭琇疏劾高士奇与左都御史王鸿绪植党营私，高士奇等着休致回籍。

十月，副都御史许三礼弹劾徐乾学与高士奇相为表里，招摇纳贿。徐乾学寻上疏乞归。

出狱后，王泽弘以诗见寄，劝返杭郡。

康熙二十九年（1690） 四十六岁

正月，李孚青于杭州以诗见招。

三月，往游盘山。这是洪昇时隔九年后第二次游览盘山，有盘山逃禅之意。

六月，江南江西总督傅腊塔奏参大学士徐元文及其兄徐乾学纵放子弟家人纳贿害民，徐元文着休致回籍。

秋，吴雯寄来长诗《贻洪昉思》，劝其离京归杭。

康熙三十年（1691） 四十七岁

春，决计返里，自京南归，回杭"稍事营置"，眷属暂留京师。

在杭州西湖之中，孤山之上，始筑稗畦草堂。

四月，山东巡抚佛伦疏劾徐乾学及钱钰徇庇贪吏，徐、钱皆革职。

夏，与王嗣槐等往处州访友。

秋，赴京接家眷，此为平生最后一次赴燕，行前作《北发有感》。道中往访李孚青。别后，孚青以诗见怀。

抵京后，旋携家返杭。王泽弘、李天馥皆以诗赠行。

十一月，康熙帝下谕，严禁臣僚结党倾轧、报复不已，党争渐告平息。

康熙三十一年（1692） 四十八岁

归里后，与金埴游处甚密，为忘年交。邑中文士沈用济、沈溯洄、王锡、朱虞夏、毛宗亶、蔡守愚、汪熷、吴作梅、郑江、钱景舒、王起东、吴梅等先后来受业。作填词图授徒。

次子之益生，为邓氏所生。

康熙三十二年（1693） 四十九岁

子之震婚。

四月，访高士奇于当湖，倩其题填词图。其填词图今已难以觅见，或已失传，尝请多人为之题诗，应为其得意之作。

颜光敉典浙江乡试，来访洪父，因代父作诗以赠，即《赠颜学山太史代父作》。

康熙三十三年（1694） 五十岁

为之震入泮致函颜光敉，乞予照顾。之震旋入泮，并生子。

七月，康熙帝命徐乾学、高士奇入京修书。徐乾学卒，洪昇作《送高江村宫詹入都》五排一百韵，袁枚于《随园诗话》中称赞此诗"沉郁顿挫，逼真少陵"。又据《文献征存录》卷十《洪昇传》："其《送高江村宫詹入都》一百韵尤警策，人竞传之。"

秋冬之间往合肥拜访李天馥。及归，李天馥以诗赠别。

汪鹤孙返里，与洪昇过从甚密。

次女之则为《吴吴山三妇合评〈牡丹亭〉》作跋。

康熙三十四年（1695） 五十一岁

《长生殿》传奇剧本付梓，毛奇龄、汪熷等为之作序。

家难宁息，生活稍得安便。

康熙三十五年（1696） 五十二岁

春，往游江宁。过武进，晤刘震修、陈玉璂等友人。至江宁，为杨友敬校勘白朴《天籁集》。寻返杭。

秋，赵执信往游粤东，道经钱塘，晤洪昇，情好如故。

康熙三十六年（1697） 五十三岁

暮春，赵执信自粤东返，重经钱塘，与洪昇、吴仪一游览西湖诸胜。

秋，至苏州，江苏巡抚宋荦命人搬演《长生殿》，观者如蚁，极一时之盛。自此之后，吴山、松江等地相继搬演。

康熙三十七年（1698） 五十四岁

过门人汪熷之汪园，其时，汪熷已赴任镇远知县，以诗怀之。

七月，湖广茶陵州以官吏私派苛捐杂税，激发民变，吴三桂旧部黄明等乘机起事，遭清廷镇压，黄明等三十八人立斩，其余遣戍黑龙江为奴。

秋，闻蟋蟀，自伤衰老，作《蟋蟀》诗。

康熙三十八年（1699） 五十五岁

为门人王锡评《啸竹堂集》，为褚人获《坚瓠补集》作序。

二月，康熙帝第三次南巡，三月抵杭州，五月还京。

六月，孔尚任作传奇《桃花扇》成，遂盛行于世。康熙帝命内侍索剧本观之，随后孔尚任遭罢。

十月，李天馥卒，谥"文定"。

冬，以次子之益过继洪昌，并代嗣子之益营葬洪昌夫妇。其时，父母皆已辞世，洪昌及两个妹妹皆已早逝，原一家八口，仅余洪昇及季弟中令。洪昇悲恸不已，以诗述哀。

康熙三十九年（1700） 五十六岁

顾卓来杭，以岳端《扬州梦》见示，为之作序。

六月，朱襄来杭，索《长生殿》上半读之，为作序文。

康熙四十年（1701） 五十七岁

金埴前以丧偶离杭，至是重来，所居寄亭，距秭畦草堂近在咫尺，两人游处愈是密切。

朱彝尊来杭，以诗相赠。

秋，应王泽弘之邀往游江宁。冬末自江宁返，于苏州度岁。

康熙四十一年（1702） 五十八岁

夏，往游江宁。夏秋间卧病两月余。冬，自江宁返。

康熙四十二年（1703） 五十九岁

正月，康熙帝第四次南巡，高士奇接驾并随銮赴京，寻遣归，卒于平湖，追谥文恪。

撰杂剧《四婵娟》成，惠润为之序。

腊月，曹寅寄示所作杂剧《太平乐事》，为作序文。

为吕熊评《女仙外史》，且欲取书中练霜飞、刘松碧事为作传奇。

康熙四十三年（1704） 六十岁

春末，应江南提督张云翼之聘，往游松江。云翼延为上宾，开长筵，盛集宾客，搬演《长生殿》。

江宁织造曹寅闻之，亦迎致洪昇于江宁，集南北名流为盛会，独让洪昇居上座，演出《长生殿》全本，历三昼夜始毕。

六月初一（7月2日），自江宁返，行经乌镇，酒后登舟，堕水而卒。王士禛等师友及门人皆以诗哀惋凭吊，辞甚悲切。

附录二　主要参考书目及文献

一、著作

1.《洪昇及其〈长生殿〉》，曾永义著，台湾商务印书馆 1969 年版。

2.《洪昇年谱》，章培恒著，上海古籍出版社 1979 年版。

3.《洪昇和〈长生殿〉》，王永健著，上海古籍出版社 1982 年版。

4.《洪昇及〈长生殿〉研究》，孟繁树著，中国戏剧出版社 1985 年版。

5.《洪昇研究》，刘荫柏著，花山文艺出版社 1991 年版。

6.《〈长生殿〉笺注》，竹村则行、康保成笺注，中州古籍出版社 1999 年版。

7.《洪昇与西湖》，吴晶著，杭州出版社 2006 年版。

8.《曲中巨擘——洪昇传》，王丽梅著，浙江人民出版社 2007 年版。

9.《洪昇与〈长生殿〉》，李秀萍编著，吉林文史出版社 2010 年版。

10.《吴仪一批评本〈长生殿〉》，明才校点，凤凰出版社 2011 年版。

11.《洪昇集》，洪昇著，刘辉笺校，浙江古籍出版社 2012 年版。

12.《洪昇及其诗歌研究》，游路湘著，浙江大学出版社 2014 年版。

13.《中国文学发展史》，刘大杰著，复旦大学出版社 2006 年版。

14.《土默热红学》，土默热著，吉林人民出版社 2006 年版。

15.《三藩之乱》，范传男著，吉林文史出版社 2011 年版。

16.《西溪与蕉园诗社》，吴晶著，杭州出版社 2012 年版。

17.《宣南：清代京师士人聚居区研究》，岳升阳等著，北京燕山出版社 2012 年版。

18.《剑桥中国文学史》，孙康宜著，宇文所安主编，生活·读书·新知三联书店 2013 年版。

19.《安史之乱》，彭丽华著，人民出版社 2014 年版。

20.《中国戏剧演进史》，张大新等著，中华书局 2015 年版。

二、史志文献

1.《康熙钱塘县志》，康熙五十七年版，据中华书局藏本影印。

2.《国朝词垣考镜》，吴鼎雯撰，据乾隆五十八年版影印。

3.《国朝杭郡诗辑》，吴颢辑，吴振棫补辑，据同治十三年刊本影印。

4.《明史》，张廷玉等撰，中华书局 1974 年版。

5.《清史稿》，赵尔巽等撰，中华书局 1977 年版。

6.《清史列传》，王锺翰点校本，中华书局 1987 年版。

7.《武林坊巷志》，丁丙著，浙江人民出版社 1990 年版。

8.《今世说》，王晫著，陈大康译注，东方出版中心 1996 年版。

9.《南明史》，钱海岳撰，中华书局 2006 年版。

10.《乾隆杭州府志》，郑沄修等撰，中华书局 2009 年版。

11.《雍正浙江通志》，浙江省地方志编纂委员会编，中华书局 2011 年版。

12.《康熙仁和县志》，杭州市地方志办公室校勘，西泠印社 2011 年版。

三、论文

1.《洪昇生平及其作品》，熊德基，《福建师范大学学报》1956 年第 1 期。

2.《论洪昇的〈长生殿〉》，黄天骥，《文学评论》1982 年第 2 期。

3.《关于洪昇生平的几个问题》，章培恒，《复旦学报》（社会科学版）1986 年第 3 期。

4.《漫唱心曲谱婵娟——洪昇杂剧〈四婵娟〉评介》，浦汉明，《青海社会科学》1988 年第 5 期。

5.《〈长生殿〉与〈长恨歌〉主题之比较》，吴国钦，《中山大学学报》（社会科学版）1989 年第 2 期。

6.《关于洪昇生平思想的两大问题》，徐子方，《东南文化》1994 年第 4 期。

7.《失落的同构——洪昇命运与〈长生殿〉主题》，刘彦君，《艺术百家》1995 年第 1 期。

8.《洪昇文学思想初探》，孙京荣，《西北师大学报》（社会科学版）1995 年第 4 期。

9.《谈赵执信与洪昇的交往》，李永祥，《济南教育学院学报》2002 年第 4 期。

10.《论〈长生殿〉对〈牡丹亭〉的借鉴》，江兴祐，《浙江社会科学》2003 年第 4 期。

11.《毛先舒对洪昇的教诲及对其创作的影响》，冷桂军，《苏州大学学报》（社会科学版）2006 年第 6 期。

12.《洪昇"家难"问题探析》，宋希芝、陈冬晖，《山东女子学院学报》2009 年第 4 期。

13.《相依不觉蹉跎久，欲别翻忧聚会难——洪昇与陆次云的交往》，冷桂军，《岱宗学刊》2010 年第 4 期。

14.《从〈长恨歌〉到〈长生殿〉——以接受美学视角看李、杨故事在中国古代文学中的演绎》，王霞，《名作欣赏》（中旬刊）2010 年第 5 期。

15.《江南与京师——由洪昇旅食文学交游看清初文坛生态》，游路湘，《浙江学刊》2013 年第 3 期。

16.《从"长恨"到"长生"——试论〈梧桐雨〉和〈长生殿〉的不同》，李超，《戏剧之家》2017 年第 18 期。

后记

本书定位为一部纪传体的文学原创读本，不是戏说，不是小说，而是严谨的正传，必须以真实性为第一原则，这也是本传写作的一大难题。这么多年来，我一直在反复琢磨洪昇这个人物，一个是活在别人眼中的洪昇，一个是真实地活在自己世界里的洪昇，这两个洪昇必须叠加在一起，才能还原洪昇完整的形象。

为了追踪别人眼中的洪昇，我只能遍查诸史方志，如大海捞针般在浩如烟海的文献史料中搜寻关于洪昇的点滴资料。在那个时代，戏曲只是"小道末技"，哪怕是一个伟大的戏曲家，亦如"小道末技"一样卑微。由于洪昇一生在科举仕途上没有博取半点功名，从未跻身于仕宦之流，几乎没有载入史册的事功，在所谓正史中难以寻觅他的踪迹。既然无法通过正史来看清他的正面，那就只能透过别的视角来打量他的各个侧面。在历史的夹缝里捕捉他那偶尔闪现的踪影、东鳞西爪的碎片。从搜寻到的零星史料看，他的影踪多散见于清人笔记中，而清人笔记大多是碎片化的，又颇多以讹传讹、道听途说、捕风捉影之处，对于同一事实亦有各种不同的言说，需要仔细加以对比甄别，才能去伪存真。此外，洪昇交往的一些重要人物大多载入了《清史列传》，这至少可以从侧面为洪昇的生平事迹提供一些间接的佐证。即便如此，但凭这些碎片化的史料也难以还原洪昇血肉饱满的整体形象。而就我现有的视域，迄今尚未发现一部真正意义上的、以描述洪昇生平事迹为主的文学传记，在中国文学史和戏曲史的人物画廊里，洪昇几乎还是一个历史的空白。

我一共搜集了十余种关于洪昇的各种著作（见本书附录二），一是洪昇本人的著述，包括当世及后世的点校、笺注本，但主要是洪昇的诗词曲赋，洪昇极少以文传世，而他对个人家世以及生平事迹几不述及，在诗词中偶尔提及也多用曲笔讳言，词意隐约；二是学术界关于洪昇及其作品的研究类著述，其中仅见一本评传类著作，即王丽梅博士的《曲中巨擘》，其余基本上是立足于对洪昇作品的研究与诠释，对洪昇的生平事迹缺乏翔实考证和展开性叙述。而我写作本传的一部最重要的参考著作，则是复旦大学教授章培恒的《洪昇年谱》，此书是章先生在"文革"前作成的，出版于上世纪七十年代末期，奠定了其学术地位。这也是研究洪昇以及为其立传的一部绕不开的经典学术著作，王丽梅的《曲中巨擘》实际上也以《洪昇年谱》为主要依据。但既是年谱，为体例所限，不可能对洪昇的生平事迹有深入探究和展开性叙述，但大致也厘清了洪昇一生的人生轨迹。诚然，《洪昇年谱》也毕竟是一家之言，还必须寻找其他旁证资料，加以对比、印证和坐实。为坐实某一个时间节点，探悉一个关键细节，往往要耗费大量功夫。章培恒作为一个极为严谨的学者，在没有确凿证据的情况下，还留下了诸多难以稽考的疑点，有待后世进一步考证。章先生已于二〇一一年去逝，在他辞世后，又有一些新发现的文献资料，我在反复分析和甄别后，力求能辨伪订误，然后补入本传写作。凡本传所引用的文献资料，均在叙述中注明出处，并将主要参考文献附录于后，不另加脚注和尾注。在难以确考时，我亦效法章培恒先生，宁可留下疑点也不作妄断臆测。在无法作出定论时，则采取多种说法并存，留待读者去判断分析。除了案头功课，我还追寻洪昇一生南来北往、东奔西走的履迹，抵达现场，实地考察，凡是洪昇留下过深刻印迹的地方，或他在诗中反复吟咏过的地方，我几乎都去探访过，力图能穿越岁月以逼近当时的真相，描写出洪昇置身于其间的那种现场感。

本传以洪昇的人生经历和创作历程为主干，在恪守真实性的前提下，作为一部文学原创读本，又必须具有文学原创性，如何尽可能刻画出洪昇这一独特的人物形象，也是本传的一大难题。在文献史料极为缺乏的情况下，陈寅恪先生以诗证史、以史证诗的治学方式是很值得借鉴的。真实地活在自己世界里的洪昇，其实就在他的诗篇中。洪昇以诗的方式记录和呈现了他的人生史和心灵史，诗，几乎是唯一能逼近他人生真相的途径，也是还原他生存状态与精神状态的最可信的依据。从洪昇存世的诗集《啸月楼集》《稗畦集》《稗畦续集》和一些未结集的诗作中，探悉和捕捉他的一些人生经历和他处于某一情境的心绪，这也为我接近当时的真相提供了可以追溯的线索。然而，一部纪传体文学作品，必须把人物、时间、地点、经过、原因、结果等纪实性写作的必要元素交代清楚，这是仅仅通过洪昇的诗篇无法解决的。在解读洪昇的诗篇时，我也越来越意识到一个局限，如董仲舒所谓"《诗》无达诂，《易》无达占，《春秋》无达辞"，其诗中的很多微妙之处、隐约之词，既无法直译也难以转述，若要还原为叙事文学，只能以此为切入点，深入挖掘和反复求证，但我还真不敢有"大胆假设"。另外，从时人给洪昇写的诗文中也能搜寻到一些旁证材料，如此，就能从多个侧面尽可能还原当时的具体情景。

本传的叙事重点是展现洪昇的成长史、思想发展脉络和他一生的突出贡献。洪昇一生大致分为三个阶段：第一阶段是其二十四岁入国子监之前在杭州西溪度过的童年和青少年时代；第二阶段是他二十四岁入国子监后直到四十五岁回归杭州的壮年岁月；第三阶段是他回归杭州后的最后一段岁月。洪昇出生于"累叶清华"的仕宦之家，又遭逢明清易代的陵谷之变，后来又经历了"三藩之乱"，从其思想发展脉络看，一生有三变：在青少年时代，他身处江南遗民群体之中，并师事陆繁弨、毛先舒等典型的明遗民，这不仅为他在辞章音律上打下了基础，也让他接受正统的儒家教育，如"忠孝节义"等儒家信条也成为了他终生的信仰，而师执们的气节、品质和遗民情怀，在潜移默化中对洪昇植根至深。洪昇透过亲友的命运，看到了清初对待士人的严酷态度和惨无人道的文字狱，这让他青少年时代对清朝政权在心理上有强烈的抵触情绪，在情怀上有很深的家国兴亡之感、江山易代之悲。另外，这些遗民又多有很深的逸民情结，洪昇从小就对隐逸生活颇为憧憬；在他成年之后，随着清朝政权日益巩固，康熙帝对汉民族采取怀柔之策，意在弥合满汉矛盾，又尊孔崇儒，以安抚和笼络汉族士人。在这样一个大背景下，以洪昇入国子监为标志，他从对清廷的抵触一变而为渴求仕进。然而他命运不济，多灾多难，在他的青壮年岁月遭遇了三次劫难：二十七岁遭"天伦之变"；三十五岁父亲"罹事得罪"，遭破家之难；四十五岁因"国恤张乐"而被"斥革下狱"，他一生渴望的仕途从此变成了绝途。这三次劫难既是洪昇命运的三次转折点，也是解读洪昇命运的症结所在，却又留下了很多谜团，本传尽可能深入探究并予以透彻叙述。

解读洪昇的命运，必须从性格上加以解读。所谓性格即命运，在洪昇身上表现得尤为淋漓尽致。洪昇是一个在思想情怀和性格性情上都很复杂的历史人物，而且一直处于变化中。我时常设身处地为洪昇着想，一个"门皆赐第，家有珂貂，三洪学士之世胄"，终生竟在"流寓困穷，备极坎壈"的遭际和冷酷的现实中沦为一介布衣寒士，由于理想与现实的反差实在太大，在深重的失落感中，洪昇的性格和性情充满了矛盾、冲突，以致发生了鲜明的人格分裂。一方面他为生活所迫，无法放弃对功名利禄的渴望和追求，一直想适应那个时代的生存法则，做梦也希望在仕途上能得到别人的赏识与引荐，在依人寄食、"游幕干谒"的过程中，也就难免时时表现出攀高结贵、阿谀奉承的委琐面孔；而另一方面他又与李白有着相似的狂傲性格，啸傲遗世、纵情独往，愈是失意，愈是狂傲，这又正是他进入仕途的最大障碍。而每每在失意之后，他又好像把一切看开了，把红尘看破了。而这一切，也最终造成了洪昇一生充满了悖论的悲剧性命运。在对洪昇这个历史人物的把握上，本传力求能穿过表象，抵达他灵魂的幽深之处，在写作的过程中不是以传奇的方式，而是以灵魂叙事的方式，来描写他灵魂的挣扎与自我搏斗。他穷其一生却仕进无门，这又让他在自伤不遇的同时对现实充满了悲愤情绪，遗民情怀复而炽烈，他又必须用内心的力量同外部施加于他的各种力量抗衡。尽管他出现了明显的人格分裂，但他的精神一直没有崩溃，这又证明了他内心的力量是何其强大。而当他被彻底斩断了功名之念，又在京师遭受白眼揶揄，只能"狼狈仍走西湖湄"，在回归故里后又度过了十三年的隐逸生活，他寄情于诗词戏曲，放浪于西湖，而在他人生的最后阶段，以老庄之道内化于心，以魏晋风度昭示于外，无疑是其思想情怀和生活态度，老庄哲学已成为他精神的主导方面。

洪昇的一生就像一部传奇，充满了戏剧性，他一直在不知不觉地扮演着自己的历史角色。在世俗生活中他是一个失败者，而他在文学艺术上取得了非凡的成就。本传对其人格分裂、人性的弱点以及时代的局限性，不回避，不讳饰，不但要写出他的性格，更要写出他的精神人格，力图能展现出洪昇"坎坷不降其志"的一生。他几乎穷极一生，挣扎在人世的边缘上，而这所有的不幸都将成为他的创作源泉，也成就了他对那个时代的独特认知和灾难性的生命体验，这是那些养尊处优的士大夫体验不到的。最终，他以绝望的挣扎完成了自己，这是一个必然的结果，他必须战胜另一个自我，才能创造《长生殿》这样伟大的作品。洪昇一生最突出的贡献其实就是创作了一部《长生殿》传奇，而洪昇本人则如同一个传说，《长生殿》就是他为自己写下的一个生命凭证。如果没有这作品，这个人也许真的不存在，早已被历史湮没了。透过洪昇的创作经历，可以揭示艺术创造的某些秘密，这也是我们重新打量这个人、重新发现这个人的意义所在。

是的，我特别渴望能有对历史的重新发现，我也希望能写出独特的"这一个"，洪昇的确是一个独特的另类，但又从来不是一个孤立的存在。在厘清洪昇的生平事迹时，本传力求全面细致地叙述洪昇的家世背景、亲友关系、生平交游等。在叙述中，我有意通过洪昇与同时代人的互文性比较，试图能更全面地揭示洪昇的性格与命运。中国古典士人，大致可以分为两大类，一是入仕为官的士大夫，一是仕途之外的布衣寒士。在历史的夹缝中，洪昇一直处于尴尬的身份和社会地位，一方面他是一个布衣寒士的典型代表，这让他看到了也切身体验到了底层社会的不幸，这是那些士大夫难以设身处地感受得到的；另一方面他又游走于上流社会，一生交游广泛，见于其诗文者就有二百余人，其中主要是洪昇的师友，也有很多朝廷重臣或地方官吏，这又让他看到了许多底层社会看不到的事情。而洪昇往来游走于江南和京师两大士人群体之间，同时也游走于士大夫与布衣寒士这两大阶层的士人群体间，这让他成为了一个南北士林的沟通者，也是社会底层和上流社会的沟通者。这也决定了，洪昇一生的人生经历、个人命运及其文学诉求，既反映了清初布衣文士的生存境遇，也反映了那一代文士群体的心路历程。这其实也是我写作本传的一个企图，通过洪昇来展示那一个时代以及那一代文人士子的精神群像，如此，洪昇这一生才有更辽阔而博大的意义。

本传于二○一八年年底写出征求意见稿（第二稿），呈交"中国历史文化名人传"编委会，经文史组专家郭启宏先生和文学组专家李炳银先生审阅并提出宝贵意见，笔者根据专家意见又费时大半年改出第三稿。说来惭愧，自二○一二年秋天我便拟写出了创作提纲，到如今已是七度春秋，不能不说，写作这样一部传记相当有难度，我甚至一度想知难而退，但最终还是咬着牙坚持下来了。想来洪昇创作《长生殿》历十四年，三易其稿，我用五六年时间来追溯他的一生，也不算长。一部作品终于画上句号，但还远不能说已经完成，洪昇还有不少谜团依然难以探悉清楚，而对他的作品也有待进一步探索和开掘。这部传记说穿了，就是我一个人眼中的洪昇，从一开始，这个人物形象就注定是一个一点一点地拼凑的漫长过程，这个过程贯穿了他的一生，但能否最终还原出一个血肉丰满、栩栩如生的古人形象，即便画上了句号，我心里还是没有底。而本传既限于笔者的学识，也由于所掌握的文献资料极为有限，难免错讹，敬祈方家和广大读者指正。

说来还有一个巧合，第三稿改毕正值我孩子的生日，感觉自己又生下了一个孩子。

二○一九年八月二日记于洞庭湖畔

第一辑已出版书目	1	《逍遥游——庄子传》 王充闾 著
	2	《书圣之道——王羲之传》 王兆军 著
	3	《千秋词主——李煜传》 郭启宏 著
	4	《草泽英雄梦——施耐庵传》 浦玉生 著
	5	《戏看人间——李渔传》 杜书瀛 著
	6	《心同山河——顾炎武传》 陈 益 著
	7	《孤独的绝唱——八大山人传》 陈世旭 著
	8	《泣血红楼——曹雪芹传》 周汝昌 著
	9	《旷代大儒——纪晓岚传》 何香久 著
	10	《烂漫饮冰子——梁启超传》 徐 刚 著
第二辑已出版书目	11	《忠魂正气——颜真卿传》 权海帆 著
	12	《花红别样——杨万里传》 聂 冷 著
	13	《感天动地——关汉卿传》 乔忠延 著
	14	《西风瘦马——马致远传》 陈计中 著
	15	《此心光明——王阳明传》 杨东标 著
	16	《梦回汉唐——李梦阳传》 泥马度 著
	17	《天崩地解——黄宗羲传》 李洁非 著
	18	《幻由人生——蒲松龄传》 马瑞芳 著
	19	《儒林怪杰——吴敬梓传》 刘兆林 著
	20	《史志巨擘——章学诚传》 王作光 著

图书在版编目（CIP）数据

如戏人生：洪昇传 / 陈启文著 . -- 北京：作家出版社，
2019. 12

（中国历史文化名人传丛书）

ISBN 978-7-5212-0800-9

Ⅰ . ①如… Ⅱ . ①陈… Ⅲ . ①洪昇（1645～1704）- 传记
Ⅳ . ①K825.6

中国版本图书馆CIP数据核字（2019）第273613号

如戏人生：洪昇传

作　　者：陈启文
传主画像：高　莽
责任编辑：江小燕
书籍设计：刘晓翔 + 韩湛宁
责任印制：李卫东　李大庆
出版发行：作家出版社有限公司
社　　址：北京农展馆南里10号　　　　邮　　编：100125
电话传真：86-10-65067186（发行中心及邮购部）
　　　　　86-10-65004079（总编室）
E-mail:zuojia@zuojia.net.cn
http://www.zuojiachubanshe.com
印　　刷：北京汇林印务有限公司
成品尺寸：152×230
字　　数：330千
印　　张：23
版　　次：2020年1月第1版
印　　次：2020年1月第1次印刷
ISBN　978-7-5212-0800-9
定　　价：45.00元